학교 자율 경영

신상명 신윤섭 권현정 김태수 박선용 손병철 공저

도서출판 원미사

머리말

범세계적으로 학교 변화를 추구하기 위한 노력은 결국 단위학교의 자율성을 확대하는 모습으로 나타나고 있다. 왜냐하면 미래사회의 특징은 사회적 분화와 다원화에 있기 때문이다. 향후 지식정보화사회에서는 기능의 분화와 구조적 복잡성이 더욱 증대될 전망이고, 이러한 사회에서는 중앙집권적이고 획일적인 통제에 의한 교육체제 운영은 부적합하다. 미래사회에서는 지역별, 학교별 특성이 고려되고 융통성이 발휘되는 분권화된 체제가 보다 적합하다.

단위학교가 교육체제의 중심축을 형성하도록 지배적 구조를 개편하는 일은 현재의 관료주의 고리를 절단하고, 실질적 분권화를 통해 단위학교가 행사할 수 있는 자유 재량권의 넓은 공간을 확보해 주는 일이다. 단위학교에 인사와 재정에 관한 권한을 대폭 확대하고, 교육과정 운영에 있어서도 재량권을 갖도록 하는 이른바 '학교단위자율경영제'가 정착되어야 한다.

이 책의 내용은 크게 2부로 구성되었다. 제1부에서는 학교자율경영의 배경으로써 기초이론과 추진전략 그리고 관련 정책들을 검토하였다. 제2부에서는 학교자율경영의 현황 및 과제를 영역별로 살펴보았다. 학교의 의사결정과 교육과정운영, 학교인적자원관리, 학교와 지역사회 관계, 학교의 행정과 재정관리, 학교경영 정보관리, 그리고 학교 경영자에 대하여 살펴보았다.

집필과정에서 착안하지 못한 미흡한 점이나 불비한 것들이 많을 것으로 여겨지나, 독자 여러분의 우정 어린 지적을 통하여 계속 수정하게 될 줄 믿는다. 본서를 출간하도록 격려해준 경북대학교와 애써주신 원미사에게 감사의 뜻을 전한다.

2009년 7월

저자일동 드림

차 례

[제1부]
학교자율경영의 배경

[제2부]
학교자율경영의 현황 및 과제

Ⅴ. 학교의 교육과정

Ⅵ. 학교의 인적자원

Ⅶ. 학교와 지역사회

Ⅷ. 학교의 행정 및 재정

Ⅸ. 학교경영정보시스템

Ⅹ. 학교경영자

표차례

그림차례

[제 1 부]

학교자율경영의 배경

I 학교자율경영의 기초

1. 학교자율경영의 의의

가. 개념

자율이라는 용어는 희랍어인 autonomia에서 유래하였는데 이는 도시와 관련이 있다. 즉, 당시의 도시민들이 정복자의 통치에 반대하여 그들 스스로 법률을 제정하고, 그에 따라 자유로운 생활을 할 수 있을 때 그 도시는 autonomia를 가졌다고 한다(강영삼, 1988). 따라서 자율이란 외부적 요인이나 권위에 의해 강요나 지시를 받지 않고 자유롭게 자기의 행위를 결정하는 것을 의미한다.

이러한 자율의 개념을 학교경영에 적용해 보면 학교 구성원들이 자신이 몸담고 있는 학교라는 공간에서 일어나는 일상적인 일들을 그들 스스로 결정하고 규제하고 통제하는 행위를 통해 외부의 지시나 간섭을 배제하는 것을 말한다. 이러한 자율은 기관의 자율과 개인의 자율을 포함하고 있다. 기관의 자율은 단위학교가 하나의 조직체로서 그 자체의 운영에 관한 의사결정에 가지는 자유와 자주성의 정도를 의미하는데 교육과정 및 교수 관리, 학생 및 직원 관리, 학교와 지역사회의 관계, 직원 능력 개발, 행정 · 재정 · 시설관리, 학교와 교원의 질 관리, 학교정보 관리 등의 영역에서 어느 정도의 자율적, 자주적 재량권을 가질 수 있느냐의 문제들이 기관의 자율성과 관련된다. 다른 하나의 자율은 학교조직의 구성원들 특히 교사들이나 다른 직원들 및 학생들이 누릴 수 있는 자유와 자율의 정도와 관련된다. 이는 기관의 자율성과도 관련이 있으나 학교의 조직풍토, 교장의 리더십, 교직원과 학생들의 개인 및 집단으로서의 자율성과 그에 수반되는 책무성의 유지 능력 등에 좌우된다. 특히 자율은 자기결정과 자기규율에 따른 실천행위나 독자적 재량권에 따른 결과에 대해 응분의 책임을 져야 하는 속성을 가지고 있다. 여기서 자기결정이란 개인과 집단을 막론하고 스스로의 뜻에 따라서 결정한다는 의미로서 스스로 주인정신을 가지고 자기의 진로와 운명을 결정한다는 것이다. 그리고 자기규율은 자기통제를 의미하는 것으로서 스스로 결정한다고 할 때, 아무렇게나 되는대로 결정하는 것이 아니고 어떠한 목적과 가치를 실현하기 위해서 결정하는 것이고 그와 같은 결정을 실현할 수 있는 수단과 방법을 구체적인 상황 속에서 생각하면서 결정하는 것이 되어야 한다는 것이다. 그와 같은 결정이 가져다 줄 수 있는 결과를 예측하고 그 의미를 따져보면서 결정을 내려야 한다는 것을 뜻한다. 그것은 곧 자기결정에 있어서 지적 · 합리적 사고와 올바른 가치판단이 있어야 함을 말하는 것이며, 자기통제가 수반되어야 함을 뜻하는 것이다.

교육개혁심의위원회(1986)에서는 자율을 스스로 다스리고 통제한다는 개념으로 정의하였다. 즉, 자율이란 외부로부터 주어지는 지시나 간섭을 배제하고 독자적인 재량권을 행사하며, 그 결과에 대해서도 스스로 통제하고 응분의 책임을 지는 것을 의미한다. 따라서 자율에는 반드시 충분한 자치능력과 아울러 자신의 결정과 행위에 대한 책임의식이 전제되어야 한다는 것이다. 그러므로 자유가 외부로부터의 통제나 규제로부터 벗어나는 것을 의미하는데 반해 자율은 자유에 실천이라는 속성이 더 가미되어 스스로 책임을 지는 수준까지 확대되는 것을 의미한다. 자유를 가졌다고 하여 스스로 자치능력이 있는 것이 아니고 자유로운 상태에서 책무성을 지닌 행동을 결정하고, 실천한 후 그 결과에 대해 책임을 지는 것이 진정한 자율인 것이다. 책임이 수반되지 않는 자율은 존재할 수 없으며, 단순히 구속 상태에서 벗어난다고 하여 자율이 되는 것은 더더욱 아니다.

이러한 자율의 속성을 이해하면 학교자율경영도 훨씬 이해하기가 용이해진다. Kandel(1985)은 교육의 자율성이란 교원의 대표가 정책결정에 참여하여 지방행정기관과 공동으로 결정함으로써 결과적으로 전문직의 자율성을 만드는 것이며, 이것이 바로 전문적 교사의 권리라고 하였다(최순월, 2004).

따라서 학교자율경영은 학교구성원들이 주체가 되어 학교경영의 핵심영역인 교육과정 및 교수관리, 학생 및 직원 인사 관리, 학교와 지역사회의 관계, 직원 능력 개발, 행정 · 재정 · 시설 관리, 학교와 교원의 질 관리, 학교정보 관리 등에 관한 실천행위를 외부의 지시나 압력, 간섭을 배제하여 의사결정 하고, 자율적으로 운영 및 통제한 후 그 결과에 대해 책무성을 다하는 것을 의미한다.

나. 미래사회의 변화와 학교경영

세계가 변화하고 있다. 미래사회의 변화는 교육에서의 많은 변화를 요구하고 있는데 종래의 폐쇄적 교육체제에서 개방적 교육체제로의 전환이 시급하며 평생교육의 확대, 교육 수요자를 만족시키는 교육, 종래의 획일적 통제로부터 다양성과 창의성을 추구하는 자율경영으로 학교경영의 방향이 전환되고 있다. 이러한 21세기 학교경영 환경의 변화를 살펴보면 다음과 같다.

첫째, 다양화 · 개방화 사회가 도래되었다. 산업사회의 고도화, 정보화, 세계화, 다원주의적 경향은 새로운 교육수요를 증대시키면서 다양한 교육적 요구를 분출하고 있다. 이는 교육체제의 급속한 개방화를 요구하는 것으로서 교육시기, 교육장소, 교육대상, 교육환경 등을 개방화 하는 것을 의미한다. 또한 교육체제의 개방화와 함께 교육제도의 다양화가 급속히 진행되고 있다. 지금까지는 학교가 주로 전통적인 학문중심의 교육프로그램을 제공하여 왔지만, 앞으로는 사회의 변화와 관련하여 직업사회에 직접 연결될 수 있는 다양한 목적의 학교들이 증가하고 있다. 예를 들면, 대안학교는 지식위주의 기존 학교교육의 한계를 극복하기 위하여 자연친화적인 삶과 공동체적 가치를 지향하고 지역사회와의 유기적 관계를 강조하며, 교육주체의 원상회복을 추구하고 있다. 기존 공교육의 획일성과 비인간성에 대한 반성의 계기가 되고 있다.

다가오는 새 시대에 적합한 자기주도적인 인간을 기르기 위해서는 교육과정을 보다 유연하게 편성하고 운영할 필요가 있다. 개개인의 창의성과 건전한 인성, 자기주도적 능력이 절실히 요구되는 미래사회에서 이러한 획일적 교육과정 편제 틀과 시간 배당은 더 이상 적절성을 지니지 못한다. 지역이나 학교, 학생들의 특성에 따라 서로 다른 교육과정을 편성할 필요성이 높아지고 있다.

둘째, 이제 세계는 자율화 · 정보화 사회로 변화하였다. '분필과 칠판'이라는 패러다임 하에 실시되고 있는 지금의 교육은 정보화 사회로의 이행에 따라 변화와 개혁을 요구받고 있다. 정보통신기술의 급격한 발달과 이에 따른 사회 · 경제적인 구조의 변화는 우리가 예전에 경험하지 못한 새로운 교육환경을 요구하고 있으며, 새로운 사회구조에 적합한 교육의 실시는 개인뿐만 아니라 국가의 경쟁력과 생존여부에 직결되는 과제가 되었다.

정보화 사회에서는 다원주의적 사회문화가 교육에도 침투하여 교육체제의 총체적 변화를 요구하고 있다. 즉, 노동시장에서의 학력파괴 현상이 더욱 확대됨에 따라 맹

목적인 대학진학 풍토와 함께 입시위주의 획일적인 가치를 추구하는 교육풍토도 학습자의 다원적 가치를 추구하기 위한 교육풍토로 변화되고 있으며 공급자 위주의 교육에서 수요자 위주의 교육 풍토로의 전환이 가속화 되고 있다.

또한 정보화 사회에서는 학부모의 학교교육 참여가 더욱 활성화되어 학교운영의 민주화 풍토 정착과 더불어 학교자율경영이 보편화 될 것으로 전망된다.

미래의 사회는 중앙의 권한이 분권화 되어 지역의 교육정책 결정 권한이 확대될 것으로 보이며, 교육과학기술부는 국가정책을 이끌어 가는 중앙교육행정기관으로서 국가 인력 개발을 총괄하고 교육기획 및 정책개발을 중심으로 재편되고 교육을 지원·조성하는 기능을 강화할 것으로 보인다.

다. 학교자율경영의 필요성

학교경영은 교사와 학생과 교육내용이 상호작용하는 교수·학습상황에 필요한 제반 인적·물적 자원들을 동원하고 배분하며, 관리하는 일련의 활동이라 할 수 있다. 즉, 학교 경영은 학교교육의 목표달성을 극대화하기 위하여 학교 내·외의 제반 자원들을 교수-학습과정에 효율적으로 통합시키고, 지원하며, 관리하는 행위인 것이다(서정화 외, 2000).

교육에 있어서 자율은 사회의 발전과 함께 이해해야 한다. 미래사회에서는 기능의 분화와 구조적 복잡성이 더욱 증대될 전망이고, 이러한 사회에서는 중앙집권적이고 획일적인 통제에 의한 교육체제 운영은 부적합하다. 미래사회에서는 지역별, 학교별 특성이 고려되고 융통성이 발휘되는 자율성이 주어진 체제가 보다 적합하다는 주장이 설득력을 얻고 있다. 21세기는 획일적인 문화를 지양하고 개인의 다양성을 존중하고 정보의 공유를 기반으로 서로 협동하여 살아가는 다양화 사회를 지향하고 있다. 지식의 생성과 변화의 속도가 빠르게 달라지고 있는 오늘날에는 어제의 새 소식이 오늘에는 휴지가 되어 버리는 정보화 사회가 되었다. 과거에는 한 가지 일만을 평생토록 해 왔던 많은 사람들이 사회의 변화 속도에 맞추어 직업의 종류도 다양해지고, 평생직장의 의미도 사라지면서 사람들이 지니고 있는 지식과 정보에도 빠른 변화를 요구하고 있다. 획일적인 사고를 가진 인간의 육성으로는 미래사회를 이끌고 책임질 인재를 양성할 수 없는 현실에서 오늘의 교육활동을 맡고 있는 학교는 더더욱 열린 사고와 다양화 된 사고, 다양한 인간을 길러야 할 필요성이 증가하고 있다.

그러므로 자율성을 지닌 인간 육성이 근본인 학교경영에 자율성이 더욱 강조되는 것은 당연한 것이다(최순월, 2004). 단위학교가 교육체제의 중심축을 형성하도록 구조를 개편하는 일은 현재의 관료적 중앙집권체제를 개편하고, 실질적 자율화를 통해 단위학교가 행사할 수 있는 자유 재량권의 넓은 공간을 확보해 주는 일이다. 단위학교의 교육활동에 있어서 재량권을 갖도록 하는 이른바 '학교단위자율경영제'가 정착되어야 한다. 학교단위자율경영제란 학교에 대한 공식적인 지배구조를 변화시켜 단위학교를 보다 효율적인 곳으로 만들려는 학교경영 패러다임으로서 학교경영에 필요한 다양한 의사결정 권한을 학교로 이양 또는 위임하고 동시에 학교를 구성하고 있는 공동체를 구성하여 이들을 학교경영에 참여시키는 학교경영 방식을 의미한다.

학교단위자율경영제는 학교현장에 자기결정권을 부여함으로써 학교에 대한 다양한 요구를 유연하게 반영할 수 있으며, 나아가 학교에서 발생하는 다양한 문제 상황에 스스로 적절하게 융통성을 가지고 대처할 수 있게 한다. 반면에 전통적인 학교경영 방식은 획일적인 지배구조로 인해 융통성을 발휘하기도 어렵고 나아가 타율적으로 학교를 운영하였기 때문에 구성원의 주인의식이 결여되어 책무성 기제도 약화될 수밖에 없다. 또한 수직적 의사결정구조로 인해 학교의 다양한 창의적 아이디어가 사장되고 자발적인 참여를 저하시킴으로써 학교교육의 효율성이 낮아지게 만든다.

학교조직 운영 방식의 변화로서 학교단위자율경영제는 교육청이 가지고 있던 권한을 단위학교에 부여하면 주인의식이 발생하여 학교 구성원들의 적극적인 교육 참여를 유도할 수 있으며, 이러한 참여로 인해 전문가주의가 나타다 구성원들의 헌신과 만족이 제고되어 학교 조직 전체의 건강성이 증진되며, 결과적으로는 학생의 학업성취도는 높아지고 학부모 및 지역사회의 만족도를 제고할 수 있게 만든다는 것이다(김흥주, 2008).

학교교육 체제가 점차 확대되고, 교육재정의 소요가 점차 커지게 되면서 보다 효율적이고 효과적인 교육관리체제 구축에 대한 요구가 증가하게 되었다(Friedman, 1955; 정제영, 2008에서 재인용). 중앙집권적 관료체제, 거대한 학교 및 학급 규모, 표준화 등은 학교교육의 효율성과 책무성, 변화에 대한 적극적이고 능동적인 대응을 가로막는 걸림돌이 되고 있다(Chubb & Moe, 1990; Meier, 1995; 정제영, 2008에서 재인용). 20세기 후반부터는 교육체제에서 단위학교가 행정, 재정, 책무성의 기본적인 단위가 되고 주체가 되어야 하기 때문에 교육행정의 지방 분권화, 지역의 참여 확대, 학교의 자율성을 높여야 한다는 교육개혁 정책들이 제안되어 왔다(이종재 외, 2003; Hill, Pierce, & Guthrie, 1997; Fiske, 1996; 정제영, 2008에서 재인용).

공동체주의와 사회적 자본론에 의하면 학교교육에 대한 모든 결정은 학교를 구성하고 있는 교원과 학부모, 지역사회에 의해 자율적으로 이루어져야 한다는 것이다(Coleman & Hoffer, 1987; Furman, 2002; 정제영, 2008에서 재인용).

Sergiovanni(1994)는 학교가 조직에서 공동체로 바뀌어야 한다고 주장하였으며 공동체로서의 학교는 내부 구성원들의 관계를 중요시 여긴다. 전문적 공동체로서 교원, 학습공동체로서 학생의 학업성취도, 학생들의 공동체 의식, 민주적 공동체, 다른 것을 인정하고 받아들이는 마음 등이 공동체로서 학교가 갖는 특징이다. 공동체로서의 학교는 기본적으로 학교의 자율성을 전제로 하여 이루어진다. 공동체로서 학교는 다른 조직의 간섭과 통제에서 벗어나 학교의 운영과 교육이 이루어진다(정제영, 2008).

학교조직의 규모가 커지고 학교의 역할과 기능이 복잡·다양해짐에 따라 학교경영의 중요성에 대한 인식이 날이 갈수록 높아지고 있다. 21세기 정보화 시대가 가속화 되면서 기능의 분화와 구조적 복잡성이 더욱 증대하고 있는 상황에서, 교육에서도 창의성과 다양성에 기반한 자율적 능력을 가진 인간을 육성할 당위성이 강조되고 있다. 따라서 지식정보화 사회에서는 모든 지역과 학교에서 동일하게 이루어지는 중앙집권적이고 획일적인 교육운영보다는 지역이나 학교별 특성이 반영된 융통성 있는 학교경영을 하는 경영체제가 더 적합하다고 할 수 있다.

해방 이후 우리의 교육은 공공재이며, 공공성이 강하기 때문에 정부가 학교교육을 책임져야 한다는 논리가 설득력을 얻게 되었다. 그 결과 국·공립학교가 많이 생겨나고, 사립학교라 하더라도 정부의 통제에 놓여 우리 교육은 사실상 정부주도로 이루어지고 있다. 정부주도로 교육이 이루어질 경우, 모든 사람에게 동등한 교육기회를 부여해야 한다는 형평성의 논리가 자연스럽게 뒤따르게 되므로, 이는 모든 초·중·고등학교에 동일하게 적용되는 획일성과 평준화라는 교육정책을 가능하게 하였다.

자율성이 확보되지 못한 교육이 교육의 질을 떨어뜨리고, 나아가 교육 수요자의 요구에 제대로 기능하지 못한다는 점은 경제학적인 논리에서도 찾아볼 수 있다. 학교를 교육서비스를 생산하여 판매하는 기업으로 인식하는 관점으로 보았을 때, 교육서비스 생산하는 데 있어서 외부 시장거래를 조직 내의 내부거래로 전환함으로써, 이를 체계적이고 효율적으로 공급하는 조직이 학교이므로, 학교교육은 교육서비스의 공급자와 소비자의 선택 자유가 보장될 때 가장 효율적으로 이루어진다는 것이다. 학교 운영이 자율화되면 교육 소비자의 기호에 맞는 다양한 학교가 출현할 것이며, 소비자는 자신의 소질과 기호, 특성에 맞는 학교를 선택하여 자신의 생산성을 높이고, 교육의 경쟁력 제고에도 기여하는 방안이 될 수 있다는 것이다. 굳이 이러한 경제논리를 따지지 않더라도, 이미 세계적인 학교운영의 패러다임은 자율화와 다양화를 기본 축으로 하고 있다는 점에서, 우리나라 학교의 자율경영은 시대적 변화에 부합하는 것으로 볼 수 있다.

하지만 오늘의 학교체제는 산업 사회에 적합한 구조에서 정보사회, 지식기반사회에 적합한 체제로 변모해 가는 과정에 있다. 또한 국가가 중심이 되는 중앙집권적 교육정책에서 지역사회가 중심이 되는 지방분권화로 이양되는 과도기적 시기에 있다. 과거의 중앙집권화는 획일화 된 교육과정으로 공급자 중심의 교육활동이 주를 이루었고, 특성화 된 학교문화를 도외시하는 평준화의 교육정책이 주를 이루었다. 그러나 오늘의 지식기반사회에서는 개인의 특성이 존중되는 다양한 사회를 지향하고, 다양화에 발맞추어 구성원의 자율적인 참여가 존중되며, 그렇게 이루어진 특성화 된 학교 중심의 질적인 변화를 강조하고 있다. 그래서 학생들의 개성이 존중되고, 단위학교 나름의 특색 있는 문화를 가꾸기 위해서 그 구성원의 역할이 한층 강조되고 있으며, 중앙집권적인 지시, 명령으로는 미래사회에 적합한 인간을 기를 수 없는 한계를 느끼기에 이르렀다. 이러한 맥락에서 볼 때 미래 사회의 변화는 무엇보다도 교육에서의 많은 변화를 요구한다. 종래의 폐쇄적 교육 체제에서 개방적 교육체제로의 전환이 요구됨으로써 종래의 획일적 통제로부터 다양성을 추구하는 자율화의 방향으로 전환이 요구되고 있다.

교육은 본래 다양성과 창의성을 핵심으로 하는 활동으로서 모든 지역이나 학교에서 동일한 교육이 이루어질 수 없다. 외부의 지나친 간섭이나 획일적인 통제, 과도한 중앙집권화는 교육행정의 효율성을 높이고 행정행위의 편의성은 증대시킬 수 있으나 다양하고 창의적인 교육활동을 조장하기에는 부적절하다. 그러나 우리나라의 교육현실을 보면 하향식, 수직적 교육행정이 주로 이루어져 왔으며 학교경영의 실제에서 획일적인 경영방식, 순종을 요구하는 학교 분위기, 외부 기관과의 경직된 관계 등으로 자율적이고 전문적인 학교풍토는 조성되지 못하고 권위적이고 관료적인 행정풍토가 만연하다는 비판을 받아왔다.

학교조직은 목표, 조직, 구성원의 특성, 과업 등이 기업이나 일반 행정조직과는 상이한 성격을 지니고 있고, 교사들은 전문직 종사자로서 고도의 전문적 지식과 기술, 교육적 신념을 필요로 하는 가치창조적 활동을 하고 있다. 그러므로 교육활동이 제대로 이루어지기 위해서는 교사들의 전문적 자율성이 최대한 보장되어야 하며, 교사들의 공동 참여를 통한 전문적 공동체의 구축과 책임 있는 민주적 학교경영이 선행되어야 한다. 민주화, 분권화, 개방화, 세계화를 지향하는 시대적인 변화에 적응하기 위하여 학교제도도 새로운 패러다임으로의 전환을 통해 단위학교 중심의 자율경영이 강조되고 있다.

교육의 기본 목적이 자율적인 인간의 양성이라고 본다면, 학교경영 자체가 상부의 지시나 명령 아래 움직여서는 모든 학교의 활동이 획일화되고 경직화 또는 규격화됨으로써 지역이나 학교의 특성이 반영된 학교경영 활동을 기대하기는 힘들다. 교육의 수요자인 학생과 학부모의 요구가 무시되어 다양성이 결여된 교육을 공급할 수밖에 없을 것이며, 우리나라 교육의 경쟁력은 상실되고 말 것이다. 따라서 학교경영의 권한이 대폭 학교로 옮겨지고 지역의 실태도 고려되고, 학생의 수준도 고려된 학교현장의 여건에 부합하는 학교경영이 필요한 시대가 된 것이다. 그것은 자율적인 학생을 육성한다는 교육 본연의 목적에도 부합하는 것으로 학교자율경영은 교육행정의 민주화와 분권화, 자율화를 위해서 반드시 보장될 필요가 있다.

20세기 후반부터 세계적으로 교육정책의 화두가 되고 있는 것 중의 하나는 학교교육의 자율성(autonomy)과 책무성(accountability)에 대한 것이다. 미국, 영국, 호주, 캐나다 등에서 학교 재구조화(school restructuring)라는 용어를 학교단위 자율경영제라는 용어와 동일시하는 것은 학교개혁의 방향이 단위학교의 자율성 신장에 초점을 두고 있기 때문이다. 학교자율경영은 학교 구성원들이 스스로의 결정에 의해 학교경영 활동을 하는 것을 의미하며 이러한 결과에 책임을 짐으로써 방종적 학교경영과는 엄격하게 구분되어야 한다. 즉, 학교교육의 총체적 질 관리(TQM)를 통해 학교의 효율성을 높여 나가야 한다.

학교자율경영은 교육의 질 관리를 위하여 필수적이며, 교육의 본질적 목적을 달성하기 위하여 학교교육의 모든 영역에서 분권화, 협동화, 책임경영이 제도적으로 보장될 필요가 있다. 효과적인 학교경영을 위해서는 개별 학생의 학업성취와 교육의 질 관리에 중점을 두어야 한다. 학교경영자와 교직원이 스스로 권한과 책임을 가지고 학부모 및 지역사회의 협조적 참여 아래 자율적으로 학교를 경영해 나가는 풍토가 확립되어야 한다. 이러한 학교는 종래의 관리위주의 학교라든지 결과 중시의 학교경영을 탈피하고 보다 자기주도적이고 능동적인 학교, 협동적이고 책임을 다하는 학교로 재구조화 된 학교이다(김신호, 2002).

오랜 기간 동안 중앙집권적인 교육행정 체제를 유지해 온 우리나라에서도 자율화와 분권화가 학교교육의 중요한 과제로서 지속적으로 논의되어 왔으며, 학교교육에 관한 중요사항에 대하여 시·도 교육청과 학교공동체 구성원들이 자율적으로 결정해야 한다는 것은 지방교육자치의 이념이기도 하다. 실제로 지방교육자치제의 도입이나 학교운영위원회 제도의 운영, 학교단위 회계제도의 실시, 초빙교사제 운영, 교장공모제 등은 학교자율경영을 시도한 예라고 볼 수 있으며, 2008년 4월에 발표된 '학교 자율화 추진계획'을 보더라도 학교교육의 자율화가 중요한 정책과제임을 알 수 있다.[1)] 학교와 교육청이 중앙 정부의 획일적인 규제에 의해서가 아니라, 자율과 선택에 의해 학생과 학부모, 지역사회의 실정과 요구에 맞는 다양하고 유연한 학교운영을 해 나갈 것을 시대적으로 요청받고 있다.

2. 학교자율경영의 방향

가. 목적

학교경영에 자율권을 부여하자는 것은 학교교육 목적을 보다 성공적으로 성취할 수 있다는 믿음 때문이다. 즉, 학교자율경영을 통해 학교교육의 내실화를 기하고 나아가 교육의 질을 제고할 수 있을 것이라고 보는 것이다. 학교자율경영은 그 자체가 목적이 아니라 분명히 정책적 수단이다. 학교자율경영은 학교교육의 효과를 높일 때 그 의미가 있다. 즉, 학생들의 학업성취수준을 높이고 전인적 성장을 이루는데 기여하여야 한다. 그러므로 외부통제에 의한 학교경영체제와는 달리 자율적 학교경영체제 하에서는 학교교육의 목적이 보다 명확하고 실제적인 것이어야 한다. 그리고 학교의 교육활동과 업무방향에 대해 학교구성원들이 직접 참여하여 개발하고 이를 통하여 집단의 기대, 신념, 가치가 공유되어야 한다. 이렇게 될 때 학교 구성원들이 학교 내의 업무에 솔선하여 참여하고, 책임을 공유하며, 어려움에 직면했을 때 학교의 목적 달성을 위하여 서로 협동하게 된다. 이러한 학교풍토는 결국 강하고 활기찬 학교 조직문화를 구성하도록 촉진하고 학교의 기능과 효과성을 증진시킨다. 결국 자율적 학교경영 방식은 학교 구성원의 주도로 문제를 해결하도록 동기화시키고 유연성 있게 교육활동을 실행할 수 있도록 하므로, 외부 통제에 의한 학교경영체제보

---

1) 2008년 4월 15일 교육과학기술부가 발표한 '학교 자율화 추진계획'의 기본 방향은 학교가 다양하고 질 높은 교육을 할 수 있도록 교육과정 운영 등 학교경영에 관한 권한을 교장 등 학교 구성원에게 돌려주고, 초・중등교육에 관한 교육감의 권한과 책임을 강화하되, 국가는 국가수준의 기준 설정 등 기획・조정, 학생의 건강・안전, 교육수요자의 권리 보호 등의 역할을 담당하도록 하고 있다.

다 학교교육의 질과 효과성을 증진시키는데 바람직하다(김신호, 2002).

학교자율경영이 추구하는 궁극적인 목적은 학교교육이 다음과 같은 변화를 이룰 것이라고 기대하기 때문이다. 먼저 학교자율경영은 기존의 획일적이고 과거 답습적인 공교육이 다양하고 창의적인 교육으로 변화될 것이라고 기대한다. 학교에 많은 자율권을 부여하면 학교 운영의 융통성이 많아져 학생과 학부모의 다양한 요구에 좀 더 유연하게 대응할 수 있게 될 뿐만 아니라, 학교 공동체 구성원인 교직원, 학부모, 지역사회가 보다 자발적으로 주인의식을 가지고 학교운영에 참여함으로써 학교 발전을 위해 공동의 노력을 기울일 것으로 기대한다. 그래서 학교교육에 대한 만족도를 높이고 우리나라 교육의 경쟁력을 높이는 것이 학교자율경영의 목적이라고 할 수 있다.

〈표 Ⅰ-1〉 학교자율경영의 효과

현재	자율경영	미래
학교교육의 획일화	→	학교교육의 다양화
현상유지의 학교운영	→	창의적 학교운영
공급자 중심의 교육	→	수요자 중심의 교육
교사와 학부모의 낮은 참여	→	교사와 학부모의 높은 참여
소극적 참여	→	적극적 참여
약한 책무성	→	강한 책무성
낮은 교육 만족도	→	높은 교육 만족도
교육 경쟁력 저하	→	교육 경쟁력 강화
공교육 부실화	→	공교육 내실화
낮은 교육의 질	→	높은 교육의 질

자료: 김홍주(2008). 초·중등학교 자율화 정책의 방향과 과제. p.13을 수정.

이와 같은 목적 달성을 위한 학교자율경영은 결국 학교 운영에 관련된 권한을 단위학교로 이관하는 것에 초점을 두게 된다. 즉, 학교의 경쟁력을 강화하는데 도움을 줄 수 있는 권한 혹은 학교에서 필요로 하는 권한을 학교로 위임하는 조치가 선행되어야 한다. 그리하여 학교들은 위임 받은 권한을 최대한 발휘할 수 있는 역량을 키워 학교 교육의 질을 높여 나가야 한다. 따라서 학교자율경영의 성공은 이를 보다 전문적으로 실천하기 위한 전문적 경영 기법을 학교 구성원들이 이해하고 적용할 수 있어야 한다.

나. 방향

최근 세계 각국에서 추진하고 있는 학교변화 동향에서 나타나는 공통적인 특징 중의 하나는, 학교현장의 의미 있고 본질적인 변화를 강력하게 추구하고 있다는 점이다. 학교개선에 대한 관심은 그동안 수차례 추진되었던 교육개혁과 일련의 연속성을 가지고 있으면서도, 그 강조점에 있어 주목할 만한 차이를 나타내고 있다. 학교현장의 변화를 강조하는 최근의 동향은 그간의 교육개혁이 학교현장의 실질적인 변화를 이룩하는 데는 대체로 실패했다는 반성과도 연관이 있다.

학교자율경영은 크게 두 가지 정책방향을 지향하고 있다. 첫째, 중앙정부가 가지고 있던 권한을 지방과 사적부문으로 분권화 하는 다양한 정책수단을 추진하는 것으로서, 교육정책을 결정하고 운영하는 대부분의 권한을 교육과학기술부에서 시・도 교육청으로, 시・도 교육청에서 학교로 권한을 부여하는 것을 의미한다. 이것은 위에서 아래로 권한을 위임하는 것으로 볼 수 있다. 둘째, 학교의 특성화와 다양화, 학교 혁신을 위하여 학교교육과 행정의 집행과정에서 중앙정부의 교육관련 규제를 철폐함으로써 학교가 자율적으로 교육력을 발휘할 수 있도록 하는 것인데, 미국의 대표적인 교육개혁이라 할 수 있는 NCLB(No child Left Behind Act)의 경우 주어진 교육재정의 범위 내에서 교육 운영의 자율성 강화를 강조하고 있고, 미국 연방교육부에서 제시한 차터스쿨(Charter School)의 목표는 학교개선을 위한 자율성에 두고 있다.

우리나라의 경우 학교교육에 대한 결정권이 비교적 상향 편중되어 있으며, 일부 요소는 법령상 권한이 하위 교육기관에 위임되었음에도 불구하고 현실적으로 단위학교의 자율적 경영은 실현되지 않고 있는 실정이다. 그러므로 우선적으로 교육 통치 구조를 재정립하는 것이 필요하고, 교육과 관련된 중앙집권적 규제를 폐지하여 다양한 학교의 실정에 맞는 자율적 운영이 가능하도록 두 가지 방향을 동시에 추진하는 것이 바람직하다.

학교자율경영은 특정한 학교경영체제라기 보다는 학교교육에 대한 전반적인 권한을 정부나 교육청으로부터 단위학교로 이양하여 학교운영의 자율성과 책무성을 강화하고, 그 과정에서 다양한 이해당사자들을 의사결정에 폭 넓게 참여시키는 학교경영의 자율적 형태를 의미한다. 따라서 학교자율경영은 권한 이양을 통한 학교자율권의 강화, 학교경영 과정에 다양한 관련자들의 참여 확대, 자율운영에 따른 책무성 강화 등을 특징으로 한다고 볼 수 있다.

학교경영구조 변화의 주요 내용을 보면, 새로운 형태의 학교단위 자율경영 중심의 학교는 자율과 책임 위주의 학교경영, 민주적 의사결정, 다양한 교육과정과 수요자의 선택권 확대, 재정 운영의 자율성 제고 등을 특징으로 한다. 교육은 그 본질적 특성상 자율과 밀접한 관련을 맺고 있다. 교육이 추구하는 가치와 목적 안에 이미 자율의 요소와 자율주장의 근거들이 내재해 있고, 이에 따라 그러한 가치와 목적을 구체적으로 실현하는 교육활동의 특성이 또한 자율성 요구의 정당성을 강하게 지니고 있다. 학교의 자율성 개선을 위해서는 일차적으로 단위학교의 독자적인 의사결정 권한이 증대되어야 한다. 즉, 상급 행정기관으로부터 단위학교에 많은 권한이 이양되어 단위학교가 상당한 재량권을 가질 필요가 있다. 그리고 권한의 이양은 지엽적인 사항보다는 교육과정, 인사, 재정 등의 핵심 사항이 중심이 되어야 한다.

우리나라의 초·중등학교 교육은 국민 전체가 대상이 되는 의무교육 단계이고 나아가 모든 국민을 최소한의 민주 시민 자질을 가진 시민으로 육성해야 할 책무를 부여받은 공교육이다. 이러한 특성을 반영한 우리나라 학교자율경영은 다음과 같은 방향에서 이루어져야 한다.

첫째, 학교자율경영은 궁극적으로 교사의 수업 현장에서 발휘되고 나아가 그 효과도 수업을 통해 나타나도록 관리해 나가야 한다. 학교자율경영의 궁극적인 목적은 학교교육 내실화에 있다. 그리고 학교교육 내실화는 학생들의 높은 학업성취로 나타난다. 결국 학교자율경영은 그 꽃이 수업 현장에서 피어나야 하고 학생들의 학업성취 향상이라는 열매로 맺어져야 한다. 이는 학교자율경영은 결국 학교 수업개선을 자극하는 방향으로 추진되어야 한다는 것을 의미한다. 따라서 수업개선을 위해 어떤 자율을 누구에게 부여해야 하는지는 자율화 추진 계획 단계에서나 그 추진 과정에서 항상 최우선적으로 고려해야 할 원칙이다. 이를 위해서는 교장의 학교경영철학과 가치, 교육방침의 실현을 중시하고 이를 구성원들에게 공유시켜 교육력을 극대화하는데 기여하는 방향으로 학교를 경영해 나가야 한다. 그리고 교장의 학교경영 자율권을 민주적으로 행사하여 학교 구성원들의 참여와 지지를 이끌어 내야 한다.

둘째, 학교자율경영은 중앙 정부 중심이 아닌 시·도 중심으로 이루어지는 것이 바람직하다. 즉, 교육자치기관인 교육감이 주축이 되어 단위 학교의 자율경영을 이끌어 내는 방향으로 추진되어야 한다. 중앙 정부가 직접 학교로 권한을 위임하여 학교자율경영을 추진하게 되면 교육자치제의 유명무실을 초래할 가능성이 많다. 우리나라의 경우 교육자치제도에 의해 지방교육의 책임을 맡고 있는 행정적 주체는 교육감이다. 따라서 교육감은 자신의 관할 구역인 시·도 내의 유·초·중등 교육기관을 관리할 권한과 책임이 있다. 따라서 관내 학교들에게 어떤 성과를 기대하며 무슨 권한을 학교로 위임할지를 결정하는 것도 교육감 및 시·도 교육위원회의 중요한 과업이다. 그러나 만일 중앙정부의 교육과학기술부 장관이 자기의 권한을 직접 교장에게 위임하는 경우 교육감의 학교지도 및 감독권 및 교육위원회의 심의·의결권을 무시하게 되어 교육자치제의 후퇴를 가져올 가능성이 많다. 즉, 교육감이 자신의 권한을 누구에게 무엇을 어느 정도나 위임할 것인지를 교육위원회를 거쳐 자율적으로 결정하는 것이 아니라, 중앙 정부가 교육감들의 의사와는 상관없이 법령 혹은 공문서에 의해 교장에게 권한을 직접 위임하게 되면 지방교육자치제의 후퇴를 가져올 수도 있다. 유·초·중등학교를 직접 관리하고 지원하는 주체는 교육감이며 의사결정 권한행사시 교육위원회의 심의 및 의결을 거치도록 규정한 사항이 많다. 따라서 교장에게 어떤 권한을 이관할지를 결정하는 것은 교육감 및 교육위원회의 고유권한으로 보아야 하며, 이러한 권한을 중앙의 교육과학기술부장관이 침해하게 되면 교육자치 정신을 훼손하게 되는 것이다.

셋째, 학교자율경영은 획일적 자율화가 아닌 선택적 자율화가 되어야 한다. 단위학교로 다양한 학교경영 자율권을 위임할 때 모두가 환영할 것으로 믿고 획일적 자율을 추진하기 쉽다. 그러나 이는 학교간 특성과 여건을 고려하지 못한 위험한 발상이다. 학교자율경영은 1차적으로 학교의 필요에 의해 이루어져야 한다. 물론 정책적으로 교육감이나 교육과학기술부장관의 필요에 의해 학교 자율화가 이루어질 수도 있다. 그러나 학교자율경영은 학교경영권의 이관을 받아 실천할 학교의 입장이 우선적으로 고려되어야 한다. 학교간 여건 및 능력의 격차가 존재하기 때문에 획일적으로 자율권을 부여하게 되면, 이를 잘 실천할 수 있는 학교가 있는가 하면 전혀 그렇지 못한 학교도 있을 것이다. 따라서 학교의 자율권 부여는 학교 여건에 따라 학교가 자율적으로 선택할 수 있는 여지를 두어야 한다. 즉, 자율권을 선택할 자율을 부여해야 하며, 학교가 원치 않는 자율을 학교에 강제적으로 부여할 필요는 없다.

넷째, 권한과 책임, 그리고 사무와 잡무를 구별해야 한다. 지금까지의 학교로의 권한 이관이 실제 학교의 책임만 많아지는 결과를 초래한 경우가 많다는 점을 상기할 필요가 있다. 학교로 위임하는 사항이 과연 정말 권한에 해당하는 것인지 아니면 그 자체가 새로이 부과되는 의무 혹은 책임에 해당하는 것인지를 분명히 가려야 한다.

다섯째, 학교자율경영이 성공하기 위해서는 학교가 위임받은 권한을 원활히 처리할 수 있도록 관련 행정적·재정적 지원을 병행하여야 한다. 권한만 내려주면 학교가 알아서 잘 처리할 것으로 보는 것이 일반적인 견해이지만, 실제 권한을 위임 받는 쪽에서 보면 해당 권한을 올바로 행사하기 위해 필요한 인적, 재정적, 기술적 투입이 필요한 경우가 많다. 그러나 학교가 가진 자원의 한계 때문에 새로운 권한 행사에 소요되는 이러한 투입을 제대로 갖추지 못한 것이 현실이다. 따라서 교장에게 권한을 위임할 때 해당 권한을 행사하는데 인적, 재정적, 기술적 자원들이 어느 정도나 소요되는지, 소요된다면 이를 어떻게 지원할 것인지도 동시에 고려하면서 권한을 위임해야 한다.

3. 학교자율경영의 원리

학교자율경영의 원리는 학교자율경영을 추진함에 있어 지켜야 할 기본적인 규범을 의미한다. 그러나 이러한 규범은 시대나 장소, 학교가 처한 여건에 따라 강조점에서 차이를 보일 수 있다. 따라서 어느 때나 어느 곳에서나 통용될 수 있는 절대적인 규범이나 원리는 존재하지 않는다고 볼 수 있다. 예를 들어 많은 국가들이 교육개혁을 추진하면서 지방분권과 교육행정을 자율화를 추진한데 반해서 영국의 1988년의 교육개혁법에서는 오히려 중앙집권을 강화하는 방향으로 추진된 바 있다.

여기서는 우리나라가 처한 상황을 감안하여 학교자율경영에서 일반적으로 강조되어야 한다고 볼 수 있는 기본적인 원리를 살펴보고자 한다. 학교자율경영에서 일반적으로 지켜져야 할 기본적 원리로는 민주성, 책무성, 전문성, 합리성, 창의성을 들 수 있다. 이들 원리는 학교단위자율경영제에서 추구하는 원리와도 유사한 속성을 가지고 있다. 왜냐하면 학교자율경영과 학교단위자율경영제가 추구하는 목적이 학교경영의 자율권 신장을 통한 교육의 질적 제고에 있기 때문이다.

가. 민주성

민주성의 원리는 학교경영에 관한 중요한 의사결정을 하고 행동전략을 실천하는데 있어서 교육공동체의 민의를 반영하는 것이다. 학교교육의 방향을 수립하는 과정에 이해당사자를 포함한 광범위한 참여를 통하여 공정한 민의를 반영하고, 의사결정의 결과를 실천하는 과정에서도 학교교육 관련자들의 광범위한 참여를 유도하는 것이다. 따라서 학교경영을 실천하는 학교 내에서의 의사결정 과정 및 집행과정에 학교 조직 구성원들의 적극적인 참여가 대단히 중요하다.

교장이 교직원 회의, 학교운영위원회, 각종 자문위원회 등을 두어 의사소통 경로를 개방하고 일방적인 명령이나 지시보다는 협조와 이해를 기초로 학교경영을 해 나가려는 것은 민주성의 원리에 충실하고자 하는 것이라고 볼 수 있다.

지금까지의 학교는 자율성이 거의 없고 학교에서 집행할 의사결정을 행정기관에서 주도하는 행정모형(administrative model)에 따라 운영되어 왔다. 학교경영 전문가에게 주요 의사결정 권한을 부여하는 전문가 모형(professional model)이나 대의 민주주의 정신을 바탕으로 지역사회 인사와 학부모 등의 참여를 보장하는 참여 모형(participatory model)의 도입은 지지부진해 왔다. 앞으로는 참여 모형에 기반을 둔 학교경영 모형의 정립이 필요하다. 참여적 학교경영 모형은 우리의 학교 현실과 민주주의의 이념적 원리를 고려하여 학교경영에서 권력의 분산, 학교 운영에 관련한 집단이나 개인의 광범위한 참여 보장, 학교 공개의 운영의 공정성 확보 등의 원칙이 강조된다. 단위학교에 많은 재량권이 부여되어야 한다는 것은 학교의 특정 개인에게 권한이 집중적으로 주어지는 것을 의미하지 않는다. 중앙이나 상급 행정기관에 학교 운영권이 집중되는 것을 지양하는 노력 이상으로 학교 내에서의 권력 집중을 경계하고 이를 방지할 수 있는 지혜를 지녀야 한다. 대표성이 확보된 참여적 의사결정 장치가 학교가 마련될 필요가 있다.

단위학교의 독자적 의사결정의 권한 증대와 참여 의사결정 체제 구축 주장은 상호 보완적이다. 말하자면 재량권이 없는 학교에서의 참여적 의사결정 장치와 참여적 의사결정 장치가 없이 학교에 많은 재량권이 부여되는 것은 모두 무의미한 것이다. 요컨대 학교에 많은 힘을 주고 그 힘을 제대로 발휘할 수 있는 장치를 학교에 마련해 나가야 한다.

단위학교의 성과를 향상시키기 위해서 교장은 학교의 공식적인 권한을 학교조직의 전체에 분산시켜야 한다. 상부 교육행정 기관에서 부여된 학교경영에 관한 의사결정 권한은 교수-학습활동에서의 개선에 초점을 두고 활용해야 하는데, 예컨대 교사나 학생 등 학교를 구성하는 다양한 집단을 학교의 의사결정 과정에 참여시킴으로써 이들의 전문성과 의견을 최대한 반영하고 존중해야 한다. 이러한 참여적 의사결정 구조의 확립을 통해 단위학교를 민주적으로 운영하기 위한 학교내 의사결정 체제의 구성과 기능, 참여자, 참여방식 등을 결정해야 한다. 구체적인 학교경영 방식은 교장의 전문성, 교사의 전문성, 학부모 및 지역사회의 참여도, 학생의 수준 및 참여 요구, 다루는 사안의 내용 등에 따라 결정된다(노종희, 1998).

학교자율경영에서 민주성이 충족되기 위해서는 학교교육과 관련된 이해당사자들이 자신의 권한에 대한 이해가 선결되어야 한다. 그래서 학교경영에서 내가 처한 위치와 권한의 범위를 인식하고 자신의 의사를 주장하여야 한다. 그렇지 않다면 학교는 민주성이라는 미명 아래 각종 이권다툼이 끊이지 않는 불안정한 상황을 초래할 수도 있다. 또한 교사들 중 자율적인 의사결정권을 행사하기를 원치 않는 사람들이 있어, 그냥 예전에 해 오던 방식을 선호하고 교장이나 교감에게 전과 같이 지시받기를 원한다면 민주성의 원리는 충족될 수 없다. 따라서 민주성의 원리를 구현하기 위해서는 이를 가로막는 요소들에 대한 분석을 통해 민주적 참여를 유도하는 학교경영 방안에 대한 탐색이 요구된다.

나. 책무성

책무성이란 자신의 행위 결과에 대한 책임이나 의무를 의미한다. 즉, 책무성은 자발적인 행위 결과에 대하여 행위자에게 추궁되는 의식, 부담 또는 제재를 말할 때도 있고, 강제나 구속에 의해서가 아니라 자발적으로 한 일이 의도와는 상관없이 혹은 의도와는 달리 얻어진 결과에 대하여 정신적 또는 도덕적으로 혹은 법률에 의해서 죄의식, 비난 또는 제재, 손해를 가져오더라도 이를 기꺼이 감수하는 것이다. 즉, 학교자율경영은 그 결과에 대해 책무성을 담보할 수 있어야 한다.

구성원들에게 자율적인 참여와 역할이 주어지고 그만큼 그에 따른 책무성이 강조되는 것은 권리에 따른 의무라고 보아야 할 것이며, 조직의 자율성이 강조되는 만큼 책무성은 중요하게 다루어져야 한다. 따라서 학교자율경영은 전문성에 기반하여 교육의 결과에 책임지는 '책무성을 담보한 자율성'이어야 한다. 기존의 학교경영이 법적, 행정적 책무성이 지배한 학교경영이라면, 학교자율경영 시대에서는 전문적이고 자율적인 책무성이 강조되어야 한다. 지금까지의 학교경영은 공교육이라는 이름아래 국가가 제시하는 틀 속에서 안주하고, 그 틀을 벗어나서 학교 나름의 문화를 형성하는 것에도 노력을 게을리 하였으며, 일정기간 수강하고 연수하게 되면 졸업을 시키는 목표도달도의 책무성에 한계가 있었던 것 또한 간과할 수 없는 공교육의 한계가 있었다. 그것 때문에 학교교육에 종사하는 교원들의 전문성을 자타가 공인하지 못한 결과를 초래했으며, 학생들은 학습을 받을 권리가 있음에도 다양한 요구사항을 교육기관에 당당하게 제시할 수 없는 상황이 교육기관 내부에 깊이 자리 잡고 있었다(최순월, 2004).

자율은 자기책임을 동반한다. 자기결정의 원리에 따른 학교경영 활동에 대해 학교 구성원들은 그 결과에 대하여 스스로 책임을 져야 한다. 자기결정은 새로운 기회의 창출을 의미하는 동시에 위험의 부담을 수반할 수 있다. 그렇기 때문에 합리적으로 사고하고 정상적으로 행동하는 사람이라면 스스로 결정한 일이 초래한 결과에 대하여 책임을 져야 한다는 것을 알고 있기 때문에 신중히 결정하고 신중히 행동해야 한다. 이런 의미에서 스스로 책임질 수 없는 부분의 결과까지를 포함하여 자기결정에 대한 책임을 져야 하는 것이 책무성의 원리인 것이다. 결국 학교교육은 학교경영의 다양한 모습으로 구성원들에게 전문직적 자율성을 부여하고 그에 접합한 책무성을 주어 교육의 효과를 극대화 하는데 노력해야 한다.

학교자율경영의 성공을 담보할 수 있는 적절한 책무성 체제 구축이 요구되고 있다. 미국의 대표적인 교육개혁인 'No Child Left Behind Act'에서는 연방정부의 재정을 자율적으로 활용할 수 있도록 하되, 학교의 교육에 대한 책무성을 강조하고 있다. 즉, 모든 유치원과 초등학교 및 중등학교들은 학생의 학업성취에 대한 책무성을 갖고, 정해진 기준을 충족시키지 못하는 학교는 보완책을 강구하여야 하며, 지속적으로 기준을 충족시키지 못하는 학교는 연방 정부의 재정 지원을 감축할 수 있도록 하고 있다(Peterson & West, 2003; 정제영, 2008에서 재인용). 미국에서는 학생의 학업성취도 평가 결과를 책무성 담보의 수단으로 주로 활용하고 있으며, 지역의 실정에 맞는 책무성 계획을 자율적으로 수립하도록 하고, 이를 기준으로 평가하고 있다. 우리나라에서는 단위학교의 책무성을 확인할 수 있는 체제가 미흡한 실정이다. 학교평가나 감사, 장학지도 등이 있지만 형식적이고 문서위주의 지도・감독위주로 이루어지고 있어 학교교육의 질적 개선과는 연결되지 못하고 있다. 따라서 우리나라의 경우에도 학교자율경영의 결과를 평가할 수 있는 신뢰롭고 타당한 책무성 기준을 설정할 필요가 있다. 학교는 학교대로, 학급은 학급대로 그 성과에 대해서 평가가 이루어져야 한다. 조직이든 개인이든 절적한 평가가 수반되지 않고서는 수월성을 보장하기 어려운 것이 사실이다. 충분한 연구를 거쳐 시행될 문제이기는 하지만 학교평가와 교원평가가 하나의 제도로서 도입되어야 할 것이다.

평가 개념을 도입하기 위해서는 교육행정 및 장학 담당자들의 평가관, 학교관, 교사관에 대한 인식 전환이 이루어져야 하고 학교 자체 평가가 활성화 될 필요가 있다. 전통적으로 학교평가는 상급 행정기관의 장학 담당자 또는 교장 등에 의해서 이루어져 왔고 지금까지도 이러한 평가 범주를 벗어나지 못하고 있음을 부정할 수 없는 것이 현실이다. 이와 같은 평가의 논리에는 '평가를 하는 사람'과 '평가를 받는 사람'이 계층성을 이루고 있어서 평가는 상위 직위에 있는 사람의 전유물처럼 생각되어 온 것도 사실이다. 평가과정에서 학교 당국이나 교사들은 항시 피동적으로 평가를

'받는 위치'에 머물러 있을 수밖에 없었으며, 이로 인해 평가에 대한 피해의식과 저항이 클 수밖에 없었다. 또 평가를 받는 교사들은 평가를 하는 사람보다 전문적 능력이 결여되어 있다는 생각이 팽배해 왔다. 그러나 학교를 하나의 전문적 조직으로 간주하고 교사를 전문직 종사자로 받아들인다면 이러한 생각이 반드시 옳다고 할 수 없다. 학교나 교사들의 자발적 참여나 협조 없이 오직 학교 밖의 필요에 의해서 일방적으로 이루어지는 평가는 학교개선을 위해 그다지 큰 도움이 되지 못한다.

종래의 편협한 평가 관행으로부터 과감히 탈피하여 이제 교육을 직접 담당하고 있는 교사들이 중심이 되는 평가체제로 그 모습이 변해야 한다. 평가활동이 단순히 평점을 내는 것만으로 그 기능이 끝나는 것이 아니라, 궁극적으로는 교사들의 전문성을 향상시키고 교수-학습의 질을 높여 이른바 '좋은 학교'를 만드는데 있기 때문이다. 학교와 교사들이 학교개선을 위해 자기 내부로부터 스스로 평가의 필요성을 깨달을 때 학교 자체 평가의 실시기반이 조성된다고 볼 수 있다.

다. 전문성

책임지는 자율이 진정한 자율이라면 자율에는 또 하나의 전제조건이 필요하다. 왜냐하면 책임지고 싶어도 책임질만한 능력을 갖추고 있지 못하면 하고 싶어도 할 수 없기 때문이다. 여기에서 책임질만한 능력이란 전문성을 의미한다(신상명, 2008).

학교자율경영을 위해서는 학교경영의 전문화가 필요하다. 학교경영의 재량권이 확보되지 않은 이유 중의 하나를 학교인사들이 학교경영을 독자적으로 이끌 전문성이 미흡하기 때문이라고 설명하는 시각이 있다. 사실 아직도 많은 사람들은 학교가 자율적인 경영 역량을 가지고 있는가에 대해 충분한 신뢰감을 가지고 있지 못하고 있다. 이는 그러한 인식 자체가 잘못된 시각에 기초하고 있기도 하지만, 학교 인사들도 그러한 믿음을 확고하게 보여주지 못하고 있다는 데 문제의 심각성이 있다. 따라서 단위학교가 부단히 자기 갱생의 노력을 추진할 수 있고, 외부의 과도한 지시나 간섭 심지어는 학교교육의 본질을 오도하고 학교를 사적인 이익에 이용하려고 하는 개인이나 집단에 대해서 단호히 대처할 수 있도록 학교경영의 전문적 역량을 키워 나가야 한다.

과거에는 단위학교의 교육과정 운영, 교육계획, 재정운영 등에서 자율권이 거의 없었기 때문에 단위학교 경영자의 전문성이 높지 않아도 단위학교가 유지될 수 있었다. 하지만 이제는 교육자치제의 실시와 더불어 교육과정의 편성 및 운영, 학교재정 등에 대한 권한이 단위학교에 많이 부여되는 추세에 있다. 이에 따라 단위학교 행정가의 효과적인 학교경영 능력은 대단히 중요하다.

단위학교 교장은 학교경영에 대한 권한을 부여받는 대신에 이에 상응하는 책임을 져야 한다. 학교 행정가는 교육과정, 교수방법, 학교경영, 학교재정 및 시설, 학교문화의 형성 등 여러 방면에서 전문성이 요구된다. 교사는 학생들의 전인적인 인간형성에 있어 직접적이며 궁극적인 역할을 담당하고 있으며, 이것을 이루는 과정에서 꼭 필요한 것이 전문성이다. 오늘날 교육현실에서 교사가 지녀야 할 핵심능력으로서 여러 가지가 요구된다. 교원이 전문성을 갖추지 못한 사회에서 교육의 성과는 교육의 질적 내용과 수요자의 만족도와 관련하여 전문적인 교원의 교육 성과와는 여러모로 구분되고 있다. 그래서 우리는 일반적으로 인정되고 있는 전문성의 특성에 비추어 봄으로써 직업의 사회적인 지위를 알 수 있다. 교직은 부분적으로는 전문직의 기준에 부합한다. 그러나 완전하게 전문적이라고 말은 하지 못한다. 그렇다면 완전한 전문적인 지위를 성취하려면 교사는 어떤 전문적 능력을 지녀야 할까? 교사가 갖추어야 할 전문적 능력에 대하여 보는 시각이나 학자에 따라 다양한 의견이 제시되고 있다.

김종철(1986)은 교사의 전문적 능력을 건전한 교육철학의 수립, 교직에 대한 올바른 태도와 감정, 특히 소속감과 안정감의 확립, 문제해결 능력과 기술의 습득, 특히 학습지도 방법과 생활지도 방법의 개선, 교육문제에 대한 올바른 인식의 확대 등이 포함된다고 제시하였으며, 이윤식(1993)은 교사들이 가져야 할 전문적 능력을 교육철학과 교직관, 교육목표 및 교육계획, 교과지도, 생활지도, 특별활동지도, 교육기자재 활용, 학급관리 및 경영, 교육정보 · 시사, 학부모 · 지역사회의 관계, 각종 교육관련 문제의 이해 등을 포함한다고 하였다(최순월, 2004).

한편 정태범(1991)은 교육성과는 학생능력, 교육프로그램, 교사자질 등의 세 변인이 교육자원과 결합되어 일으키는 상화작용의 결과라고 보고, 교육성과를 결정하는 변인들을 공식화시켜 제시하고 교육의 성과는 교사의 전문적 능력이 가장 중요한 변인이라고 주장하였다. 학교교육은 교사의 지도역량이 교육프로그램의 내용을 학생들의 능력에 맞추어 어떻게 연결시켜 학습효과를 올리느냐에 있기 때문에 교사의 자질과 열의는 교육성과를 올리는데 고려되는 가장 중요한 변인이다. 결국 학교경영에 있어서 핵심과제는 교육과정 운영에 있고 이는 교사의 적극적이고 전문적인 능력과 기술로 그 성과를 높이기에 가장 적합한 일이다. 교사의 전문성이 인정되지 않고 또한 교사의 전문성 신장을 위한 일에 게을리 하는 것은 교육의 질과 밀접한 일이며 그것은 학교경영의 자율성에도 심각한 문제도 대두된다(최순월, 2004).

자율은 책임을 전제로 한다. 책임지지 않는 자율은 자율이 아니라 방종일 뿐이다. 그리고 책임지기 위해서는 능력을 갖추어야 한다. 그러므로 단위학교가 자율경영체제로 정착되기 위해서는 능력을 갖추는 일 즉, 전문성 제고가 관건이 된다.

라. 합리성

학교자율경영의 기본원리인 합리성은 학교경영이 합리적으로 계획되어 실행되는 것을 의미한다. 즉, 합리성이란 어떤 행위가 충동이 아닌 의식적이고 객관적이며 심사숙고의 지성적 사고 과정을 거친 것으로 이성에 합치되는 것이다. 그러므로 어떤 대안이나 학교경영안을 평가함에 있어 합리성을 갖추지 못했다면, 그 대안은 이미 다른 기준에 의한 검토 없이도 적절하지 못한 것으로 평가되기 때문에 합리성은 합리적인 사고를 통해 이루어지는 결정을 강조한다.

자신을 스스로 통제하는 것이 자율이며, 자신이 판단하고 결정하여 행동으로 옮기는 경우에 자율성은 충족된다. 스스로 판단하여 결정하였을지라도 행동으로 나타나지 않으면, 어떤 결정을 내렸는지 제3자는 알 수 없으며, 스스로 결정을 내렸다고 하더라도 외부의 압력을 받아 행동했을 가능성도 배제할 수 없다. 그러므로 자율은 스스로 합리적인 판단에 의하여 행동으로 나타난 경우에만 의미가 있다. 일반적으로 판단의 준거로 사용되는 것은 합리성이다. 이런 의미에서 자율이란 인간의 이성이나 사물의 이치에 비추어 스스로 판단하고 결정하여 행동하고, 그 결과에 대하여 책임지는 것을 의미한다.

Dissing(1962)은 합리성을 기술적 합리성, 경제적 합리성, 사회적 합리성, 법적 합리성, 정치적 합리성으로 구분하였다.

첫째, 기술적 합리성은 하나의 목표를 달성하기 위한 적합한 수단을 찾는 것으로 목적・수단의 연쇄관계 또는 계층적 구조를 핵심으로 하고 있다. 본래적 의미의 합리성이라고 할 수 있다.

둘째, 경제적 합리성이란 비용과 편익을 측정・비교하여 목적을 선택・평가하는 과정이다. 가령 A가 B보다 좋고, B가 C보다 좋다면, A는 C보다 좋다는 관계가 성립될 수 있다. 그래서 경제적 합리성에는 개인이나 집단의 초소의 자원을 투입하여 주어진 목표를 달성하려고 한다. 그래서 자원이 한정된 경우에는 산출을 최대화 하려고 하고, 주어진 목표 아래에서는 비용을 최소화 하려고 한다.

셋째, 사회적 합리성은 사회체제의 구성요소간의 조화 있는 통합성을 의미하며 이는 사회 내 다양한 힘과 세력들이 질서 있는 방향으로 조정되고 갈등을 해결할 수 있는 장치이다.

넷째, 법적 합리성이란 인간과 인간 간에 권리・의무관계가 성립할 때에 나타나는 것으로 갈등을 해결 가능하게 하고 복잡한 것을 명확하게 해 준다.

다섯째, 정치적 합리성이란 보다 나은 정책을 추진할 수 있는 정책결정구조의 합리성을 의미하여 가장 영향력이 크고 비중이 높은 중요한 합리성이다.

하지만 복잡한 조직과 학교 내에서 합리적인 결정을 한다는 것이 그렇게 쉬운 일은 아니다. 그래서 많은 사회과학자들은 합리적으로 결정하기 위한 노력을 기울여 왔다. 예를 들어 의사결정을 합리적으로 하기 위한 합리적 모형[2)]을 개발하였다. 행정학에서는 능률 극대화를 목표로 행정의 근대화를 주장한 테일러주의(Taylorism), 행정 현상을 연구하는데 사회과학적 방법과 분석기법을 적용시킬 수 있는 분석의 틀을 제공한 Weber의 고전적 관료제론을 비롯하여 체제분석(system analysis), 선형계획(linear programming), 게임이론(game theory), 시뮬레이션(simulation) 등의 OR(operations research) 기법과 비용분석(cost analysis), 경영정보시스템(MIS) 등은 합리성을 추구하는데 기여하였다.

마. 창의성

창의성은 두 가지 의미를 가지고 있는데 하나는 현재까지 나타나지 않았던 것을 새롭게 만드는 것이며, 다른 하나는 기존의 것을 바꾸어서 새롭게 변화시키는 것이다. 학교자율경영에 있어서 기존에 해 오던 학교경영방식을 완전히 무시하고 완전 새로운 것을 만들어 내는 것은 쉽지 않다. 결국 무엇을(what)이 아닌 어떻게(how)의 개념이 더 중요하게 된다.

그 동안 교육의 양적 팽창에 초점을 두고 발전해 온 우리나라의 교육체제는 획일적인 교육체제로 인한 많은 문제점들이 누적되어 왔다. 그래서 이제는 창조적이고 개성 있는 인력을 필요로 하는 21세기 다원주의 시대를 맞이하여 교육의 획일성을

---

2) 이 모형은 고전 경제학 이론에서 가정하는 경제인(homo economicus)의 합리적 행동에 기반을 둔다. 합리적 경제인은 환경의 여러 관련 측면에서 명확하고 풍부한 지식을 가질 수 있다는 전능의 가정 하에 그가 원하는 최선의 행동을 선택할 수 있다는 것이다. 이 모형에서는 객관적 합리성에 근거한 정책결정자에 대한 전능의 가정과 주관적 합리성에 근거한 경제인과 같은 합리적 인간을 전제로 한다.

극복하고 다양하고 창의성을 지향하는 체제로 전환하고자 학교자율경영을 도입하자는 것이다.

창의성의 원리에 비추어 본다면, 학교자율경영의 방향을 설정할 때 교육과학기술부 주도의 추진보다는 시 · 도 교육청이 주체가 되어 각 지역의 실정에 맞는 학교자율경영 전략을 수립하는 것이 타당할 것이며, 나아가서는 시 · 도 교육청이 아닌 단위학교가 주체가 되어 각자 창의적인 관점을 가지고 학교마다 나름의 자율경영 방안을 수립해 나가도록 유도해 나가야 할 것이다. 결국 학교자율경영은 단위학교가 주체가 되어 창의적인 교육을 해 나감으로써 학생교육의 성장을 이루고자 하는 것이다.

단위학교에서는 학교자율경영을 통해 다양화 된 사회의 다양한 교육수요에 대처하기 위한 교육과정의 창의성을 제고할 필요가 있다. 즉, 학교의 실정을 반영하되 학생의 특기 · 적성 · 흥미 · 능력 등을 고려한 다양한 교육과정이 마련되어 학생 개개인의 독특한 개성을 살리는 교육서비스의 질적 수준을 높여 나가야 한다.

어느 학교나 교사들의 교육관, 전통적 학교문화 등이 다양하게 존재한다. 교사들은 각자의 교육관에 따라 학교 교육과정을 조정하여 창의적인 교육운영을 할 수 있어야 한다. 이를 위해 학교 경영자는 학교교육의 뚜렷한 목표를 제시하고 적극적인 지원으로 교육활동을 담당하는 교사의 참여를 이끌어 내어 학교만의 특화된 교육활동을 할 수 있는 환경을 조성해 나가야 한다. 어느 학교의 예를 살펴보면, 영어교육을 위해 학교내에 특정 영역을 선정하여 학생들이 그곳에서 영어만을 사용하도록 하고, 학생교육을 위해 10여 명의 전담 교사제와 교수자료 제작 등을 위해 연구실을 따로 배정하는 등의 노력을 기울인 결과, 3~4학년의 학생들이 간단한 일상대화를 영어로 주고받을 수 있는 실력으로까지 발전한 경우도 있다. 미국의 경우에도 과학이나 예능 방면에서 우수한 프로그램을 가지고 있거나, 영재나 특수교육으로 특화된 초 · 중등학교들이 지역별로 분포되어 있다. 이런 학교의 교장들은 자신의 학교에 대해 상품을 설명하듯이 학부모와 지역위원회 모임에서 자신 있게 그들 학교의 교육 프로그램에 대해 홍보한다.

창의성이 있는 학교경영을 위해서는 첫째, 학교의 교육목표를 정확히 제시하여 교사 및 학생들의 적극적인 참여를 유도해야 하며, 둘째, 교원들이 분야별로 전문연수를 지속적으로 받도록 하여 학교의 특화된 교육방식이 활성화 되도록 하며, 셋째, 교원들의 활용이 불가능한 경우 방과후 또는 방학기간에 특기적성교육을 통해 특화된 교육을 받을 수 있는 기회를 제공하며, 넷째, 연중 교육활동에서 교사, 학생, 학부모, 지역주민이 함께 할 수 있는 행사를 개발하여 수시 또는 정기적으로 실시할 필요가 있다.

4. 학교자율경영의 영역

학교자율경영의 주요내용은 학교경영에 대한 단위학교의 결정권을 확대하고 초·중등교육에 관한 교육감의 권한과 책임을 강화하며 교육과학기술부의 초·중등 교육에 대한 역할을 국가 수준의 기준 설정과 합리적 보완기능으로 명확하게 재설정하는 것이다.

단위학교가 자율경영체제로 정착되기 위해서는 교육청과 단위학교 간에 권한과 역할이 조정되어야 한다. 교육과학기술부는 국가수준의 교육정책 수립 및 필수적 국가교육과정의 유지 기능만 수행하고, 초·중등교육의 책임기능을 시·도교육청에 이관하며, 시·도교육청은 시·도 차원의 교육정책 및 기획, 직무조정, 평가 등 핵심적 기능만을 수행하고, 구체적인 관리기능은 지역교육청으로 이관할 필요가 있다. 그리고 지역교육청은 학교에 대한 교육지원과 장학지원을 수행하며, 구체적인 학교교육 활동에 대해서는 단위학교가 중심이 되어 수행할 수 있도록 교육행정 구조를 개편해 나가야 한다.

학교자율경영은 교육과정의 편성 운영권, 인사 관리권, 학교예산 편성 운영권 등을 중심으로 한 학교경영의 핵심영역에 관한 권한이 상부기관에서 대폭 이양되어야 하며, 형식적인 이양이 아니라 제도적으로 뒷받침되는 권한의 위임이 필요하다. 진정한 자율성이 보장되어야 전문성을 지니기 위한 교원의 노력도 길러질 것이며, 전문성 신장을 통한 자율권 확장은 교원의 책무성으로 연결됨으로써 학교자율경영이 성공할 수 있을 것이다.

가. 학교의 의사결정

학교자율경영이 소기의 성과를 거두기 위해서는 기존의 교육행정 패러다임의 변화가 요구된다. 해방 이후 우리나라는 중앙집권적, 관료제적인 교육행정체제를 운영하여 온 것이 사실이다. 중앙집권적 교육행정은 무엇보다 표준화 되고 단일화된 교육정책을 전국적으로 시행해 왔다. 학교자율경영은 기본적으로 학교에서 중요한 의사결정이 이루어져야 함을 의미한다. Top-down 방식의 의사결정에서 Bottom-up 방식으로의 전환은 매우 획기적인 변화를 필요로 한다. 따라서 학교자율경영을 위해서는 단위학교가 주체가 되어 학교교육과 관련한 핵심적인 의사결정과 의사소통을 함으로써 새로운 교육 거버넌스를 구축할 필요가 있다. 물론 이러한 통치구조는 자율성을 주는 대신에 책무성과 전문성, 합리성, 창의성을 담보할 수 있는 것이어야 한다.

나. 학교교육과정

학교자율경영의 가장 핵심적인 내용은 교육과정·학사 운영에 관한 단위학교의 자율성을 대폭 확대하는 것이다. 그 중에서 교육과정은 학교교육의 기본설계로서 초·중등 학교교육의 혼이 담겨져 있다. 하지만 우리나라 교육과정 운영은 학교자율경영에 한계점을 드러내고 있다. 지금까지 우리나라는 교육과정 결정권을 중앙정부가 가지고 있었다. 하지만 학교자율경영의 시대에서는 교육과정의 지역화나 교육과정 결정에서 단위학교의 자율성이 확대되는 방향으로 나아갈 필요가 있다. 왜냐하면 학생의 개별학습을 위해서 교사는 학생의 개별적 이해의 바탕 위에서 자율적으로 교육내용을 선정, 구성해야 하기 때문이다. 따라서 교육과정 편성·운영의 중심이 단위학교가 되도록 해주어야 한다.

학교의 교육과정 결정권은 국가수준에서 대부분 이루어지고, 그 다음이 교육청이며, 단위학교는 권한의 여지가 가장 적다. 물론 과거에 비하면 최근에는 학교교육과정을 편성할 수 있도록 제도화되어 있기 때문에 권한의 여지가 확대되었다고 볼 수도 있으나, 실제적으로 자율성을 발휘하는 영역이 극도로 제한되어 있음을 확인할 수 있다. 특히 교육청에서 장학지도나 학교평가 등을 통해 획일적인 기준을 가지고 단위학교의 교육성과를 확인하고 점검하는 일에 치중하고 있기 때문에 더욱 그렇다. 그리고 가장 결정적으로는 단위학교에 근무하는 교사 수의 부족으로 자율성을 발휘하기보다 기본업무의 수행에 전전긍긍하는 모습도 확인할 수 있다.

따라서 학교자율경영의 시대에서 교육청은 교육과정 편성의 지침을 최소화하고, 단위학교가 학교의 특성을 살리어 자율적인 교육과정을 편성·운영할 수 있도록 지원해 주어야 한다. 특히 선택교과의 선정, 수업일수와 교과시간 수의 조절 등과 같은 실질적 자율권이 단위학교에 주어져야 하며, 교육내용을 획일화시키는 국정교과서 제도 개선, 교과교사의 교재선택권, 재량시간 확대도 검토해 보아야 한다.

학교에서 일어나는 교육활동은 학교-학년-학습이라는 맥락 속에서 일련의 연계성을 갖고 교육과정에 따른 교육활동이 이루어지게 된다. 이러한 교육활동의 가장 기초적인 단위는 학급으로 교육 대상인 학생들의 학습과 생활이 이루어지는 장이다. 따라서 효율적인 학급의 교육활동 전개를 위해서는 인적·물적 자원을 활용하여 계획을 세우고 학급조직을 합리적으로 하며, 학생의 개성과 적성 및 학습의욕을 고려하는 교육활동이 이루어져야 한다. 현재의 우리나라 교육현장은 학습 구성원 개개인의 필요와 욕구를 수용하기 보다는 일률적이고 통제 중심의 교육활동이 이루어지고 있기 때문에 합리적인 수행으로의 전환이 요구되며, 이는 개별학습을 전제로 하는 자율적인 지도와 다양화가 필요하다. 현재 국가가 제공하는 교육과정에 의존하는 프로그램에서 과감히 탈피하여 지역사회와 학교의 실정을 고려한 선택을 통하여 교육과정의 폭을 넓히고 교육활동 전개에 필요한 교구 및 기자재를 충분히 활용할 수 있는 환경을 조성하며, 학생들이 능력에 따라 교과를 선택할 수 있는 권한을 부여하고 자료의 개발과 개별학습지도를 전개하는 교육활동이 이루어져야 한다.

다. 학교인적자원

유능한 인재를 양성하고 배치하고 운영함으로써 교육의 질적 수준을 높이기 위해서는 단위학교의 실정에 맞는 인사 관리 방안이 마련되어야 한다. 시・도 교육청에서 일방적으로 주어지는 인사가 아닌 단위 학교가 주체가 되는 인사 관리로의 전환이 필요한 시점이다.

지금까지 교장은 학교경영의 책임자로서 학교운영에 필요한 교직원 활용권이 제한적으로 보장받아 왔다. 교장이 인사 자율권을 발휘하여 단위 학교에 필요한 교직원을 초빙할 수 있는 제도적 장치는 마련되어 있으나 실제 운영에서는 그 취지가 살려지지 못하고 있으며, 제한된 인사권으로 인해 단위학교의 특색을 살리는 학교경영을 어렵게 만들고 있는 실정이다.

현재 교원 인사권은 대부분 교육감이 가지고 있기 때문에 단위학교의 인사 재량권은 그리 많지 않으므로, 단위학교에 인사관리 자율권을 보장해 주어야 한다. 교원초빙 범위를 확대하여 단위학교의 교사 선택권이 실질적으로 보장되어야 한다. 이를 위해서는 현재 교육청에서 주관하는 교원전보제도를 획기적으로 개선할 필요가 있다. 그리고 행정 및 보조 인력의 채용권도 단위학교에 보장해 주어야 하며, 문제교사의 징계나 우수교사의 포상권도 단위학교에 이양하여 교육청의 간섭을 줄여나가야 할 것이다.

라. 학교와 지역사회

학교자율경영이 성공을 거두기 위해서는 단위학교만의 폐쇄적인 학교경영체제로는 불가능하다. 왜냐하면 학교교육의 수요자인 지역사회의 요구를 반영하지 않은 학교교육으로는 사회가 필요로 하는 인적자원을 길러내는데 한계가 있기 때문이다. 또한 단위학교 자체의 역량만으로 학교경영을 하는 것보다는 지역사회의 유능한 인사와 교육적 자원을 학교교육에 끌어들임으로써 학교교육은 더욱 다양해지고 창의적으로 변화할 수 있다. 학교자율경영은 학교교육의 이해당사자인 학생과 학부모를 비롯한 학교 외부의 지역사회와도 유기적인 관계 형성을 통해 시너지 효과를 발휘할 수 있다.

학교교육의 이해당사자인 학부모의 적극적인 참여를 허용하는 개방적인 분위기를 조성하고 능동적 학부모 참여를 수용할 수 있는 교원의 인식 제고와 더불어 지역사회에서도 지역교육 발전을 위한 협력 체제를 수립하여 산학협력이나 방과후 프로그램의 운영을 확대해 나갈 필요가 있다.

마. 학교 행정 및 재정

학교자율경영이 이루어지기 위해서는 단위학교의 행정, 재정, 시설 관리권을 보장해 주어야 한다. 현재 시행되고 있는 학교회계법은 교육과정영역이나 인사관리영역에 비해 상대적으로 교육재정영역의 자율권을 확보해 주는 것으로 이해할 수 있다. 하지만 현재의 학교재정이 완전한 자율권을 확보한 것은 아니다. 비록 법과 제도가 마련되었다고는 하나 운영의 과정이 형식에 그치는 경우가 많고, 교원과 학부모 및 학생의 참여가 부족하다는 지적이 있다. 아직도 경직성 경비가 많아서 자율운영의 여지가 적으며, 단위학교의 예산활용 능력도 미흡하여 전년도를 답습하는 관행이 널리 퍼져 있는 것으로 지적되고 있다.

또한 예산편성과 운영과정에 교직원 참여가 확대되고 있으나, 교사들의 관심부족으로 새로운 예산 요구가 별로 없다는 점 등이 지적되고 있다. 그리고 재정의 획일적 분배나 회계감사 중심의 운용 등의 문제로 자율성의 발휘가 제한되고 있다는 점도 문제로 지적되고 있다. 이를 개선하기 위해서는 학교 구성원 전체가 참여하여 교육과정 운영에 필요한 기자재 확충, 시설관리와 확충 등 학교운영 전반을 포함하는 학교운영계획을 수립하여, 그 계획에 따라 학교예산을 편성하도록 하는 방안을 모색할 필요가 있다.

바. 학교경영정보시스템

상부 행정기관의 지시와 명령을 따르던 과거의 학교경영은 학교의 자율적인 의사결정권이 제한적으로 허용되었다. 따라서 단위학교의 의사결정이 상대적으로 소홀하게 취급되어 온 것도 사실이다. 하지만 학교자율경영의 시대에서는 단위학교가 주체적으로 학교교육과 관련된 크고 작은 사안에 대해 의사결정을 해야 한다. 따라서 의사결정의 합리성을 증대하고 최적의 의사결정을 위해서는 다양한 정보를 효과적으로 수집하고 과학적으로 분석함으로써 의사결정의 질을 높여야 한다.

학교의 경영방침이나 목표수립, 전략실행 등을 위해서는 정보를 해석하고 판단하는 과정이 필요하다. 따라서 조직을 둘러싼 내・외부 환경이 불확실한 오늘날에는 정보를 획득하고 분석하는데 학교업무시스템의 정보화가 상당한 이점을 제공해 준다. 단위학교의 의사결정은 학교경영의 정보화를 통해 주관적이고 피상적인 의사결정을 객관적이고 능동적인 의사결정 행태로 변화시킬 수 있다.

학교자율경영은 창의적이고 다양한 교육운영을 통해 교육수요자의 만족을 높이는데 의의가 있다. 따라서 학교경영의 정보화를 통해 의사결정조직의 하위체제에서 발생한 유용한 정보를 학교경영시스템의 형태로 공유하고, 이러한 정보들을 필요에 따라서 수집・분석・가공하여 활용할 수 있는 정보통신 네트워크 시스템을 구축해 나가야 할 것이다.

사. 학교경영자

단위학교의 최종 의사결정권은 교장에게 있기 때문에 학교자율경영의 성공은 교장의 역할이나 역량에 따라 달라진다. 따라서 학교자율경영의 핵심요소는 교장이라고 해도 과언이 아닐 것이다. 학교경영에 자율권이 많이 확대됨으로써 창의적인 사고를 요구하게 되고 단위학교가 주인의식을 가지고 학교경영을 해 나가야 한다. 이제는 그냥 스쳐가는 학교가 아니라 우리 학교이고 나의 학교인 셈이다. 따라서 교장은 학교 구성원들이 주체적으로 학교경영에 참여할 수 있도록 학교경영의 전문성을 확보해 나가야 한다.

학교경영자인 교장은 단위학교의 비전을 제시하고 이를 구성원들이 공유하게 함으로써 창의적이고 다양한 교육운영이 성공을 거둘 수 있도록 솔선수범하여야 한다. 어떠한 의사결정이 단위학교 교육의 질을 높일 수 있을 것인지 부단한 반성적 사고를 통해 학교경영 결과에 책임지는 자세가 요구된다. 학교자율경영의 시대에서는 어떤 일을 할지, 그 일을 어떻게 할지를 교장이 중심이 되어 학교 구성원들이 스스로 결정해 나가야 한다. 학교는 공동체 구성원의 교육운영 전략과 다양한 의사결정 대안에 따라 단위학교만의 독특한 색깔을 지닌 유연하고 창조적인 조직으로 운영되어야 한다.

Ⅱ

학교자율경영의 전략

학교자율경영이 성공하기 위해서는 다양한 방법의 학교경영기법에 대한 이해를 바탕으로 전문성을 담보한 경영전략을 추진해 나가야 한다. 학교가 뚜렷한 자율경영을 목적을 수립하고 성공적으로 목적을 달성하기 위해서는 교장을 비롯한 학교구성원들이 학교경영에 대한 높은 안목과 전문성을 가지고 있어야 한다. 따라서 여기에서는 최근의 조직 경영기법을 소개함으로써 학교자율경영 성공을 위한 기술적, 실천적 지식을 제공하고자 한다.

1. 학습조직화(Learning Organization)

가. 개념

학습조직이 등장하게 된 배경은 외부환경의 급격한 변화, 조직의 경영전략의 미래지향적 전환, 효율적인 조직형태의 등장으로 설명할 수 있다. 또한 조직을 평형상태가 아니라 지속적으로 변해가는 역동적 과정으로 이해하려는 조직론 학파의 논의도 학습조직이 주목을 받게 된 원인으로 꼽을 수 있다(신윤섭, 2008).

학습조직은 교직원이 학습할 수 있도록 모든 기회와 자원을 제공하며 학습결과에 따라 지속적 변화를 이루는 조직으로 요약된다. 학습조직은 변화에 능한 조직구축의 필요성이 갈수록 커지고 있다는데서 출발하며, 항상 배우는 문화와 조직을 구축하는데 역점을 둔다. 학습조직에 대한 관심은 개인학습이 조직의 성공을 위해서 필요하다는 가정에 의해 고조되었다.

Senge(1990)는 학습조직이란 “구성원들이 진정으로 원하는 성과를 달성할 수 있도록 지속적으로 역량을 확대하고, 새롭고 포용력 있는 사고능력을 함양하며, 집중된 열의가 자유롭게 설정되고, 학습방법을 서로 공유하면서 지속적으로 배우는 조직"이라고 정의하였다.

Garvin(1993)은 학습조직의 실천적인 면을 강조하면서 "지식을 창조 · 획득 · 전이하고, 조직이 새로운 지식과 통찰을 반영하도록 조직의 행동을 조절하는데 능숙한 조직"을 학습조직이라고 정의하였으며, Marquardt(1996)는 학습조직을 성공과 관련하여 설명하면서 "성공을 위해 지식을 보다 잘 수집하고 관리하여 이용할 수 있도록 지속적으로 변화하는 조직"이라고 정의하였다.

한편 박광량(1996)은 학습조직을 늘 새로운 학습을 일상적으로 되풀이함으로써 위기상황이든 아니든 관계없이 자기 변화가 신속하고 효과적으로 일어날 수 있는 상태에 이른 조직이라고 정의하였으며, 김영화(2000)는 조직학습의 필수요건인 조직구성원으로서의 개인학습을 촉진시키고, 학습결과를 확산, 공유, 보존, 전수할 수 있는 조직의 기술과 구조, 풍토를 조성하고 조직의 지식을 생성 · 축적함으로써 조직의 행태를 변화시키는 조직이 바로 학습조직이 된다고 하였다.

따라서 학습조직이란 '새로운 환경에 유연하게 대처하고 끊임없는 성장을 창조해 나가는 조직'이라고 할 수 있다(신윤섭, 2008). 또한 학습조직은 최종의 상태를 의미하는 것이 아니라 계속적으로 변화하고 발전되어 가는 과정에 있는 조직이다. 학습조직은 조직이라는 학습주체가 학습행위를 통해 구성원의 행동변화를 촉진하고 학습결과를 공유할 수 있는 조직 구조와 시스템을 조성함으로써 조직지식을 생성, 축적, 저장, 전수할 수 있는 역동적인 조직을 의미한다.

나. 특성

빠르게 변화하는 환경 속에서 조직의 생산능력이 중요하다는 인식이 확산됨에 따라 학습조직에 대한 관심이 고조되고 있다. 계속적인 변화를 추구하고자 하는 조직은 조직비전을 창조하고 추구할 수 있는 공동능력을 배양해야 한다. 학교를 예로 들면 교사들은 학습조직을 발전시키기 위해 진정으로 협력하여 학생들을 가르치며, 그들이 하고 있는 과업에 대해 끊임없이 반성할 수 있는 환경을 제공할 수 있는 길을 모색해야 할 것이다. 또한 모든 구성원들은 개인학습 능력을 기반으로 학습조직을 발전시키는데 헌신해야 한다.

Barth(1990)는 학교가 학습자 공동체를 개발할 것을 제안하고 있다. 그는 학습

공동체를 "교사, 교장, 학부모와 학생들이 가르치고 배우는데 열중하는 곳"이라고 정의하고 있다. 학교는 즐거움, 어려움, 학습의 만족감을 학생들이 발견하고 성인들이 재발견하는 곳이다.

학습공동체를 개발하는 필수원리 또는 핵심능력으로 Louis & Marks(1999)는 전문공동체를 제안하였는데 전문공동체는 "헌신을 공유하는 구조, 협력적인 활동, 지식과 기술, 지도성, 피드백과 책무성" 등의 다섯 가지 차원을 포함하고 있다. 또한 Louis & Kruse(1995)는 학교 재구조화 운동에서 전문공동체를 탐색하였다. 전문공동체는 반성적 대화, 실천의 탈사유화(deprivatization), 학생 학습에 초점 맞추기, 협력, 가치와 규범의 공유 등 다섯 가지 차원을 포함하고 있다. 또한 그들은 학습공동체를 창조함에 있어 규범과 가치의 공유, 반성적 대화를 가장 중요한 차원으로 제시하였다.

Goh(1998)는 학습조직에 관한 기존의 문헌들을 검토하고 이 문헌들이 공통적으로 지적하고 있는 학습조직의 특징을 다섯 가지 핵심요건과 두 가지 지원체제로 집약하고 있다. 핵심요건에는 목적과 비전, 공유하는 지도력, 실험 정신, 지식의 전이, 팀워크와 협동을 포함시키고 있다. 지원체제로는 조직구조와 근로자의 기술과 능력 등을 들고 있다. 이러한 요소를 자세히 기술하면 다음과 같다.

첫째, 목적과 비전의 명료화와 공감대 형성이다. 학습조직은 구성원들이 자신이 습득한 지식과 기술 및 조직의 우선순위에 대한 정보에 의거하여 행동할 수 있도록 이들에게 힘을 실어주어야 한다. 조직의 목적과 과업을 명료화하고 구성원들에게 인식시키는 것은 구성원들에게 힘을 실어주고 혁신적인 조직을 발전시키는데 매우 중요하다. 조직의 목적과 과업에 대해 구성원들이 광범위하게 공감대를 형성하고 있을 때 이들은 보다 주도적으로 책임을 지고 참여하려고 할 것이다.

둘째, 지도력의 공유와 근로자의 참여이다. 고도로 경쟁적인 환경에서 구성원들은 위험을 감수하고 불확실성을 다루어야 하며, 혁신을 촉발하도록 요구받는다. 이와 같은 환경은 구성원들이 지도력을 공유할 수 있는 비위계적이고 비관료적인 구조를 요구한다. 지도자는 변화를 촉진시킬 수 있는 능력을 지녀야 한다. 지도자는 근로자와 팀이 문제를 찾아 규명하는데 유용한 피드백을 줄 수 있어야 한다. 또한 근로자들을 의사결정에 참여시킬 수 있어야 한다.

셋째, 실험정신을 촉발하는 문화이다. 학습조직의 또 다른 중요한 요건은 새로운 지식을 창출하고 활용할 수 있는 능력이다. 이 능력은 현재의 상황에 끊임없이 의문을 제기함으로써 새로운 아이디어를 창출해 낼 것을 요구한다. 경영자는 근로자 개인이나 팀이 작업과정을 개선하고 새로운 아이디어를 시도하도록 격려할 수 있어야 한다. 즉, 혁신적인 아이디어를 보상해 주어야 한다.

넷째, 지식의 전이 능력이다. 습득한 지식과 기술은 직무를 수행하는데 즉각적으로 이용될 때 가치가 있다. 지식과 기술이 그 조직의 다른 부문에서 문제를 해결하고 창조적인 새로운 아이디어를 개발해 내는 데로 전이된다면 금상첨화이다. 과거의 실패로부터 성공적인 전략과 경험에 이르기까지 지식의 원천은 광범위하다. 조직 내의 경험뿐만 아니라, 다른 조직이나 경쟁자들로부터 성공적인 사례를 학습하는 것도 지식 전이의 한 방법이다.

다섯째, 팀워크와 협동이다. 구성원들은 팀 단위로 일하면서 문제 해결에 집단적인 기술과 지식을 동원하고 조직을 위한 혁신적인 아이디어를 개발하게 된다. 팀이 효과적으로 운영되기 위해서는 다양한 기능 분야의 직원들로 구성되어야 한다. 직원들을 다른 팀으로 빈번히 이동시키는 것도 하나의 구체적인 학습전략이 될 수 있다.

여섯째, 조직구조이다. 학습조직의 구조는 위계가 짧고 분권적이며 작업환경에서 형식화되어 있는 절차가 가능한 한 적어야 한다. 그래서 학습조직이 발전하기 위한 조직구조는 관료적이라기보다는 수평적이며 조직의 의사결정권도 어느 한 사람에게 집중되어 있기보다는 구성원의 역할과 지위에 맞게 분배되어 있을 뿐만 아니라 유연한 조직구조를 갖게 된다.

마지막으로 근로자의 기술과 능력이다. 학습조직은 근로자들에게 보다 높은 수준의 기술과 능력을 요구할 뿐만 아니라 공유하는 지도력, 코치 행동, 피드백 제공 능력 등 특수한 기술과 능력을 필요로 한다. 이것은 개인의 직무 중심 기술훈련이 아니라 전체 팀 또는 전체 부서의 능력 개발에 초점이 맞추어져 있다. 근본적인 조직 변화를 이룩하려는 조직은 최고의 조직자산인 구성원에 초점을 두어야 한다. 이 과정은 조직 내의 주도권을 통합하고 우선적으로 해야 할 일을 재조명하고 기본 철학의 이동을 통해 성공할 수 있다(Fullan, 1993).

지금까지 살펴본 것 내용을 바탕으로 하여 학습조직의 특성을 제시해 보면, 학습조직도 사회체제의 한 부류라고 할 수 있다. 즉, 학습조직에서 핵심 요인은 조직을 구성하는 인간이며, 이러한 인간의 상호작용과 활동이 조직행위로 나타난다. 학교교육의 궁극적인 목적은 학생의 학습력 향상과 전인적 성장을 도모하는데 초점을 두어야 하기 때문에 학교는 다른 어떤 조직보다도 학습조직화 되어야 할 것이다. 학교가 변화하는 환경에 적응하고 교육의 질적 수월성을 달성하기 위해서는 개인과 조직차원 모두에서 학습을 통한 혁신이 이루어져야 가능하다. 지식기반사회에서 학교는 안정과 균형을 추구하는 조직이 아니라 변화를 수용하고 변화를 선도해 나갈 수 있는 조직이 되어야 한다. 이러한 학교의 모습은 학습조직을 발전시킴으로써 달성할 수 있을 것이다(신윤섭, 2008).

다. 학습조직 구성 요소

Senge(1990)는 학습조직 발전을 위한 광범위한 틀을 발전시켰는데, 그는 학습조직에 요구되는 다섯 가지 수련 원리를 다음의 <그림 Ⅱ-1>과 같이 제시하였다.

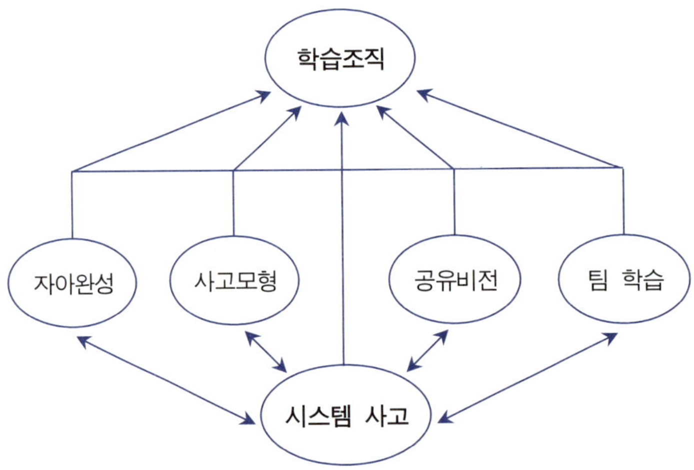

[그림 Ⅱ-1] Senge의 학습조직 구성 요소

이들 원리는 자아완성(Personal mastery), 사고모형(Mental Model), 공유비전(Shared Vision), 팀 학습(Team Learning), 시스템 사고(System Thinking)로 구성되어 있으며, 이러한 원리들은 서로 유기적인 관계 속에서 조직의 효과를 극대화하게 된다. 특히 시스템 사고는 다른 네 가지 요소의 개념적 토대가 되며 가장 중요한 학습조직의 원리이다. 이들 요소를 간단하게 살펴보면 다음과 같다.

첫째, 자아완성은 원하는 결과를 창출할 수 있는 개인적 역량을 확장하는 방법을 학습하고, 조직원들이 선택한 목표나 목적을 향해 각자 자신을 개발할 수 있는 조직의 여건을 조성하는 수련을 말한다. 이는 자신의 비전과 현재 상태 사이에 존재하는 간격을 채우기 위해 끊임없이 학습활동을 전개함으로써 삶의 전반에 걸쳐 전문가적 수준이 되는 것을 의미한다. 개인학습에서 비롯되는 자아완성의 이론적 기초는 동기이론과 권한위임, 자아효능감 연구에서 찾을 수 있다.

둘째, 사고모형은 학습조직으로 발전하기 위한 철학적 기반을 말하는 것으로서 세계에 관한 우리의 생각과 관점들을 끊임없이 반성하고, 객관화하고, 다듬어 가면서 그것들이 자신의 행동과 선택에 어떤 영향을 미치는지를 깨닫게 하는 원리이다. 이것은 현실인식과 행동양식에 영향을 미치는 기본가정, 일반화 된 인식기반, 인지적 심층구조를 의미한다. 사고모형의 이론적 기저는 전략적 사고와 인지이론 등이 중심이 되고 있다.

셋째, 공유비전은 조직이 창조하고자 하는 미래의 이미지를 설정하고, 거기에 도달하기 위한 원칙과 관행들에 대한 공감확대를 통하여 조직 내에 공생의식을 형성하는 것을 의미한다. 이것은 조직이 추구하는 방향이 무엇이며, 왜 중요한 것인지에 대해 모든 조직구성원들이 공감대를 형성하는 것이다. 진정한 비전은 조직구성원 개개인이 간직한 비전과 리더의 비전이 부단한 대화 속에서 통합되어 형성된다. 비전의 정립과정이 리더와 조직원의 일체감 속에서 이루어져야 '조직의 비전이 곧 나의 비전이며 나의 비전이 곧 조직의 비전'이라는 인식으로 승화된다. 이렇게 정립된 비전은 그 비전의 실현과정에서 전 조직구성원의 적극적인 참여를 유도할 수 있다. 공유비전은 조직행위론의 지도성 영역과 조직문화 연구에 기반을 두고 있다.

넷째, 팀 학습은 조직 구성원들이 개개인의 능력의 단순한 합을 뛰어넘는 지혜와 능력을 겸비할 수 있도록 대화와 토론, 집단적인 사고방법을 전환하는 수련이다. 팀 학습을 위해 조직구성원 모두는 조직공통의 목적을 달성하기 위해 전문성을 갖추어야 할 뿐만 아니라 이를 조화시킬 수 있어야 한다. 이를 위해 팀 학습의 활성화가 필수적이다. 이의 핵심적인 요소는 대화와 토론 문화의 정착이다. 이 원리는 집단역학에서의 문제해결과정과 의사소통론을 중심으로 하고 있다. 팀 학습은 팀 구성원들이 진실로 바라는 결과를 창조하기 위한 능력을 개발하고 정렬하는 과정이다. 팀 학습은 공유비전과 자아완성의 기초가 되며 팀은 학습조직에서 학습의 핵심 단위이다.

다섯째, 시스템 사고는 시스템의 동태를 결정짓는 요인들과 그들 사이의 관계를 기술하고 이해할 수 있는 언어 또는 그에 대한 사고방법을 체득하는 수련으로서 이를 통해 시스템을 더 효과적으로 만들 수 있다. 시스템 사고는 부분적인 현상보다 전체와 전체에 포함된 부분들 사이의 역동적 관계를 이해하는 것으로 전체를 '통합된 하나'로 보는 사고이다. 시스템 사고의 이론적 틀은 두뇌공학(Cybernetics)과 카오스 이론(Chaos Theory), 형태심리 치료학(Gestalt Therapy) 등에서 발전된 시스템 이론과 과업활동의 흐름을 표시할 수 있는 '과정 지도화(process mapping)'의 다양한 기법들을 들 수 있다. 이들의 공통점은 모든 시스템의 행동은 어떤 공통의 원칙을 따른다는 것이며 바로 그 원칙의 본질이 명확하게 드러난다는 점이다.

시스템 사고는 문제 해결의 효과적인 수단이며 복잡한 현상이나 주제들에 대해 일상적으로 생각하거나 말하는 방법들을 변경할 수 있고 보강할 수 있는 하나의 언어 체계이다. 시스템 사고는 다른 모든 것에 스며들어 있는 원리이며 전체를 보기 위한 원리이다. 이것은 움직임이 없는 것보다는 변화의 패턴을 봄으로써 상호관련성을 파악하기 위한 틀이다.

한편 우리나라 학교를 대상으로 한 질적 연구에서 신윤섭(2008)은 학습조직 구성요소 일곱 가지를 도출하였다. 이들 요소는 ① 교장의 리더십, ② 개방적 대화 문화, ③ 권한부여, ④ 팀 학습, ⑤ 자율, ⑥ 헌신, ⑦ 실험정신으로 구성되어 있다. 특히 교장의 리더십은 학교의 학습조직화에 막대한 영향력을 발휘함으로써 다른 여섯 가지 구성 요소의 성패를 결정짓는 핵심요소이다. 즉, 교장이 어떻게 학교를 경영하느냐에 따라 학교의 학습조직화는 성공할 수도 있고 실패할 수도 있다. 그러므로 학교의 학습조직화는 교장의 리더십을 핵심역량으로 하여 여섯 가지 학습조직 구성 요소가 유기적으로 결합되어 조직 구성원들이 교육운영이나 학교경영 과업에 대한 지속적인 반성활동을 극대화 할 때 실현 가능하다. 이들 요소에 대해 간략히 설명하면 다음과 같다.

첫째, 교장이 학교경영의 가치를 어디에 두고 있느냐에 따라 학교의 교육운영은 많은 영향을 받게 된다. 즉, 교장이 어떠한 의사결정을 하느냐에 따라 학교 내에서도 어떤 과업은 중요하게 다루어지는가 하면 다른 과업은 상대적으로 소홀하게 취급되기도 한다. 또한 학교 간에도 교장의 학교경영 방침에 따라 교육에서 추구해야 하는 중점 가치는 달라지는 모습을 보인다. 그래서 학교의 학습조직화 성공과 실패 또한 교장이 어떠한 경영 마인드를 가지고 얼마나 헌신적으로 학습조직화를 추구하느냐에 따라 학교마다 상이한 학습조직 수준을 보일 것이 분명하다. 따라서 학교의 운명을 결정짓는 중요한 변수인 교장이 어떠한 리더십을 발휘하느냐에 따라 여섯 가지의 학습조직 구성 요소는 원활한 역할과 기능을 발휘할 수도 있고 그렇지 않을 수도 있다. 예를 들어 교사들에게 교육운영의 자율권을 주고 권한부여를 통한 참여적 의사결정, 대화와 토론을 할 수 있는 학교 분위기 조성, 창조적 도전을 조장하는 학교문화 등은 교장의 개방된 마인드와 학습조직화를 위한 헌신적 리더십 없이는 실현 불가능하다. 교육개혁의 핵심적 당사자가 할 수 있는 교장의 역할과 관계를 새롭게 규정하고 이해하는 방안을 모색하기 위해 학습조직에서 리더의 역할은 중요하다.

둘째, 교사들로 하여금 학습의 필요성을 느낄 수 있도록 자극하고 교육운영이나 학교경영 과정을 개선할 수 있도록 창조적 긴장감을 조성하며, 학교교육을 점검, 평가해 볼 수 있는 다양한 반성 경험이 제 역할을 다하기 위해서는 학교를 둘러싼 다양한 이해당사자 간의 개방된 대화 문화가 전제되어야 한다. 또한 각자의 교실에서 자신에게 주어진 일만 처리하려는 개인주의와 상급자와 하급자 간의 의사소통 단절을 해결하는데도 개방적 대화 문화는 필수 요소이다. 개방적 대화 문화는 학교경영에 대한 가치공유와 학습활동을 조장하는 역할을 한다. 반면에 원활하지 못한 의사소통은 학습조직화 장애물 또는 학습 방해 요소로 작용한다.

셋째, 학교 구성원들이 가지고 있는 문제의식을 밖으로 드러내고 단위학교의 행위방안에 대한 의사결정의 계기가 되었을 때, 적극적인 참여를 유도할 수 있는 길은 학교 구성원들에게 자신의 의견을 말할 수 있고 자신의 의견을 학교경영에 반영할 수 있는 권한이 있어야 한다. 학교의 학습조직화와 관련하여 권한부여를 통한 의사결정과정에 대한 참여는 참여가 가능하도록 만드는 제도적 장치의 보완, 교장의 리더십, 참여의 기회가 주어졌을 때 열성적으로 임하는 구성원의 자세가 함께 요구된다. 학습조직화는 참여학습을 기반으로 하며, 참여는 구성원의 동기를 높이는 역할을 한다. 의사결정 과정에서 창조성이 길러지며 적극적인 참여를 통해 자신의 의견을 제시하는 도전적인 자세는 학습조직화에 기본요건이 된다. 조직구성원 모두는 자신들의 과업을 더 잘 수행함으로써 책임을 완수하려는 욕구가 있는데 권한부여가 바로 이러한 효과를 거둘 수 있도록 도와 줄 것이다.

넷째, 교육과정을 개선하고 대규모의 학교 집단 속에서 개별화 된 지도로 학생들의 능력을 최대한으로 신장시키려는 요구에 부응하기 위해서는 팀 학습이 필수적이다. 이러한 팀 학습은 지도의 개별화로 개인차에 따른 수업을 전개할 수 있고 동료장학의 효과로 교수-학습 지도 기술이 향상되는데 도움이 된다. 따라서 팀 학습의 활성화는 조직의 학습활동에 중요한 역할을 한다(Senge, 1990; Watkins & Marsick, 1993; 신윤섭, 2008에서 재인용).

팀 학습은 조직 구성원들이 개인적 능력을 바탕으로 팀 발전을 위한 지혜와 능력을 갖출 수 있도록 대화와 토론, 집단적 사고방법을 통해 서로의 지식을 공유함으로써 최선의 대안을 탐색하는데 유용한 역할을 한다. 개별 교사가 가지고 있는 지식을 공유하고 서로 가르치고 배우는 과정을 통해 교사의 전문성은 향상될 수 있을 것이다.

팀 학습을 활성화하기 위해서는 팀 구성원들이 진실로 바라는 결과를 창조하기 위해 개인적 역량을 바탕으로 서로 협동하는 관계를 형성하여야 한다. 높은 수준의 협동관계를 형성한 팀에서는 조직 의사결정의 질이 향상되며 실천력도 높아지게 된다. 또한 팀 학습을 통해 팀원들의 사기와 신뢰는 강화되며 이는 학생들의 학업성취

향상 또는 업무의 질 제고라는 긍정적 결과를 산출하게 된다.

다섯째, 학교가 학습조직화 되기 위해서는 자율적 운영구조가 확립되어야 한다. 따라서 조직학습이 효과적으로 발생하기 위해서는 조직구조가 전통적인 관료제적 조직구조에서 환경변화에 능동적으로 대처할 수 있는 유연하고 융통성을 갖춘 수평 구조가 되어야 한다. 전문적 능력을 인정받은 교사는 규칙과 위계화 된 권위구조에 따라 관료적 통제를 받기 보다는 전문성에 근거하여 자율적으로 규제하도록 허용되어야 한다. 학교는 획일적인 중앙통제, 엄격한 상하간의 계층관계, 하향적 의사결정을 강조하는 권위주의적 조직에서 벗어나야 하며, 상명하복, 문서주의, 획일주의 등 관료제의 병폐로부터 교사들이 자유로울 수 있어야 한다. 학습조직으로서의 학교는 구성원의 개별성을 존중함으로써 학교마다 자율적인 운영구조를 보장받을 때 비로소 실현 가능하다. 물론 학교는 자율적 운영구조를 보장받는 대신에 그 결과에 대한 명확한 책임을 져야 할 것이다. 무엇보다도 학교가 스스로 전문성과 책무성을 확보하는 일이 중요하며, 학교가 자율적으로 교육 활동한 것에 대하여 책임을 지려면 학교 스스로 교육적 전문성을 갖추어야 한다는 것이다.

여섯째, 헌신은 Sergiovanni(1994)가 제시한 학교공동체가 추구해야 할 중심 원리이기도 하다. 교사들은 학생에 대한 이타적 사랑에 의해 동기부여가 되고 학생의 성장을 위해 헌신해야 한다. 그들은 자신의 전문성 신장을 위한 방법에 대해 반성하고 성장하고 탐구하는 것에 최선의 가치를 헌신할 때 학부모와 학생으로부터 신뢰받게 될 것이다. 교사들이 학생교육의 질을 개선하기 위한 방법을 탐구하고 공동체의 이상 실현에 헌신하는 생활태도를 가질 때 교사의 전문성도 신장될 것이다. 학교의 학습조직화를 위해서 교사는 자신의 전문성 신장을 위한 개인비전을 설정하고 이의 달성을 위해 끊임없이 헌신해 나가야 할 것이다.

일곱째, 학교가 학습조직화 되기 위해서는 '실험정신'을 조장하는 학교문화가 형성되어야 한다. 교육 본연의 내실보다는 형식적 문서주의를 강조하고 교육운영의 질 보다는 외형적 실적을 중요시여기는 학교경영에서 실험정신은 사장될 수밖에 없다. 이웃 학교의 눈치를 보고 지금까지 해 오던 학교경영 방식이 편하고 위험부담이 적다는 이유로 창의적인 도전을 포기한다면 학교의 학습조직화는 실현 불가능할 것이다. 학습조직에서 새로운 아이디어의 생성은 학습의 필수요건이다. 조직 내에서 개방적 분위기 조성과 관련된 것으로 '실수로부터의 학습'이 있다. 어느 누구도 실수하는 것을 좋아할 리는 없지만 누구나 실수는 있게 마련이다. 만약 자신이나 다른 사람의 실수를 인정하지 않거나 숨기거나 비난한다면 부정적인 결과를 초래할 것이지만, 공개하여 다 함께 원인을 탐색하고 새로운 지식을 생성하거나 대안을 결정한다면 학습의 기회가 되는 셈이다. 실수를 용납하지 않는 경직된 조직에서는 실험적이고 도전적인 시도가 나타나지 않을 것이다. 실수는 새로운 아이디어 생성의 원천이 될 수 있고 새로운 방식을 발견하는데 도움을 준다.

지금까지 살펴본 학습조직 구성요소는 서로 유기적인 결합을 통해 개인비전과 공유비전을 달성해 나감으로써 학교를 학습조직화 한다. 특히 우리나라 학교 경영의 특성상 대부분의 의사결정 권한이 교장에게 집중되어 있는 상황이기 때문에 교장의 리더십이 학교의 학습조직화 성공에 지대한 영향을 미친다. 즉, 교장이 학습조직 도입에 대한 확고한 의지를 가지고 학습조직화를 위해 헌신하는 모습을 보여주지 못한다면 학교의 학습조직화는 시도도 해 보지 못한 채 고사(枯死)하는 위기를 맞이할 것이다. 따라서 학교의 학습조직화는 교장의 리더십을 중심으로 여섯 가지 학습조직 구성 요소가 제 기능과 역할을 다할 때 도달 가능한 것이 된다.

2. 학교재구조화(school restructuring)

가. 개념

조직을 둘러싼 체제 밖 사회 환경의 변화는 조직에 대해서도 계속적인 변화와 대응을 요구하고 있다. 이러한 외부 환경의 변화에도 불구하고 조직이 의도적, 계속적으로 성장하지 못한다면 조직의 사회 적응도는 낮아지게 되어 정체 또는 없어지고 말 것이다. 따라서 외부환경의 변화에 대한 조직의 의도적이며 적극적인 대응과정을 재구조화라고 할 수 있다.

학교 재구조화는 미국에서 1980년대 후반부터 학교교육의 질적 향상을 위해 도입하여 실행하고 있는 핵심적인 교육개혁 프로그램의 하나이다. 종전의 교육개혁이 교육정책을 시행하기 위한 제도적 개혁에 중점을 둔 형식적인 개혁이었다면 학교 재구조화는 교육목적 달성을 위하여 그 구성 요소들을 결합하는 실천적 개혁이라 할 수 있다. 이와 같은 학교 재구조화가 등장하게 된 직접적인 원인은 학업성취도가 낮고 학교교육을 마치고 취업한 직장의 여건이 크게 바뀌어 기존의 교육체제에 의해서는 사회에서 요구하는 기능을 수행할 수 없기 때문이다.

학교의 재구조화, 학교 혹은 교육체제의 풍토, 조직에 대한 가정, 지도성, 책무성,

교육과정 및 교수관리, 수업 등 학교교육 전반에 관한 완전한 변화를 의미하는 것으로서 재구조화 활동은 학생들의 학습결과를 향상시키고 변화를 가져오는 방향으로 조직 내부와 조직과 외부환경과의 관계, 기본적인 가정 및 실제를 변화시키는 것이다. 학생의 학업성취도 향상을 위하여 학교 재구조화는 목적, 실행, 관계를 근본적으로 변화시키는 것으로 교수-학습 활동에 있어서 학교의 핵심적 기술을 변화시키며, 가능하다면 전문성과 책무성을 증대시켜 교수의 전문적 상황을 변화시킨다. 또한 학교의 권위, 의사결정 구조, 교육과정의 변화를 추구하며 학교 내부 및 학부모와 지역사회 관계의 변화를 가져온다. 이와 같은 요소를 포함하는 학교의 재구조화는 본질적으로 학교교육의 전통적인 관료제를 거부하며 중앙집권적인 권한을 감소시키고 학교를 지배해 왔던 관료적, 계층적 구조를 축소시키는 것이다. 반면에 단위학교에 의사결정권을 부여하고 학교 내의 의사결정 과정에 교사, 학부모, 지역사회 등의 참여가 적극적으로 이루어지도록 하여 민주적이고 교육수요자의 요구를 반영할 수 있는 학교경영체제를 구축하고자 한다. 따라서 학교 재구조화는 학교자율경영을 위한 합리적이고 효과적인 경영기법이라고 할 수 있다.

학교에서의 재구조화란 모든 학생의 학습 성과를 개선하기 위해 종래의 교육적 관행을 뒷받침하고 있던 교육의 기본 가정 및 실천방식, 그 관계들을 근본적으로 변화시키려는 활동을 의미한다(Conley, 1997). 또한 재구조화는 단위학교가 여러 업무 부서를 가지고 있을 때 미래의 교육 변화를 예측하여 어떤 교육 프로그램을 주력으로 하고, 어떤 부서를 축소 또는 철수하고, 어떤 신규 프로그램을 새로이 진입하고 더 나아가 중복사업을 통합함으로써 학교구조를 개혁하는 것을 포함한다.

학교의 재구조화는 궁극적으로 모든 학생의 학업성취의 변화를 위한 것이며, 이를 위해 학교는 기본적으로 교수-학습의 과정뿐만 아니라 종전의 교육실천의 관행이나 학교교육 전반의 면에서 이에 대한 근본적인 재검토가 필요하다. 따라서 학교 재구조화는 조직의 근본적인 변화를 요구하며 기존 학교의 제반 규칙 및 역할, 교육 당사자들 간의 관계의 변화를 중요시한다.

재구조화를 통해서 학교는 미래지향적이고 경쟁력 있는 학교경영 구조를 가질 뿐만 아니라, 이를 통해 학교의 제한된 자원을 올바르게 배분할 수 있다. 사회적 환경 변화, 다른 학교의 학교경영 동향, 교육 수요자의 욕구변화 등을 고려해 볼 때 지금의 경영전략이나 기존의 교육 프로그램으로는 미래보장이 어렵다고 판단될 때, 학교 조직구조의 개혁을 통해 주력 교육 프로그램을 선정하고, 주력 교육 프로그램과 주변 교육 프로그램, 지원 교육 프로그램의 연계관계를 통해 전체적인 통합화를 추구함으로써 경쟁력 있는 학교경영 구조를 새로이 형성하고, 이에 따라 자원의 배분을 올바르게 할뿐 아니라 학교교육의 경쟁력을 제고시키기 위한 것이다.

학교 재구조화는 미시적인 프로세스나 학교경영 전략을 개혁하는 것이 아니고, 앞으로의 환경 변화에 적극적으로 대응하기 위해 학교 전체 차원에서 기존 교육 프로그램을 삭제할 것인가, 축소할 것인가, 중복사업을 통폐합할 것인가, 아니면 기존 교육 프로그램을 계속 확대할 것인가, 더 나아가 어떤 교육 프로그램에 참여할 것인가, 미래에는 어느 교육 프로그램에 주력할 것인가, 기존 교육 프로그램과 신규 교육 프로그램을 어떻게 연계시켜 상승효과를 낼 것인가 등을 고려하는 즉, 학교의 미래 모습을 새로이 만들어 나가는 학교 전체차원의 혁신기법이다.

나. 학교 재구조화를 위한 원칙

학교 재구조화는 모든 학생들의 학업성취 향상을 위해 지금까지 교육운영이나 학교경영 과정을 뒷받침해 온 기본 가정들을 근본적으로 재검토하고 그에 의해 이루어진 교육의 제반 규칙이나 관행들을 대폭 수정함으로써 교육 당사자들의 역할과 관계를 재정립하고 학교구조를 새롭게 조직해 나가는 것이다. 따라서 단위학교 중심의 재구조화는 교육이 실제 이루어지고 있는 단위학교를 바탕으로 이루어진 새로운 변화이므로 어설프게 학교조직의 일부분을 변화시키는 일회성의 개혁이 아니라 체계적이고 근본적인 변화를 필요로 하는 학교경영을 지향한다. 학교 재구조화를 통해 분권화와 학교 중심 경영을 지향하고 학교수준에서 의사결정을 하도록 하며, 의사결정에 학교 구성원들을 참여시키며, 학생과 학부모를 포함하는 교육 수요자의 요구에 대하여 학교가 책무성을 가지도록 하는 것들을 재구조화 과정에서 수용하고자 하는 것이다. 즉, 학교 재구조화를 통해 중앙이나 지방 행정기관의 권한을 줄여서 학교를 지배하는 관료적이고 위계적인 구조의 감소를 통해 교사, 학생, 학부모들에게 보다 광범위한 권한을 분배하려는 시도이기도 하다.

학교 재구조화를 위해서는 다음과 같은 원칙들이 바탕이 되어야 할 것이다(Conley, 1997). 첫째, 누구나 다 목적을 성취할 수 있다는 강한 기대감을 가져야 한다. 둘째, 학습이 이루어지고 있다면 그것은 학습과정에서 뿐만 아니라 교육을 종료한 시점에서 그들이 무엇을 할 수 있는지를 보여주어야 한다. 셋째, 교육은 모든 학생들이 습득한 능력의 면에서 교육의 본래적 목적과는 별도로 일의 세계와 교육내용의 성과 간에 보다 분명한 연계가 요구된다. 넷째, 학생들은 자신의 학습에 능동적이며 다양한 방법으로 참여할 수 있어야 한다. 다섯째, 교육과 관련된 사람들의 교육 권리와 책임이 중요함을 인정하고 학교의 의사결정에 이들을 동반자로 참여시켜야 한다. 마지막으로 학교는 학생들에게 공동체의식을 개발하는 중요한 곳임을 새롭게 인식해야 한다.

학생들은 학교나 교사들만에 의해서 배우는 것이 아니라 가정과 사회에서도 많은 것을 배우고 있다는 점을 감안할 때 그들이 지니고 있는 교육력을 활용하는 일도 중요하다. 실제도 학부모나 지역사회 인사들의 학교경영 참여와 지원이 없다면 학교의 존재는 기대하기 어려울 수도 있다. 이런 이유에서 학교와 학부모, 지역사회는 적절한 관계를 수립하여 교육공동체를 형성해 나갈 필요가 있다.

다. 학교 재구조화의 방향

지금까지 학교 재구조화의 접근을 살펴보면 주로 교사들의 권한과 전문성 신장, 분권화 및 이를 통한 학교단위의 자율적인 책임 경영 조장, 학부모 참여의 강화 등을 주요 내용으로 하여 추진하여 왔다(Elmore, 1991; 유재학, 2003에서 재인용). 이들 모두 분권화를 통한 학교운영의 자율권 신장과 전문성 및 책무성을 조장함으로써 교육수요자들의 필요를 충족시키려 하였다는 공통점이 있다.

학교 재구조화의 기본방향은 학교단위자율경영제, 학교공동체론, 현장학교 등에서 찾아볼 수 있는데, 이들이 지향하는 바는 교수-학습 방법의 변화, 교원의 자격 및 미용, 직무조건과 학교구조, 의사결정 등을 포함하는 학교조직 면에서의 변화, 고객과의 관계 및 학교를 관리하는 통치구조의 세 가지 면에서 새로운 변화를 목적으로 추진되어 왔다.

학교 재구조화는 교육당사자들과 학교 개선을 위한 변화의 당위성에 합의하고 이에 필요한 여건을 조성, 관련 연구와 견학, 회의 등을 통해 필요한 자료를 수집하고 분석한 후 단위 학교의 목표를 설정하여 목표별 실천 지침과 실행 계획을 수립하여 재구조화의 청사진을 마련하고, 이를 기초로 하여 사업 활동을 체계화하여 이를 실천하고 그 결과를 평가하는 과정을 거치게 된다. 재구조화 과정은 학교가 처한 여건에 따라 양상이 다를 수 있지만 일반적으로 준비 단계, 자료수집 단계, 합의 단계, 실행계획 수립 및 수행의 단계를 통해 구체적인 방안들이 만들어진다.

국가 공통 교육과정을 통한 수준 높은 교육을 위해서는 기존의 수업으로부터 변화를 요구하는데 이러한 변화를 가능하게 하고 촉진하기 위해서는 수업을 둘러싸고 있는 제도나 조직, 기구의 구성을 바꾸어야 한다. 학생들과 직접적인 상호작용을 통해 지식을 전달하는 역할이 교사에게 있다고 할 때 직접적으로 교육운영을 하는 교사에게 많은 권한이 주어져서 수업의 질이 높아진다면 교육의 질도 동반하여 제고될 것이다. 따라서 수업의 질을 높이기 위해서는 교사들을 둘러싸고 있는 제도적인 제약을 제거하고 그들에게 보다 많은 자율권을 제공하는 방향으로 추진될 필요가 있다.

학교 재구조화를 주장하는 사람들은 현재 교육 및 교육과정 관리가 중앙집권식으로 이루어지고 있으며, 특히 교사들에게 충분한 자율권이 보장되지 않고 있다고 주장한다. 정책 입안자들이 정책을 결정하면 교육과학기술부는 정책을 구체화 시키고 교육감은 다시 학교의 정책을 마련한다. 학교는 이러한 위계에 있어서 제일 하위에 위치하고 있을 뿐이었다. 따라서 학교 재구조화를 통해 정부의 규제와 명령에 의해 억압되는 교사들의 창의성이 학교 및 학급 단위에서 발휘되게 하여 교육을 질을 향상시켜야 한다는 목소리를 내고 있다.

현재 교육의 방향은 정부에서 국민이라면 누구나 학교교육을 통해 성취해야만 하는 교육의 목표를 설정하고 이의 실현을 위한 국가 단위의 공통 교육과정을 설정하며, 높은 수준의 목표 설정을 통해 교육의 수월성을 달성하려 한다. 이러한 국가 수준에서의 교육설정은 상당한 정도로 구체적인 성격을 띠게 됨으로써 각 지역이나 학교, 학급의 교육은 국가가 설정한 테두리 안에서 이루어지게 된다. 따라서 이러한 교육의 운영은 교사의 영향이나 자율성을 저해하게 되어 융통성 있는 학습과정을 수행하는 것을 어렵게 만들고 있다. 따라서 정부는 국가 수준에서 개혁의 방향만 설정하고 학교에 자율권과 융통성을 부여하여 학교별로 구체적인 의사결정을 함과 동시에, 그 일에 행정가와 교사, 학부모, 지역사회 인사와 학생들의 참여를 보장해 주어야 한다. 즉, 국가는 지시자나 관리자가 아니라 민주적인 교육개혁을 촉진하는 역할을 담당하고 학부모나 지역사회 인사도 학교경영 과정에 참여할 수 있는 제도를 만들고 교사의 교육과정 운영 자율권도 신장해 나갈 필요가 있다.

기본적인 교육의 목적과 방향은 국가 수준에서 설정하고 각 지역과 학교의 상황에 알맞게 자율적이고 창의적인 교육과정이 운영될 수 있도록 지역단위의 학교, 교사들에게 좀 더 많은 권한을 부여하는 것을 재구조화의 올바른 방향으로 생각할 수 있다. 단위학교가 융통성과 자율성, 창의성을 기반으로 교육운영을 할 때 국가가 설정한 교육목표는 효율적으로 달성될 것이며 이를 통해 우리나라 교육경쟁력은 향상될 것으로 생각한다.

3. 총체적 질 관리(TQM; Total Quality Management)

가. 개념

총체적 질 관리는 1985년경 미국에서 적극적인 조직변화를 위한 경영이론 형태로 미국인의 경영사고와 실제에서 가장 의미 있는 변화라고 일컬어진다. 총체적 질 관리는 원래 기업조직의 질 관리방식으로 종전에 사용하던 통계적 질 관리(statistical quality control: SQC)와 종합적 질 관리(total quality control: TQC)의 발전적 대안으로 고안된 것이다.

총체적 질 관리는 관리의 효율성과 탄력성을 전반적으로 향상시키기 위한 접근 방법으로서 모든 활동, 모든 수준의 구성원들을 조직화 하고 참여시키는 방법이며(Oakland, 1989), 수요자의 요구를 정확히 충족시킬 필요성에 따라 처음부터 작업을 바르게 해야 하는 것을 강조하는 경영철학이다(Hendrics & Triplett, 1989). Axline(1991)은 총체적 질 관리를 조직의 모든 구성원에 의한 계속적인 과정 개선을 통한 종합적이고 보편적이면서 질에 대한 확고한 헌신으로 정의하였으며, 류한주(1994)는 총체적 질 관리를 최고경영자의 헌신과 리더십을 기반으로 끊임없는 교육훈련과 참여의식으로 능력이 개발된 조직구성원이 합리적 관리방식과 과학적 질 관리기법을 활용하여 조직 내의 과정을 지속적으로 개선함으로써 수요자 만족을 달성하여 궁극적으로 장기적인 성장을 추구하는 경영시스템이라고 정의하였다.

총체적 질 관리는 학자들이 강조하는 입장에 따라 서로 다르지만, 그 근원은 수요자에게 초점을 두고 경영활동 전반의 계속적인 개선을 통해 수요자의 기대에 부응한다는 개념을 전제로 하고 있다. 이러한 개념에 비추어 볼 때, 총체적 질 관리는 교육수요자 만족을 목표로 학교 구성원 전체의 참여를 통하여 학교내 업무프로세스와 시스템을 지속적으로 개선시키고자 하는 통합적인 기법이다. 따라서 창의적인 인재양성이나 교육 서비스의 질을 관리하고 보증하는 것뿐만 아니라 업무, 학교환경, 교직원의 자질까지도 품질 개념에 넣어 종합적으로 관리해야 한다는 것이다.

학교경영 측면의 이러한 총체적 질 관리는 학교 구성원이 학교경영에 참여하게 하여 권한을 부여하며 효과적인 보상체제와 전문적인 개발체제를 확립하는데 있다. 즉, 비전의 공유를 통한 목표의 설정, 질적 문화를 구축하는 학교공동체를 구축함으로써 모든 학교 구성원에게 적절한 동기를 부여하고, 교사의 직무나 학생의 학업성취 등에서 질적 성취를 이루는 것이다(최기만, 1998).

나. 특징

총체적 질 관리의 특징은 비전공유, 수요자 중심 과정의 전략, 탁월한 팀, 원대한 목표, 효율적 관리기법 등이다. 비전공유는 공유된 목표를 위해 조직의 관점에서 기술하고, 수요자 중심 과정의 전략은 과정 지향적인 것을 기초로 하여 광범위하게 이해해야 하며, 탁월한 팀 조직을 중심으로 조직되어야 하며, 원대한 목표는 성취결과를 증가시키기 위해 헌신적이어야 하며, 관리기법은 학교조직의 과업에 대한 환류를 통해 매일 체크하고 조정하여야 한다. 이를 위해 Hunt(1992)는 ① 최고 경영자는 먼저 질에 헌신해야 하며, ② 비전과 원리를 추구하며, ③ 질을 위한 협의회를 마련하고, ④ 수요자 요구를 확인하며, ⑤ 질을 위한 전략을 개발하고, ⑥ 질을 실행할 조직을 선택하며, ⑦ 훈련에 필요한 분석을 하며, ⑧ 실행을 위하여 자원을 결정하고, ⑨ 훈련을 구체화 하며, 성과측정을 확인하는 10단계를 제안하였다.

다. 총체적 질 관리 전략

학교교육의 총체적 질 관리의 방법은 다음과 같은 전략들이 중심이 되어 전략을 수립할 수 있다(최기만, 1998).

첫째, 질 문화를 구축하여야 한다. 학교 교육은 국가경쟁력을 제고하고 그 사회의 미래를 보장하는 중요한 역할을 담당한다. 우리의 학교경영이 조직구성원의 역할과 권한, 의식과 정서면에서 관료제의 역기능을 발생시키는 수직체제라는 점을 고려할 때 학교개선에 대한 구성원의 자율적이고 헌신적인 참여를 바탕으로 하는 수요자 중심의 총체적인 학교 질 문화의 구축은 제반학교 조직 문제의 해결을 위해 필수조건이 된다. 수요자 중심의 질 관리는 몇몇 기법이나 프로그램의 결합이 아니라 일종의 경영시스템으로 조직문화의 변화가 필수적으로 수반된다. 이 때 구성원들이 비협조적일 수도 있으며 때로는 반발을 하는 경우도 있을 수 있으므로 공동체 의식 속에서 이해와 설득에 의한 해결책을 찾아야 하고, 이를 통해서 구성원들은 변화와 혁신에 합리적인 수용태도를 보이기 시작한다. 교육과정의 질과 서비스 체제의 지속적인 개선을 위해 모든 구성원이 헌신적으로 노력하고 협력하는 풍토와 문화를 조성하기 위해서 먼저 구성원들의 자긍심을 최대로 고양하여 지속적인 개선 시스템이 조성되도록 노력해야 한다.

둘째, 혁신적인 리더십의 함양이 필요하다. 조직의 관리자 리더십은 총체적 질 관리를 성공적으로 이끄는데 중요한 시발점이 된다. 학교 관리자는 구성원들에게 비전을 제시하고 혁신과정에 수범을 보이고 각종 교육활동에 대한 추진력과 기획능력을 발휘하며, 미래 교육에 대한 교육적 신념을 바탕으로 학교교육의 발전적 목표와 방침을 제시하여 교사, 학부모와 학생들이 적극적으로 협조하고 수용할 수 있는 환경을 조성한다.

셋째, 공동체 문화를 형성해 나가야 한다. 학교에 따라 교장 중심의 문화, 교사 중심의 문화, 학부모 중심의 문화가 존재할 수 있다. 교장 중심의 문화는 학교경영에 교장이 전권을 행사하고 무소불위식 학교경영을 하는 문화이다. 이러한 문화는 구성원들의 공동체 의식을 저해할 뿐만 아니라 학교발전을 가로막는다. 교사 중심의 문화는 교육의 주체가 교사라는 인식 아래 교사만의 고유의 문화를 불가침 영역으로 생각하고 모든 교육문제가 교사들만이 해결할 수 있다고 믿는다. 이러한 문화는 교육정책 기관과 협조가 잘 이루어졌을 때는 높은 수준의 교육문화를 형성하고 발전할 수 있으나, 독단에 빠진 경우는 교육의 질을 저하시킨다. 학부모 중심의 문화는 학교교육의 주체는 수요자인 학생이라고 믿고 학교에서는 학생과 학부모들이 원하는 교육을 해야 한다고 믿는 문화이다. 이러한 문화는 교육의 질을 실질적으로 결정하는 교장, 교사의 사기를 떨어뜨려 의욕을 상실 시킬 수 있다. 따라서 학교의 교육은 교장, 교사, 학생과 학부모, 지역사회가 일체가 되는 학교 공동체 문화가 형성되어 움직일 때 교육의 질은 높아지고 학교 관계자 모두 발전적인 교육을 위해 헌신하게 된다.

넷째, 올바른 평가문화가 정립되어야 한다. 학생의 학업성취도 등의 학교에 대한 평가는 단기간에 확인할 수 있는 것이 아니다. 다만 교육과정 평가를 통해 학업성취도 수준은 측정될 수 있다. 학교 구성원의 자질 평가, 학교평가 등은 상당한 준비와 기간을 요하므로 빠른 시일 내에 정착되려면 조직 구성원들의 합의를 도출해야 하고 구성원들이 준비할 시간적 여유를 주어야 한다. 즉, 평가와 관련한 인적 및 물적 자원을 통하여 저변의 문제를 적극 해결하는 등 올바른 평가문화를 위한 환경조성이 선행되고 그 후에 학교 및 구성원에 대한 평가를 철저하게 할 수 있는 평가문화가 정립되어야 한다.

다섯째, 학교교육에 대한 총체적 질 관리 원칙이 적용되어야 한다. 최근 미국을 중심으로 많은 선진국들이 학교에서의 총체적 질 관리를 추진하고 있으나 아직 완전하게 정착시키지 못하고 있는 것이 사실이다. 총체적 질 관리가 효율적으로 추진되기 위해서는 교사들의 역할이 매우 중요하다. 교사들은 총체적 질 관리 추진에 헌신적이어야 하며 혁신을 추진하는데 필요한 권한을 부여받아야 한다. 따라서 이를 위해서는 적절한 교육과 훈련이 필요하다. 학교의 질은 수요자에 의해서 결정되고 수요자의 기대를 계속 충족시킴으로써 완성된다. Deming의 질 관리 원칙을 학교조직에 적용하는데 강조되는 것은 ① 학교조직 및 교육과정 운영의 지속적인 개선을 위한 비전과 목적의 일관성 유지 측면에서 우수한 학교가 되려는 목표를 가지고 혁신에 대한 장기적인 안목과 헌신, 훌륭한 학교로 성장하기 위한 조직 구성원의 서비스의 질 개선에 관한 목적이 일관성을 유지해야 하며, ② 새로운 총체적 질 관리 철학 채택의 측면에서 교육체제의 모든 구성원은 질 개혁을 지원하는 새로운 기술을 학습할 수 있어야 하며, ③ 전통적인 평가방식인 시험과 감독에 대한 필요를 지양하고 질 수립의 기초가 되는 교육 서비스의 질 향상과 평가체제를 구축하여 학습 성과를 제고하는 학습 환경을 제공하여야 하며, ④ 양질의 교육을 위한 과감한 투자가 이루어져야 하며, ⑤ 교육과정의 질과 서비스가 지속성을 유지해야 하며, ⑥ 조직 구성원에 대한 다양한 직무훈련의 기회를 제공하여야 하며, ⑦ 학교조직의 지도성은 조직환경을 극대화 할 수 있어야 하며, ⑧ 학교는 지도성, 훈련, 측정, 분석, 문제해결, 자아평가 등의 모든 구성원의 자아개선 촉진을 위해 전문성 개발체제를 구축할 필요가 있으며, ⑨ 학교의 질 변형을 위해 구성원의 참여 및 지속적인 헌신이 필요하다(David, 1995).

4. 경영기법 적용

가. 비전 수립(Vision Making)

1) 개념

학교를 경영하는 교장은 학교 구성원들에게 학교의 미래 모습을 제시함으로써 꿈과 희망을 공유할 수 있으며, 강력한 지도성을 발휘함으로써 학교교육의 질적 개선을 도모할 수 있게 된다. 비전이 비록 문제를 해결해 주는 것은 아니지만 확고한 비전을 가지고 조직의 목표를 달성하기 위해 나아가는 학교는 어려움을 헤쳐나갈 강력한 추진력을 갖게 된다.

비전수립(vision making)은 단위학교의 장기적인 목표와 운영에 대한 방향을 제공해 전체 학교경영활동의 지침을 마련하는 것을 의미한다. 학교는 비전을 제시함에 따라 학교의 미래 모습과 거기에 도달하는 시나리오를 제공한다. 또 학교의 현재 모습과 미래 모습을 연결시켜 단위학교가 추구해야 할 가치를 제시하고 이를 토대로 학교 구성원들 사이에 공감대를 이루게 된다. 따라서 학교자율경영을 위해서는 명확한 비전과 목적을 설정하고, 이를 달성하기 위한 전략과 방법을 구성원들이 공유하고 협력함으로써 학교의 실정에 맞는 창의적인 교육을 수행할 수 있을 것이다.

2) 특성

최근 들어 비전 수립이 각광받고 있는 이유는 환경의 불확실성이 증가되면서 분석 일변도적인 태도로부터 직관이 중시되고, 안정적 환경 속에서 형성된 패러다임에 전환이 필요하게 되었기 때문으로 이해된다. 성공한 조직의 경영자들이 위기를 오히려 기회로 바꿀 수 있었던 것은 확고한 비전이 있었기 때문이다.

학교비전은 조직의 바람직한 미래상을 표현한 것으로서 미래에 어떠한 학교가 되고 싶은가를 나타낸 조직구성원의 소망이다. 학교비전은 학교경영에 목표를 정해주고, 학교를 장기적으로 운영하는데 있어서 방향타 역할을 한다. 비전은 현실성이 있고 믿을만한 것이어야 하며 매력적인 학교조직의 미래상으로서, 학교교육이 도달해야 하는 종착지이며, 현재보다 더욱 발전된 성공적이고 바람직한 미래를 자세하게 기술해 놓은 것이다. 비전은 새로운 학교경영 이념을 기초로 하여 마땅히 있어야 할 모습과 거기에 도달하는 시나리오를 그린 것이다. 비전은 학교의 현재와 미래를 연결시켜 주는 고리로서 학교교육이 추구해야 할 가치가 무엇인지를 제시해줄 뿐만 아니라, 이를 통해 학교 구성원들에게 활력을 불어넣고 담당한 과업에 의미를 부여하는 역할을 한다.

비전 만들기는 학교의 현재 위치와 미래 방향을 제시해 줌으로써 근본적이고 획기적인 경영혁신의 제1단계이며 학교자율경영은 전제조건이 된다. 비전 만들기는 학교 조직 내부 구성원들과 이해관계자들에게 학교자율경영을 통한 경영혁신의 필요성을 이해시킴으로써 학교 내부 구성원들과 외부 이해관계자들에게 변화에 대한 불안과 저항을 감소시키고 적극적으로 수용할 수 있는 분위기를 조성하는 역할을 한다.

학교자율경영을 위해서 학교경영자는 학교교육 목표에 뚜렷한 소신이 있어야 하며, 학교교육의 구체적 비전을 제시하여 구성원들이 신뢰감으로 교육활동에 매진할 수 있는 분위기를 조성해야 하며 교육활동과 관련된 모든 사항을 담당자 뿐만 아니라 다른 구성원들에게도 충분히 납득할 수 있도록 협의와 조정을 거쳐 모든 구성원이 마음의 준비가 되었을 때 교육목표를 꾸준히 실천해 나가야 할 것이다.

단위학교의 비전 수립 과정은 첫째, 분석 단계로서 비전수립 프로젝트의 목적이나 정보의 공유, 가이드라인을 수립하며, 둘째, 종합화 단계로서 사실 분석에 입각한 새로운 발상을 종합하며, 셋째, 구체화 단계로서 상세화, 구체화 및 전개 시나리오를 수립하여 실천한다.

나. 벤치마킹(Bench marking)

1) 개념

벤치마킹은 우수한 상대를 본보기로 삼아 뛰어난 경영전략을 끊임없이 배우면서 경형혁신을 추구하는 기법으로서, 학교교육의 질적 향상을 위하여 최고 수준에 있는 다른 학교의 창의적인 교육과정, 교수-학습 방법, 업무방식 등을 서로 비교하여 새로운 아이디어를 얻고 경쟁력을 확보해 나가는 체계적이고 지속적인 개선활동 과정을 말한다. 즉, 최고의 경쟁력을 보유한 상대를 정해서 전체 또는 부분적으로 비교하여 상대의 강점을 파악하고 최고와 비교함으로써 동등 이상이 되기 위한 경영기법이다. 벤치마킹은 학교의 지속적인 개선을 지원하고 학교교육의 우위를 확보하는데 필요한 정보를 수집하기 위한 수단이며, 지속적인 개선을 달성하기 위한 내부활동 및 기능 혹은 학교경영 능력을 외부적인 비교시각을 통해 평가하고 판단하는 것이다. 이러한 벤치마킹은 어느 학교를 대상으로 선정하는가, 어떤 기준으로 평가하는가, 적용과정을 어떻게 이끌어 가는가 하는 것이 중요한 요소가 된다.

2) 목적

벤치마킹의 목적은 탁월한 실행능력으로 잘 알려진 조직의 실무와 학교경영 과정의 개선을 응용함으로써 학생들의 학업성취 향상을 비롯한 총체적 교육수요자 만족과 경쟁우위를 가져올 뿐만 아니라, 창의적인 인재 양성과 교수-학습 활동 및 학교경영 과정에 있어서의 획기적인 변화 및 지속적 개선 모두를 가능하게 할 학교 변화과정을 가속화하기 위한 것이다. 즉, 학교 내에 존재하는 제반 활동이나 업무의 분석에서부터 출발해서 현재의 여러 과정이나 활동을 이해하고 각각의 활동을 평가하거나 판단할 수 있는 대외적인 기준을 확인함으로써 단위학교 교육의 질을 제고하려는 학교경영 기법이다.

학교경영에 벤치마킹을 도입하면 최고 수준 학교의 뛰어난 경영성과를 그대로 또는 창조적으로 모방함으로써 학교자율경영 정착에 소요되는 시간과 노력, 비용을 절약할 수 있다는 점이다. 또한 교육수요자의 요구를 쉽게 알 수 있으며, 경쟁력 확보에 필요한 새로운 기준을 쉽게 인식할 수 있다는 장점이 있다.

3) 특징

미래에 경쟁적 우위를 차지하기 위하여 현실을 직시하고 급변하는 환경에 적응하려는 벤치마킹은 지속적인 업무개선 과정을 통하여 교육의 질적 개선과 학부모 및 학생의 교육만족도를 높이는 것을 목표로 다음과 같은 특징을 지니고 있다.

○ 최고 목표 지향

벤치마킹은 학교교육의 경쟁력 우위를 확보하기 위하여 주위 학교들의 교육운영이나 업무 실행 형태를 파악하여 자기 학교의 현재 학교경영 수준과 비교하고 그 기준치를 최고 수준으로 끌어올리기 위한 목표를 가지고 있다. 따라서 목표의 설정과 이익 달성 그리고 더 높은 목표의 설정과 달성을 통해 최고에의 끊임없는 도전을 추구한다.

○ 정보 집약

학교가 경쟁력 확보를 위한 벤치마킹의 어떤 유형을 선택하든 기준치를 설정하기 위한 대상학교에 대한 정보가 필수적인바, 정확하고 풍부한 정보의 원칙이 필수적이다. 즉, 현대와 같은 정보사회에서 시간의 흐름과 함께 무의미해 질 수 있는 정보를 얼마나 정확하고 신속하게 취합하며, 조직의 취약점을 지적해 주고 개선의 해결책을 제시해 줄 수 있는 의미 있는 정보를 끊임없이 집약하는 활동이 요구되기 때문이다.

○ 객관적 평가기준

벤치마킹은 주관적이 아닌 객관적인 목표와의 비교를 전제로 하기 때문에 합리적인 정보의 수준과 함께 이를 내부적인 벤치마킹 대상과의 객관적인 평가기준을 마련함이 필수적이다. 그리고 벤치마킹을 통한 비용 · 효과 분석의 측면에서 그 기준치를 제공하여 벤치마킹의 장점을 제시하고 판단의 편협성을 내재하는 내부적 벤치마킹보다는 외부적 벤치마킹이나 기능적 벤치마킹을 통해 보다 광범위한 객관적 평가기준을 찾으려 한다.

○ 개선의 실천

조직의 잠재력을 최대한으로 발현시켜 학교교육의 가치를 높일 수 있는 개선방향을 창출하여 실행에 옮김을 전제로 한다. 벤치마킹의 궁극적인 목적은 벤치마킹의 대상, 즉 학교경영의 핵심요소를 최고수준 학교들의 업무실행 차원으로 변화시킴으로써 학생들이 받게 될 교육 서비스의 최대 만족을 제공하기 위한 행동을 창출한다.

○ 지속적인 과정

벤치마킹은 일회성 행사가 아닌 항상 최고의 수준을 유지하기 위한 지속적인 개선을 추구한다. 따라서 끊임없이 정보를 수집하여 자신의 현실과 비교하고 경쟁력 확보를 위한 좀 더 높은 기준을 설정하여 이를 달성하기 위하여 지속적으로 개선을 수행해 나가는 과정이다. 이를 위해 벤치마킹 대상 학교들의 활동이나 성과에 대한 지속적인 벤치마킹이 장기적으로 이루어지게 마련이다.

4) 절차

성공적인 벤치마킹을 도입하기 위해서는 도입에 따른 적절한 절차가 필요하다. 일반적으로 벤치마킹은 다음과 같은 계획과 자료수집, 분석, 통합, 실행이라는 4단계를 거쳐 이루어진다.

○ 계획과 자료수집 단계

첫 단계에서는 학교경영에서 중요시 되는 경영분야 중 어느 부문의 무엇을 대상으로 벤치마킹을 할 것인가를 결정해야 한다. 또한 어느 학교를 벤치마킹 할 것인가를 결정해야 하며, 벤치마킹 자료는 어디에서 어떻게 입수할 것인가를 정해야 한다.

○ 분석 단계

제1단계에서 수집된 자료를 정리하고 분석해야 하는데, 정확하고 올바른 분석을 위해서는 계량적 또는 비계량적 방법을 모두 동원하여 분석하고 평가하는 일이 필요하다.

○ 통합 단계

대상학교의 벤치마킹 내용을 분석한 결과를 바탕으로 우리 학교에 적용하였을 때 어떻게 하면 교육의 질적 제고를 확보할 수 있는가 하는 것을 교장이 결정해야 한다.

○ 실행 단계

벤치마킹은 분명한 목표가 없이는 실행할 수 없기 때문에 측정할 수 있는 분명한 목표를 설정해야 하고, 그 목표는 미래지향적이어야 하며 단위 학교의 실정과 여건에 알맞도록 전략을 수립하고 이를 실행하는 것이다.

5) 성공조건

○ 교장의 지지와 참여

벤치마킹의 출발은 상위 경영진으로부터 시작되어야 한다. 단위학교가 당면하고 있는 전략적 이슈, 성과개선이 필요하다고 생각되는 프로그램 등에 관한 우선순위를 파악하는 동시에 교장을 비롯한 학교경영자는 자신들이 벤치마킹을 지지하고 있음을 구성원들에게 알리고, 조사에 필요한 자원을 제공하며, 적절한 지도성을 발휘해야 한다.

○ 적절한 교육 및 훈련과정의 확보

조직 구성원들의 변화에 대한 필요성의 인식을 제고시키고, 거부감을 줄일 수 있도록 하기 위한 적절한 교육 및 훈련과정을 확보하는 것이 필요하다.

○ 조사 및 정보수집 기능의 확보

벤치마킹은 계획과 자료수집-분석-통합-실행이라는 4단계 순환주기를 거치는 프로세스이다. 따라서 이 프로세스 수행에 필수적인 조사 및 정보수집 기능을 담당할 유능한 내부 전문가 층의 확보 및 유지가 필수적이다. 또한 벤치마킹 조사 후에도 벤치마킹 프로세스 자체를 벤치마킹하여 보다 나은 방식으로 벤치마킹이 수행될 수 있도록 꾸준한 개선을 추구할 필요가 있다.

○ 조직 내・외부에 네트워크 구축

벤치마킹이 효과를 발휘하기 위해서는 일차적으로 조직 내부에서 터득한 정보나 지식을 상호 공유할 수 있는 내부 채널 확보와 더불어 외부 파트너와 공동으로 벤치마킹을 수행할 수 있는 네트워크 구축이 필요하다.

○ 충분한 사전 준비

벤치마킹의 효과성을 높이기 위해서는 자신이 수행하는 제반 작업과정에 대한 이해와 내부평가를 통한 문서화가 선행되어야 한다. 내부평가는 벤치마킹의 시행착오를 최소화 하는데 유용할 뿐만 아니라 상대방의 협조를 구하기 위해서 반드시 필요한 일이다.

○ 꾸준한 조사와 강한 인내력

벤치마킹은 1회성에 그치는 조사가 아니라 지속적인 개선추구를 목표로 하는 연속적인 프로세스이므로 계속적인 조사활동이 이루어져야 한다.

다. 제로베이스(zero base) 조직혁신

제로베이스 조직혁신이론은 기존의 조직 틀을 파괴하고 제로상태에서 다시 조직을 새롭게 구조화하는 것이다. 교장이 학교조직을 혁신하려고 할 때 기존조직의 틀을 인정하고 부분적이거나, 지엽적인 기법에 의거하여 조직을 혁신하는 것이 아니라 혁신의 출발점이 제로베이스이고 이에 따라 전체적인 시각에서 조직혁신을 기하는 것이다. 따라서 여기에는 무엇보다 정밀조직진단이 선행되어야 하고, 조직진단 결과에 따라 현실적이면서 미래지향적인 조직으로 구조화해야 한다. 이럴 경우 교장의 조직혁신을 위한 결단이 필요하다.

제로베이스 조직혁신은 지금까지 널리 활용되고 있는 지식, 정보, 기술, 기법 등을 제로로 두고 여기서 좋은 것은 선택하여 이를 새롭게 결합시키는 종합화과정을 중시한다. 제로베이스 조직혁신은 먼저 조직을 정밀진단한 후 이에 따라 조직에 대한 처방을 하는 것이다. 또한 제로베이스 조직혁신은 새로운 조직형태로 개발되어 인기있는 조직을 모방하거나 이를 무조건 수용하는 것이 아니고 조직을 진단한 후 조직의 모방이나 수용 여부를 결정한다.

교장은 조직혁신을 위해 필요한 기법, 지식, 정보 등을 종합적인 시각에서 받아들여야 한다. 교장의 조직혁신을 위한 결단이 필요하고 약간의 위험요소가 있어도 이를 극복할 수 있는 능력이 있어야 한다.

라. 시나리오 경영(Scenario Management)

불확실한 미래 경영환경의 변화를 최대한 고려하여 향후 전개될 변화과정을 시나리오로 구성하고 각 상황에 따라 유연하게 대처하는 경영기법을 의미한다. 시나리오 경영의 유형은 대안 개발형, 사건 전개형, 미래에서 온 편지 등이 있고, 다량의 정보를 사전에 수집해 신속하게 위기를 벗어날 수 있는 위기관리 능력을 높일 수 있다.

마. 학교이미지 통합(School Identity)

학교이미지 통합이란 학교이미지를 그 학교의 비전과 독특한 문화에 걸맞게 통합하는 기법으로 변화하는 환경 속에서 학교의 정체성을 확보해 학교의 사회적 역할 및 학교와 학교 구성원 사이의 공통목표, 학교 비전을 명확히 하는데 목적이 있다. 따라서 학교비전과 교육 프로그램의 구조에 맞춰 새로운 학교문화를 만들 때 중요하게 쓰이는 기법이라 할 수 있다.

학교이미지 통합은 학교의 정체성을 확보하자는 것으로서, 단위학교에서는 끊임없이 변화하는 외부환경 속에서 학교의 존재기반을 구축하기 위해 학교의 개성을 찾아 나름대로의 독특한 존재이유를 설정해 나가야 한다.

III

학교자율경영의 정책

교육정책이란 교육에 관한 국가정책의 기본 방향을 뜻하는 것으로 거기에는 국민적 동의를 전제로 한 국가의 권력 행사가 포함된다(김창걸, 1999). 그러므로 교육정책은 시대적 변화와 정부의 성격에 따라 차이가 있으며 그 지향점도 다르다. 학교경영은 이러한 국가 교육정책을 근거로 하되 지역 실정과 학교 특성을 반영하여 이루어진다. 그러므로 학교자율경영을 위한 기초단계로 단위학교에서는 국가 교육정책의 흐름을 지혜롭게 분석할 필요가 있으며, 이를 위해서 정부에서 추진하고 있는 교육정책 이면의 지배적인 가치가 무엇인지에 대한 전반적인 이해가 있어야 한다. 따라서 다음에서는 학교자율경영과 관련된 우리나라 교육정책의 흐름과 학교경영의 방향을 살펴보고자 한다.

1. 문민정부 교육개혁(1993.2～1998.2)

가. 추진 배경 및 취지

교육개혁은 한 사회가 구체적으로 직면하고 있는 교육정책의 문제를 해소하여 교육을 질적으로 변화시키려는 과정이다. 일반적으로 교육개혁은 다음과 같은 몇 가지 사회적 맥락에서 추진되는 것이다. 첫째, 한 사회가 전면적으로 어떤 위기의 상황에 있을 때 그 위기의 원인을 근원적으로 해소하고 그 사회를 지속적으로 발전시키기 위한 기반을 형성하고자할 때 교육개혁을 추진한다. 둘째, 현실적으로 교육제도·체제와 실천적 활동 자체에 심각한 문제가 발생하며, 이에 따라 여러 가지 역기능 현상을 발생시키고 있기 때문에 교육을 개혁하는 사례도 있다. 셋째, 우리의 삶이 영위하는 사회적, 문화적, 혹은 자연적 환경이 변화하고 있으며, 거기에 적응할 수 있는 새로운 교육방식과 구조가 필요할 때 교육개혁이 요구된다(윤종혁, 2002).

1995년 문민정부가 제안한 5 · 31 교육개혁 방안은 위 세 가지 요건 모두를 수용해야 하는 상황에서 발생한 것이다. 먼저, 21세기를 주도할 신교육체제 구축 및 교육병리 현상의 치유를 위해 교육개혁이 필요하다는 주장이다. 즉, 21세기의 사회는 지금까지의 산업 사회와는 근본적으로 다른 정보화 · 세계화 · 다원화 사회로 변모되고, 남북한 통일이 실현될 것으로 예견한 것이다. 이러한 새로운 문명사회와 통일시대를 주도하기 위해서는 질 높은 신인력 창출, 기술 주권국과 문화 수출국의 지위 확보, 다원화 사회에 걸 맞는 다양한 교육제도의 도입, 민족 통일 공동체 의식과 문화적 정체성 확립 등이 절대적으로 요구된다는 것이다.

또한, 한국 교육은 그 동안 괄목할만한 양적 성장을 이루어 국가 발전의 원동력이 되어 왔다. 그러나 고질적인 대학 병목 현상, 인성 및 도덕 교육의 실종, 국제 경쟁력 약화, 교육 현장의 활력 상실, 교육 투자의 미흡 등으로 교육의 질적 수순이 크게 저하되고 있다. 이러한 교육적 병리 현상을 치유하지 않고서는 국가 발전의 장래를 기약할 수 없다는 인식에서 출발하였다.

그리고 현 교육의 제도적 틀을 가지고는 다가오는 새로운 문명의 도전에 효과적으로 대응하기 어려울 뿐만 아니라, 오늘 날 한국인들이 겪고 있는 각종 교육 고통을 해결할 수도 없다. 여기에 새로운 교육의 틀, 새로운 교육의 물길에 대한 절실한 요구가 있다. 이러한 역사적 도전에 대한 새로운 응답으로 신교육체제가 구상되었으며, 신교육체제는 바로 이러한 두 가지 과제를 풀 수 있는 장 · 단기적인 교육적 종합처방이다. 세계의 중심에 우뚝 선 신한국에 이르는 최선의 길은 오늘의 교육을 과감하게 수술하여 신교육체제로 탈바꿈시키는 길이며, 이것이 신교육체제 구상의 기본 취지이다(교육개혁위원회, 1994). 이처럼 문민정부의 교육개혁은 문명사적 변화에 적극적으로 대응하고, 한국적 상황에서 발생할 수 있는 교육문제를 해결하며, 교육 운용 체제를 효율적으로 운영하기 위해 구상되었다.

신교육체제에서 초 · 중등교육의 목표는 학습자의 다양한 개성을 존중하고, 인성(도덕성, 사회성, 정서 등) 및 창의성을 최대한 신장시키는 교육체제를 갖춤으로써 모든 학습자의 잠재 능력이 최대한 계발되도록 하는 것이다. 이를 위해 각급학교는 자율을 바탕으로 양질의 교육 서비스 창출을 위하여 경쟁하도록 유도하고, 학생과 학부모는 충분한 교육관련 정보를 바탕으로 적성과 능력에 맞는 교육 프로그램을 선택할 수 있도록 한다(교육개혁위원회, 1996).

나. 추진 과정

1994년 2월에 출범한 김영삼 대통령의 자문기구인 교육개혁위원회는 「신한국 창조를 위한 교육개혁의 방향과 과제」라는 주제로 교육개혁의 기본 방향을 제시한 이후, 1995년 5월 31일, 1996년 2월 9일, 1996년 8월 20일, 1997년 6월 2일 네 차례에 걸쳐 신교육체제 수립을 위한 교육개혁 방안을 제안하였다.

〈표 Ⅲ-1〉 주요 교육개혁 방안

과제명	주요 내용
초·중등교육의 자율적 운영을 위한 「학교공동체」 구축	학교운영위원회 설치, 교장 초빙제 시범 실시, 교사 초빙제 시범 실시
인성 및 창의성을 함양하는 교육과정	실천위주 인성교육 강화, 교육과정 운영의 다양화, 기초 학력 교육 강화, 방과후 교육활동의 활성화, 특수교육 및 영재교육의 강화, 세계화 교육 실시, 외국어 교육 강화
학습자의 다양한 개성을 존중하는 초·중등교육 운영	고등학교 유형의 다양화, 예술교육의 특성화, 교육여건의 개선, 평가와 행·재정 지원의 연계, 중학교 및 일반계고등학교 선택권 부여, 특수목적학교 학생선발 방식 개선
품위 있고 유능한 교원 육성	교원임용제도 개선, 교원연수 강화, 능력 중심 승진·보수 체계 마련, 특별연구교사제 도입, 교과별 또는 학년별 연구실 확충, 교무실 사무 자동화, 자율 출·퇴근제, 교장 명예퇴직제 실시
신 직업교육체제의 구축	특성화 고등학교 확대, 고등학교 교육과정의 통합·운영, 우수한 교사 확보, 실업계고등학교 시설·설비 현대화
초·중등학교 교육과정 개혁	국민공통기본과정 체제 설정, 수준별 교육과정 도입, 평가방법의 개선, 다양한 교사제도의 탄력적 운영, 학교 환경 및 시설의 개선
교육관계 법령 체제 개편	초·중등교육법 및 고등교육법 제정, 사회교육법 개정
초·중등교육의 혁신	교육내용의 획기적 감축, 학교 현장의 교육혁신 촉진
정보화 사회 적응력 함양을 위한 교육의 강화	모든 교과에서 정보기술 활용 능력 강화, 정보소양 함양 및 정보윤리 교육의 강화
유아교육의 공교육 체제 확립	유아교육 체제의 단계적 구축, 유아교육 권리 보장, 유아교육 개혁 추진 체제 확립
과외 대책을 통한 사교육비 경감 방안	학교교육의 정상화, 학원 운영제도의 활성화, 방과후 활동의 확대 제공

신교육체제의 비전은 누구나, 언제, 어디서나 원하는 교육을 받을 수 있는 길이 활짝 열려진 '열린교육사회, 평생학습사회'의 건설이다. 4차에 걸쳐 발표된 교육개혁 방안 중, 초·중등교육과 관련되는 과제는 <표 Ⅲ-1>과 같다. 학교 자율경영 체제를 구축하기 위해 교육관련 법령을 개편하고 초·중등 교육과정을 개정하며, 학교 유형을 다양화하는 방안들이다. 그리고 학교자율경영은 학교 구성원들이 주체가 되어 운영하여야 하므로 품위 있고 유능한 교원을 육성하는 과제도 포함되었다.

위와 같은 교육개혁 과제의 특징은 다음과 같이 요약된다.

1) 학습자 중심 교육 : 학교 및 교원과 교육행정기관의 편의 중심 교육으로부터 학습자 중심의 교육으로 전환한다. 교육공급자 간에 다양한 교육프로그램의 경쟁을 통해 교육수요자인 학생과 학부모의 교육 선택권을 확대한다.
2) 교육의 다양화 : 획일적이고 서열화 된 교육에서 벗어나 다양한 교육프로그램과 특성화된 학교를 설치·운영함으로써 학생의 잠재능력, 창의력 및 인성이 함양되도록 한다.
3) 자율과 책무성에 바탕을 둔 학교운영 : 규제와 통제 중심 교육 운영으로부터 벗어나 개별학교의 자율과 책무성 중심의 교육 운영으로 전환하고, 학부모 및 학교 관련 인사의 자발적 참여에 의해 학교를 효율적으로 운영한다.
4) 자유와 평등이 조화된 교육 : 모든 사람이 자신의 잠재능력을 최대한 계발할 수 있는 자유의 영역이 보장됨과 동시에, 교육적으로 불리한 위치에 있는 사람에게는 그 불리한 것을 극복할 수 있도록 형평의 장치가 마련되어 교육의 수월성을 확보한다.
5) 교육의 정보화 : 첨단 멀티미디어 정보통신기술을 활용하여 누구나 시간과 공간의 제약을 받지 않고 원하는 교육을 받을 수 있는 21세기형 열린 교육을 실시한다.
6) 질 높은 교육 : 학교와 교원, 학생에 대한 객관적이고 엄정한 평가체제와 견실한 재정 지원, 서비스 위주의 교육행정 등의 종합적인 지원체제를 통하여 교육의 질을 제고한다.

다. 교육개혁 과제별 추진 내용

개별 개혁과제를 추진하는 과정에서 일부 과제는 이해 갈등, 관계 기관 협조 부족 등 여러 가지 이유로 인해 추진되지 못한 과제도 있다. 학교자율경영과 관련되는 주요 과제별 추진 내용은 다음과 같다.

1) 학교운영위원회 설치

학교운영위원회는 학부모, 교직원, 지역사회 등이 스스로 책임지고 학교운영에 참가하는 시스템이다. 즉, 교육 수요자의 교육 참여를 실질화 하고 학교교육에 대한 행·재정 지원을 공식화함으로써 학교교육의 민주화, 자율화, 특성화를 제고하는 중요한 기구이다.

1997년 시 지역의 국·공립 초·중등학교를 시작으로 단계적으로 확대되어 모든 국·공립 초·중등학교의 심의기구로 설치되었으며, 2000년에는 사립학교에도 설치되어 필수적 자문기구로서의 역할을 수행하고 있다.

시행 초기에는 참여 집단 간 인식 부족과 이해 갈등이 나타나기도 했으나, 전반적으로 단위학교의 교육자치에 대한 새로운 인식의 파급과 함께 지역의 실정과 특수성을 고려하고 교육 수요자의 의견을 반영하는 교육 터전으로 자리 잡았다. 최근 학교자율화 조치가 단계별로 추진되고 있으므로, 학교단위 자치가 정착하기위해서는 학교운영위원회 기능의 활성화가 시급하다.

2) 제7차 교육과정 개정

1995년 말 교육과정 개정의 기본 골격이 마련되었으며, 개정 원칙은 학생의 적성과 능력에 따라 다양한 학습을 할 수 있도록 하기 위하여 ① 필수과목 축소 및 선택과목 확대, ② 정보화·세계화 교육 강화, ③ 수준별 교육과정의 편성·운영이다.

교육개혁위원회에서는 이러한 신교육 과정의 기본 골격을 바탕으로 1996년 2월 9일에 「초·중등학교 교육과정 개혁」을 교육개혁 과제의 일환으로 제시하였는데, ① 국민공통기본교육과정 체제에 의한 교육과정 편제 도입, ② 학생의 개인차를 고려한 수준별 교육과정 도입, ③ 능력 중심의 목표 진술과 구체적 내용 제시의 최소화, ④ 교육과정 지원 체제의 확립 등에 세부적인 개정 지침이 제시되어 있다.

1997년 12월 30일 고시된 제7차 교육과정은 2000년부터 초등학교 1, 2학년을 시작으로 2001년에는 중학교, 2002년에는 고등학교에 시행되었다. 이는 학생 선택과정의 확대와 수준별 교육의 도입을 두 축으로 하고 있는 학생중심 교육과정이다. 이는 학교교육의 질 관리를 강화하기 위해 국가에서 일방적으로 '주어지는 교육과정'에서 교육을 실천하는 학교가 다양하게 '만들어 가는 교육과정'으로의 전환을 의미하며, 학교 교육과정을 '어떤 체제로 어떻게 구성할 것인가'하는 문제는 기본적으로 학교에 자율·재량권이 부여되어 있다.

7차 교육과정의 특징은 다음 <표 Ⅲ-2>와 같으며, 다양한 교과목 개설, 학생 선택 과목의 확대, 다양한 유형의 개인별(2, 3학년) 교육과정 운영, 재량활동의 신설, 수준별 교육과정 운영(심화·보충형, 과목 선택형) 등이다.

〈표 Ⅲ-2〉 제7차 교육과정의 특징

특징	설명
국민공통기본교육과정	• 국민공통기본교육기간 설정 : 초등1학년-고등1학년(10년간) • 단계 또는 학년제 개념에 기초하여 일관성 있는 구성
고교 2, 3학년의 학생선택중심 교육과정 도입	• 일반 선택과 심화 선택으로 구분, 다양한 선택과목 개설 • 과정이나 계열의 구분 없이 운영, 학생의 선택 폭 확대
수준별 교육과정의 도입	• 학생의 능력, 개인차에 따른 다양한 교육기회 제공 • 단계형, 심화보충형, 과목선택형 수준별 교육과정 편성·운영
재량활동의 신설 확대	• 학생의 자기 주도적 학습능력의 신장 • 학교교육과정 편성·운영의 자율성 및 학생의 선택권 부여
교과별 학습량의 최적화와 수준 조정	• 최저 필수 학습 요소를 중심으로 교과별 학습 내용 정선 • 이수 교과목 수의 축소와 범위 수준의 적정화 도모
질관리 중심의 교육과정평가체제 확립	• 교과별 교육목표 성취 기준 설정 • 주기적 학력 평가 및 학교교육과정 운영 평가
정보화 사회에 대비한 창의성, 정보 능력 배양	• 컴퓨터 내용의 강화 • 개방적 자기 주도적 학습 능력을 촉진하는 창의적 교육활동

3) 학교생활기록부제 도입

종전의 생활기록부가 교육과정의 영역을 계량화하고 총점에 의한 서열화를 중시함으로써 파생되는 학생의 전인적 성장의 저해, 학우간의 지나친 경쟁 심리 유발, 과열 과외 등 학생과 학부모의 입시 고통 등의 문제점이 있다고 지적되어 왔다. 이러한 문제점을 해소하고 교육과정의 정상 운영과 학생 개개인의 타고난 소질·적성을 다양하게 기르며 인정받도록 하는 인간 교육 실현에 기여토록 하고 특히 대입 전형에서 총점 석차에 의해 시행되어 온 고교 내신 등급제를 폐지하고 1996년 3월부터 새로운 종합생활기록부를 도입하였다.

종합생활기록부에서는 학생의 학내외 수련활동 및 자원봉사 활동 내용을 기재·관리하는 것을 의무화하고 상급학교 진학 때 반영하도록 하였다. 특히 생활기록부에는 학생의 전인격적 발달상황을 누가(累加) 기록하고 있기 때문에 학생선발과 학생

지도를 위한 참고자료로 활용되고 있다.

생활기록부의 명칭은 당초 '종합생활기록부'였으나 1997년에 '학교생활기록부'로 변경하였다. 이는 종합생활기록부의 약칭인 '종생부'의 어감이 좋지 않다는 여론에 따라 현재의 명칭으로 바뀐 것이다. 이 제도의 특징으로는 첫째, 개별 학생이 가진 장점을 밝힘으로써 인간은 누구나 저마다 다른 사람으로부터 인정받을 만한 능력과 소질을 가지고 있으며 교육 평가는 이 같은 관점에서 만들어 졌다고 할 수 있다. 둘째, 교과 성적과 석차 대신 교과별 성취도(수, 우, 미, 양, 가)와 석차를 동시에 기록한다. 셋째, 서술식으로 기재하도록 되어 있다.

4) 교원 초빙제 시행

학교의 자율성을 제고하고 교직의 전문성을 높일 수 있는 교장 및 교사 초빙제를 실시하기 위해 교육공무원법이 개정되었고, 1996년에 초・중등학교 40개교에 우선적으로 시범 실시한 후, 1997년에는 교장 초빙제 108개교, 교사 초빙제 54개교로 확대 시행되었다.

○ 교장 초빙제

교장 초빙제는 학교공동체가 원하는 교장을 초빙하여 학교의 자율성을 제고시키고 교육력을 신장시킨다는 취지에서 도입된 제도이다. 그러나 2002년 3월 1일 기준 초빙 교장으로 임용된 수는 전체 교장 재직자의 1.51%, 2005년에는 3.96%에 그쳤기 때문에 도입 취지를 살리기에는 한계가 있었다. 더구나 초빙 대상자 추천이 능력보다는 학연 또는 지연 등으로 이루어지는 폐단이 발생하였다. 2007년 9월 교장 공모제가 시범 운영되면서 지속되지 못하고 있다.

○ 교사 초빙제

교사 초빙제는 교장 초빙제를 도입한 학교에서 교장이 직접 교사 정원의 10% 범위 내에서 학교의 다양한 프로그램 운영에 적합한 교사를 초빙하는 제도이다. 이는 초빙 교장이 자신의 교육적 소신을 실현하는데 필요한 조력자를 스스로 선택하게 한 후속 조치라고 할 수 있다. 그 외 교육감이 지정하는 학교는 교사 정원의 10% 범위 내에서 교사를 초빙할 수 있다. 이처럼 교장은 학교운영에 필요한 교원을 초빙할 수 있으나, 대상 학교와 대상 인원이 너무 제한적이라는 지적을 받아왔다.

이에, 최근 이명박 정부에서는 교장의 책임경영을 뒷받침할 수 있도록 교장의 인사권을 자율화하는 계획을 추진하고 있다. 즉, 모든 교장에게 정원의 20%까지 교사 초빙권을 부여한다는 것이다.

5) 학교 평가

교육부에서는 1996년부터 시・도교육청의 책무성을 강화하고 관할지역 교육의 질적 향상을 위한 교육청의 자구 노력 분위기 조성을 위하여 시・도교육청 평가를 실시하고 있다. 한편, 시・도교육청에서는 1997년에 교육과학기술부에서 제공한 '초・중・고등학교 학교평가 편람' 등을 참고하여, 2~3년 주기로 시・도교육청의 교육시책이나 역점사업 등의 시행여부를 중심으로 학교평가를 실시하고 있다. 이때 고등학교는 각 시・도교육청이 주관하여 실시하고 있으나, 초등학교와 중학교는 지역교육청에 위임하여 실시하고 있다. 그리고 교육과학기술부에서는 이와 별도로 2000년부터 한국교육개발원에 위탁하여 국가수준에서 학교평가를 실시하기도 하였다.

학교 평가는 학교교육의 목표, 내용, 방법 등 모든 교육 활동의 질과 학생, 교직원, 시설 및 행・재정 등의 실태를 설정된 기준과 합리적인 절차에 따라 확인, 분석을 거쳐 판정하고, 그 결과에 상응하는 활용 및 개선 방안을 강구하여 행・재정적 지원을 유도하는 종합 평가이다.

6) 특성화고등학교 운영

특성화고등학교는 1996년 교육개혁위원회에서 제시한 「신교육체제 수립을 위한 교육개혁 방안」을 토대로 교육과학기술부에서 시행 방안을 마련하여 1998년 시범 운영한 후 점진적으로 확대되고 있다. 초・중등교육법시행령 제91조에 마련되어 있는 규정에 의하면, 특성화고등학교는 소질과 적성 및 능력이 유사한 학생을 대상으로 특정 분야의 인재를 양성하거나 자연 현장 실습 등 체험위주의 교육을 전문적으로 실시하는 학교이다.

이러한 특성화고등학교는 두 가지 유형으로 구분된다. 그 하나는 학생들의 능력・적성・흥미・요구에 맞는 특정분야에서 전문적이고 집중적인 직업교육을 실시하여 전문 직업 인력을 양성하는 직업 분야의 특성화고등학교이며, 다른 하나는 정규학교에 적응하지 못하거나 만족하지 못해 중도 탈락한 학생들을 대상으로 인성교육, 자연친화적 교육활동을 실시하여 건전한 시민으로 육성하기 위한 대안교육 분야의 특성화고등학교이다(윤정일 외, 2008).

특히 실업계 특수목적고등학교도 희망에 따라 직업교육 특성화고교로 전환을 유도하고 있다(김영철, 2003). 대안학교는 1995년 이후 기존의 학교교육에 대한 위기의식 때문에 빠르게 확산되기 시작했으며, 대안교육 실천의 일부가 교육개혁으로 수용되어 공식적인 제도에 반영되어 교육과학기술부의 '학교 중도탈락자 종합대책'(1996년 12월)으로 이어졌다. 이는 기존학교 운영체제를 획기적으로 개선하기 위한 방안과 함께 부적응 학생을 위한 소규모의 특성화 고등학교와 대안학교 설립을 지원하는 종합대책이며, 이 대책에 의해 영산성지고등학교를 모형으로 한 대안학교형 특성화 고등학교 6개교를 시범운영하게 되었다.

이로 인해 대안학교의 의미가 부적응 학생을 대상으로 하는 학교로 잘못 각인되기는 했지만, 한편으로는 기존의 학교교육이 안고 있는 문제를 해결하기 위해서는 근본적으로 새로운 접근이 필요하다는 인식이 확산될 수 있었다(이정원, 2001). 학교모델울 다양화하고, 학교운영체제를 혁신하여 부적응 현상을 최소화 하겠다는 정부의 의지로 대안학교를 만드는 발상을 하게 했지만, 대안학교의 취지와 개념상 맞지 않은 일이었다. 이에 정책을 수정하여 대안학교의 의미를 중도탈락자만이 아니라 다양한 방식의 새로운 교육을 추구하는 학교로 재규정하는 한편, 정부 주도로 설립하기 보다는 민간에 의한 학교설립을 지원하는 방향으로 선회하였다. 그 일환으로 고교설립준칙주의를 발표(1997년 9월 공포)하여 학교설립에 필요한 정원(최소 60명)과 부지, 그리고 시설 기준 등을 크게 완화하였으며, 이에 따라 설립되는 학교 명칭을 특성화 고등학교로 법제화하였다. 1998년 초・중등교육법 시행령(76조, 91조)에 명시・공포된 이 학교설립 완화조치에 의해 6개의 학교(영산성지고등학교, 산청의 간디고등학교, 담양의 한빛고등학교, 청주의 양업고등학교, 합천의 원경고등학교, 경주의 화랑고등학교)가 정규학교로 설립되었으며, 정부의 지원을 받을 수 있게 되었다(정유성, 1999).3)

---

3) 이러한 특성화 학교로 지정된 대안학교 외에도 '초・중등교육법 제60조의 3(각종학교)'(법률 제7398호(2005.3.24공포)의 신설로 정규학교가 아니면서 대안교육을 하고 있던 대안학교는 법류상의(각종)학교로 이정되었고, 동법이 공포된 후 1년이 경과되는 날부터 시행하도록 되었다. 대안학교는 설립기준・교육과정・수업연한・학력인정 등 설립・운영에 있어서 일반학교보다 상당부분 자유롭다. 자율적 운영의 영역은 '교장 및 교감 자격(제21조제1항), 교육인적자원부 장관과 교육감이 정한 교육과정과 대통령령으로 정한 학교의 교과(제23조제2항・제3항), 학년도・수업의 형태・대통령령으로 정한 학기・수업일수・학급편성 및 휴업일 등(제24조), 학교생활기록부의 작성 및 유지 관리(제25조), 학년제(제26조), 교과용도서의 사용(제29조), 교육정보시스템의 구축과 운영(제30조의4), 정보시스템에 의한 업무처리9제30조의5), 학생관련 자료제공의 제한(제30조 6) 등에 대한 지도・감독(제30조의7)' 등이다.

그러나 대안학교가 자율학교로 지정될 때(특성화 고등학교들은 거의 자율학교로 동시 지정되었다)는 오히려 자율적 운영에 제한을 받게 된다. 학교재정의 일정부분을 지원받는 대신 일반 대안학교들이 누리는 자율적 학교운영 영역이었던 국민공통기본교육과정에 대한 자유 및 해당교과의 교과서 사용 문제, 교과와 학년도 수업일수, 학교생활기록부 작성 및 유지, 정보시스템에 의한 업무처리 등에 있어 시·도교육청의 지도와 감독을 받아 이행해야 하기 때문이다. 그렇지만 일반학교에 비하면 이들 대안학교들은 특성화 고등학교와 자율학교 제도가 겸하여 적용되기 때문에 교육과정의 편성과 운영에서 자율의 폭이 다른 학교들에 비해 월등히 크다고 할 수 있다(이정원, 2001).

2007년 현재 전문계고교의 특성화학교로 90개교가 지정되었으며, 대안교육 특성화고등학교는 21개교가 지정·운영되고 있다. 이들 특성화고등학교는 전국 단위의 학생 선발, 교육과정 편성·운영의 자율화, 교원 임용의 자율화(교원의 1/3 내에서 교원자격증이 없는 산학겸임교사를 임용할 수 있음), 납입금의 자율 정책(교육감의 지정을 받은 사립학교는 납입금을 자율적으로 책정할 수 있음) 등 자율권을 부여받고 있다.

7) 교원의 효율적인 근무 여건 조성

교육부에서는 교원의 교과별 또는 학년별 연구실을 연차적으로 확보해 왔으며, 1996년에는 교사가 수업이나 연구용으로 사용할 PC 12,000대를 보급하였고, 1999년까지 교원 1인당 PC 1대를 보급할 계획으로 교육정보화 사업을 추진하였다. 또한 출퇴근 시간을 탄력적으로 운영함으로써 교사들의 자율연수 기회를 확대하고자 91개교에서 자율 출퇴근제를 시범 실시하였다.

8) 교원의 전문성 확대

교원 연수 기회를 확대하기 위해 대학부설 교원연수원을 1994년 16개소에서 1996년 60개소로 확대하였다. 또한 경력 중심 교원 승진 체계를 능력 중심 교원 승진 체계로 전환하기 위해 교원 평정 요소를 합리적으로 조정하여 교육공무원승진규정을 개정하였으며, 1996년부터 담임수당을 지급하고 있다. 한편 유능한 교원에게 연구비를 지원하고 국·내외 연수 기회를 부여하는 특별연구교사제를 실시하여

이와 같이 대안학교가 학교의 지위를 갖게 되었으며, 일반학교와는 비교할 수 없는 자율성을 누리고 있다.

1996년 495명의 교원이 그 혜택을 받았다.

9) 학교 교육 규제 완화

획일적인 규제를 정비함으로써 학교가 자율적이고 창의적으로 운영될 수 있도록 교육과학기술부와 시・도교육청에 교육규제완화위원회를 설치하여 정부수립 이후 교육과학기술부와 시・도교육청이 발령한 훈령, 예규, 고시, 지침 등 각종 행정법령 중 약 50%에 달하는 총 1,250종 2,639건의 규제를 폐지 또는 완화하였다.

라. 교육개혁의 성과와 반성

교육개혁방안은 평준화의 틀만 유지한 채 상당부분 학교의 자율성을 위한 차별화를 시도하고 있어서 이후 우리나라 교육개혁의 근간을 이루고 있다고 볼 수 있다. 5・31 교육개혁안의 '신교육체제'가 의미하는 것은 '학교교육 효율화와 학교 현장에서의 혁신 운동'이다. 이를 지원하기 위해 학교교육의 다양한 요구를 반영할 수 있도록 학교를 자율화하는 것이 개혁의 나아갈 방향 지표로 설정되었다.

신교육체제는 교육 운영을 ① 교육 공급자 중심에서 학습자 중심 교육으로, ② 획일적인 교육에서 다양하고 특성화된 교육으로, ③ 규제와 통제 중심 교육 운영에서 자율과 책무성에 바탕을 둔 교육 운영으로, ④ 획일적 균일주의 교육에서 자유와 평등이 조화된 교육으로, ⑤ 흑판과 분필 중심의 전통적 교육에서 교육의 정보화를 통한 21세기형 열린 교육으로, ⑥ 질 낮은 교육에서 평가를 통한 질 높은 교육으로 전환할 것을 제시하였다. 이를 바탕으로 4차에 걸쳐 초・중등교육, 고등교육, 평생교육, 직업교육, 교육인프라 분야까지의 광범위한 교육개혁 방안을 마련하였다.

교육개혁 방안에서 제안된 수요자 중심학교, 특성화고등학교, 학교자율화, 책임지는 학교 등을 구현하기 위해 교육법을 학교급별 특성에 맞게 '교육기본법', '초・중등교육법', '고등교육법'으로 분리하고 시행령을 마련함으로써 학교를 다양하고 자유롭게 변하게 하였다. 또한 '열린 교육'이 전국적으로 확산되어 교실의 교수-학습 개혁에 큰 도움을 주기도 하였다.

그러나, 교육개혁 방안의 발표는 신교육체제의 방향만 제시하였을 뿐 구체적 현장 개혁은 이루어지지 못했다는 평가를 받고 있다(정태범, 2003). 실제로 교육개혁 방안에서 제안한 과제들이 이후의 정부에 와서 추진된 것들이 많다.

이처럼 1995년 문민정부 이후 현 정부까지 지속적으로 추진하고 있는 교육개혁을 실천해야 했던 당위성을 찾는 것도 매우 중요하다고 본다. 대체적으로 문민정부 이후 현재까지 추진하고 있는 교육개혁은 교육 변화를 통해 얻고자 하였던 사회적·교육적 성과와 관련하여 공통점을 지니고 있다(윤종혁, 2002). 즉, 교육을 개혁함으로써 지식 정보화 사회에 대비하고 세계화에 따른 국가 경쟁력을 제고하며 고질적인 교육 병리를 해소해야 한다는 것이다. 그래서 5·31 교육개혁 방안이 나온 이래 지금까지의 정부는 모두 열린 교육체제와 수요자 중심 교육을 일관되게 추진하는 것이다.

교육개혁이 성공적으로 추진되기 위해서는 교육환경과 시설 수준을 향상시키고, 필요한 교육재정을 지속적으로 확보하여야 한다. 특히 교육개혁이 학교 현장에 정착되기 위해서는 위로부터의 개혁과 함께 아래로부터의 개혁이 일어나야 하며 교원의 역할이 매우 중요하다. 그러나 5·31 교육개혁은 위로부터의 개혁이었으며, 교원들의 사기 진작을 꾀하는 동시에 교사들이 개혁의 대상이기 보다는 개혁의 주체라는 인식을 심어 주기 위해 노력하였으나 적극적인 동참을 이끌어 내지는 못하였다.

문민정부의 교육개혁 정책 이후 신자유주의 교육개혁을 비판하고 반대하는 경향은 교육개혁을 둘러싸고 나타나는 대표적인 이념적 대립 양상이다. 신자유주의 교육개혁과 대비하여 교육의 공공성 강화를 주장하는 사람들은 교육정책에 민간 통제 내지 민주적 통제의 원리가 작동되어야 함을 강조한다. 민간 통제 혹은 민주적 통제라는 개념은 원래 국가의 관료적 통제를 지양하고 국민의 교육통치 주도권을 확보하기 위해 제시된 개념이다(한만길, 2004).

그럼에도 불구하고 5·31 교육개혁을 통해 학교교육의 자율화를 위한 법과 제도가 획기적으로 개선된 것은 명백한 사실이다. 기존 관행과 제도의 혁신적 변화는 장기간 지속적으로 추구되어야 할 과제이므로 개혁 과제들이 의도대로 정착될 수 있도록 이후의 정부에서 일관성 있게 정책을 추진한 것은 바람직하다고 본다.

2. 국민정부 교육정책(1998.2~2003.2)

가. 추진 배경 및 취지

문민정부에 이어 국민의 정부 역시 국정 운영의 상당 부문을 '개혁' 추진에 할애하였으며, 그 가운데에 교육개혁은 중요한 비중을 차지하였다. 국민의 정부에서 추진한 교육개혁은 기본 성격은 문민정부의 그것을 계승, 발전시킨 동시에 새로운 변화

요구를 수용하는 것이라 할 수 있다. 이러한 성격의 교육개혁을 추진하게된 배경은 대내적 측면과 대외적 측면에서 두 가지로 살펴볼 수 있다(이종태, 1998).

대내적 배경으로는 첫째, 4년여에 걸친 문민정부의 교육개혁 추진에도 불구하고 교사나 학부모들에게 학교 현장의 실질적인 변화가 매우 미흡하게 받아들여지고 있었다. 개혁의 소리는 높았으나 체감되는 성과가 기대에 미치지 못했다는 것이다. 이에 따라 국민의 정부에서는 보다 강도 높은 개혁을 추진해야 할 부담을 안게 되었다고 할 수 있다. 둘째, 건국 이후 최초로 민주적 방식에 의해 수평적 정권 교체를 실현한 정부로서 교육을 포함한 사회 각 부문의 광범위한 민주적 개혁에 대한 국민적 요구를 수용할 필요가 있었다. 문민정부 역시 개혁을 핵심적인 국정지표로 내세웠으나 개혁에 대한 국민적 요구를 수용하기에는 한계를 안고 있었다. 이 점은 교육 부문에서 문민정부의 개혁보다 좀더 근본적인 변화가 시도되어야 함을 시사한다. 셋째, 경제적 위기로 인한 IMF 관리체제의 등장이 교육을 포함한 사회 전반의 개혁을 촉진시켰다. 이는 주권의 일부를 양도하는 비극적 상황이기도 하지만, 다른 한 편으로는 우리 사회에서 오랫동안 누적된 권위주의적이고 비효율적인 구조를 과감하게 바꿈으로서 국제 경쟁력을 제고하기 위해 능동적으로 대처할 수 있는 계기이기도 했다. 이러한 상황에서 국민의 정부는 상당한 저항이 예상되는 교육 부문의 구조적 개혁들을 과감하게 시도하고자 하였다.

대외적 배경으로는 첫째, 산업사회에서 지식기반 사회로 이행하는 시대적 변화는 산업사회의 대량생산 체제에 적합하게 구축된 종래 학교교육 체제의 질적인 변화를 요구하였다. 선진국들의 경쟁적인 교육개혁이 이를 잘 말해주고 있다. 이에 따라 국민의 정부에서는 몇몇 특정 개혁과제를 통해서 이루기보다는 현재의 학교교육 전체를 질적으로 변화시키고자 하였다. 둘째, IMF 관리체제 이후 국가라는 울타리가 약화되고 사회의 모든 부문에서 외풍이 거세어졌다는 점이다. 이에 따라 학벌이나 학력의 양적 팽창보다는 생산성을 중시하는 이른바 '신지식인'이 교육의 핵심적인 목표로 제시되었다.

이러한 상황에서 국민의 정부의 교육개혁은 교원 · 학부모 · 지역사회가 참여하는 상향식 교육개혁, 교실 · 학교 변화를 체감할 수 있는 현장 중심의 교육개혁, 사회 각계각층이 함께하는 범시민운동 방식의 교육개혁, 평가와 연계하여 책무성과 효율성을 높이는 교육개혁 등을 채택하고자 하였다.

이와 같은 교육정책의 방향은 학교 구성원들이 자율적으로 학교를 경영한 후, 그 결과에 대해 책무성이 따르는 학교자율경영을 전제로 하고 있다.

나. 추진 과정

국민의 정부는 각계각층의 인사들이 참여하는 새로운 교육공동체를 형성하여 현장 중심의 교육개혁이 지속적으로 추진될 수 있도록 하며, 교육에 대한 대통령의 자문에 응하기 위하여 1998년 7월 새교육공동체위원회를 설치하였다. 이 위원회는 교육개혁의 추진과 확산을 위해 시민운동 성격의 활동을 수행하는데 주력하였다. 그러나 그다지 큰 성과를 거두지 못한 가운데 2000년 9월에 설치된 교육인적자원정책위원회에 계승되었다. 여기서는 21세기 지식정보화 사회에 부응하는 인재 육성을 위한 교육·인적자원 개발의 추진 전략 및 관련 정책 개발 등에 관한 대통력의 자문 활동을 수행하였다.

국민의 정부는 1998년 12월 「새학교 문화 창조를 위한 교육비전 2002」를 발표하였다. 지금까지 미래사회의 변화에 대비하기 위해 국가적 차원의 교육개혁을 추진해 왔으나 학습자의 개성과 창의성을 기르는 교육을 뿌리내리지 못하였고, 특히 그간의 교육개혁이 수요자 중심의 논리를 내세우면서 교사를 개혁의 대상이자 학습자의 종속변수라는 인상을 심어왔다는 것이다.

「새학교 문화 창조」에서 학교자율경영의 주요 내용은 평가방법 개선 및 단매형 학교생활기록부를 파일형으로 전환, 학생 평가의 신뢰성·투명성 제고, 체계적인 독서교육과 컴퓨터교육 강화, 현장체험 확대 및 내실화, 방과후 교육활동 다양화·내실화, 학생 중심의 교육과정 운영, 기초학력 부진학생 책임지도제 운영, 학급담임·교과담임제 개선, 교원정책 개선, 학부모·시민단체의 학교교육 참여기회 확대, 보충수업 및 자율학습 폐지, 사설기관 시행 전국단위 모의고사 폐지 등이다.

다. 주요 정책 추진 내용

1) 자율학교 운영

지금까지 우리나라의 학교는 공립과 사립을 막론하고 교육관계 법규의 획일적인 적용으로 인해 단위학교의 자율적인 운영이 어려운 것이 사실이었다. 교육환경의 변화 속에 창의력의 신장이 국가 경쟁력의 핵심이 되는 21세기 정보사회에서는 암기 위주의 지식보다는 스스로 지식을 습득하고 관리하며 창조할 수 있는 능력을 기르고, 또한 공동으로 문제를 해결할 수 있는 협동정신을 가진 인재를 육성하는 것이 필요하다. 이를 위해서는 무엇보다 기존의 경직된 학교운영 체제에서 벗어나 학생 및 학부모의 교육 욕구를 충족시킬 수 있는 자율적이고 새로운 학교 운영 체제를 마련할 필요성이 제기되었다. 자율학교는 이러한 학교운영 체제에 맞도록 '탈규제 학교(regulation-free school)'와 같은 개념으로 현행 교육관계 법규에 따라 모든 학교에 일률적으로 적용되고 있는 교장 자격, 교육과정의 편성 · 운영, 교과용 도서의 사용, 학생 선발 등에 관한 일반적인 규제로부터 벗어나 학교운영의 자율성이 보장되는 학교를 말한다(한유경, 2003).

자율학교를 제도화 하려는 움직임은 1995년 교육개혁 방안에 그 기초를 두고 있으며, 1998년에 교육과학기술부의 '자율학교 시범운영계획'으로 구체화 되었다. 1999년 15개교를 지정하여 3년간 시범운영을 한 후, 2002년 32개교, 2003년 65개교, 2004년 83개교, 2005년 99개교, 2007년 205개교가 지정 · 운영되었으며, 2009년에는 282개교까지 늘어났다.

자율학교는 일반학교와 다른 목적이나 다른 특성화를 이루려는 학교가 아니라 운영상 자율성을 부여받는 특례로 지정되기 때문에 자율학교의 설립과 운영을 총괄하는 자율학교법이 따로 있는 것이 아니다. 초 · 중등교육법 제61조의 "학교 및 교육과정 운영의 특례" 규정 등이 자율학교 지정에 대한 법적 근거 역할을 하고 있다.

자율학교의 지정 대상은 법 제28조의 규정에 의한 학습부진아 등에 대한 교육을 실시하는 학교, 개별학생의 적성 · 능력을 고려한 열린 교육 또는 수준별 교육과정을 운영하는 학교, 학생의 창의력 계발 또는 인성 함양 등을 목적으로 특별한 교육과정을 운영하는 학교, 특성화중학교, 특성화고등학교, 그 밖에 교육감이 특히 필요하다고 인정하는 학교이다. 자율학교는 5년 계약기간으로 지정 · 운영되며, 교육감이 정하는 바에 따라 연장될 수 있다.

자율학교는 전국 단위의 학생 선발, 교장 및 교사 임용의 자율, 교육과정 편성 · 운영의 자율, 교과용 도서의 자율 사용, 납입금의 자율 책정 등의 권한을 부여 받아 자율적으로 제정한 학교 헌장에 따라 학교 운영을 하고 있다. 282개교의 자율학교 중 77개교에서 전국 단위 학생 선발을 하고 있는 것으로 나타났다.

2) 자립형 사립고등학교 운영

자립형 사립고등학교는 1995년 5 · 31 교육개혁안[4]에서 다양성과 자율성에 기초

4) 1998년 이후 대학교육의 다양화 · 특성화가 어느 정도 정착되어 대학입학전형제도가 다양화 되었다고 시 · 도교육감이 판단하면, 건학이념이 분명하고 정부의 재정지원 없이 재단전입금 및 학생납입금 등으로 운영 · 유지할 수 있는 자립형 사립고등학교에 등록금 자율책정권을 부여하고 학생들에게는 이 학교에 대한 학교선택권을 부여한다(교육개혁위원회, 1995. 5 · 31 교육개혁안)

한 학교운영의 일환으로 설립을 제안함으로써 모습을 드러냈다. 그러나 우리나라 고교체제의 근간을 이루는 고교평준화 정책과 배치될 뿐 아니라 계층간 위화감을 조성할 수 있다는 우려 때문에 시행을 미루다가, 학교 안팎의 변화를 능동적으로 수용하며 학생과 학부모의 다양한 교육적 요구에 부응할 수 있는 다양한 교육제도의 필요성이 대두됨에 따라, 평준화 정책을 보완하고 고교체제의 다양화와 특성화를 유도할 수 있는 방안으로써 도입하되, 찬반이 맞서고 있으므로 시범운영 기간을 두기로 하였다.

2001년 교육과학기술부에서 추진계획을 마련하여 시행되었으며, 2002년도 민족사관고, 포항제철고, 광양제철고 3개교에 이어, 2003년도에는 해운대고, 현대청운고, 상산고 3개교 등 모두 6개교가 시범 운영되고 있다.

자립형 사립고등학교는 지필검사만 제외된 자율적 입학전형을 실시할 수 있으며, 교원 임용에서 교원자격증 미소지자 1/3 임용 가능, 10% 범위 내에서 수업이수의 자율적 운영, 일반학교의 3배 이내 범위에서 학생납입금 책정, 국민공통기본교육과정 이외의 교육과정 자율적 운영 등의 자율성을 가지고 있다. 그러나 법인전입금을 학생납입금 대비 8:2의 비율 유지, 학생의 15% 이상에게 장학금 지급, 학교헌장 제정과 공개에 대한 의무를 진다(교육인적자원부, 2001).

이와 같이 법인의 재정 부담으로 인해 자립형 사립고등학교의 운영 학교수가 당초 계획한 만큼 확대되지 못하고 있다.

3) 학교예산회계제도 도입

대한민국의 근대적 의미의 예산회계제도 법령이라 할 수 있는 재정법이 제정된 1951년 9월 이래로 반세기를 거치면서 학교의 수나 학교 내의 재정 운영은 이전과 비교할 수 없을 정도로 규모나 종류가 다양해졌다, 그러나 규정의 변화는 이를 따르지 못하였으며, 따라서 학교 재정은 학생과 교사의 교수-학습 활동을 지원하는 학교 본래의 목적을 수행하기보다는 여러 가지 재정관련 법규를 지키는데 급급한 실정이었다. 이에 교육과정을 효과적으로 지원하고, 단위학교에서 재정을 효율적으로 운영할 수 있는 새로운 학교재정제도로서 2001년부터 단위학교 예산회계제도가 도입·시행되었다(한유경·성삼제, 2002). 2000년 1월 초·중등교육법이 개정되고, 같은 해 11월 국공립 초·중등학교회계규칙을 제정함으로써 2001년 3월부터 전면 시행하게 된 것이다.

학교회계제도란 단위학교 중심의 자율적이고 효율적인 재정운영을 통해 다양한 교육활동을 효과적으로 지원하여 학교교육의 질적 수준을 높이기 위한 하나의 통합된 세입 재원을 교장 책임 하에 교직원 등의 예산요구를 받아 단위학교의 우선순위에 따라 자율적으로 세출예산안을 편성하고 학교운영위원회의 심의를 거쳐 집행하는 제도이다(교육인적자원부, 2003). 이 제도의 도입은 단위학교 재정운영의 근본적인 변혁을 가져온 것으로 평가된다.

4) 학교발전기금제도 도입

학교발전기금제도는 IMF체제로 교육예산이 크게 줄어든 1998년 9월 학교발전기금의 조성 · 운용 및 회계 관리에 관한 규칙이 제정되면서 과거 기부금품 대신 학교운영위원회가 설치된 공립학교에서 교육환경 개선과 교육활동 내실화를 위한 명목으로 학부모들로부터 모금할 수 있도록 한 제도이다. 사립학교에서도 학교운영위원회 설치가 의무화된 2000년부터 발전기금을 모금할 수 있게 되었다.

학교발전기금 모금을 위해서는 학교운영위원장이 사업목적, 기금조성 방법, 지출계획 등이 포함된 '기금운용계획'을 수립, 운영위원회의 심의를 거쳐야 한다. 또한 기금은 학생복지와 학생자치활동 지원, 교육용 기자재와 도서 구입, 교육시설의 보수 및 확충, 체육 및 학예 활동 지원 등에 사용할 수 있다.

학교발전기금 도입 이후 해마다 모금액이 늘어나고 있으나 시 · 도 및 학교별로 편차가 크고, 당초 목적보다는 정부의 교육예산으로 충당해야 할 부분에 주로 사용돼 왔다. 또한 학교발전기금 모금을 빙자해 사실상 학부모나 학부모단체에 기부가 강요되는 등 부작용 때문에 2003년 부패방지위원회가 제도 보완을 권고하기도 했으며, 2004년 7월 교육부는 학교발전기금 등을 폐지하고 학부모로부터 찬조금 등을 걷을 수 없도록 초 · 중등교육법 개정을 위한 입법예고까지 하기에 이르렀다. 그러나 검토 과정에서 학교발전기금을 폐지할 경우, 더 많은 문제가 발생할 것이라는 판단에 따라 그대로 존속하기로 하였다.

라. 성과 및 반성

국민의 정부의 교육개혁은 방안을 수립하기 보다는 추진하는데 더 역점을 두었다. 먼저, 문민정부에서 시작한 교육개혁의 큰 흐름을 계승 · 발전시키고, 간과되었거나 미흡한 과제를 발굴하거나 추진 방식을 새롭게 바꾸는 것에 역점을 두었다. 둘째, 자문기구 성격의 새교육공동체위위원회, 그리고 이를 계승하여 교육인적자원정책위원회를 설치하고 교육개혁의 추진을 위하여 노력하였다. 셋째, 추진 방식과 관련하여 문민정부에서 나타난 단점을 극복하고 현장 중심·상향식 추진 방식을 도입하였다. 넷째, 학부모·학생·교사 등 단위학교 중심의 개혁을 추진하는 과정에서 지역사회 및 교육 관련 시민단체가 개혁의 주체로 참여할 수 있는 공간과 기회를 확대해 나갔다(윤종혁, 2002).

국민의 정부에서는 초·중등교육을 자율화하기 위한 노력을 여러 측면에서 지속적으로 전개하였다. 우선 단위학교의 자율성을 높이기 위하여 자율학교와 자립형 사립학교를 지정하는 등 학교체제를 다양화하였으며, 학교 체제에 따라 학교운영의 주요사항에 대한 획일적인 규제를 완화함으로써 초·중등교육의 자율화 기반을 조성하였다. 또한 사립학교에 학교운영위원회 설치를 의무화하였고, 학교운영위원회의 기능을 확대하고 위상을 강화하는 등 단위학교 수준에서 지역의 실정과 특성에 따라 학교교육을 다양하고 자율적으로 운영할 수 있는 기반을 조성하였다. 한편 국민의 정부는 학교회계제도를 도입하여 단위학교 재정 운영의 자율성과 효율성을 높임으로써 단위학교 운영의 자율성을 증대할 수 있는 물적 기반을 확보하였다. 뿐만 아니라 지역주민의 교육제도 운영에 참여를 확대함과 동시에 학부모와 지역사회의 요구가 반영되는 방향으로 지방자치제도를 개선하였다(교육인적자원부, 2003). 이와 같이 국민의 정부는 문민정부의 교육개혁을 그대로 이어받아 학교자율경영 기반을 구축하는데 기여했다고 할 수 있다.

3. 참여정부 교육혁신(2003.2~2008.2)

가. 추진 배경 및 취지

참여정부 대통령직 인수위원회가 제시했던 국정과제는 ① 참여와 자치를 통한 교육공동체 구축, ② 공교육 내실화와 교육복지 확대, ③ 과학 기술 교육의 질적 고도화 등이었다. 특히 공교육 내실화와 교육복지 확대는 교육의 공공성 강화에 초점을 둔 것으로 '평준화 정책 기조의 유지'와 '교육에 대한 국가통제와 관리모형'을 핵심으로 하고 있었다. 참여정부에서 5년 간 견지한 교육정책 기조는 초·중등교육에서는 '교육의 평등성 강화', 고등교육에서는 '국가의 직·간접적 통제에 따른 경쟁체제 유도'였다(이종재, 2008). 이에 따라 교육정책의 기본 방향으로는 초·중등교육의 공공성 제고, 대학교육의 경쟁력 강화, 능력 중심 사회로의 전환으로 설정하였다. 이를 위한 추진 전략으로는 외부 컨설팅을 통한 교육부 혁신, 분권・자율・참여를 통한 현장 지원체제 구축, 국정과제 실현을 위한 교육재정 GDP 6% 확보를 제시하였다.

이와 함께 참여교육을 실현하기 위하여 학교 내 교육 주체들이 학교운영에 참여하는 기회를 확대하고, 지역교육청에 주민과 학부모 등으로 지역교육발전협의체를 구성하는 방안을 제시하였다. 초・중등교육정책으로는 학교교육의 신뢰 저하를 극복하고, 기능 회복과 교육 기회 균등을 실현하기 위하여 학교 교육내용의 다양화, 교원의 사기와 전문성 신장, 교육복지의 확대 등 다각적인 대책을 마련하기도 하였다. 또한 국민이 체감할 수 있는 사교육비 경감을 위하여 보육 또는 예체능 교육에 투입되는 사교육비를 최대한 제도적으로 흡수하는 방안을 마련하고, 유치원 종일반 운영을 확대하는 계획을 마련하였다.

나. 추진 과정

2003년 2월 25일 참여정부가 출범하면서 교육개혁은 중요한 국정과제의 하나로 제시되었다. 2003년 7월 31일 출범한 교육혁신위원회는 참여정부의 교육방향을 정립해 나갈 목적으로 각계 전문가 23명으로 구성하였다. 혁신위원회의 대표적인 성과로는 수능 등급제와 외국어고 관련 정책이다. 고교 내신 중심의 대입 정책을 유도하기 위해 찬반 격론 끝에 수능 9등급제를 도입한데 이어, “입시기관으로 전락했다”는 지적을 받은 외국어고 운영 방식을 고치기 위해 자연계반 운영을 금지시켰다. 또 특목고 신설시 교육인적자원부와의 사전 협의를 의무화하는 내용의 개선안을 내놓기도 하였다.

참여정부는 평준화 기조를 유지하는 가운데 특성화고 확대, 자립형 사립고 시범운영, 개방형 자율학교 도입 추진, 이러닝을 활용한 교수 학습 지원, 수준별 이동수업 확대, AP(선 이수)제도 도입, 영재교육 강화 등을 골자로 하는 수월성 교육 종합방안을 2004년 12월 수립하고 학교 선택권의 실질적인 확대하고자 하였다. 또한 교원의 양성・선발・연수체제를 개선하고 교원능력평가제, 교장 공모제 등의 시범도입으로 교원의 전문성을 강화하는 공교육 혁신을 추진하였다. 이와 함께 중학교 무상 의무교육 전국 확대, 방과후 학교, 농산어촌 지원, 유아교육 확대 등 공교육을 통한 계층 간 격차 완화를 위해 노력하였다(교육백서, 2007).

다. 주요 정책 추진 내용

1) 교원능력개발평가 시범 운영

새로운 교원평가제는 1995년 교육개혁위원회, 1998년 교육인적자원정책위원회 등에서 논의되다가, 1999년 교육발전 5개년계획 시안, 2001년 교육과학기술부 교직발전종합방안에서 제안되었다. 위의 방안 및 시안은 학생, 학부모를 포함한 교원평가적 성격보다는 승진규정 상의 개선 · 보완에 무게를 두고 있었다.

교원능력평가에 관한 본격적인 논의는 2004년 2.17 사교육비 경감대책 10대 추진과제의 하나로 교원평가제를 시행하겠다고 발표하면서부터다. 이후 교육부는 교총 · 교원노조와 교원평가 관련 협의회를 개최하고, 관련 학회들에 교원평가제도 개선을 위한 정책연구를 의뢰하였으며, 교원단체 외에 학부모단체, 열린우리당, 국무조정실, 교육혁신위 등과도 협의하였다. 그러나 교원단체와의 갈등으로 난항을 겪다 2005년 6월 교육과학기술부는 교총, 전교조, 한교조, 학부모단체 대표 등 7명으로 특별협의회를 구성하기에 이른다. 교원능력개발평가 제도화 기반 강화를 위해 운영하는 선도학교는 2005년 48개교를 시작으로 운영학교수가 매년 증가되어 2006년 67개교, 2007년 506개교, 2008년에는 669개교를 운영하였으며, 2009년에는 2010년 교원능력개발평가의 전면 시행 기반 구축을 위해 1,570개교로 대폭 확대 · 운영하게 되었다(교육과학기술부, 2009).

2) 개방형 자율학교 시범 운영

개방형 자율학교는 혁신 의지가 강한 운영 주체에게 학교운영권을 위탁하고 대폭적인 자율권과 책무성을 부여함으로써 교육과정 운영 및 교수-학습 방법 등을 혁신적으로 운영하여 전인교육을 실현하는 학교를 그 개념으로 한다. 2006년 공영형 혁신학교라는 이름으로 추진계획을 수립하여 2007년 4개교를 시범학교로 지정하였으며, 2008년에는 6개교를 추가 지정하여 운영하고 있다. 개방형 자율학교는 교육과정 등의 측면에서 기존의 자율학교의 틀을 유지하면서도 학교 운영주체를 대학, 민간단체, 공모 교장 등에 개방하고, 학교 교육력의 극대화를 위해 지역사회와의 유기적인 연계를 강조하는 지역사회 형태의 새로운 학교라고 할 수 있다.

3) 초 · 중등 개정 교육과정 운영

2000년부터 시행된 제7차 교육과정은 사회 · 문화적 변화를 반영한 교육내용 및 내용 체계 개편이 필요하게 되었고, 과학・역사교육 강화 등 국가・사회적 요구 사항을 반영할 필요가 있었다. 특히, 단위학교 자율권 확대 및 수준별・선택중심 교육과정 개선, 현행 교육과정 적용상의 문제점 및 교과 교육내용의 개선, 주5일 수업제 월 2회 실시에 따른 수업시수 일부 조정 등 교육과정의 개정이 불가피하게 되었다. 이러한 필요성에 따라 2007년 개정 교육과정을 고시하게 되었다.

개정 교육과정의 특징은 단위 학교의 교육과정 편성・운영 자율권 확대, 국가・사회적 요구 사항의 반영, 고등학교 선택중심 교육과정 개선, 수업시수 일부 조정 등이며, 학교의 교육과정 편성・운영 자율권 확대를 위해 재량활동 운영의 학교 자율권 부여, 교과 집중 이수제 도입, 특성화 학교 및 자율학교 등에 교과목별 수업 시간수의 증감 등이다.

4) 교장 공모제 실시

2006년 교육혁신위원회에서 "교원정책 개선방안"이 제안되고, "교원정책 개선방안 실행계획"이 확정되어 2007년 9월부터 자율학교를 대상으로 교장공모제를 시범운영하고 있다. 공모 교장 수는 2007년 9월 55명, 2008년 3월 57명, 2008년 9월 71명이다.

자격 기준별로 구분하면 ① 초・중등학교 교육경력 15년 이상인 교원을 대상으로 공모하는 내부형 공모, ② 특성화중・고, 전문계고, 예・체능계고 등에 3년 이상 관련 종사자를 대상으로 공모하는 개방형 공모, ③ 일반 학교에 교장 자격증 소지자를 대상으로 공모하는 초빙 교장형 공모 등 3가지이다.

5) 수석교사제 도입

관리직 이외에 교사의 가르치는 본연의 업무수행능력을 인정하고 전문성에 상응하는 역할을 부여함으로써 수업 전문성을 개발할 수 있는 유인체제를 마련하고 교직사회의 학습조직화를 촉진하기 위한 수석교사제는 2006년 교육혁신위원회가 의결한 「교원정책 개선방안」의 과제로 선정되어, 2008년 171명, 2009년 295명을 선발하여 시범운영하고 있다.

수석교사의 역할은 소속 학교에서의 수업 담당, 해당 교과의 수업지원 활동, 교과연수 강의 등 외부활동 등이며, 해당 교과 교사의 수업 전문성 향상을 지원한다. 수석교사에 대한 지원 방안으로는 수석교사 인증서 부여, 학교 실정에 따라 수업시수 경감(20% 정도), 연구활동지원비 지급(월 15만원), 수업 연구활동 지원 등이며,

시 · 도 교육청 차원에서 해외연수, 특별연구 지원 등 수석교사 취지에 맞는 지원책 마련을 권장하고 있다.

라. 성과 및 반성

참여정부의 교육정책은 '교육개혁과 지식 문화 강국의 실현'이라는 비전 아래 공교육의 경쟁력을 높이고, 모든 국민에게 양적 · 질적으로 균등한 교육기회를 보장하는데 중점을 두었다. 초 · 중등 분야에서는 급속한 사회 환경 변화에 부응하는 교육과정 수시 개정 체제 도입 · 운영, 교원 양성 · 연수 · 평가 · 승진 등 제도 전반에 대해 혁신을 통한 교원의 전문성 신장 제고에 중점을 두었다. 동시에 방과후학교, 개방형 자율학교 등 학교 모델을 재정립하기 위해 노력하였다(교육백서, 2007).

김진영(2007)은 "참여정부 교육정책에 대한 성과와 전망"에서 다음과 같이 지적하였다. 첫째, 노무현 정부의 정책 중 교육 분야를 전반적으로 평가하면 현 상황에 대한 인식이나 정책 목표의 설정은 크게 잘못되지 않았으나, 정책 추진에서 적지 않은 혼선이 있었다고 하겠다. 교원평가, 수석교사제, 교장 공모제 등 교원정책은 현 정부의 교육개혁에서 우선순위에 있었지만 세부정책에서 잡음 없이 실행된 바 없이 혼란 속에서 정부와 교사단체, 그리고 학부모단체의 의견 대립이 강하게 드러나곤 했다. 또 하나 짚고 넘어가야 할 중요한 사실은 현 정권 하에서 문제가 되었던 교원정책들 중에서 현 정권에서 논의가 출발된 것은 거의 없다는 점이다. 이렇게 오랜 기간 동안 추진되려고 했던 많은 정책들이라면 사실상 이번 정권에서는 실시되어야 했다. 시범운영 등이 이루어지기도 했지만 오랜 기간 논의되었던 사항들이 다시 갈등을 일으키고 국민들에게 혼란을 준 것은 아쉬운 일이다.

둘째, 사립학교법은 이른바 4대 개혁 입법 중 하나로 많은 갈등을 야기했던 법이다. 아직도 첨예한 입장 대립이 있는 이 법의 입법과정과 관련해 많은 혼란이 있었다. 중요한 것은 사학의 자율성 보장과 교육의 공공성 확보라는 두 가지 입장을 조화시킬 방안을 찾기에 앞서 정치계가 이 법과 둘러싼 공방을 이념논쟁 쪽으로 몰고 간데 대해서는 큰 아쉬움을 갖는다.

셋째, 교육과정, 대입제도, 사교육 문제이다. 실상 현 정권에서 대입제도와 관련해서는 본고사 · 고교 등급제 · 기여 입학제 등을 금지하는 이른바 3불정책의 기조를 유지하는 것을 포함하여 제도의 변화가 논의된 것은 없었다. 물론 지금까지 3불 정책은 긍정적인 역할을 해온 것이 사실이다. 3불 정책은 온 국민의 관심사인 대학 입시가 공정하게 이루어지는데 긍정적인 역할을 해 왔다는 사실은 인정해야 할 것이다. 그러나 이러한 제도가 미래에도 필요한지에 대해서는 근본적인 의문을 던져볼 필요가 있다.

그러나 초・중등교육의 양적 성장과 학교 체제의 다양화는 참여정부의 성과로 꼽을 수 있다. 2004년 중학교 무상교육이 완성되었고, 2007년에는 특수목적고 129개교, 특성화학교 159개교, 자율학교 205개교로 확대되었다.

4. 실용정부 교육정책(2008.2~)

가. 취지 및 배경

이명박 정부가 출범하면서 내세운 새로운 국가발전 전략 체계는 '선진화를 통한 세계 일류국가'를 국가 비전으로 설정하고, 이를 달성하기 위한 행동규범으로 '창조적 실용주의'를 실천하며. 비전 달성을 위한 구체적 실천전략으로 '신발전체제'를 구축하는 것으로 요약할 수 있다(제17대 대통령직 인수위원회 백서, 2008).

인재대국을 이루기 위해서는 첫째, 산업화 시대 범용인력 양성에서 지식정보화 시대의 창의적 인재 및 핵심 인재 양성을 위해 교육시스템을 혁신한다. 둘째, 공공성과 수월성, 다양성이 조화된 수요자 중심의 교육을 제공한다. 셋째, 교육기관 간 경쟁을 촉진해 다양한 교육수요를 충족하는 한편 학교의 다양화와 대학의 특성화를 유도한다. 넷째, 자율과 분권의 교육행정시스템을 구축한다(제17대 대통령직 인수위원회 백서, 2008).

이명박 정부 인수위의 국정과제 보고서의 ① 핵심과제로서 대학입시 3단계 자율화와 ② 영어 공교육 완성 프로젝트, ③ 중점과제로서 고교 다양화 300 프로젝트 등이 제시되어 있다. 이 프로젝트들을 관통하는 이명박 정부 교육정책의 키워드는 '자율, 책무, 선택, 경쟁, 다양성'이다. 자율성을 토대로 하여 학교프로그램의 다양성을 키워주고, 학부모가 학교를 선택할 수 있는 여지를 넓혀 감으로써 학교간의 경쟁을 통하여 학교교육의 책무성을 높이겠다는 것이다. 초・중등교육의 평등성을 중시했던 참여정부와는 뚜렷하게 대비되는 정책 기조다. 고등교육에 있어서는 '경쟁 체제' 구축을 통한 대학 경쟁력 제고라는 면에서 큰 정책 방향은 참여정부와 같다. 그러나 재정 지원 사업이나 행정적 규제를 통한 국가 주도의 대학 경쟁 체제 구축이 아니라, 대학에 상당한 자율권을 부여하고 스스로 변화의 주체가 되도록 한다는 점에서 이전 정부와 차이를 보이고 있다.

산업화 단계에서 평균주의에 입각해 대량 생산 체제를 위한 교육이 이루어졌다면, 민주화 단계에서는 평준화와 보편성을 중시하는 교육이 펼쳐졌다. 그러므로 선진화 단계에서는 개성을 존중하는 다원주의 교육을 실시하고자 하는 것이다(제17대 대통령직 인수위원회 백서, 2008).

〈표 Ⅲ-3〉 신 · 구발전체제의 교육정책 방향 비교

구분	구 발전체제	신 발전체제
인 재 상	산업화시대 범용인력 양성	지식정보화 시대 창의적 인재
교육내용	공급자 중심	수요자중심, 평생교육
교육제도	획일화 · 평준화	다양화, 경쟁과 개방
교육행정	관치	자율, 분권

나. 추진 과정

1) 대통령직 인수위원회의 국정과제 보고서

2008년 2월 5일 대통령직 인수위원회에서 발표한 "이명박 정부 국정과제 보고"에는 섬기는 정부, 활기찬 시장 경제, 능동적 복지, 인재대국, 성숙한 세계국가 등 5개의 국정지표를 제시하였다. 이 중에서 교육부문과 직결되는 국정지표는 인재대국이다. 하위 전략목표로 ① 수요자 중심의 교육경쟁력 강화, ② 핵심인재 양성과 과학 한국 건설, ③ 평생학습의 생활화를 설정하고 있다. 그리고 핵심과제 5개, 중점과제 7개, 일반과제 6개의 국정과제를 제시하고 있다. 이 중 초 · 중등학교 교육과 관련되는 과제는 영어 공교육 완성, 고교다양화 300프로젝트, 기초학력 · 바른 인성 책임제이다.

2) 교육과학기술부의 대통령 업무 보고

대통령직 인수위원회에서 제시한 국정과제는 2008년 3월 20일 교육과학기술부의 대통령 업무 보고에서 "2008년 주요 국정과제 실행 계획"으로 제시되었다. 이 계획에는 크게 "교육 살리기"와 "과학 기술 강국 건설"로 구별되어 있다. 전자는 주로 기존의 교육인적자원부가 수행하였던 업무 내용을 중심으로, 그리고 후자는 기존의 과학기술부가 관장하였던 업무 내용을 중심으로 하고 있다.

선진 일류 국가 건설이라는 국가 비전을 달성하기 위한 “교육 살리기” 부문의 주요 정책은 자율화·다양화된 교육체제 구축, 학교교육 만족도 제고, 교육복지 기반 확충의 세 영역으로 구분되어 있으며, “교육만족 두 배, 사교육비 절반”이라는 정책 목표를 수립·제시하고 있다. “국민이 만족하는 교육·가난의 대물림 차단”이라는 목표를 구현하기 위함이다. 이를 위하여 다음과 같이 2개의 구체적인 목표를 제시하고 있다.

첫째, 관 주도에서 탈피하여 학교의 자율 경영체제 구축이다. 교육과학기술부에서는 국가수준 교육과정, 교육격차 해소 등 기획·조정기능만 수행하고, 시·도교육청에서는 조직·정원 등 초·중등교육의 실질적인 의사결정을 하며, 단위학교는 인사, 교육과정 등 학교운영에 대한 교장의 자율과 책임을 강화한다는 것이다. 둘째, 학교교육 신뢰회복으로 사교육비를 경감하는 것이다. 학생·학부모가 실제로 필요로 하는 교육울 학교에서 맞춤형으로 제공하여 국민의 사교육비 고통을 해소하며, 능력과 의지만 있으면 누구나 교육을 받을 수 있도록 하여 가난의 대물림 차단한다는 것이다.

3) 국정과제 개편

이명박 정부는 출범 이후 여러 가지 여건 변화를 고려하여 건국 60주년을 계기로 2008년 10월 7일 국무회의에서 국정과제를 전면 개편하였다. 국정과제의 우선순위를 재조정하고 공감도와 현실성을 높였으며, 초·중등교육 부문의 경우 학생과 학부모가 원하는 다양한 학교 만들기, 학력은 높이고 교육격차는 완화, 학교의 자율성과 책임감 제고, 학교와 지역사회의 협력을 강화하였다.

다. 주요 과제 추진 내용

1) 고교 다양화 프로젝트

고등학교 평준화 제도가 지닌 획일성의 문제를 극복하고 교육수요자들의 다양한 욕구를 충족시키기 위해 지금까지 추진된 학교 체제의 다양화 정책은 크게 두 가지 방향으로 볼 수 있다. 그 하나는 특수목적고등학교나 영재학교와 같이 새로운 학교를 설립하여 점진적으로 확대하는 방향이다. 1995년 교육개혁위원회는 「신교육체제 수립을 위한 교육개혁 방안」을 발표하고, 고교체제의 다양화·특성화·자율화 정책을 추진하게 된다. 이 정책으로 도입된 학교가 특성화고등학교, 자율학교, 자립형 사립고등학교 등이다.

다른 하나는 일반계고등학교를 새로운 학교 유형으로 지정하여 확대하는 방향이다. 2008년 이명박 정부에서는 「고교 다양화 300 프로젝트」를 국정과제로 제시하고, 농산어촌에 기숙형 공립학교, 창의적 기술인력 양성을 위한 마이스터고, 학생 선택권 확대를 위한 자율형 사립고 도입을 추진하고 있다.

가) 기숙형 공립학교 도입

2008년 8월, 교육과학기술부는 농산어촌 지역의 1군 1교 기준, 지역거점학교 중심으로 시도교육청의 자체 심의와 추천을 거쳐 82개교를 확정하였다.

'교육(education)에서 돌봄(care)까지' 새로운 차원으로 확대하는 기숙형 공립고의 기능을 최대한 살리기 위해, 기숙형 공립고를 자율학교로 지정하는 등 학교의 자율성을 확대할 계획이다. 또한 우수한 교원진을 구성하여 기숙사내의 다양한 방과 후, 주말, 방학 중 교육프로그램 운영과 학생에 대한 생활지도・상담 강화 등 학생 맞춤형 교육으로 학생・학부모의 만족도를 높인다는 것이다.

기숙형 공립고의 정착은 도시지역에 비해 상대적으로 열악한 농촌지역 학교를 '돌아오는 학교', '찾아가는 학교'로 육성할 수 있으며, 농산어촌 학교의 지역 신뢰도 제고와 지역 인재 산실의 역할을 할 것으로 기대하고 있다. 또한 기숙형 공립고를 통해 학부모의 실질적인 자녀교육 부담의 경감 및 사교육비 경감 효과를 기대할 수 있으며, 맞벌이 가정이나 저소득층 가정은 자녀교육에 대한 심리적・경제적 부담을 줄일 수 있고, 친자연적인 환경과 안전한 여건에서 학업에 전념이 가능하다(교육과학기술부, 2008).

나) 마이스터고 지정

2008년 10월 기존 우수 특성화고 중에서 9개교를 마이스터고로 지정하였으며, 2009년 2월에는 12개교를 추가 지정하였다. 이로써 2010년 3월에 개교할 마이스터고는 총 21개교가 된다.

마이스터고는 기존 우수 특성화고 중에서 선정하되, 관련기관과 산업체의 인력수요를 반영하여 졸업 후 취업의 기회를 높이려는 취지이다. 직업 현장의 마이스터가 학교의 교원으로 참여하고, 대학과 연계를 강화하며, 교육의 질 제고를 위해 교육과학기술부에서는 마이스터고 인증시스템을 구축 중이다. 이러한 형태의 학교는 이제까지의 대량 기능인력 양성으로부터 소량의 맞춤형 인력 및 기술혁신에 필요한 중간

기술인력 양성을 목표로 한다.

마이스터고의 신입생은 전국단위 모집을 원칙으로 하고 해당지역 학생을 일정 비율 우선 선발하며, 수업료가 전액 면제되고 최신식 기숙사와 현장 수준의 실습실이 갖추어진 시설에서 산업 현장 중심의 맞춤형 교육을 받게 된다.

다) 자율형 사립고등학교 지정

자율형 사립고등학교는 학생의 학교 선택권과 사립학교 본연의 자율성을 확대하기 위하여 건학이념에 따른 교육과정 운영, 능력에 따른 무학년제 수업, 수업일수 증감 등 학사 운영의 자율성이 확대된다. 그 책무성은 학생과 학부모의 선택에 의하여 묻도록 하는 모형이다. 사학의 정형을 회복하고, 고등학교 교육의 다양성과 수월성을 실현하는 데에 목적을 둔다.

2009년 3월, 자율형 사립고등학교 제도 도입을 주요 내용으로 하는 초・중등교육법 시행령이 개정되고, 「자율형 사립고등학교 지정 및 운영에 관한 규칙」이 제정되었다. 자율형 사립고등학교는 다음 두 가지 요건 즉, ① 교직원 인건비 및 학교・교육과정운영비를 지급받지 아니하고, ② 법인전입금 기준[5] 및 교육과정운영 기준을 충족하는 사립고등학교를 대상으로 하며, 5년 이내로 지정・운영한다. 교사 정원의 3분의 1의 범위에서 산학겸임교사 등으로 대체할 수 있다.

기존에 전국 6개의 자립형 사립고 시범운영 과정에서 나타난 학생선택권 확대, 학생・학부모 만족도 증가 등 성과는 확대시키고, 높은 전입금 부담(학생 납입금 총액의 25%), 사교육비 유발 등 문제점은 최소화하는 모델이다.

2) 학교 자율화 조치

교육과학기술부는 2008년 4월 15일 단위학교의 자율성을 확대하고 지방교육자치를 내실화하기 위한 「학교 자율화 추진 계획」을 발표하였다. 학교 자율화의 큰 방향은 학교가 다양하고 질 높은 교육을 할 수 있도록 교육과정 운영 등 학교 운영에 관한 권한을 교장 등 학교 구성원에게 돌려주고, 초・중등 교육에 관한 교육감의 권한과 책임을 강화하되, 국가는 국가기준의 설정 등 기획・조정, 학생의 건강・안전, 교육 수요자의 권리 보호 등의 역할을 담당하도록 하는 데 있다.

---

5) 특별시 및 광역시에 있는 고등학교는 매년 학생으로부터 받은 수업료 및 입학금 총액의 5퍼센트 이상, 도 및 특별자치도에 있는 고등학교는 3퍼센트 이상으로 하되, 구체적인 기준은 해당 시도 및 특별자치도의 교육규칙으로 정함.

황인철(2008)은 교육과학기술부의 '학교 자율화 추진계획'이 3단계로 구분하여 추진된다고 하였다. 먼저 1단계로, 방과후학교 운영지침 등 학교 현장의 자율성을 제약하는 불합리한 지침 29개를 폐지하였다. 폐지된 지침은 이미 법령에서 규정하고 있어 중복된 지침, 명확한 법률적 근거 없이 시달되어 교육의 다양성을 훼손하거나 시도의 자율적 운영이 정착되어 더 이상 필요하지 않은 지침이 대부분이었다. 2단계로 규제성 법령을 정비하고 행정 절차를 간소화한다. 관련 법령의 정비는 학교 자율화를 지원하는 방향으로 추진하되, 권한 행사가 형식적이거나 지역의 요구를 반영하여 시 · 도에서 추진하는 것이 효율적인 사항 등 13개 과제와 관련된 법령을 우선적으로 정비하며, 정보공시제 실시와 연계된 행정절차 간소화 관련 법령도 함께 정비한다. 3단계로는 당장 폐지할 경우 공교육에 미치는 영향이 크고, 현장의 수용여건이 조성되지 않았거나, 관계부처와 협의 · 조정이 필요할 것으로 예상되는 법령 · 지침에 대해 개선방안을 마련하여 추진할 예정이라는 것이다.

이러한 자율화 계획에 대해 김흥주(2008)는 다음과 같이 평가하였다. "초 · 중등학교에 대한 포괄적 장학권의 폐지는 학교운영 자율화를 위한 역사적 사건으로 기록될 수 있다. 교육과정과 학사 운영에 대한 29개의 다양한 지침들을 폐지하여 학교의 자율 범위를 대폭 확대한 조치는 학교를 보다 창의적인 곳으로 변화 시킬 수 있을 것으로 기대된다. 또한 교육감의 권한과 책임을 강화하고, 나아가 교원 인사권을 지방으로 위임한 조치도 교육자치 수준을 한층 제고할 수 있을 것이다. 이와 같은 자율화 조치들은 학교 위에 군림하던 교육행정기관들의 전통적인 지배구조를 타파하여, 지도 · 감독 위주의 교육행정을 지원 · 협조 위주의 교육행정으로, 획일적인 학교교육을 창의적이고 다양한 교육으로 탈바꿈하게 하는데 크게 기여할 수 있을 것으로 기대된다."

그러나 학교자치가 제도적으로 보장되지 않은 가운데 성급하게 자율화를 추진하게 되면 또 다른 문제점을 일으킬 수 있으며, 위에서부터의 일방적인 자율화 추진은 바람직하지 않다고 본다. 학교 자율화는 자율권의 확대와 함께, 전문성을 지닌 학교 구성원들이 중심이 되어 추진하여야 하며, 그에 대한 책임을 지게 하는 제도적인 보완이 있어야 한다.

3) 교육 정보 공시

정보 공시의 기본 전략은 학부모에게 학교별로 교육성과를 보고하도록 하여 학교들 간의 경쟁 환경을 조성하고 교육의 질적 개선과 공교육 강화로 이어가는 것이다. 이를 통하여 기초학력책임제도의 문제점을 개선하고 교육격차 해소의 출발점으로 삼는다는 전략이다.

정보공시 계획의 내용은 학업성취도인 경우, 실시 첫해인 2009년에는 학교별 홈페이지에 기초학생 비율과 미달학생 비율별로 구분해 성적이 공개된다. 이어서 2010년에는 기초학생과 미달학생뿐만 아니라 전체 학생들의 성적이 얼마나 향상되었는가에 대한 정보가 공개된다. 2011년에는 보다 구체적으로 미달학생, 기초학생, 보통학생, 우수학생으로 세분된 정보가 공개된다.

라. 성과 및 방향

이명박 정부의 교육 정책 패러다임은 지식기반사회와 국제화라는 맥락에서 대체로 적합하다고 볼 수 있다. 1995년 5·31 교육개혁안 이후 10년이 넘게 '지식기반사회'와 '국제화'는 수사적으로 논의해왔으나 이 외적인 도전을 이명박 정부에서는 보다 실감나게 받아들이고 있다. 국제화된 지식기반사회는 그 속성상 민간 부문의 자율성과 다양성을 요구한다. 국가의 획일적 통제에 근거한 지식기반사회형 학업성취는 더 이상 가능하지 않다. 특히 가장 중요한 방편으로서의 '자율화'는 어렵더라도 반드시 가야하는 길이다(이종재, 2008).

이명박 정부 1년간 초·중등분야의 교육적 성과로는 고교다양화, 교원평가제, 국가 수준 학력평가 및 학교정보 공시제 시행 등 자율화·다양화된 교육 실시 기반을 마련한 것이라고 할 수 있다. 그러나 자율화·다양화 기반을 통한 학교 현장의 변화가 가시화되지 않아 국민의 공교육 만족도를 크게 높이지 못하였다는 한계가 있다(교육과학기술부, 2009).

실제로 교육과학기술부에서는 4·15 학교 자율화 계획에 따라 많은 권한을 시·도교육청으로 이관하고 각종 규제 지침을 정비하였으며, 학교 운영에 관한 권한을 교장에게 이양하기 위해 학교 자율화 세부계획을 추진해 왔다. 그러나 중앙의 권한이 시도로 이양되어 통제 주체만 변경되었다는 지적과 함께, 학교 현장에서 체감할 수 있는 학교 자율화는 아주 미미한 정도라는 것이 일반적인 평가이다. 학교 자율화 정책이 의도대로 성공하기 위해서는 정부의 통제 기능을 대폭 축소하는 한편 지원 기능을 강화하여야 하며, 지역사회와 시민 등 다양한 주체들이 교육 역할을 분담하고 서로 협력하는 문화를 형성해야 할 것이다. 아울러 단위학교에 교육과정, 인사, 재정의 실질적인 권한을 과감하게 이양하고 그 결과에 대해 스스로 책임지는 시스템이 구축되어야 할 것이다.

[제 2 부]

학교자율경영의 현황 및 과제

IV 학교의 의사결정

학교조직은 학교경영과 관련하여 서로 다른 의견을 가질 수 있는 다양한 집단으로 구성되어 있다. 전반적인 학교경영에 주도적인 역할을 하는 교장을 비롯하여 교육활동을 직접 수행하는 교사, 자녀에 대한 교육권을 가지고 있으면서 학생의 후견인인 학부모, 교육활동의 직접적인 수혜자인 학생들이 있다. 이들은 학교경영과 교육활동에 대하여 각자의 의사를 자유롭게 표출하고 자신들의 의견이 학교경영 과정에 적절히 반영될 수 있도록 학교에서의 의사결정 과정에 실질적인 영향력을 발휘할 기회가 보장될 필요가 있다.

우리나라 교육의 구조적 문제점 중의 하나는 일방적인 의사결정 및 의사소통 구조라고 할 수 있다. 교육행정기관은 교육과학기술부, 시·도 교육청, 지역교육청, 단위학교가 수직구조로 연결되어 있으며, 학교내부에서도 교장, 교감, 부장교사, 교사의 수직적 서열관계가 형성되어 있다. 또한 일반 교사들 사이에서도 선배교사와 후배교사의 권위적 위계가 존재하며, 학부모와 담임교사 사이에서도 비평형화 된 의사소통 구조가 문제시 된다. 결국 단위학교에서 의사소통 및 의사결정의 최대 문제는 권력적 위계에 따른 하향식 또는 일방적 의사소통 문화가 강하게 자리 잡고 있다는 것이다. 하향식의 일방적인 의사소통은 학교교육의 이해관계 집단 중 학부모와 학생, 교사, 지역사회의 의견을 수렴하기 어려운 구조로 굳어져 왔으며, 지금의 현실은 학교는 예전부터 그래 왔다는 식으로 별다른 문제의식을 느끼지 못하는 경우도 있다. 단위학교가 자체의 자생력이나 조절력이 있어 시대나 사회 환경의 변화, 교육수요자의 요구를 적절하게 반영하는 것도 아니어서, 일부 구성원이 학교경영에 소외되고 이러한 소외가 학교교육 무관심으로 이어지지 않을까 염려되기도 한다.

학교자율경영은 구성원의 참여를 전제로 한다. 학교 교육과 관련된 다양한 이해당사자가 참여함으로써 그들의 의견이 학교경영에 다양하게 반영될 수 있다. 하지만 지금까지 교사와 학부모, 학생은 학교경영에서 소외당했던 것이 사실이다. 자신들의 의견이 있어도 공식적으로 제기할 기회가 제한되어 왔고, 교장의 입장과 상반되는 경우 수직적 권력관계 속에서 침묵을 지킬 것을 요구받아 왔다. 또한 학부모의 경우에도 자신의 자녀가 혹여 불이익을 받지 않을까 염려하여 학교에서 의사결정 된 사항에 대해서 적극적인 비판을 하는 것을 금기시 해 왔다.

아직까지 우리나라의 학교 문화 속에는 참여, 대화, 토론, 협의를 통한 의사결정이나 의사소통 시스템이 활성화 되어 있지 않다. 수직적 위계질서에 의한 일방적 의사소통, 교장 중심의 의사결정, 학부모 및 학생들의 제한적 참여 등이 학교의 관료주의 문화와 맞물려 학교의 의사결정 문화를 왜곡시키고 있다.

자율이라는 개념 속에는 행위 당사자가 진정으로 바라는 것을 스스로 결정할 수 있는 자기결정권이 내포되어 있다. 즉, 학부모와 학생, 교사가 원하는 것이 있다면 외부의 지시나 간섭에 의하지 않는 자율적 결정권이 보장되어야 한다. 아무리 유능한 교장이라도 학교와 관련된 모든 이해당사자의 목소리를 파악하기란 불가능하다. 물론 민주적 참여에는 책무성이 수반되어야 하고, 의사소통과 의사결정은 합리적 과정으로 이루어져야 하며, 의사결정의 결과물은 다양한 계층의 요구를 반영한 학교의 실정에 맞는 창의적인 것이어야 한다. 특히 학교자율경영에서 보장한 참여에는 책무성이 강조될 필요가 있다. 참여를 통해서 의견, 주장들만 쏟아져서도 안 될 뿐만 아니라 이렇게 쏟아진 의견을 하나로 수렴하고 효율적으로 집행해 나가는 것을 교장의 책임으로만 돌려서도 곤란하다. 의사결정 과정에는 적극적으로 참여해 놓고 그 결과에 대해서는 교장에게 책임을 돌린다면, 대부분의 교장은 가능한 한 참여를 제지하고 억제하려고 할 것이다. 결국 참여의 의지, 필요성, 결과에 대한 공유 기제가 요구된다. 학교운영에 있어 구성원들이 의사결정에 적극 참여하고 그에 상응하는 책임의식을 가질 수 있는 민주적이고 자치적인 풍토의 형성이 요망되고 있다. 학교자율경영은 의사결정과정의 합리화와 민주화를 요구하며, 의사결정 과정에서 구성원의 참여와 권한의 위임은 필수적이다.

학교 구성원의 참여를 통한 의사소통 및 의사결정은 교사와 학부모, 학생의 참여 시스템 마련, 학교단위 의사결정 기구인 학교운영위원회의 기능 강화 및 활성화, 학교내 각종 위원회의 권한 강화와 학교경영 참여 확대, 각종 위임전결 규정의 합리적 조정 등을 통한 의사결정 및 의사소통으로 학교자율경영이 이루어져야 할 것이다.

1. 의사결정

가. 의사결정의 의의

인간은 합리적이든 비합리적이든 의사결정을 하면서 살아가는 존재이다. 인간의 삶이란 선택 속에서 살아가는 의사결정과정이며, 인간의 운명도 의사결정의 결과가 어떠하냐에 따라 달라진다. 그리고 조직의 모든 경영활동도 의사결정을 통하여 이루어진다. 따라서 학교경영의 모든 활동 자체가 의사결정에 의해서 이루어지기 때문에 오늘날 의사결정론은 학교경영의 중심문제가 되고 있다.

의사결정은 미래행동의 결과를 미리 예측하는 행위로서 사실적 판단에 입각한 예견적 행위의 특성을 갖고 있다. 우리 인류는 과거의 역사를 살펴봄으로써 현재를 직시할 수 있으며, 현재를 정확히 판단해야 미래를 예측할 수 있다. 따라서 의사결정도 예견적 행위이기 때문에 과거의 자료를 기초로 해야 하며, 현재 환경여건에 의한 정확한 지표를 찾아야 합리적인 의사결정을 할 수 있다.

조직에서의 의사결정은 모든 행정가와 구성원들에게 요구되는 가장 중요한 책무 중의 하나이다. 의사결정이란 미래의 행동방안을 선택 또는 결정하는 행위로서 미래의 행동방향을 모색하고 최적의 대안을 심사숙고하여 결정하는 과정이다. 또한 어떤 행동이나 실천을 하기에 앞서 그 결과를 예측해 보는 과정이기도 하다. 따라서 의사결정은 조직이 목표를 설정하고 그 목표를 효율적으로 성취하기 위한 행위에 선행하여 여러 가지 선택적 요소들 중에서 가장 합리적인 사고과정을 통하여 최적의 대안을 선택하고 결정하는 행위라고 할 수 있다.

이러한 의사결정은 조직에서는 계층이 있고 하급자는 상급자의 지휘나 감독을 받게 되고 지도성 스타일의 영향을 받기 때문에 조직계층의 상급자의 의사결정은 그만큼 더 강력한 영향을 미치게 된다.

조직에 있어서 의사결정이란 조직목표를 합리적으로 달성하기 위하여 판단의 대상이 되는 여러 가지의 대체안을 마련하고, 그 중에서 특정 상황에 가장 적합한 하나의 행동방안을 선택하는 합리적인 과정이라고 할 수 있는데, 의사결정에 대한 학자들의 개념 정의는 그것을 연구한 학자들의 접근방법에 따라 다양하게 정의된다. 이들 관점은 대안선택, 결정판단, 행정과정, 실행과정 등의 관점으로 분류할 수 있다. 조직 구성원들이 학교경영에 있어서 어떠한 의사결정 과정을 거쳐 어떠한 결정을 내리느냐에 따라 교육의 방향과 성과는 달라진다. 따라서 의사결정은 학교경영 과정

〈표 Ⅳ-1〉 주요 학자들의 의사결정 개념

주요관점	연구 학자	개념 정의
대안선택	Campbell 등(1983)	목표 달성을 위해 둘 이상의 대안 중 하나를 선택하는 것
	Etzioni(1987)	둘 또는 그 이상의 대안 중에서 의도적인 선택을 하는 것
	오석홍(1990)	행정 목적을 달성하기 위한 대안모색과 실행 가능한 최선안 선택
	김명한 등(1998)	두 개 이상의 행동 방안 중에서 한 가지를 의식적으로 선택
	Luthans(1998)	여러 대안 중의 하나를 선택하는 것
결정판단	Bernard(1983)	심사숙고의 과정을 거쳐 도달되는 행위
	백현기(1986)	결정을 의미할 뿐만 아니라 결정을 실행하는데 필요한 행위
	김종철(1991)	목표수립, 대안선택, 합리적 행동
행정과정	Griffiths(1979)	조직의 심장이고 행정의 과정
	이형행(1988)	행정의 중핵과정, 또는 행정과 동의어
	정태범(1995)	행정과정의 요소로서 계획·설정이나 과업수행의 필수 요소
실행과정	Daft(1987)	문제 확인과 해결과정으로 선택의 이전과 이후의 노력 포괄
	Hoy & Miskel(1991)	결정을 의미할 뿐만 아니라 그 결정을 실행하는 과정
	Simon(1993)	결정은 실험적 상황이 아니라 실제 활동상황에서 실행

자료: 정명자(2007). 학교운영주체의 의사결정 참여와 갈등에 관한 연구. 전북대학교 대학원 박사학위논문, p.10.

에서 일어나는 사소한 문제는 물론 큰 문제에 이르기까지 선택의 기로에서 최적의 대안을 찾는 수단으로 활용되며, 단순히 어떤 대안을 선택하는 그 자체만을 의미하는 것이 아니라 선택한 내용을 수행하는 일련의 과정을 포함하고 있다.

학교경영은 단위학교가 달성하고자 하는 목표를 보다 효과적·효율적으로 달성하기 위한 지속적인 의사결정 과정이라고 할 수 있으며, 이러한 의사결정은 학교경영의 중요한 과업이기도 하다. 이렇게 조직운영에 있어서 어떠한 결정을 내린다는 것은 학교교육목표 달성에 있어서 가장 결정적인 요인이라고 할 수 있으므로 지도자의 역할 중 의사결정에 관련된 역할이 가장 중요하다고 해도 과언이 아니다. 학교 경영자인 교장 역시 수많은 선택을 학교의 교육목표에 비추어 하게 되고, 여러 가지 대안 중 하나의 대안을 택하는 의사결정은 학교행정에 있어서도 중요한 행정과정이다.

의사결정은 다른 조직과 마찬가지로 교육조직에 있어서도 필수불가결한 요소이다. 현대 교육행정의 특징이 행정력의 강화, 교육의 전문화, 경제적이며 효율적인 목표달성을 위한 합리화, 지역주민의 참여, 교육활동의 중립화, 사회교육과 평생교육의 강조 등 교육조직의 직무가 분화되면서 행정이 거대화·복잡화·세분화·전문화 되었다. 따라서 이러한 교육행정의 특징으로 인하여 의사결정의 비중이 더욱 중요시되고 있다.

이러한 교육행정의 거대화·복잡화·전문화는 수많은 학교행정 영역에서 학교 구성원의 참여를 늘리는 계기가 되었다. 특히 학교자율경영을 위해서는 교육과 관련한 다양한 이해당사자의 참여를 통해 창의적이고 합리적인 의사결정을 이루어 내야 하기 때문에 참여적 의사결정을 통해 학교경영을 해 나가야 할 것이다. 참여적 의사결정이란 학교조직에서 이루어지는 의사결정에 교사를 비롯한 학교 구성원들이 참여하는 것이라고 볼 수 있다. 특히 학교조직에서 의사결정은 국가차원에서 정책적으로 결정된 사항을 근간으로 지역사회의 여건과 학교와 학생의 실정을 반영하여 구체적으로 단위학교 내에서 실천할 사항이나 행동방안을 결정하는 것을 특징으로 하고 있다. 그렇기 때문에 학교단위 의사결정은 그 내용을 실천해야 할 구성원의 참여가 이루어져야 하며, 그들이 합의한 의사결정 결과의 도출이 필요하고, 계획에서 평가에 이르기까지 교육목적과 일치된 민주적인 절차와 참여자의 창의성을 존중하고 장려하는 의사결정이 이루어져야 할 것이다.

일반 기업 조직에서 참여적 의사결정이 조직의 생산성을 향상시킨다는 수많은 사례들이 제시되었고, 학교조직에서도 참여적 의사결정이 학교발전에 긍정적인 효과를 미친다는 결과들이 제시되어 왔다(박연경, 2005). 특히 인간들의 심리적 접촉을 통해 효과를 측정하는 학교조직에서 학교 구성원들에게 학교행정에 대한 의사결정 참여권을 부여한다면 더 좋은 결정의 조장, 결정된 의사에 대한 더 큰 이해와 수용, 구성원의 만족과 학교풍토의 향상, 주인의식, 구성원의 성장이 촉진된다는 것이 참여적 의사결정의 필요성으로 제시되고 있다.

이처럼 학교경영에 대한 의사결정 과정에 조직 구성원들을 참여시키는 것은 학교조직 구성원으로서 학교교육의 질을 좌우할 수 있는 구성원의 사기와 열의를 높여주는 것에 의미가 있다. 또한 학교교육의 질과 결과에 중대하고 심각한 영향을 줄 수 있는 의사결정의 결과를 보다 현명하고 긍정적인 방향으로 이끌어 갈 수 있는 기회를 마련한다는 측면에서도 의미가 있다.

나. 참여적 의사결정

1) 개념

참여적 의사결정은 개인적 수준과 조직적 수준의 참여로 나눌 수 있다. 개인적 수준에서는 의사결정을 수행하는 사람의 과업 수행과 과업 활동에 영향을 주는 의사결정과 관련하여 경영자와 그 부하간의 상호작용을 분석하는 것이며, 조직 수준의 참여는 조직 차원의 의사결정 참여가 참여자의 태도, 가치, 동기에 미치는 영향력을 탐구하는 것이다. 즉, 구성원의 의사결정 참여가 조직의 전반적인 문제나 요인에 미치는 영향을 주로 다룬다.

일반적으로 조직 구성원을 의사결정에 참여시키게 되면 의사결정에 더 많은 정보와 지식을 이용할 수 있고 보다 많은 대체안을 생성할 수 있다. 또한 최종적인 의사결정을 구성원들이 쉽게 수락하며 의사소통을 활발하게 만들어 보다 정확한 의사결정을 하는데 도움이 된다.

이러한 효과를 갖는 참여적 의사결정은 학교에서 이루어지는 의사결정 과정에 구성원들이 참여하는 것으로서 구성원들의 영향력이 의사결정에 반영된다. 따라서 구성원의 의사가 경영자의 결정에 영향을 미치기 때문에 공동의 의사결정, 권력의 공유 및 민주적 학교경영을 추구할 수 있게 만들어 준다.

따라서 참여적 의사결정이란 학교에서 이루어지는 각종 결정에 조직 구성원들이 참여하는 의사결정 절차의 한 유형으로서 어떤 최선의 대안이나 행동방안에 도달하기 위하여 어떤 단계든지 2인 이상의 참여가 이루어진 상태에서 의사결정을 하는 것을 의미한다.

2) 참여적 의사결정의 특징

가) 참여의 심도

의사결정에서 참여의 심도는 구성원의 참여 없이 리더가 혼자 의사결정을 하는 연속선상의 한쪽 끝으로부터 의사결정을 표결에 붙이거나 참여자의 의견을 전적으로 수용하는 다른 한쪽 끝까지 다양하게 배열된다. Yukl(1981)은 많은 모델과 유형을 고찰하여 다음과 같은 네 가지 독특하고 의미 있는 의사결징 절차의 최소유형을 제시하였다(오경태, 2006).

① 전제적 의사결정(autocratic decision) : 리더가 부하들에게 의견이나 제안을 요구하지 않고 독자적으로 의사결정을 하고, 부하들은 직접적인 영향력을 행사하지 못한다.
② 자문(consultation) : 리더가 부하들에게 그들의 의견과 제안을 요구한 후에 리더 혼자 의사결정을 한다. 이 의사결정에는 부하의 영향력이 제한적으로 행사된다.
③ 합동 의사결정(joint decision) : 리더가 의사결정의 문제를 논의하기 위해 한 명의 부하 또는 집단과 회합을 가지며 거기에서 함께 의사결정을 한다. 리더는 최종 선택에서 어떤 부하보다 더 큰 영향력을 행사하지 않는다.
④ 위임(delegation) : 리더가 한 부하에게 의사결정에 대한 권한과 책임을 넘겨준다. 최종 선택에서의 책임 한계는 보통 명시되어 있고, 부하는 의사결정을 수행하기 전에 리더의 승인을 얻는 것이 요구될 수도 있고 요구받지 않을 수도 있다.

위의 의사결정 유형에서 자문과 합동 의사결정은 구성원의 의사결정 과정에 참여를 보장하기 때문에 참여적 의사결정의 범주로 볼 수 있다.

Tannenbaum & Schmidt(1958)는 의사결정 절차의 부가적인 하위변인을 포함하는 유형론을 제안하였는데, 그들의 유형론의 한쪽 끝에는 '보스 중심의 리더십', 다른 한쪽은 '부하 중심의 리더십'으로 설정하여 '의사결정 참여의 연속체'라고 부른다. 지도성 유형이 보스 중심에서 부하 중심으로 이동할 때 경영자의 권한은 줄어들고 구성원의 자율 영역은 증가하게 된다. 그들이 제시한 의사결정 참여는 일곱 가지 절차를 거쳐 이루어진다.

① 경영자는 의사결정을 하고 그것을 공표한다.
② 경영자는 의사결정을 구성원들이 받아들이도록 한다.
③ 경영자는 아이디어를 제시하고 질문을 받는다.
④ 경영자는 수정이 가능한 임시적인 의사결정을 제시한다.
⑤ 경영자는 문제를 제시하고 제안을 받아들이고 의사결정을 한다.
⑥ 경영자는 한계를 정하고 구성원들에게 의사결정을 하도록 요청한다.
⑦ 경영자는 정해진 한계 내에서 구성원들이 역할을 수행하도록 허용한다.

한편 Dachler & Wilpert는 의사결정에서 종업원이 영향력을 조작화 하는 수단으로써 앞의 유형론과 유사한 다음과 같은 유형론을 사용하였다(유평수, 1998).

① 종업원은 의사결정에 관한 정보를 사전에 전혀 받지 못하고 있다.
② 종업원은 사전에 정보를 받는다.
③ 종업원은 내려진 의사결정에 대해 의견을 제시할 수 있다.
④ 종업원의 의견이 의사결정에서 고려대상이 된다.
⑤ 종업원은 의사결정을 거부하거나 승인할 수 있다.
⑥ 의사결정이 종업원에 의해서 전적으로 이루어진다.

Discoll 역시 그의 연구에서 참여의 심도에 대한 설명을 위와 비슷하게 하였다. 그는 반응자들로 하여금 낳은 의사결정 문제에서 그들이 참여 정도를 기술하게 하였는데 그 내용은 다음과 같다(유평수, 1998).

① 의사결정에 투입되지 않는다.
② 의사결정에서 나의 의견을 대신할 어떤 사람과 이야기를 할 수 있다.
③ 의사결정에서 책임이 있는 사람으로부터 자문을 받는다.
④ 의사결정이 이루어지기 전에 집단논의의 과정에 참여한다.
⑤ 투표나 합의에 의한 집단 의사결정에 참여한다.

지금까지 살펴본 의사결정 절차의 유형론은 특수한 상황에서 의사결정이 어떻게 다루어져야 하는지를 설명하는데 유용하게 사용된다. 의사결정을 할 때 참여의 수준과 참여의 유형은 문제와 상황의 성격에 따라 달라지지만 참여적 의사결정은 구성원들이 조직의 목표달성을 위한 최선의 대안을 선택할 때 언제 그리고 어느 정도 참여해야 하는지를 결정하는데 지침이 된다. 학교조직에서 의사결정을 할 때에도 문제의 상황과 내용에 따라 누구를 의사결정의 어느 단계에 얼마만큼 참여시킬 것인지를 숙고한 후에 참여의 심도를 결정해야 할 것으로 생각한다.

나) 참여의 형태

참여적 의사결정을 다양하게 만드는 또 다른 특성이나 차원은 참여의 형태이다. Conway(1984)는 학교의 참여적 의사결정 유형이 다양하다는 것을 설명하기 위해 다음과 같은 유형을 제시하였다.

① 타율적 vs 자율적 참여 : 참여적 의사결정의 타율적 유형은 제약 혹은 법에 명시되었거나 교장의 요구에 의해 이루어지는 경우를 말하며, 자율적 참여는 행정가 혹은 교사, 어떤 위원회에 참여한 사람들의 요청에 의해 자율적으로 이루어지는 것을 의미한다.

② 공식적 vs 비공식적 참여 : 참여적 의사결정의 공식적인 유형은 노조위원회, 모임, 혹은 2인 이상의 모임을 통해 이루어지는 것을 말하며, 비공식적인 참여는 행정가, 교사, 학생, 지역사회 인사가 임의적으로 의사결정에 참여하는 것을 뜻한다.

③ 직접적 vs 간접적 참여 : 직접적인 참여는 전 집단이 어떤 선택에 영향력을 행사할 수 있는 과정에 참여하는 것으로서 부서와 전 직원의 참여를 말한다. 반면에 간접적인 참여는 집단 구성원들을 대신하는 대표자를 선임하여 그가 의사결정에 참여하는 것을 의미한다. 예를 들어 학교운영위원회나 학교 내에 존재하는 각종 위원회, 학생회 등이 여기에 해당한다. 직접적인 참여는 각각의 종업원이 자기의 의견을 제시할 수 있는 상황이라고 한다면 간접적인 참여는 종업원이 더 높은 단계의 위원회와 의사결정체의 구성원으로서 역할을 담당할 대표를 선출해야 한다.

일반적으로 이러한 세 가지 참여적 의사결정의 차원은 하나의 패턴을 형성하게 되는데 타율적 참여는 공식적이고 간접적인 경향이 강하고, 자율적인 참여는 비공식적이고 직접적인 영향력을 행사하는 경향이 강하다.

Cotton et al.(1988)은 91개의 연구물 분석을 통하여 다음과 같은 의사결정 참여의 형태를 제시하였다. 그들이 사용한 다섯 개의 특성은 공식적-비공식적, 직접적-간접적, 영향력의 수준, 의사결정 내용, 단기적 vs 장기적이었다. 그 연구들은 분류하는 과정에서 참여적 의사결정의 유형이 대단히 많음에도 불구하고 그것을 간단하고 적절하게 설명할 수 있는 여섯 개의 차원이 있음을 발견하였다.

① 업무와 관련된 의사결정 참여 : 이 분류에는 구성원이 업무 자체에 초점을 맞춘 의사결정에 많은 영향력을 가지는 공식적인 참여적 의사결정 구조가 포함된다. 이 유형은 공식적이고 직접적이며 장기적인 특성이 있다.

② 협의적 참여 : 이 분류는 구성원이 장기적, 공식적, 직접적인 참여를 하는 상황을 의미하며 의사결정의 내용은 직무 문제에 초점이 맞추어져 있다. 협의적

참여와 업무와 관련된 의사결정에의 참여간의 유일한 차이는 구성원의 영향력 수준이 전자가 더 낮다는 점이다. 협의적 참여의 유형에서는 구성원이 의견을 제시하지만 일반적으로 거부당하거나 완전한 의사결정의 힘을 가지지 못하는 경우가 흔히 발생한다.

③ 단기적 참여 : 이런 유형의 참여적 의사결정은 공식적, 직접적이고 업무자체와 관련이 많다. 이 유형에서 구성원은 의사결정 과정에서 완전한 영향력을 행사한다. 일시적인 참여라는 점을 제외하고는 이 유형은 첫 번째 유형과 유사한 특성이 있다.

④ 비공식적 참여 : 이 분류는 경영자와 구성원간의 대인관계를 통하여 비공식적으로 발생하는 참여적 의사결정을 의미한다. 일반적으로 이 유형에서 이루어지는 의사결정의 내용이 무엇인지 구체적으로 밝히기가 어려울 뿐만 아니라, 의사결정에 참여한 구성원의 영향력 수준을 객관적으로 파악하기가 쉽지 않다.

⑤ 구성원의 주인의식 : 이 유형은 공식적이고 간접적인 특성이라고 볼 수 있다. 구성원이 모든 주주가 하는 것처럼, 의사결정에 참여할 공식적인 권리를 가지고 있기 때문에 공식적인 특성이 있다. 비록 대부분의 조직이 구성원에 의해 소유되어 있지만 전통적으로 경영자가 매일 그리고 전략적으로 의사결정을 하기 때문에 간접적인 참여라고 할 수 있다.

⑥ 대표자에 의한 참여 : 이것은 공식적, 간접적, 낮은 영향력을 행사하는 매체로서의 특징을 갖는다. 구성원이 직접적으로 의사결정에 참여하지는 않지만 어떤 위원회에서 선출된 대표자를 통하여 간접적으로 참여한다. 구성원의 영향력 수준은 일반적으로 낮지만 대표자의 힘은 다양할 수 있고, 많은 내용을 다루는데 참여할 수 있다는 특징을 가진다.

위와 같은 분류법을 사용함으로써 Cotton(1988)은 '참여적 의사결정의 서로 다른 유형은 서로 다른 결과를 초래하는가?'라는 질문에 답을 찾기 위해 여러 연구들을 분석하였다. 생산성과 직무만족의 결과에 초점을 둔 이들의 분석은 참여적 의사결정의 효과는 참여적 의사결정의 유형과 효과성의 준거에 따라 다양하다는 점을 발견하였다. 세 가지 유형(업무와 관련된 의사결정 참여, 비공식적 참여, 구성원의 주인의식)은 과업수행과 직무만족에 긍정적인 결과를 나타냈다. 협의적 참여는 두 개 영역 모두에서 뚜렷한 어떤 결정에 도달하지 못하였고, 단기적인 참여와 대표자에 의한 참여는 과업수행이나 직무만족 모두에서 효과가 없는 것으로 나타났다. 따라서 참여적 의사결정을 통해 학교자율경영을 할 때에도 학교교육의 효율성과 구성원의 만족도를 향상시킬 수 있는 의사결정 유형을 개발하여 적용할 필요가 있다.

Imber & Duke에 의해 행해진 학교조직을 대상으로 한 연구는 어떤 유형의 존재와 부재가 교사의 참여와 만족에 의미 있는 영향을 미치고 있음을 발견하였다(오경태, 2006). 학교단위의 심의·자문위원회와 같은 대표자를 통한 학교 관리 조직, 팀티칭과 집단화와 같은 협동적 교수매체, 개방학교와 같은 새로운 프로그램 등의 최근 확산은 학교경영의 의사결정에서 교사의 의미 있는 참여가 증가되어야 함을 시사하고 있다. 조직혁신을 추구하고 공식적인 집단이 구체적인 의사결정에 책임을 지고 있는 많은 학교에서는 교사의 적극적인 참여를 장려하고 있다는 사실을 발견하였다. 특히 참여적 의사결정을 지지하는 교장이 있는 학교에서 그 결과는 가장 뚜렷하게 나타났다. 그러나 비슷하게 조직혁신을 추구하고 있음에도 불구하고 교사의 참여가 별로 이루어지지 않는 학교가 있고, 의사결정 과정에서 교사의 참여가 완전히 배제된 개방학교도 존재하고 있었다. 이런 애매한 증거는 교사의 참여를 격려하는 교장이 있는 학교에서는 교사의 의사결정 참여가 촉진되며 혁신을 추구하는 조직이라도 교사가 의사결정 과정에서 의미 있는 역할을 담당하도록 보장해 주지 않는 경우가 있음을 말해주고 있다.

다. 의사결정의 영역과 내용

학교 구성원들에 의해 단위학교에서 이루어지는 의사결정의 영역과 내용은 학교조직에서 해결해야 할 모든 사항을 포함하고 있어 매우 다양하다. 그래서 많은 학자들은 학교 내에서 이루어지는 의사결정의 영역과 내용을 모두 나열하기 보다는 영역별로 구분하고 있다.

Sergiovanni(1980)는 의사결정을 해야 할 학교행정 과업 영역을 ① 교육과정과 수업, ② 평가, ③ 학생 인사, ④ 교직원 인사, ⑤ 물적 시설, ⑥ 서무 관리의 여섯 가지 영역으로 나누고 있으며, Hoy & Miskel(1992)은 ① 교육과정과 교수, ② 평가와 장학, ③ 직원 선발 모집과 유지, ④ 물리적인 시설, ⑤ 사무, ⑥ 재정, ⑦ 공적인 유지 관계의 일곱 가지 영역으로 의사결정 영역을 분류하였다(박연경, 2005).

한편 서정화(1998)는 학교경영의 영역을 ① 교육과정 운영, ② 학생생활지도, ③ 교직원 연수 및 인사관리, ④ 교내장학, ⑤ 사무관리, ⑥ 시설 및 매체 관리, ⑦ 재무관리, ⑧ 대외 관계 등 여덟 개 영역으로 나누어 설명하고 있으며, 김종철(1991)은 학교행정의 과업영역을 ① 경영목표 영역, ② 교육 프로그램 영역, ③ 교직원 인사와 인간관계 영역, ④ 아동 · 학생의 지도 영역, ⑤ 시설 · 재무 · 사무 등의 관리 영역, ⑥ 지역사회 관계 관리 등 여섯 가지로 구분하였으며, 유평수(1998)는 학교 내의 의사결정의 내용을 ① 장학업무, ② 생활지도, ③ 교수매체, ④ 교직원 인사, ⑤ 사무 시설 관리, ⑥ 학교예산, ⑦ 학교와 지역사회로 분류하고 있다(정명자, 2007).

윤정일 외(1997)는 ① 기획, ② 조직, ③ 교육내용 및 장학, ④ 학생, ⑤ 인사, ⑥ 재정, ⑦ 시설, ⑧ 사무관리, ⑨ 연구 · 평가 등 아홉 가지로 구분하였으며, 김소동(2002)은 학교단위 의사결정 영역으로 ① 조직의 기획과 경영, ② 교육과정 및 수업, ③ 교직원 인사관리, ④ 학생관리, ⑤ 재정관리, ⑥ 시설 관리, ⑦ 지역사회 관계 등으로 구분했다(조병래, 2005).

이처럼 여러 학자들이 제시한 학교경영에서 의사결정 할 영역과 내용은 학자들마다 조금씩 견해 차이를 보이지만 이는 용어사용의 차이일 뿐 그 내용은 유사한 경우가 많으며, 학자에 따라 분류된 영역들이 실제로는 신밀한 상호의존 관계에서 이루어지는 것이므로 명확한 선을 긋기는 어렵다. 따라서 이 글에서는 학교자율경영에서의 의사결정 영역과 내용을 학교자율경영의 과제를 중심으로 다음과 같이 구분하였다.

〈표 Ⅳ-2〉 의사결정 영역과 내용

의사결정 영역	의사결정 내용	
학교교육과정의 운영	① 학교교육과정 계획 수립 ③ 학교 행사 계획 및 운영 ⑤ 재량활동 · 특별활동 계획 및 운영	② 교수-학습지도 개선 ④ 교육과정 운영
학생 및 교직원 인사관리	① 교직원 수급 및 전보 ③ 학급 및 전교 학생회 조직 및 운영 ⑤ 교직원 표창 및 포상 ⑦ 각종위원회 및 협의회	② 학급 또는 교과 담임 결정 ④ 교무분장 조직 및 배정 ⑥ 보직교사 임명
학교와 지역사회 관계 관리	① 학교운영위원회 조직 · 운영 ③ 지역사회 인적 자원 활용 ⑤ 학교와 지역사회 유관기관과의 관계	② 지역사회 교육에 관한 사항 ④ 평생교육 ⑥ 학부모 단체 구성 및 운영
행정 및 재정관리	① 시설 · 설비 개선 계획 및 실행 ③ 물품 · 교재 · 교구 구입과 처분 ⑤ 각종 사무처리	② 학교 및 교실환경 구성 ④ 예산안, 결산안 작성 및 집행 ⑥ 학교발전기금 조성 및 운용

2. 학교 의사결정구조 현황

현행 우리나라 학교현장의 교육구조는 학교단위자율경영을 뒷받침하기에는 미흡한 실정이다. 학교운영위원회 중심의 학교자율경영이 성공하기 위해서는 우선적으로 학교를 감독, 통제하고 있는 관료주의적 행정체계가 개선되어야 한다. 교육과학기술부와 시 · 도 교육청에서는 교육에 관한 기본정책의 수립 및 조정, 지원 기능만을 담당하고 교육과정 편성 · 운영 및 평가방법을 비롯한 구체적인 학사운영, 그리고 이에 필요한 재정과 인사에 관한 실질적 권한은 단위학교로 이양해 주고 그것에 관해서는 단위학교가 의사결정을 할 수 있게 해 주는 등 단위학교가 학교운영에 대한 자율적 의사결정권을 가질 수 있도록 해 주어야 할 것이다. 다음에서는 우리나라 학교의 의사소통 및 의사결정 체제라고 할 수 있는 학교운영위원회, 각종 위원회, 위임전결 규정에 대한 현황과 문제점을 살펴볼 것이다.

가. 학교운영위원회

1) 현황

학교운영위원회는 초 · 중등교육법 제31조에 의해 설치된 기구이다. 동 법령에 의하면 학교운영의 자율성을 높이고 지역의 실정과 특성에 맞는 다양한 교육을 창의적으로 실시할 수 있도록 하기 위하여 국 · 공립 및 사립의 초 · 중 · 고 및 특수학교에 학교운영위원회를 구성 · 운영한다고 밝히고 있다. 학교운영위원회는 주요 학교운영 사항에 대한 심의 및 의결권을 행사하여 교장의 학교 자율권을 일부 공유하고 있다.

학교운영위원회는 학교교육에 대한 권한의 분산과 책임의 공유를 통하여 교육민주화를 도모하고 교육에 대한 책무성을 증대시키며, 학교경영의 효과를 증대할 수 있다는 점에서 학교자율경영을 정착시키기 위한 필수적 제도라고 할 수 있다. 학교운영위원회는 학교의 구성 주체이면서도 이제까지 의사결정과정에서 영향력을 발휘할 수 없었던 교사, 학부모, 지역인사들에게 학교의 의사결정 과정에 참여기회를 부여함으로써 그 동안 교육과학기술부, 시 · 도 교육청, 교장으로 이어지는 국가주도적, 중앙 집권적 학교교육의 통제 구조를 민주적, 자율적 통제구조로 전환하는 계기를 마련하였다는 점에서 긍정적인 평가를 받고 있다.

우리나라의 학교운영위원회제도는 1991년 지방교육자치제도 도입에서 잉태되었고 1995년 교육개혁위원회의 교육개혁방안을 통해 구체적으로 모습을 드러내게 되었다. 학교단위책임경영을 위해 지방교육자치법률을 수정하여 초・중등교육법률과 동법률의 시행령이 제정되었고 1999년 재개정을 거쳐 사립학교까지 학교운영위원회를 설치하도록 하여 전국적으로 학교단위자율경영이 실현되도록 하는 법적 기틀이 마련되었다. 그러나 사립학교 운영위원회는 성격에 대한 논란이 일게 되었는데 결국 '사립학교 운영위원회는 국가적・지역적・사회적 통합성 유지를 위해 중앙과 지방, 이사회 등이 표방하는 정책 범위 내에서 자율권을 행사해야 한다'는 규정을 만들어서 사립학교 운영위원회는 공립학교와 달리 심의기관으로 성격규정이 이루어지게 되었다.

학교단위자율경영을 실현하기 위한 학교운영위원회는 2000년 이후 국・공・사립의 초등학교와 중등학교에 의무적으로 설치되어 기존의 교육행정기관 중심의 학교통치구조에 변화를 유도하게 되었다. 그러나 학교발전기금 이외의 영역에 대해서는 심의기능을 갖게 되어 있어 학교통치구조의 변화에 큰 영향을 주기는 어렵다고 볼 수 있다.

선출방식의 변화를 살펴보면 학부모위원과 교사위원의 경우 초기에는 민주적 대의절차나 대표자 회의 등에서 간접선거를 허용하였다가 1999년 이후 각 집단의 전체회의에서 선출하는 것을 원칙으로 정하였다. 또한 지역위원과 운영위원장 선출도 협의로써 결정하던 것을 무기명 선출로 변경하였는데 이는 모두 운영위원의 대표성을 높이기 위한 것으로 볼 수 있다.

심의기능을 담당하는 국・공립학교운영위원회의 심의영역은 학교단위의 운영역량을 높이는 방향으로 내용이 추가되고 있다. 1997년 개정에서 '학교헌장과 학칙제정 및 개정, 학교예산 및 결산, 학교교육과정 운영, 교과도서 및 교육자료 선정, 정규시간 후 또는 방학 중 교육활동 및 수련활동, 학교운영지원비 사용과 발전기금 조성・운용, 학교급식, 학교운영에 따른 상황별 제안 및 건의사항, 대통령령에 의한 결정사항'등의 내용이 심의항목으로 추가되었다.

학교헌장과 학칙 및 예산・결산, 운영지원비 등은 학교운영의 근간이 되는 영역인데 교장 고유의 결정과 책임에서 학교운영위원들에 의해 공유되었다는 점에서 학교운영의 전반적 체제가 공동체를 지향하고 있음을 알 수 있는 부분이다. 그러면서 국가 정책적으로 필요한 사항들은 대통령령에 포함되어 학교운영위원회에서 심의를 거치도록 하였다. 특히 유동적인 학교운영상의 다양한 제안과 건의가 학교운영위원에 의해 심의되도록 한 부분은 역동적인 학교운영위원회의 상을 제시한 것이라 볼 수 있다.

1999년 이후 개정될 때는 대학입학특별전형 중 학교장 추천사항과 학교운동부 구성 및 운영에 관한 사항이 심의영역에 추가되었다. 대학입학특별전형에서 학교장의 추천사항이 점수화되는 시점에서 객관적이고 합리적인 추천기준을 학교에서 마련하도록 하기 위한 절차로서 학교운영위원회의 역할을 중시한 것이다(신상명, 2007).

2) 문제점

지금까지 학교운영위원회는 학교에서 무난하게 운영되면서 하나의 제도로서 정착해 왔다고 평가할 수 있겠으나, 학교를 둘러싸고 있는 환경은 더 이상 현재의 학교운영위원회의 기능에 만족하지 못하는 상황으로 변해가고 있다. 예를 들면, 교장공모제의 등장은 학교운영위원회의 자율적 교장 선택권과 함께 그에 따른 책임을 요구하고 있다. 이미 세상의 시각은 학교운영위원회가 교장공모제에서 제 역할을 해낼 수 있을 것인가에 초점이 맞추어져 있는 상황이다. 또한 개방형 자율학교의 등장은 학교운영위원회를 더 이상 단순한 심의기구의 성격에 머무르지 못하도록 하고 있으며, 학교운영을 전적으로 책임지는 공적인 법인 성격으로의 변화도 요구하고 있다. 이러한 상황 속에서 학교운영위원회는 이제 새로운 단계로의 변화를 피할 수 없는 상황이며, 한국적 상황에 적절한 학교 자율운영 기구의 모습으로 거듭나야 할 필요가 있으며 다음과 같은 문제점을 드러내고 있다(신상명, 2007).

첫째, 교육과정 관련 내용보다 학교생활 중심의 심의가 이루어지고 있다. 많은 학교에서는 학교운영위원회가 교원들이 사전에 준비한 심의내용을 추인하는 정도의 역할만을 수행하고 있는 것으로 선행연구에서 드러나고 있는데 이는 학교운영위원회에서 심의되는 내용들이 매우 경직되어 있어서 논의나 회의보다 표결로써 통과와 불통과를 결정하는 식으로 진행된다는 것을 의미한다. 그러다보니 실제로 학교운영위원회에서는 학교운영의 근간이 되는 법규와 조례상의 내용 이외에 학교 자체의 규정에 명시된 심의내용들은 매우 사소한 내용들이다. 교장이나 교사 등 전문가가 결정해서 바로 시행해도 별 무리가 없는 내용들도 학교운영위원회에서 심의하고 있으며 이들은 대체로 학교단위에서 추가되고 있다. 또한 월중계획이나 학사일정까지도 심의내용으로 설정하는 사례가 있었는데 이는 학교운영위원회의 효율성을 낮추는 문제가 있으므로 학교운영위원회의 법적 심의내용을 세분화하거나 자율화하면 단위학교에서 다양하게 접목시킬 수 있을 것이다.

이처럼 현재 학생생활 중심으로 심의내용이 주를 이루는 것은 학교운영위원회 설립취지에 부합하지 못한다는 문제가 제기될 수 있다. 1999년 이후 현재까지의 선행 연구들을 바탕으로 전국의 학교운영위원회에서 심의되고 있는 내용들을 분석한 결과가 매우 간단하고 중복성이 강하다는 점에서 학교운영위원회의 도입취지를 잘 살리기 어려울 것이라는 문제가 제기된다. 초중등교육법 제 31조에 학교운영위원회 설치 목적은 "학교운영의 자율성을 높이고 지역의 실정과 특성에 맞는 다양한 교육을 창의적으로 실시할 수 있도록 하기 위하여"라고 제시되어 있으나, 전국의 학교운영위원회가 거의 같은 심의내용으로 회의를 개최하고 있으며 회의 결과도 이변이 없는 한 작년의 것이나 다른 학교의 것과 차이가 없다고 볼 수 있다.

둘째, 토론보다 표결 중심으로 심의하고 있다. 안건 처리방법도 모두 거수표결을 실시하고 있으며 선행연구에서 그 과정에서 반대의견이나 다른 대안의 제시는 거의 없는 것으로 분석되고 있다. 그러나 이로 인해 안건 처리결과에 대해 만족하지 못하는 경우가 많은 것으로 나타나는데 결국 충분한 논의를 통한 결론이 아니라는 것을 알 수 있다. 또한 심의활동의 수준이 낮아 안건의 수정이나 부결 역시 거의 없는 것으로 나타나고 있으며, 학교운영위원회 소식지나 홈페이지에 회의 결과를 대부분 공개하고는 있지만 적극적으로 홍보하지는 않는 것으로 나타났다. 특히 일반 회의록을 열람하는 경우는 매우 적은 것으로 나타났다.

셋째, 소위원회 활동이 부진하다. 학교운영위원회가 단위학교의 특색을 살려 융통성 있게 시행될 수 있도록 하기 위한 소위원회 활동을 분석한 결과는 거의 모든 학교에서 전혀 활동이 없는 것으로 나타났다. 원인으로 단위학교의 소위원회 활동에 대한 법적 구속력이 거의 없기 때문으로 보인다고 할 수 있다. 법정기관이기는 하나 필수기관으로 설정할 필요가 없는 것은 학교운영위원회에서는 소위원회 활동이 필요한 심의가 이루어지지 않는다는 것이다.

학교운영위원회의 하위조직인 소위원회는 학교규정에 의거하여 자율적으로 조직되고 운영되고 있어 전문적 연계성을 찾기는 어렵다고 볼 수 있다. 반면 상급조직의 수장인 교육감이나 교육장은 운영위원회를 지원한다는 규정이 16개 시도조례에 모두 규정되어 있고, 특히 그 지원의 구체적 행동은 '조언, 권고, 지도'로 명시되어 있다. 결국 학교운영위원회의 설치취지에 역행하는 행정적 지원의 한계를 보일 수 있는 문제가 있다고 볼 수 있다. 더구나 교육감 및 교육장이 학교운영위원회의 결정사항에 대해 재심요구를 할 수도 있다는 규정을 명시한 사례도 있어서, 이들 상급기관은 지원적 연계라기보다 관리적 연계의 성격을 띠고 있는 것이다.

현재 학교운영위원회는 소위원회의 활동보다 학부모단체나 교원단체의 자료에 의존하는 경향도 강하게 보이고 있다. 학교운영위원 중 과반수에 가까운 구성원인 학부모의 경우 학교운영에 관한 지원을 해줄 연계조직으로는 1989년 창립된 '참교육을 위한 전국 학부모회'(이하 참교육학부모회로 표기함)가 있다. 교원단체인 전국교직원노동조합과 조직의 특성이 연계되어 있다고 볼 수 있어서 학교운영위원회에 참여하거나 지원적 활동에 있어 조직의 정치적 성향이 반영될 수 있는 문제가 있다. 또한 참교육학부모회와 다른 관점에서 학부모 단체 활동을 전개해가는 조직인 '뉴라이트 학부모연합'이 반전교조를 표면에 내세우며 2006년 창립되었다. 현재 학부모 단체로서는 대표적인 두 단체의 특성이 상반되면서 정치성을 띠고 있어서 학부모위원의 객관적이고 순수교육적인 활동을 지원해줄 전문적 지원조직의 부족이 문제된다고 볼 수 있다.

넷째, 참여와 관심 부족으로 무투표 당선율이 높다. 학부모와 교사들은 학교운영위원회에 대한 관심이 낮으며, 이는 무투표 당선 비율이 높은 것이 그 증거라고 할 수 있으며 형식적인 또는 주변적인 사항들에 대한 논의도 이러한 참여 및 관심 부족을 가져오는 원인이 되고 있다. 제도 변경 전 학교운영위원이 교육감과 교육위원에 대한 선출권을 가지면서 학교운영위원회에 대한 관심이 어느 정도 증가했던 것은 사실이지만, 이 시기를 제외하고 실제 학교운영위원을 선출할 때에는 아직도 지원자 부족으로 투표 없이 운영위원이 선출되는 경우가 적지 않다.

2007년의 경우 학부모 위원은 전체의 83%, 교원위원의 경우 74%가 무투표로 당선되었다. 이러한 무투표 당선율의 심화 현상은 학교운영위원회 위원들의 대표성 문제와도 연결되는 것으로, 학교운영위원회의 중요성이 커지고 있는 가운데 큰 우려의 대상이 되고 있다(교육인적자원부, 2007). 이러한 무투표 당선 심화 현상은 학교운영위원회 위원들의 대표성 문제와 연결되며, 이 비율을 낮추기 위한 방안 모색이 요구된다.

다섯째, 위원 구성의 대표성이 부족하다. 학부모 위원의 경우 위원으로 활동하려는 생각을 가진 학부모들이 적어, 지원자 전원이 운영위원으로 선출되기도 하고, 학교 측의 권유로 운영위원직을 어쩔 수 없이 떠맡게 되는 경우도 많이 있다. 또한 대부분의 학부모들은 위임장을 통해 학부모 위원 선거에 참여하고 있기 때문에 일반 학부모들 중에는 학교운영위원회의 학부모 대표가 누구인지 알지 못하는 경우가 대다수이며, 이러한 상황에서 일반 학부모들의 의견이 학교 운영에 반영된다는 것이 사실상 불가능하다고 할 수 있다(박종필, 2000). 지역 위원들도 이와 비슷한 상황에 있으며, 이들은 개인적인 사정으로 회의에 불참하는 경우가 거의 대부분이고, 참석한다고 하더라도 심의 사항들에 대한 이해 부족으로 학교측의 의견을 따라가는 형식적인 모습을 보이는 경우가 많다(신상명, 2002).

이에 따라 운영위원들은 전체 학부모, 교원 및 지역 주민의 대표자가 되어야 함에도 불구하고, 대표자로서의 역할을 수행하지 못하는 경우가 태반이고, 학교운영위원회를 통한 교육구성주체들의 의견을 수렴하지도 못하고 있다. 이러한 무관심과 참여부족은 선출 이후의 심의 · 자문 활동에도 이어져서 대의 기구로서의 학교운영위원회의 위상을 살리지 못하고 있으며, 학교운영위원들은 심의사항과 관련한 학교운영위원회의 활동에 적극적으로 협력하고 지원해 주는 학부모와 교사들이 부족함을 호소하는 경우가 많다(대전광역시교육청, 2001). 이러한 상황에서 최근의 학교운영위원화는 교육감과 교육위원 선출과 관련하여 본래의 목적대로 학교 교육의 내실화를 위해 노력하기보다는 잇속 챙기기에 급급한 형태로 변질되어 가는 모습도 찾아 볼 수 있다(신상명, 2002). 즉, 학부모나 지역사회의 의견을 제대로 전달하여 학교운영에 반영하지 못하는 가운데, 일선 학교의 의견을 교육청에 전달하는 체제도 미비한 상태이다.

여섯째, 행정직원과 학생대표의 위원 참여에 문제가 있다. 행정직원과 학생대표도 위원의 구성원으로 확보되어야 한다는 문제가 제기될 수 있다. 현재 대부분의 지역에서는 '간사'의 형태로 행정실의 대표가 학교운영위원회 회의에 참석하여 회의 관련 업무를 수행하고 있다. 이러한 현실을 토대로 학교에서 이루어지는 대부분의 업무가 행정실의 협조를 필요로 하고 있으며, 교사위원만으로는 학교의 의사를 대표하기에는 부족하고, 학교운영에 대한 민주성 확보를 위해 행정실 대표의 참여가 필요하다는 주장이 제기되고 있다. 그러나 행정실은 수업 활동을 도와주는 역할을 하는 곳으로 성격상 학교운영위원회에서 결정된 사항을 처리하는 기능을 수행한다는 인식과 예산을 편성하고 집행하는 사람이 예 · 결산 과정에 포함되어서는 안 된다는 비판도 있다.

현재 우리나라에서는 학교운영위원회에 학생 대표의 참여가 불가능하게 되어 있다. 그러나 외국의 경우에는 특히, 고등학교 수준에서는 학생 대표가 참여하는 것이 일반적인 상황이다. 이에 학생들도 교육의 한 주체로 자신들과 관련된 사항들에 대해 입장이나 의견을 개진할 권리가 있으며, 민주적 절차 등을 통한 민주 시민으로서의 자질을 향상하고 학생들의 인권 향상을 가져올 수 있기 때문에 학생 대표의 학교운영위원회 참여가 필요하다는 주장이 제기되고 있다. 그러나 앞으로 더욱 확대될 학교운영위원회의 역할과 중요성, 그리고 미성숙한 상태에 있는 피교육자 신분인 학생의 특성 등을 고려할 때, 그리고 교사의 수업권과 학생의 학습권 보장을 위해서는 학생 대표의 학교운영위원회 참여를 제한해야 한다는 주장도 제기된다.

일곱째, 위원들의 경험과 전문성이 부족하다. 학교운영위원의 60~70%는 학교운영에 관한 전문적 지식이 없는 학부모들이거나 외부의 지역 인사이기 때문에 학교운영에 대한 심도 있는 심의를 하는 데에 어려움을 겪고 있으며 위원들의 이러한 학교운영에 대한 이해부족은 학교운영위원회 운영을 형식적인 것으로 만들거나, 혹은 반대로 교장과의 대립을 격화시키는 원인이 되고 있다. 또한 이는 형식적 심의 및 자문의 원인이 되기도 하다. 물론 학부모 위원들을 대상으로 하는 각종 연수도 이루어지고 있으나 전체 비 교원위원(학부모 및 지역사회 위원)에 대한 전체 연수조차도 이루어지지 않고 있고 1회 연수당 참가인원이 평균 200명 이상의 대규모 강의식 형태로 이루어지는 등(이주호, 2007) 1회성 행사와 같은 형태로 이루어져 계속성 및 연속성이 결여되어 있으며, 짧은 임기(임기는 1년이나 실제 운영 기간을 고려하면 임기는 6~9개월 내외임)도 전문성 부족의 한 원인이 된다.

나. 학교 내 각종 위원회

1) 현황

단위학교의 의사결정에 영향을 미치는 학교 내의 조직에는 교장 자문기구로서 각종 위원회 및 협의회가 존재한다. 교사나 학교 구성원들이 이러한 단위학교의 의사결정 자문기구에 참여함으로써 학교 구성원의 의사가 학교경영에 반영되고 학교업무에 자신의 능력을 발휘하고 자율성이나 책무성을 갖도록 한다. 또한 학교 내의 각종 위원회는 구성원들로 하여금 업무 수행에 대한 헌신감과 긍지, 성취감 등을 가질 수 있도록 해서 학교경영의 효율성과 참여성을 제고시키는 역할을 한다.

학교 운영상 교장의 권한 행사에 대해 심의 및 자문 권한을 가진 기구들이 많다. 예컨대 교무회의, 교무과정위원회, 인사자문위원회, 예산・결산소위원회, 학교분쟁위원회, 학교폭력자치위원회, 학업성적관리위원회, 급식위원회, 학생상벌위원회, 학부모회, 동학년협의회, 학생회 등은 그 대표적인 기구들이다. 이들 기구들은 학교의 실정을 반영한 것이 때문에 모든 학교에 일괄적으로 설치된 것은 아니지만 교장의 의사결정에 영향을 미친다는 점에서 교장의 권한과 책임을 공유한다고 볼 수 있다.

〈표 Ⅳ-3〉 학교내 각종 위원회 현황

위원회	기능	설치 비율(%)	연평균 개최 횟수
교육과정위원회	• 교육목표 실현을 위한 교육과정 편성 • 교육과정 개편 계획 및 심의 • 교육과정 및 교수 방법 혁신 방안 수립 및 심의 • 기타 위와 관련된 제반사항 연구 및 심의	98.6	3.8
인사자문위원회	• 교무분장 • 보직교사 임용 • 교과부장 선임 • 학급담임 임용 • 표창 내신자 추천 • 각종 연수 대상자 추천 • 기타 인사에 관해 교장이 위임한 사항	97.0	4.2
예산·결산소위원회	• 학교 구성원의 다양한 요구를 예산에 반영 • 학교재정 운용의 투명성 확보 • 예산 편성·심의·집행하고 결산 심의	65.8	2.2
학교분쟁위원회	• 각급 학교에서 교육활동 중 교원과 관련된 각종 분쟁 사안을 심의·조정·권고 • 분쟁에 관한 심의에서 관련 교원, 학부모, 학생들의 의견을 청취, 사실 확인 • 학생 안전사고 관련 분쟁 사안에 관한 심의 등을 위해 경제적·법률적 전문지식이 필요한 경우에는 공제회에 지원 요청	87.4	1.4
학업성적관리위원회	• 학업성적관리규정 제·개정 심의 • 각 교과협의회에서 제출된 지필평가 및 수행평가의 영역, 방법, 횟수, 기준, 반영비율 등과 성적처리 방법 및 결과의 활용 방안 심의 • 재량활동 상황의 평가기준 및 방법 심의 • 특별활동 상황의 평가기준 및 방법 심의 • 행동특성, 종합의견의 평가기준 심의 및 관리 • 학업성적 평가 및 관리의 객관성, 공정성, 투명성과 신뢰도 제고방안 심의 • 고사감독 관련업무, 결시생 및 실습생 성적 반영 등 기타 학업성적 관리 관련 업무	91.5	3.8
기자재선정위원회	• 학교교육활동 및 학교정보화에 사용될 기자재 및 교구 구입 계획 • 품목 선정 또는 폐기 및 운영관리에 관한 기준 제시	95.8	3.8
급식위원회	• 급식공급업체 선정 추천 • 급식실시를 위한 의견수렴 및 급식운영방법 결정 • 공급업체의 급식운영 계획 청취 및 실적 확인 • 급식비 결정 및 조정 • 급식확대, 급식운영, 관리의 내실화 및 향상 방안 • 기타 학교급식 또는 위탁급식운영에 관한 중요사항 • 급식비 면제 대상자의 결정 및 당해 급식비의 충당 방안	65.9	3.1

학생선도위원회	• 학생의 생활지도 전반에 관한 사항의 협의 • 학교폭력 예방·대처를 위한 계획 수립, 시행	90.2	4.9
학년협의회	• 학년 단위 행사 계획 • 생활지도 원칙 마련 • 기본 생활 습관 지도 방안 • 학급운영 방안 • 학급별 행사 개최 방안 협의	89.8	14.9
학생상벌위원회	• 학생의 포상과 징계에 관한 사항 심의·의결	88.5	4.3
교과협의회	• 교과의 조직적 운영, 자료 제작, 교수-학습 방법의 협의 등을 활동함으로써 교재를 조직적으로 분석 • 교실 수업 개선을 위한 집단 연수와 동료장학을 활성화	93.5	9.0
학부모회	• 학부모회 대표자를 통한 학교교육 활동 참여 • 교직원의 연구 활동에 필요한 연구비 지원 • 학생의 복리증진 사업 • 학교 시설 확충과 유지관리에 필요한 지원 • 학교운영과 기타 교육활동에 필요한 지원 • 학교운영과 기타 교육활동에 필요한 지원 • 회원 상호간의 친목 도모	94.8	3.9
학생회	• 학예, 체육, 특기 및 취미 신장에 관한 활동 • 정서함양 및 심신수련을 위한 활동 • 학교의 전통, 향토의 민속, 전통문화의 계승발전에 관한 활동 • 각종 봉사활동 • 학교 또는 주변의 화재 등 각종 재난 방재 및 지원 활동 • 국가안보에 관한 정신교육의 실시 및 활동 • 기타 학칙과 본회의 목적에 부합되는 활동	98.3	8.7
기타	• 교과서선정심의위원회 • 신입생선발위원회 • 교내자율장학위원회 • 교육정보화추진위원회 • 학교교육평가위원회 • 학교장 추천 입학제 학생 추천심의위원회		

주: 설치비율과 개최횟수 결과는 384개 학교를 표집하여 조사한 결과임.
자료: 김홍주 외(2005). 학교중심 지원체계 구축을 위한 교육행정체제 혁신방안연구(서울: 한국교육개발원, 수탁연구 CR2005-3), pp.68-69.

위에서 제시한 학교 내의 각종 위원회 중 교육과정위원회, 인사자문위원회, 예산·결산소위원회에 대해서 좀 더 구체적으로 살펴보기로 하자.

첫째, 교육과정위원회는 단위학교의 교육과정의 편성·운영을 위한 조직으로서, 또한 학교의 특색 있고 실천 가능한 교육실천 방안을 모색하여 교장이 교육과정 운영에 관한 의사결정을 하는데 자문역할을 하는 조직으로서 교육과정의 합리적 편성과 효율적 운영을 위하여 교원, 교육과정(교과교육)전문가, 학부모 등으로 구성하여 운영할 수 있다. 교육과정위원회의 역할은 계획, 실천, 평가의 단계를 거치는데, 우선 학교교육과정 편성・운영 계획을 수립하고, 다음으로 학교교육과정 편성・운영 방향을 확정하고 지원활동과 관련연수를 통해 교육과정의 효율적 편성과 운영방안을 모색하며, 끝으로 교육과정 편성・운영에 대한 평가를 실시하게 된다.

현행의 제7차 교육과정은 학교교육과정위원회가 주체가 되어 연간 계획에 따라 교육과정의 합리적 편성과 효율적 운영을 통해 교육과정 중심의 학교교육을 경영하기 위해 만들어 가는 교육과정인 것이다. 현재 각 단위학교에서 교육과정 편성・운영의 일반적인 절차는 조직, 준비, 편성, 운영, 평가 등 5단계를 거쳐 실행되며, 일반적으로 단위학교에서 교육과정위원회의 구성 및 기능을 살펴보면 연구부에서 연구부장이나 교육과정 담당자가 학교교육과정 편성 및 운영을 맡아서 진행한다. 위원은 각 교과대표를 포함하여 일정한 수로 구성되며 교과협의회의 의견, 학생과 학부모의 의견, 학교의 실정과 지역사회의 여건 등을 감안하여 합리적인 교육과정 편성에 힘쓴다.

둘째, 인사자문위원회는 교육공무원 인사관리 규정에 의해 교내 인사업무에 관한 사항을 교장에게 자문하기 위하여 설치된 인사자문위원회는 대부분 학교에서 위원장은 교감, 간사는 교무부장으로 하여 각 교과 대표들로 조직되어 있다. 자문사항으로는 보직 및 담임교사 임명, 업무분장, 포상대상자 추천, 증・감축교사 선정, 기타 인사에 관한 사항 등이 있다. 인사자문위원회는 교육의 민주화 추세에 따라 1989년 이후 교육부의 권고에 의해 생겨난 운영협의 조직이다. 학교현장의 민주화로 교장이 교내 인사재량권 행사를 돕기 위하여 교감과 교사대표들이 합리적인 인사내규에 따라 공정하게 인사권이 시행될 수 있도록 교장이 제청한 인사 관련 사항들을 심도 있게 협의하여 교장에게 제출한다. 특히 초빙교장・교사 임용 요청권, 초빙교사 추천에 관한 사항은 매우 중요한 사안으로서 앞으로 교사초빙비율이 확대될 것으로 예상되어 단위학교에서도 인사영역에 보다 더 많은 자율성과 역할이 증대되리라 생각한다.

셋째, 예산・결산소위원회는 학교예산위원회는 학교예산의 재량권 강화를 위해 2001년부터 학교현장에 학교예산회계제도가 도입되면서 단위학교의 자율적이고 효율적인 예산의 편성과 결산을 위하여 조직된 운영협의 조직이다. 교무실과 행정실이 한 팀이 되어 별도의 위원회를 조직하는 경우도 있으나 대부분 학교에서는 학교운영위원회의 심의사항에 학교예산과 결산에 관한 사항을 규정하여 학교운영위원회가 실질적인 학교예산위원회의 역할을 하고 있다. 또한 일부 학교에서는 학교운영위원회 산하에 예산소위원회를 구성하여 운영함으로써 위원들의 참여율을 높이고 예산편성의 효율성을 제고하고 있다. 단위학교의 예산편성 과정은 학년말에 교감이 부서별, 교과별 예산요구서를 받아서 부장 또는 교과대표들, 예산담당자와 함께 배정된 예산범위 내에서 계수를 조정하고 교육과정계획의 중요도를 감안하여 편성하고 있다.

2) 문제점

최근 단위학교에서 의사결정의 면면을 들여다보면, 각종 위원회는 의사결정기능보다는 의사전달 기능에 머물러 단순히 결정사항을 통보하거나 지시하는 통과의례의 장으로 전락하고 있다. 이러한 결과는 현행의 단위학교 의사결정구조와 기능은 민주적이며 투명한 것처럼 드러나고 있지만 실질적으로는 많은 모순점을 갖고 있는 것을 부인할 수 없다.

의사결정 주체로서 참여하고 있는 교장이외의 교사, 학부모, 학교운영위원회 및 학생들의 의사수렴은 형식에 불과 할 뿐 실제적으로 적용되고 있는 범위에는 한계가 있다. 또한 그들은 의사결정 과정의 참여에도 능동적이지 못한 실정에 있다.

학교조직은 모든 공식조직과 마찬가지로 의사결정을 위한 계층적, 수직적 구조를 가지고 있기 때문에 학교 행정에 있어서의 의사결정의 행위는 필수 불가결한 일이다. 학교안의 의사결정은 어떤 중요한 결정이 관리자 한 사람에 의하여 독단적으로 내려지지 않고, 의사결정은 여러 관계되는 사람들, 특히 교사들과의 협의를 통하여 그들의 의견을 결정에 반영해야 하며, 가능한 한 전체 교직원들이 참여할 수 있어야 한다.

단위학교에서 교무회의는 자율적 임의기구로서 학교운영 전반에 대한 자문, 의사결정, 연락・조정, 연수 기능 등의 다양한 역할을 수행하는 것으로 되어 있으나, 실제적으로는 회의라기보다는 지시사항을 일방적으로 전달하는 형식적 의사전달 기능이 주가 되고 있는 실정이다. 이로 인하여 학교의 주요 업무에 대한 교무회의의 협의, 토론, 결정과정이 취약하여 학교운영이 경직되고 비효율적이며 학교운영에 대한 전체 교원들의 민주적 참여가 결여되어 있다는 비판을 받고 있다. 학교경영에 관한 의사결정은 교장이 중심이 되어 담당자나 담당 보직교사를 거쳐 협의 없이 이루어지는 경우가 많고 학교 의사결정 과정에서 보직교사회의, 교무회의, 각종 위원회, 각종 협의회를 활용하는 경우도 그리 많지 않은 실정이다. 따라서 교장은 이들 위원회에서 논의되거나 합의된 회의결과를 수용하는 태도를 가져야 한다.

다. 위임전결규정

1) 현황

교장의 권한은 학교 내에서 위임전결 규정에 의해 다시 교직원들에게 재분배 된다. 예를 들어 모든 학교들이 위임전결 규정을 갖추고 있으나 지역이나 학교의 실정에 따라 그 내용과 비율은 달라질 수 있다. 일반적으로 교장은 자신의 결재권의 일부를 교감과 부장교사, 행정실장 등에게 위임하고 있다.

2) 문제점

학교 내의 위임전결 규정은 내부 결재권의 배분이기 때문에 누가 전결을 하더라도 그 궁극적인 책임은 학교경영의 책임을 맡고 있는 교장에게 귀속된다. 따라서 학교의 위임전결 규정은 자율 권한의 완전한 분산으로 보기 어려운 점도 있다. 하지만 교장의 권한에 대한 내부 배분이라는 점에서 권한과 책임의 공유로 이해하는 것이 바람직하다.

현행 학교 내의 위임 전결 현황을 살펴보면 학교 조직에서 교장의 권한 위임은 거의 이루어지지 않고 있는 현실이다. 내부 위임전결 규정에 대해 학교현장에서는 이를 제대로 활용하고 있지 못하고 있으며, 실제 초·중등학교의 교장들 역시 스스로 자신의 권한을 평교사들에게 위임하는 경우는 많지 않은 것으로 보인다(김홍주, 2008). 또한 위임 전결에 대한 올바른 이해 부족으로 위임 전결 사항을 제정하고도 실질적으로는 운용이 잘 이루어지지 않고 있는데, 이것은 위임 전결 규정이 제대로 운용되기 위해서는 교원들의 인식과 교장의 의지가 중요하다는 것을 의미한다. 따라서 학교 교육방침 및 교육 계획, 학교 예산의 편성과 결산, 학교 시설의 신축·보수, 학교교비·육성회비 관리 및 집행, 학부모 단체 운영의 권한 등을 가능한 세분화하여 교감이나 교사에게로의 위임이 절실히 요구된다(강경희, 2001). 교장의 권한 위임이 제대로 이루어지기 위해서는 학교 운영을 자율화하고 현행의 학교 조직구조가 개선되어야 할 것이다.

효과적인 권한 배분을 위해 교장은 적절한 권한을 교감, 교사, 행정실장에게 위임함으로써 학교의 구성원들이 자발적으로 학교경영에 참여하도록 이끌어 갈 수 있는 교장의 지도력이 요청된다. 따라서 학교단위 위임전결규정을 합리적으로 개정하여 적절하게 권한이 위임될 수 있도록 함과 동시에 학교 구성원들은 부여받은 권한에 대해서는 자율성과 책무성 기준을 준수하려는 태도를 가져야 할 것이다.

〈표 Ⅳ-4〉 위임전결규정으로 본 학교내 권한 배분

구 분		세부사업명
교장 결재		• 전 교직원의 출장 및 휴가 허가 • 교감 및 행정실장의 지참, 조퇴 및 외출 허가 • 교장회의 등 각종 회의 개최 • 정부 훈·포장 추천 및 교육청 표창 추천 • 교장 명의의 각종 표창 계획 수립 및 확정 • 내규 등의 제·개정(안) 및 폐지(안) • 주요 업무 및 주요생사 기본계획 수립 • 국회, 각 시·도의회 및 시·도교육위원회 관련 중요한 사항 • 전 교직원의 초과근무 명령
전결권자	교감	• 교사의 지참, 조퇴 및 외출 허가 • 부서 비치 제 장부의 기록·정리 • 내용 보충을 위한 서류보완 지시 • 소관 업무에 대한 경미한 조사·복명 처리 • 경미한 문서의 접수 및 처리 • 구회, 각 시·도 의회 및 시·도교육위원회 관련 경미한 사항 • 경미하거나 대장에 의한 민원·제증명 발급 처리 • 경미한 일지류 확인 • 교장 부재시 교사의 관내, 관외 출장 및 초과근무, 근무상황 대결
	보직교사	• 학급, 특활, 상담, 교내 순찰 일지 확인 업무 • 경미한 문서 처리 • 학교도서관 관리, 도서대출 대장 • 진학자료 보급 • 체육 시설 관리 및 운영 • 보건실 및 위생 관리
	행정실장	• 일반직 공무원의 지참, 조퇴, 외출 허가 • 행정실 비치 제장부의 기록·정리 • 내용 보충을 위한 서류보완 지시 • 소관업무에 대한 경미한 조사·복명 처리 • 경미한 문서의 접수 및 처리 • 국회, 시·도 의회, 시·도 교육위원회 관련 경미한 사항 • 경미하거나 대장에 의한 민원·제증명 발급 처리 • 경미한 일지류 확인 • 교장 부재시 일반직 공무원의 관내, 관외 출장 및 초과근무, 근무상황 대결

자료: 김흥주 외(2005). 학교중심 지원체계 구축을 위한 교육행정체제 혁신방안연구(서울: 한국교육개발원, 수탁연구 CR2005-3), pp.68-69.

3. 외국의 동향

주요 선진국들이 교육의 재구조화 전략으로 추진하고 있는 학교 개혁 운동의 하나는 학교단위자율경영제라고 할 수 있다. 미국, 영국, 호주 등을 중심으로 하는 나라들에서는 시·군·구 단위까지 기초적인 교육자치제를 실시하면서도 이에 만족하지 않고 단위학교에 학교운영위원회를 설치하여 교장 및 교사들을 공채에 의하여 선발하고 학교자체에서 교육과정을 결정하고, 학생 비례에 의해 배정된 학교 예산을 단위 학교에서 자율적으로 사용하고 이에 대해 책무성을 담보하는 학교단위자율경영제를 적극 도입하고 있는 추세에 있다.

학교단위자율경영제는 단위학교가 학교운영을 자율적으로 하고 그 운영 결과에 대하여 책임을 지는 것이라고 할 수 있다. 교육수요자와 밀접한 거리에 있는 교육현장 관계자들이 전문성과 자율성, 합리성과 창의성을 가지고 교육서비스의 질을 결정할 수 있을 때 학습자의 교육적 요구는 보다 효과적으로 충족될 것이며 그 성과도 높아질 것이라는 것을 인지하고 단위학교가 교육개혁의 주체가 될 수 있도록 교육과정, 인사, 재정 등에 관한 의사결정 권한을 단위학교에 위임하는 재구조화 전략을 시행하고 있다.

학교단위자율경영제는 영국, 호주, 미국, 홍콩, 캐나다 등 여러 나라에서도 도입되어 실시되고 있는데 그 취지는 크게 네 가지로 요약할 수 있다. 첫째, 학교운영을 단위학교 수준에 분권화 시키고 일괄 보조금을 주고, 의사결정에 학부모 및 지역사회 인사를 참여시켜 다양성을 조장시키는 것이 획일성과 집권성으로는 보장하기 어려운 평등성, 효율성, 자율, 수월성 등의 가치를 더 잘 보장할 수 있다는 것이다. 둘째, 공통점이 많을수록 집권화하고 다양성과 창의성이 요구될수록 분권화해야 한다는 조직이론의 주장처럼 교육에서도 광범한 교육목적과 목표에 의한 방향은 중앙집권적으로 하더라도 구체적인 방법과 수단에 대한 의사결정은 분권화 시키는 것이 효과적이라는 것이다. 셋째, 학교효과성에 관한 여러 연구에 의하면 교직원에게 교육과정, 인사, 재정 등에 관한 보다 많은 권한과 자율을 부여하는 것이 학교를 더 효과적으로 만들 수 있다는 것이다. 넷째, 교사들이 잘 가르치고 학생들이 더 잘 배우게 하기 위해서는 교사들에게 관료성보다는 전문적 자율성이 보장되는 학교풍토가 조성되는 것이 교육경쟁력을 높일 수 있다는 것이다.

다음에서는 주요국의 학교자율경영 실태를 살펴봄으로써 우리나라 학교자율경영을 위한 의사결정 및 의사소통에 관한 시사점을 알아볼 것이다.

가. 영국

영국에서는 Thatcher수상이 집권하면서 지방 교육 당국을 약화 내지는 해체시키고, 모든 초・중등공립학교들로 하여금 향후 5년 내에 중앙 정부로부터 모든 교육재정을 교부받으면서 학교운영위원회를 중심으로 하여 자율적으로 운영하게 하기 위하여 교육개혁법을 제정하여 시행에 들어가는 등 공립학교의 사립화를 시도하였다(Cooper, 1988). 일반적으로 영국의 단위학교 자율권은 미국보다 더 활성화 되어 있다.

영국의 학교운영위원회의 기능은 일반적인 학교운영, 교육과정, 교장에게 일반적 원리 제시, 교장 및 교사선발 참여, 중앙정부에서 영달된 예산의 통제, 학부모에게 연간보고서 제출 및 연간보고회 개최, 학교에 관한 제반 정보제공 등 학교운영의 기본적이고 전반적인 것은 학교운영위원회에서 심의하도록 하고, 교과서의 채택, 학교의 프로그램 운영 등 일상적인 업무는 교장에게, 교육내용과 방법은 교사의 전문성에 위임하고 있다(신중식, 2000).

영국에서는 교육재정 배분에 관한 의사결정권을 분권화시켜 예산 통제를 단위학교에 맡기고 학부모와 주민의 교육에 대한 접근을 증대시키며 다양성을 조장하고, 공립학교를 지방교육 당국으로부터 독립적으로 운영하게 함으로써 평등성, 효율성, 자유, 선택권을 더 보장하도록 시도하고 있다. 즉, 학교재정을 지방교육 당국을 거치지 않고 단위학교에 도급으로 일괄보조해 주면 현장과 주민, 학부모, 학생의 요구를 가장 잘 아는 학교운영위원회가 그 학교의 실정에 가장 알맞게 사용하여 학교를 더욱 발전시킬 수 있다는 것이다.

나. 호주

호주의 교육은 지방정부인 주정부 권한으로 되어 있는데 1983년에 노동당이 집권하면서 분권화 정책이 급진전되어 학교운영위원회 중심의 자율학교 운영을 시도하게 되었다. 그리고 1993년에는 '미래의 학교(School of the future)'라는 교육개혁을 시도하였는데, 그 주요 목표는 '학습 성과의 증진', '좋은 학교의 속성 육성', '전문직으로서의 교사와 진정한 지도자로서의 교장 육성', '학교의 발전과 학생들의 학업성취 증진' 등이었다.

1993년부터 1998년까지 5년 동안 이루어진 '미래의 학교'에 대한 연구 분석에 따르면 학교교육 목표 달성에 대한 확신이 있었고, 교육과정을 기획하는 능력향상, 학생들의 수준 향상, 학생들의 욕구에 맞는 교육과정 수립에 대한 높은 기대, 공유된 의사결정, 구성원 수행의 질 증진, 효과적인 조직, 구성원 만족도의 증가 등에 효과가 있었다고 보고하고 있다.

Hiller(1999)와 Wee(1999)도 학교단위 자율경영을 실시한 결과 학생들의 학업성취는 향상되었고, 핵심적인 교수-학습의 전략에도 중요한 변화가 있었다고 보고하고 있다. 즉, 학교 수준에서의 전문성 향상, 교육과정 표준들의 시행, 모니터링 등은 학생들의 학습에 직접적인 영향을 미치고 자원 배분의 효과는 전문성 향상, 인사 등을 매개 변인으로 하여 간접적인 영향을 미치고 있다고 분석하고 있다(신중식, 2000). 따라서 호주에서의 학교단위자율경영은 학생들에게 높은 수준의 교육서비스를 제공하고 교사와 다른 전문가에게 보상할 수 있는 공립학교를 형성하는데 기여했다는 것을 알 수 있다.

다. 미국

기초단위 교육자치까지 활발하게 실시하고 있는 미국에서도 교장, 교사, 학생, 학부모의 협동에 의한 수월성 추구와 학교개선을 강조하면서 수월성은 학교 단위에서만 실현이 가능하다고 보고 미국 교육의 제2의 개혁물결인 학교단위자율경영제 운동을 일으키게 되었다. 미국 주지사들의 모임에서도 기초교육구로 하여금 학교단위자율경영을 증진하기 위한 유인가와 기술적 지원을 해 주어야 한다고 주장하고 있다.

미국의 경우 주별 교육 자치는 물론 각 교육구별 교육 자율권을 보장해주기 위해 오히려 실행 권한을 집중적으로 이행할 교육구별 중앙기구로서 지역위원회를 운영하고 있는데, 이는 교육 행정의 분권화와 집권화를 적절하게 통합하는 역할을 하고 있다. 학교운영위원회라는 제도는 그 제도를 지휘 · 감독하기 위한 상위 기구를 필요로 하게 되고 이 기구에는 단위학교 운영위원회보다 높은 수준의 권한을 부여할 필요가 있었다. 그리하여 교육구별로 특성화되고 독립된 심의내용이 마련되고, 운영방식도 그에 맞게 다양해지게 되었다.

미국의 경우 학교운영위원회는 학생들의 필요와 학부모들의 요청을 교육과정에 반영하도록 하고 있다. 시카고 시와 조지아 학교구의 경우 학교발전계획이 심의내용으로 규정하고 있으며, 학업성취향상 계획서와 학업성취 분석 및 개선안에 대해서도 심의하고 있다.

캘리포니아주 1,100개 교육구 중 61개 교육구, 플로리다주 67개 교육구 중 5개 교육구 등에서 'school-site management'라는 이름으로 학교단위자율경영을 시도하고 있다. 이러한 움직임은 중앙정부나 교육위원회의 법과 정책의 범위 내에서 학교의 교육목표설정 및 교육과정 결정권, 교수-학습 전문직원과 자원봉사직원의 배분 및 결정 등에 관련된 인사권, 재정, 시설 등에 관한 자율적 의사결정권을 단위학교로 위임, 이양을 시도하였다.

또한 시카고 공립학교구에서는 학생들의 수준을 국가적 규준에 맞추기 위해 1988년에 시카고학교개혁법을 제정하여 학교발전계획, 예산 배분, 구성원 선발 등을 학교운영위원회와 단위학교에 위임하고 그 책무성을 부여하는 것을 골자로 하는 개혁을 시도하였다.

샌프란시스코 학교구의 경우 단위학교에서 학교운영위원회를 운영할 수 있는 전략적 모델을 개발하도록 시범을 보이고 있으며, 학교구의 기본정책은 단위 학교에서 반영하도록 하고 있다. 즉, 학교구 단위로 독립적으로 학교운영위원회를 전문적으로 관리하고 있으며, 학교운영위원회의 운영전략은 평가를 통해 책임도 지게 되어 있다. 즉, 학교운영위원회는 단위학교가 모든 것을 알아서 하기에는 역량이 확보되기 어려운 면이 있으므로 관료적 위계를 강조하는 행정적 상위기관이 아닌 전문적 지원을 할 수 있는 수평적 성격의 기관을 설립할 필요가 있었던 것이다. 우리나라의 학교운영위원회는 교육청의 관리를 받는 형태여서 운영역량을 갖추기 어려운 구조적 문제가 크므로 이를 해결할 수 있는 시사점을 샌프란시스코와 텍사스 등의 사례에서 얻을 수 있다.

미국의 학교들은 주정부와 지역교육구의 정책을 집행하고 자기 학교의 독특한 정책을 수행하는 책임을 가지고 있는 교장이 지역자문회의의 도움을 받아 학교를 운영하고 있는 것이 일반적이다. 지역자문위원회는 교장, 교직원대표, 학부모대표, 지역인사대표 등으로 구성되는데 학생의 학습과 관련하여 학교운영에 대한 자문을 하게 된다.

일반적으로 알려진 교육과정과 재정 영역의 소위원회 외에 미국의 경우 학교별로 독특하게 다양한 소위원회를 구성하여 운영하고 있다. 그중 많이 설치되어 있는 것으로는 의사소통소위원회, 시설소위원회, 계약과평가소위원회, 인증소위원회, 회계감사소위원회, 관용소위원회, 정책소위원회, 안전소위원회, 상담소위원회 등이 있다. 이들 소위원회는 학교별로 설치가 자유롭고 소위원회 운영도 학교구나 학교단위로 자유롭게 이루어지고 있다. 급식소위원회 외에는 거의 활동이 제대로 이루어지지 않는 우리나라의 경우 소위원회 제도를 활성화하기 위해서는 일단 중앙집권적 교육제도 성격을 감안하여 교육활동 본래의 목적을 강화할 수 있는 소위원회를 몇 개 지정하여 설치와 운영의 강제성을 부여할 필요가 있을 것이다. 그렇지만 장기적으로는 학교별로 지역교육청별로 필요를 반영한 다양한 소위원회 운영이 활성화되도록 할 필요가 있다.

미국의 경우 학생들의 대표가 학교운영위원회에 참여한다는 점이 특이하다. 초등학교 및 중학교의 경우에는 학생들을 학교운영위원회에 참여시키고 있지 않지만, 고등학교에서는 학생들의 학교운영위원회 참여를 법규상에 명시하고 있다. 이는 고등학교 수준의 학생들은 이미 자신들의 의견을 제시하고 대표할 수 있을 정도로 충분히 성숙했다는 가정에 바탕을 두고 있다는 것을 알 수 있다. 따라서 미국의 여러 주에서는 학생 대표의 학교운영위원회 참석을 통해 학생들의 의견을 학교 의사 결정에 반영하도록 하며, 또한 이러한 민주적 절차 등을 통해 학생들에게 민주 시민으로서의 자질 향상에도 기여하고 있다.

라. 홍콩

홍콩에서는 호주의 학교단위자율경영제를 모델로 하여 1991년에 학교경영계획(school management initiative)을 착수하여 학교에 대한 중앙의 직접적인 통제를 지양하고 개별 학교에 권한을 위임함으로써 단위학교 스스로가 그들의 활동에 대한 책임을 지도록 하였다. 이들은 학교운영 체제를 개선시키기 위하여 '학교 구성원들의 다양한 역할', '학교운영 시스템의 개선', '학교 의사결정에의 참여', '자원관리의 유연성', '책무성 체제의 구축' 등을 시도하였다. 이들은 교육전달의 책임이 있는 학교 구성원들의 역할을 좀 더 명확하게 규정하고 학교운영에 대한 전반적인 책임과 권한을 가진 학교운영위원회를 설치하여 학교의 교육목적과 목표, 운영절차 등에 관해 모든 교직원, 교장, 운영위원, 학부모 등 학교교육 이해당사자들이 의사결정에 참여하는 것이 허용되어야 한다고 주장하고 있다.

홍콩의 일부 학교들의 운영은 느슨하고 체계적이지 못하며, 임의적이고 심지어 혼란스럽기까지 하다는 비판을 받아 왔는데 각 공립학교는 매년 그 해의 교육활동을 안내하기 위한 '학교계획서'를 작성하고 전년도 활동을 포괄하면서 주요 영역에서 학교가 성취한 것을 상세히 기술하는 '학교 프로필'을 준비하도록 권고하고 있다. 또한 학교운영개혁보고서에서는 그들이 자원을 잘 알고 있는 운영자가 비용지출에 대한 결정권을 행사할 수 있는 어느 정도의 유연성을 가질 수 있도록 하는 것이 학교운영에 효과적이라고 보고한 바 있다. 특히 정부보조학교에 대한 재정은 가능한 한 정액교부금의 형태로 주어지되, 각 학교는 중앙의 교육정책과 그 학교의 규정된 필요에 따라 그 지출유형을 결정한 권한을 가져야 한다고 권고하고 있다.

지금까지 살펴본 여러 나라의 학교단위자율경영제는 중앙정부에 집중된 교육권한을 단위학교에서 의사결정을 할 수 있도록 권한을 이양하는 것으로서 공통의 목적은 학교자율경영을 통하여 학생들의 학습효과를 증진해 보려는데 있다. 학교자율경영은 교직원의 계발에 긍정적인 영향을 미침으로써 교수의 수준이 높아지고 교사의 참여가 증대되는 등의 효과가 있는 것으로 보고되고 있다. 학교단위자율경영제에서 주안점을 두고 변화를 시도하고 있는 공통적인 영역은 교육과정운영, 교원인사, 재정운영 등으로 분석되고 있다.

진정한 교육발전이란 학교단위에서 이루어지는 것으로서 각 학교의 교사와 교장, 학부모들에게 학교운영방침에 대한 중요한 의사결정을 내릴 수 있는 권한 및 책임을 줄 때 가능하다. 따라서 그 길을 가로막는 중앙정부 및 시・도 교육청의 비능률적인 관행은 지양되어야 한다. 특히 각급학교의 학업성취 수준을 향상시키기 위하여 교육자원을 가장 효율적으로 활용하는데 있어 장애가 되는 감독관청의 제반 규제는 제거되어야 한다.

학교단위자율경영제는 교장, 교사, 학부모, 학생 모두가 주인의식을 갖고 자기들이 행사한 권한과 결과에 대한 책임을 더 갖게 되며 자원의 보다 효율적 활용이 가능하며, 결과의 평가를 통해서 개선이 조장된다는 순기능을 가지고 있다.

4. 개선과제

가. 학교자율경영제로의 교육행정체계 개선

학교자율경영이 이루어지기 위해서는 단위학교의 자율적 운영권이 보장되어야 한다. 즉, 단위학교가 하나의 조직체로서 그 자체의 운영에 관한 의사결정에 있어 자유와 자주성이 있어야 한다는 의미이다. 교육과정 운영과 교수 관리, 장학, 교수-학습방법, 제반 행정, 관리 면에서 어느 정도의 자율적, 자주적 재량권을 가질 수 있느냐의 문제들이 기관의 자율성과 관련된다.

현행 교육행정 체제에서 초·중학교는 지역교육청으로부터, 고등학교는 시·도교육청으로부터 교육운영에 대해서 지도·감독을 받도록 되어 있다. 그런데 상부교육청이 행사하는 지도·감독권은 특별히 명시된 사항에 국한되는 것이 아니라 국가 교육목표의 실현과 교육기관의 정상적인 운영에 필요하다고 인정되면 언제나 지침을 하달하거나 지시·명령을 할 수 있는 포괄적 감독권의 성격이 강하다. 지금까지 학교경영의 자율권을 저해하는 요소로 비판받고 있는 행정편의 위주의 획일적인 지시나 통제는 학교자율경영 체제로의 변화를 가로막고 있다.

학교자율경영에서는 이러한 행정체제가 개선되어야 한다. 즉, 단위학교가 의사결정에 주체가 되는 학교경영에 대한 자율성을 가질 수 있어야 한다. 학교운영위원회가 단위학교 경영에 관하여 의사결정을 한다고 하더라도 단위 학교의 교육과정, 교수관리, 인적자원 관리, 재정운영 및 학교관리 등에 대한 실질적 권한을 가지고 있지 못하다면 학교자율경영은 이루어질 수 없다. 따라서 교육과학기술부와 시·도 교육청 및 지역교육청에서는 교육에 관한 기본정책이나 방향의 수립·조정 및 지원기능만을 담당하고 구체적인 학사운영을 포함한 교육과정 편성·운영과 평가방법 및 그것에 필요한 재정과 인사관리에 관한 사항을 단위학교가 자율적으로 결정할 수 있도록 해야 한다. 단위학교가 상부 교육행정기관으로부터 획일적인 규제와 통제를 받는 위치에서 벗어나 학교경영의 재량권을 가질 때 학교자율경영을 통한 창의적이고 특성화 된 학교를 만들 수 있을 것이다.

학교자율경영이나 교육분권을 안정적으로 추진하기 위해서는 지방 혹은 학교로의 권한 이양 혹은 위임의 원칙과 기준을 보다 명확히 설정해야 한다. 만일 이를 위한 원칙과 기준이 제시되지 않은 채 일방적으로 권한을 지방이나 학교로 이관한다는 정책 발표만 있게 된다면, 이관하지 말아야 할 것을 이관했다는 논란을 유발할 가능성이 많다. 원칙과 기준을 가지고 지방이나 학교가 필요로 하는 실질적인 권한을 발굴하여 학교로 이관하여야 한다. 만일 원칙과 기준이 명확하지 않은 채 교육행정가나 정책결정자들의 개인적 판단, 학교로부터의 요구만을 반영하여 권한을 발굴하여 이관한다면 학교자율경영의 효용성을 제고하기 어려울 것이다(김흥주, 2008).

단위학교에서는 학교운영위원회를 중심으로 의사결정체계를 재구조화함으로써 근본적으로는 학교교육 이해당사자들의 학교경영 참여 권리를 존중하고 교장 중심의 '단힌 의사결정 구조'를 단위학교 운영 주체들이 참여하는 '열린 의사결정 구조'로 변화시켜야 한다.

나. 단위학교 운영 주체들의 역할과 의식 전환

학교자율경영을 위한 단위학교 의사결정체제의 성공적인 재구조화를 위하여 교육행정체계의 개선 못지않게 중요한 것은, 단위학교 운영의 주체들이 재구조화 된 학교단위의 새로운 의사결정 체제에서 이전의 의사결정 체제에서 기대되던 것과는 다른 역할을 수행해야 하고, 그러한 역할을 성공적으로 수행할 수 있는 전문적 의사소통 능력을 길러나가야 한다는 점이다.

우선 단위학교 운영 주체들은 상호 개방적이고 쌍방적인 의사소통을 할 수 있는 '열린 의사 소통자'의 모습을 가져야 한다. 열린 의사소통자란 두 가지 의미를 가지고 있는데 첫째, 교장, 교감, 교사, 학부모, 지역사회 인사들은 열린 마음으로 의사결정 과정에서 각 주체들이 제안하는 창의적 아이디어와 의견을 존중하고 이해하려고 노력해야 한다는 점이며, 둘째, 의사결정에 필요한 정보를 서로 알려주고 공유해야 한다는 점이다. 학교경영에 관한 정보를 일부 주체만이 가지고 있게 되면 의사결정이 비효율적으로 이루어지게 되어 의사결정의 질이 떨어질 뿐만 아니라 의사소통 과정 및 의사결정 결과물에 대하여 불만을 가지게 되기 때문이다.

단위학교의 교장은 이전과 같이 최고 의사결정권자로서의 지위를 고집해서는 곤란하다. 교장은 우선 단위학교 운영 주체들의 이해관계를 조정하고 갈등을 해결하는 '갈등 조정자'로서의 모습을 갖추어야 한다. 예를 들어 학교운영위원회 의사결정 과정에서 교장, 교사, 학부모, 지역사회 인사들 사이에 교육관의 차이나 교육적 이해관계의 차이로 인하여 갈등이 일어나게 될 수도 있기 때문이다.

교사는 공동의사결정자인 동시에 전문적 의견 제시자로서의 역할을 수행해야 한다. 교사는 학습현장을 관리하는 교육 전문가이다. 따라서 교사들은 교육목적의 실현 여부, 교육내용의 적절성 여부, 교육방법의 효율성 여부 등에 대한 판단의 권위를 공적으로 인정받은 사람들이기 때문이다.

학부모들은 학교경영에 대한 적극적인 관심과 참여의욕을 가져야 한다. 학부모들 사이에 학교경영에 관한 무관심이 만연하다면 다양한 이해당사자의 참여를 통한 학교자율경영은 이루어질 수 없다. 이렇게 되면 학교운영위원회를 포함한 학교단위자율경영 체제는 실패의 위험에 봉착할 수 있다. 따라서 학교자율경영에서는 학부모와 지역사회 인사들이 학교경영에 적극적인 관심을 가지고 참여하려는 태도를 견지해야 하며, 특히 학교경영에 관한 식견과 합리성을 가진 학부모들은 학교경영에 참여하는 것을 꺼려해서는 곤란하다. 물론 교장을 비롯한 교직원들도 학부모와 지역사회

인사들과 학교경영에 관해 공동으로 논의하고 학교교육에 대한 책무성을 공유하는 파트너십을 발휘해야 할 것이다.

한편 학부모나 지역사회 인사들은 대체적으로 통속적인 교육관에 근거하여 학교경영에 관한 의견을 표명할 가능성이 높다. 통속적 교육관은 일상인의 소박한 상식에 근거하여 형성되는데 비합리적이고 이기적인 경우가 적지 않다. 그래서 그것은 교육의 본질적 가치를 추구하기 보다는 도구적 가치를 추구하는 경향이 강하다. 따라서 학부모와 지역사회 인사들이 여러 가지 의사결정 과정에서 표명하는 의견이나 생각들은 교육현장을 왜곡시킬 수도 있다. 교사들은 이럴 경우 교육에 관한 전문가로서 의견을 제시하는 역할을 담당해야 하며, 교사들은 자신들의 의견이 학부모나 지역사회 인사들에게 설득력 있게 받아들여질 수 있도록 노력해야 한다.

다. 학교운영위원회의 역할 증대

학교자율경영은 학교경영의 자율화, 민주화, 합리화를 지향한다. 이를 위해서 학교의 주요 의사결정 과정에 교직원들의 참여가 확대되고 학교경영이 투명하게 이루어질 필요가 있다. 지금까지 학교운영위원회가 구성・운영되어 오면서 학교경영의 민주화와 합리화에 기여한 바가 큰 것으로 평가받고 있다(김영철, 2005).

학교자율경영은 학교운영 공동체에 의해 실천되어야 한다. 학교자율경영에서 학교로 이관된 권한의 행사는 교장에 의해 행사된다. 그러나 교장의 권한 행사에 대한 투명성과 건전성을 확보하고 나아가 교장의 전횡에 대한 견제 역할자로서 학교운영 공동체의 적극적인 참여가 요구된다. 학교로 권한이 많이 이관되면 될 수록 학교운영위원회의 역할은 더욱 강화될 필요가 있으며 교장은 학교운영위원회의 이해와 협조를 구해 민주적으로 학교운영을 시행해야 학교자율경영에 따른 일부 학부모와 교사들의 우려를 불식할 수 있을 것이다. 법정 기구인 학교운영위원회에 보다 많은 사항을 심의・의결할 수 있는 의사결정 권한을 부여하는 것이 바람직하다.

2008년 4・15 학교 자율화 추진 계획에 의해 29개 지침이 즉시 폐지되어 교장의 권한은 더욱 많아지게 되었지만, 이들 학교로의 이관된 권한들은 상당 부분 학교운영위원회의 심의 사항으로 조치하여 학교자율경영을 교장에 의한 자율경이 아닌 학교 공동체의 의한 자율경영으로 전환해야 한다. 특히 교장의 권한 중학생들이나 학부모, 혹은 교사들의 의견 반영이 반드시 필요하다고 판단되는 사항들에 대해서는 법정 기구인 학교운영위원회의 심의 혹은 의결을 거쳐 행사되도록 하는 조치가 필요할 것이다. 예를 들어 우열반 편성 등과 같은 학생 분리 수업상식이나 사설 모의고사 실시, 교복 공동 구매, 기타 학부모의 재정적 부담을 발생시키는 활동 등은 모두 학교운영위원회의 심의 사항으로 조치한다면, 학교로의 권한 이관에 대해 발생하는 일부 우려를 적절히 해소해 나갈 것으로 생각한다.

학교운영위원회의 역할을 증대하기 위해서는 해결해야 할 것들이 있다. 학교운영위원회가 다양한 심의 및 의결 활동을 효율적으로 수행하기 위해서는 학교운영위원회가 학교 구성원의 대표성을 갖도록 위원 선출시 엄격한 과정을 거치도록 하고, 학교운영 전반에 관해 심의할 수 있도록 연수 프로그램을 통해 학교운영위원들의 전문성을 제고해 나가야 할 것이다. 앞으로 단위학교에 자율권을 더 많이 부여하게 되어 학교운영위원회의 기능이 더욱 강화될 경우 위원들의 전문성은 더욱 중요해진다.

라. 각종 위원회의 활성화 및 의사결정 권한의 효과적 배분

학교자율경영이 성공하기 위해서는 학교내 각종 소위원회에 적절한 권한을 부여하고 이들이 산출한 의사결정물을 학교경영 과정에 적극적으로 반영하는 체제로 변화되어야 한다.

첫째, 교직원회의는 교육과정위원회나 학생지도를 위한 중요한 문제를 협의하거나 결정하는 조직으로 운영되어야 하며 교장이나 교감 위주의 사무적인 지시, 명령, 업무 연락 등의 운영 방식에서 탈피하여야 한다. 교사의 의견이나 건의가 자유롭게 논의되도록 회의 운영 방식, 회의내용, 회의 분위기 등을 새롭게 개선해 나가야 한다.

둘째, 기획위원회는 보직교사 중심으로 구성된 교장의 자문기구이므로 행사협의나 업무연락 같은 관례적 안건협의는 가급적 배제하고 학교운영의 기본적 주요 사항에 대한 사전 협의와 연구, 직원회의에 회부할 사항의 사전 입안, 학교교육의 전반적 기획을 담당하는 실질적인 조직이 되도록 현재의 운영방식, 협의안건, 반영비율, 회의 분위기 등을 쇄신할 필요가 있다.

셋째, 학년협의회는 동학년 교사 중심의 협동조직이므로 현재와 같은 업무연락 위주의 협의에서 벗어나 학년단위의 특수성을 살리고 학생 발달 단계에 적합한 교과지도, 특활지도, 생활지도를 위한 효율적인 협동조직이 되도록 협의내용이나 운영방식을 개선시킬 필요가 있다.

V

학교의 교육과정

최근에 일어나고 있는 사회 구조나 환경의 급격한 변화는 모든 분야의 '경영'과 '혁신'을 가장 중요한 화두로 만든 근본 요인이 되고 있다. 교육체제 또한 이를 둘러싸고 있는 환경의 급격한 변화와 관련된 집단들의 다양화로 조직경영과 경영혁신이라는 과제에 직면하고 있다. 학제를 비롯한 학교조직의 수많은 영역들이 경영의 관점에서 혁신을 요구하고 있으며, 특히 자율화의 관점에서 학교를 경영하고자 하는 필요성이 요구되고 있다.

학교경영의 가장 기본적인 목적은 교육의 목적을 효율적으로 달성하는데 있으며, 자율화의 관점에서 바라본 학교경영은 이러한 목적달성이 교장을 중심으로 한 학교체제 내의 구성원들이 주체가 되어 이루어지는 것이다. 즉, 학교경영은 지식기반사회가 요구하는 창의적 인간교육을 목표로 하여 단위학교 중심의 자율적인 경영을 의미하며, 이에 학생과 학부모, 교사, 그리고 지역주민들의 공동참여를 통한 학교경영의 협력체제 구축과 함께 교육의 지역화, 자율화, 개별화를 지향하는 책임 있는 민주주의 학교경영을 말한다.

학교교육에서 가장 핵심적인 활동은 교수-학습활동으로, 이를 위한 교육과정의 운영은 자율적인 학교경영을 위한 핵심활동이 된다. 특히 경영의 관점에서 교육과정의 운영에는 교사의 교수행위(instruction)에 대한 경영도 포함된다.

교육과정은 학생들에게 전달되어야 할 지식, 기술, 활동의 특별한 체계, 혹은 교사의 교수와 학생들의 학습을 촉진하기 위해 기획된 활동체계이다(Cheng, 2001). 국가 수준에서는 국가적 교육과정으로 정의될 수 있고, 학교 수준에서는 학교 교육과정으로, 과목 수준에서 교과교육과정으로 정의될 수 있다. 논의의 초점을 학교수준으로 한정하면, 학생의 학습과 교사의 교수를 촉진하기 위해 개인, 프로그램, 학교 전체 수준에서 기획된 활동과 내용들의 집합체로 볼 수 있다.

이와 같은 교육과정의 운영과 교수학습활동의 관리는 현대사회에서 수요자 중심의 교육에 부응할 수 있는 가장 유일한 수단이 된다. 현행 공교육체제에서 자율적인 학교경영의 핵심은 교육과정의 자율경영과 학교 내 구성원들의 자율적인 의사결정에 한정된다. 이는 학교경영의 주체가 과거 정책당국과 교사로 국한되던 것이 학생과 교사, 그리고 학부모와 지역사회까지 포함되면서 교육도 하나의 서비스로 인식되는 변화의 과도기에 이르렀기 때문이다.

따라서 교육과정의 운영과 교수-학습활동의 핵심은 수요자에 중심을 두고 학교경영 활동에 대한 지속적인 관심과 혁신을 통해 수요자의 요구에 부응하는데 있으며, 이러한 의미에서 학교단위 교육과정(school-based curriculum)은 학교자율경영을 위한 기본조건에 해당한다고 볼 수 있다.

1. 학교교육과정의 의의

가. 학교교육과정의 의미

학교중심 교육과정(school-based curriculum; SBC)은 학자에 따라 다양한 명칭으로 사용되고 있는데, 이러한 용어들은 학교단위책임경영(SBM) 개념의 확산에 따라 학교교육과정으로 통일되어 사용하고 있다. 학교교육과정은 중앙집권적인 국가교육과정의 개념에 대비되는 개념으로서 교육과정개발 및 운영의 주체가 중앙정부가 아닌 단위학교와 교사들로 옮겨진 지방분권적 교육과정의 성격을 드러내는 것이다. 영국의 Skilbeck(1984)은 학교 교육과정을 "단위학교의 구성원인 학생의 학습을 위한 프로그램을 개별 학교가 기획, 설계, 실행, 평가하는 교육과정"이라고 정의하였다. 그의 개념에 의하면 교사와 학생 수준에서 이루어지는 가치, 규범, 절차, 역할 등을 포함하는 교육과정 의사결정에 초점을 두고 있으며 이러한 정의를 바탕으로 학교 교육과정개발이란 교육과정 계획, 구성, 실행, 평가와 관련된 의사결정이 학교가 그 학교가 처한 지역사회 내에서 이루어지는 유기적인 활동이라고 보고 있다(권낙원 · 민용성 · 최미정, 2008). 반면 Brady(1987)는 국가 혹은 연구기관 차원에서 교육목표, 내용, 방법, 평가 등의 교육과정을 개발하는 선형적 단순 구조로 파악하기 보다는 누가, 어떻게, 얼마만큼의 시간 간격을 두고 다루는가, 다시 말해 교육과정을 학교현장 중심의 복합적 구조로 파악하고 있다는 점에서 Skilbeck의 견해와 구분된다.

그러나 이와 같은 정의에도 불구하고 학교교육과정은 그 범위를 어디까지로 볼 것인가에 따라 실질적인 제한이 있을 수 있다. 용어의 정의로만 본다면 학교교육과정은 학교가 완전히 자율적으로 가르쳐야할 내용을 결정하는 것은 물론 이미 만들어진 교재에는 최소한으로 의존하면서 가르쳐야 할 수업자료를 스스로 준비하는 것까지 포함한다. 즉, 광의의 학교교육과정의 정의가 된다. 반면, 현실적인 학교교육과정은 광의라기보다는 협의의 정의에 더 가깝다. 즉 학교에서 운영하는 교육프로그램 중 제한된 부분에 대해서만 결정할 수 있는 권한을 의미하는데, 이러한 권한은 지역교육청이나 학교에 위임하는 것을 명문화한 문서에 불과하다는 것이다. 현실적으로 광의의 정의에 의한 교육과정을 운용하는 것은 불가능하므로 좁은 의미의 학교교육과정의 의미에 토대하되, 지역교육청이나 학교에 위임된 제한된 자율성을 최대한 활용하여 학교중심 교육과정을 개발하는데 역점을 두는 것이 된다.

우리나라의 경우 제7차 교육과정을 학교교육과정으로 천명하면서 내려진 정의로, "국가 수준의 교육과정 기준과 시・도의 교육과정 편성 및 운영지침을 근거로 하여 지역의 특수성과 학교의 실정 및 실태에 맞게 각 학교별로 마련한 의도적인 교육실천계획(교육부, 1998)"으로 정의하고 있다.

이러한 여러 정의에 기초하여 보면, 학교교육과정의 개념도 관점에 따라 다양하게 내려질 수 있을 것이나, 학교교육과정이 철학적 기반에 토대한 이론적 실체가 아니라 구체적이고 경험적인 행위인 점을 감안한다면 보다 구체적인 개념정의가 가능하다. 즉, '국가 수준의 교육과정에 근거하여, 지역과 학교의 특수성을 반영하고, 학생 및 학부모의 요구에 적합한 교육목표, 내용, 방법, 절차, 평가에 관한 단위학교의 교육계획'으로 정의내릴 수 있다.

나. 학교교육과정 개발의 의의와 필요성

1) 의의

학교중심 교육과정은 교육과정의 개발, 실행 및 평가의 측면에서 부단히 자율적인 학교경영의 기본 전제로 작용한다. 이러한 기제는 교육과정의 운용에 관한 중앙집권적 의사결정 체제가 갖는 문제점에 대해 반작용으로 제기되었다(권낙원・민용성・최미정, 2008). 즉, 학교교육과정의 전제는 기존의 국가 교육과정이 내포하고 있는 문제점을 인정한다는 것이다. 이는 학교교육과정이 국가교육과정을 대체한다거나 국가교육과정을 학교교육과정으로 전면 변환시킨다는 것과는 별개의 문제가 된다.

1950년대 미국과 영국의 경우, 보다 질 높은 교육과정 개발의 필요성 때문에 국가적 차원에서 대규모의 재정지원 속에서 각 학문영역의 전문가들을 중심으로 새로운 교육과정을 개발·보급하여 각급 학교에서 활용하도록 하였다. 그러나 새로 개발된 교육과정은 상위하달식의 형태를 띄게 됨으로써 학교현장에서 활용이 극히 미흡했다(Lewy, 1991). 이것은 교육과정 개발 주체와 실행 주체 사이에 필연적인 간격이 존재하며 따라서 외부에서 개발되어 교사에게 전달되는 형태의 교육과정은 아무리 좋은 것이라도 그것이 의도하는 소기의 목적을 달성하는데 근본적인 한계가 있음을 시사한다. 즉, 중앙정부에서 개발한 교육과정을 실행하는데 있어서 문제점과 불만족, 일상생활 전반에 걸친 민주화의 촉진으로 인한 의사결정 권한의 분산, 교사의 전문적인 지위와 권위의 상승에 대한 주장 등으로 교육과정 개발에 관한 지방 분권적 의사결정 체제가 요구되었고, 나아가 지역사회와 학생의 요구에 적절히 대응할 교육과정 개발이 요청되었다. 그 결과 1970년대 후반과 1980년대 초반에 이르러 교육과정 전문가들은 교사를 교육과정의 수용자, 즉 외부에서 개발된 교육과정을 학교교육 현장에서 실천하는 사람으로 인식하기보다는 교육과정 개발 과정에서 보다 많은 공헌을 할 수 있는 전문가로 인정하게 되었다. 이러한 시대적 흐름 속에서 교육과정 분야에서는 교사가 주체가 되는 학교교육과정 개발로 이어졌다(Skilbeck, 1984). 우리가 흔히 교사의 전문성이라고 일컫는 부분은 바로 학교교육과정의 운용 전반에 걸친 전문적인 지식과 경험의 축적이라 할 수 있다.

특히 교육과정 운용에 관한 전통주의, 개념적 경험주의, 재개념주의 등에 이어 포스트모더니즘에 입각한 구성주의는 교사들로 하여금 교육과정 개발과 교수활동의 주체로서 그 역할과 기능을 더욱 공고히 만드는 이론적 기반이 되었다.

이와 같은 역사적, 철학적 기반에 터한 학교교육과정 개발은 현대 사회에 들면서 더더욱 그 필요성이 강조되고 있다. 특히 우리나라와 같은 역사적 토대는 영미에서의 학교교육과정의 의미와는 다소 다른 의미를 가지는데, 영국과 미국의 경우에는 지방분권적인 교육과정 개발체제를 취하고 있었으므로 이미 학교 교육과정이 개발되고 운영되어 왔다. 다만 현대에 들면서 학교교육과정 개발과 그 의의가 다양해졌다고 할 수 있다. 즉, 교육과정 개발 권한이 단위학교에 있다는 기본 전제는 그대로 두고 그 운영방식이나 교육과정개발에 대한 의미가 다양해졌음에 지나지 않는다. 반면 우리나라와 같이 중앙집권적 의사결정의 유형이 사회 모든 분야에 지배적인 정치, 사회구조 하에서 교육과정에 대한 의사결정의 권한을 일부 단위학교로 이양한다는 것은 또 다른 의미를 가진다. 교육과정의 운용에 관한 전문성이 교사에게 있다는 점을 이론적으로는 인정하고 있지만, 교육과정을 개발하고 운영하며 평가하는 권한은 실질적으로 국가에 있다고 해도 과언이 아니었다. 그런 측면에서 교육과정에 관한 의사결정 권한이 단위학교로 이양된다는 것은 교수학습활동 측면뿐만 아니라 학교지배 구조의 거버넌스 측면에서도 중요한 의미를 지닌다고 할 수 있다.

2) 필요성

가) 교사의 전문성과 자율성 신장

자율적인 학교경영에서 학교단위 교육과정개발은 교육목적달성을 위한 가장 핵심적인 활동이므로 매우 중요한 의미를 지닌다.

먼저, 학교단위의 교육과정을 개발하는 것은 교사의 자율성과 전문성 함양을 위해 중요하다. 중앙집권적 교육과정 개발 체제에서는 교사들이 교육과정을 자신들을 배제한 교육과정으로 인식하고 외부에서 주어지는 목적과 의도를 단순히 수용, 전달하는 '교사 전달체제'로 이해하도록 한다. 이는 교사의 전문적 특성인 교육과정과 수업에 관한 의사결정권을 무시하는 것으로, 교사가 자신의 지식과 전문성을 최소 수준으로 인식하도록 함으로써 교육과정을 단순하고 무가치한 것으로 인식하도록 한다. 이처럼 중앙집권식 교육과정 개발체제는 교사들로 하여금 교육과정 개발에 수동적이고, 적극적 · 자발적 참여를 어렵게 하고, 교육과정에 대해 무관심과 소외의식을 갖게 한다. 이와 같은 문제점에 대하여 Wiles와 Bondi(1979)는 교사들이 교육과정 개발에 적극적으로 참여함으로써 주인의식과 책임감을 느끼게 되며 교사들 간에는 친밀감을 느끼게 되고, 개인적인 성취를 맛볼 수 있음으로 인해 전문성과 자율성을 함양할 수 있다고 하였다. 보다 구체적으로 교사들은 교육과정 개발에 직접 참여함으로써 그들의 전문적인 지위와 조직 상의 위계적 종속성 간의 갈등을 극복하고, 낮은 지위를 초월하여 영향을 미칠 수 있는 기회를 갖게 된다. 또한 교사들은 Rorty가 언급한 것처럼 사면이 벽으로 둘러싸인 교실이라는 공간속에 고립되어 과중한 업무에 시달리고 있는데 교육과정 개발에 참여함으로써 참여한 교육자들과의 상호작용을 통해 새로운 교육이론 및 교육방법론을 접할 수 있게 되며, 자신의 견해를 수정할 수 있음으로, 자신감과 전문성 고양에 기여하게 된다. 뿐만 아니라 교실상황에서는 거의 얻을 수 없는 심리적인 보상을 받을 수 있으므로 전문적인 교육자로서의 자부심을 가질 수 있다.

학교교육과정 개발에서는 구성원들의 적극적인 참여가 가장 핵심인 활동이지만,

특히 교육과정과 교수담당자인 교사들의 적극적이고 능동적인 참여가 매우 중요하다. 반대로, 교육과정 개발에 교사들의 적극적인 참여와 역할 수행의 기회가 없다면 교사의 교육과정 전문성과 자율성은 증진될 수 없고, 교육현장에서 교육과정의 실질적 변화와 개선이 이루어질 수도 없다.

나) 교육의 효율성과 적합성 추구

중앙집권적 교육과정에 의한 교육과정은 전국적인 현상을 일반화한 측면에서 선정하여 구성할 수밖에 없으므로 세부적이거나 특수한 상황과 맥락을 반영하지 못한다. 따라서 개별 학생의 능력이나 흥미, 학교풍토, 지역사회의 특수한 요구상황 들을 적극적으로 고려할 수가 없다. 이런 경우 교육과정 내용은 의미 있는 것으로 이해될 수 없고, 교육과정이 사회현상과 개인적 상황에 적절하게 연결될 수도 없다. 그러나 학습자는 학습자를 둘러싼 여러 가지 환경적인 요인과 개인적 경험 등을 통하여 개인차가 존재하며, 특히 개별학습자는 고유의 독특한 개별화된 학습조건을 가지고 있다. 따라서 교육과정은 이러한 개인차에 적합한 내용과 방식으로 구성되어야 하는데, 이를 위해서는 중앙집권식 교육과정 개발방식은 배제되어야 한다.

학교교육과정의 필요성에 관한 교육부(1998)의 문서에서도 교육의 효율성(effectiveness)과 적합성(suitability)을 높이기 위해서 학교교육과정이 필요하다고 하고 있다. 즉, 학교교육과정의 편성을 통하여 학습자 특성에 기초한 당해 학교의 실정에 맞게 국가 교육과정을 지속적으로 보완, 조정함으로써 학생 중심의 교육과정을 운영할 수 있으므로 교육의 효율성을 꾀할 수 있다. 또한 지역이나 학교의 특수성, 교육실태, 학생과 교사 및 학부모의 요구와 필요를 반영하여 해당 학교의 교육 중점을 설정, 운영함으로써 학교교육의 적합성도 제고할 수 있다고 보고 있다.

학교단위 교육과정 개발에서 그 주체인 교사들은 자신이 가르치는 학생들의 능력과 흥미를 가장 잘 이해하고 있고, 학교교육과정은 역동적이며 일회성이 아니라 지속적인 과정이므로 상황적 변화에 신속하게 대처할 수도 있다. 또한 학교교육과정은 교사의 자발적이고 민주적인 참여를 촉진함으로써 교육과정의 질적인 향상을 도모할 수 있고, 지역과 학교의 요구상황에 민감하게 반응하여 수용적으로 접근함으로써 변화하는 상황에 보다 적절하게 대처할 수도 있다.

학교교육과정 개발은 그 자체가 목적이라기보다는 학교의 교육활동에 대한 동기부여, 교사의 전문성 및 자율성 증진, 교육과정의 적합성 증진 등을 위해서 지속적으로 추구되어야 한다.

2. 우리나라 학교교육과정의 이해

가. 우리나라 학교교육과정의 성립

우리나라의 교육과정은 국가 수준에서 가르칠 교과목, 명칭, 시간 및 단위 배당, 목표, 내용, 방법, 평가에 이르는 일체의 것을 규정하는 국가 교육과정이다(홍후조, 2002). 초・중학교 의무교육의 공통필수 교육과정뿐만 아니라 고교의 상이선택 교육과정도 국가 수준에서 구체적으로 규정하고 있다. 따라서 학교에서 계획, 실천되고 있는 교육과정을 둘러싼 많은 문제와 쟁점들은 국가 교육과정에서 출발된다고 해도 과언이 아니다. 이러한 국가 교육과정 원칙에 입각한 중앙집권식 교육과정의 문제는 학교교육의 효율성과 질을 제고하도록 하는 움직임의 출발점이 되었다. 1987년 교육개혁심의회의 '교육개혁종합구상'에서 시작하여 교육개혁위원회(1996)의 '신교육체제 수립을 위한 교육개혁 방안', '교육발전 5개년 계획(시안)(1999) 등에서 학교 자율화의 도입을 위한 배경을 논의하게 됨으로서 학교교육과정의 도입도 탄력을 받게 되었다. 이후 제6차 교육과정 개정부터는 학교교육과정을 공식적으로 포함시켜 교육과정에 관한 권한이 위임될 수 있는 전기를 마련하였다.

국가수준에서 정한 학교교육과정이란 국가수준 교육과정 기준과 시・도 교육과정 편성・운영지침을 근거로 하여 지역의 특수성과 학교의 실정, 학생의 실태에 맞게 각 학교별로 마련한 당해 학교의 구체적인 실행 교육과정(교육인적자원부, 2003)이다. 학교 단위에서 교육과정을 개발, 적용할 때 수행하는 일을 구분하여 보면, 서양의 경우는 교과 편제나 교수학습의 자료 측면에서 자체 개발하는데 비중을 두고 있는 반면, 우리나라의 경우에는 자체 개발보다 수정, 보완이나 선택의 비중이 크다(황정호, 1995). 그렇다고 하더라도 교사들은 재직하고 있는 학교 학생들의 특성이 다르며, 개별학생이 아니라 집단 학생을 대상으로 가르치기 때문에 수업의 방식, 교수-학습자료의 개발을 도외시하기는 어렵다. 교실수업은 개별교사에 의해 이루어진다고 하더라도 수업을 위한 학교단위의 공동노력이 필요하다. 학교교육과정이란 이념적으로 학교교육의 목표를 공유한 구성원 특히 교사들이 목표를 실현하기 위하여 학교단위의 교육과정 개발을 위한 공동의 노력을 전제한다(Lewy, 1991).

우리나라에서 학교교육과정의 개념이 본격적으로 논의되기 시작한 것은 지난 1995년에 학교현장에 적용되기 시작한 제6차 교육과정으로 볼 수 있다. 제6차 교육과정 입안자들은 '교육의 효율성 제고', '교육의 적합성 제고'를 위하여 전례 없는

'학교교육과정'이라는 개념을 도입하였다. 이 시도는 학교교육에 실지로 어느 정도의 영향력을 미쳤는가와는 관계없이 그 아이디어에 있어서는 "초중등학교 교육과정 체제에 있어서 획기적인 개혁이고 하나의 교육혁명"이라고 부를만 하였다(함수곤, 2000).

제6차 교육과정 입안자들은 종래의 교육이 중앙집권적 교육과정 정책이 가져온 폐단으로 인해 제대로 실현되지 못하고 있다고 판단하고 교육과정 개발과 적용과정에 있어서의 결정 권한을 시도교육청과 학교에 대폭 이양하고자 하였다. 그 내용은 국가가 교육과정의 대체적인 윤곽을 정하면, 시・도 교육청은 그 윤곽을 준수하는 범위 내에서 각 시・도 교육청의 특수성을 반영한 교육과정 편성・운영지침을 마련하며, 학교에서는 그 편성・운영지침에 의거하여 학교의 특수성과 학생의 수준 등을 고려한 상세한 교육과정을 개발하여 운용한다는 것을 골자로 하고 있었다. 이와 같은 소위 '3수준 교육과정'(국가수준 교육과정, 시・도 수준 교육과정, 학교수준 교육과정)은 제7차 교육과정의 모델로써 그대로 채용되었다. 제6차 교육과정은 모든 학생들이 공통적으로 이수해야할 70단위의 공통필수과목만을 국가에서 결정하고, 과정별 필수과목 106단위를 교육청에서 결정하도록 하였으며, 과정별 선택과목 12단위를 학교에서 결정하도록 하였다.

중앙의 권한을 시・도나 학교로 이양하는 것을 골자로 하는 이 생각은 제7차 교육과정에서도 그대로 유지되고 있으며, 학교교육과정의 논의 맥락이 예전보다 확대되었다. 제6차 교육과정 개정 당시 학교교육과정은 학교교육의 효율성과 적합성을 높이기 위한 방안으로 대두되었지만, 근래에는 학교교육과정이 학교교육의 다양성을 제고하는 방안으로 주목을 받기 시작하였다. 김재춘(2000)에 의하면, 전국의 모든 학교에서 별반 다르지 않은 교육과정을 획일적으로 운영하는 것은 학생과 학부모의 학교선택의 범위를 제한한다는 점에서 비판을 받고 있다고 하였다. 학생과 학부모에게 학교 선택의 범위를 넓히는 문제는 학교의 유형을 다양화하는 방식으로 추진될 수도 있고 학교 내 교육과정의 운영을 다양화하는 방식으로 추진될 수도 있다.

제7차 교육과정에서는 제6차 교육과정 개정시 학교에 부여된 자율권이 보다 더 확대되었다. 제7차 교육과정에서는 수준별 교육과정 도입, 고등학교 2, 3학년에 선택중심 교육과정의 도입 등이 특징으로 들 수 있다. 특히 '선택중심 교육과정'의 도입에서 알 수 있듯이, 제7차 교육과정은 교육과정의 결정권한을 시・도 교육청과 학교에 대폭 이양하고, 나아가 학생에게 교과 선택권을 부여함으로써 '학교 교육과정'을 교육계의 주요 이슈로 등장시켰다.

나. 현행 학교교육과정의 이해

제7차 교육과정이 학교교육과정으로의 변화를 시도했다는 점에서 의의를 찾을 수는 있으나 단위학교의 자율성이 보장되는 학교교육과정의 운영실제는 많은 제약이 있다.

2007년 개정 교육과정(교육부 고시 2007-79)에 의한 학교교육과정 편성・운영의 영역 및 구성내용을 살펴보면, 학교교육과정 편성방향, 편제 및 시간배당, 운영방침, 시간 운영계획의 영역에 대하여 교육과정을 구성하도록 하고 있다.

〈표 V-1〉 학교 교육과정 편성・운영의 영역 및 구성 내용

영역	주요 내용 및 제시 방법
편성 방향	• 편성의 원칙 진술 • 편성 : 수업일수, 수업시수 확보 등 교육과정 전반을 총괄하는 방향 및 기준 제시
편제 및 시간배당	• 편제 : 교과, 재량활동, 특별활동 • 시간배당 기준 및 시간배당
운영방침	• 교육과정 운영과 관련된 개괄적인 기준 및 방향 • 교수-학습 지도원칙, 지침 • 교육평가 관련 방침 • 재량, 특별활동 관련 방침
시간 운영 계획	• 교육과정 연간 운영 계획(수업 일수 및 시간 계획) • 주간 교육 계획 • 특별실 배정표

학교교육과정은 국가 수준 교육과정에서 제시하고 있는 학교교육과정 편성・운영 지침을 우선으로 하여 교육과정을 구성하여야 한다. 개정 교육과정에서 제시하고 있는 초・중・고 공통지침에 의하면, 학교는 (1) 교과 및 재량활동, 특별활동에 배당된 시간기준, 연간 수업시간수의 편성, 주간 및 1일의 시간배정, 중학교와 고등학교의 교과당 수업시간 수 등을 적절히 편성할 것과 (2) 교육과정의 합리적 편성과 효율적 운영을 위하여 교원, 교육과정 전문가, 학부모 등이 참여하는 학교 교육과정 위원회를 구성 운영할 것, (3) 학교 교육과정 계획을 바탕으로 학년, 학급 및 교과목별 교육과정을 편성할 수 있음, (4) 학교교육과정에는 교원, 학생, 학부모, 지역사회의 요구 등의 제반 환경을 충분히 반영할 것, (5) 수준별 수업의 편성과 운영에 관한

사항, (6) 교육과정 이외의 과목을 설치 · 운영할 때는 시도교육청의 지침에 의거하여 사전에 필요한 절차를 거칠 것을 규정하고 있다.

여기서 주목해야 할 점은 제7차 교육과정에 따른 학교 교육과정은 여전히 국가수준의 공통필수 교육과정에 대부분 의존하고 있고, 단위학교의 자율성을 고려한 교육과정의 편성 · 운영은 교과와 재량활동, 특별활동의 세 영역에 국한된다는 점이다. 따라서 학교교육과정의 편성 및 운영에 관한 논의는 주로 교과와 재량활동 및 특별활동의 세 영역에 한하여 살펴보기로 한다.

1) 교과

제7차 교육과정이 단위학교의 교육과정에 자율성을 부여하여 학교와 학교가 위치한 지역의 실정에 맞는 교육과정을 편성 · 운영할 수 있게 하였다고 하더라도 교과의 운영에 있어서는 전체적인 교과의 목표와 내용, 방법, 평가, 운영지침, 시수 등을 국가에서 정해놓고 세부적인 운영을 학교 특히 교사의 자율에 맡기고 있다. 따라서 교과 교육과정에서 단위학교가 자율성을 가지는 부분은 수준별 교육과정으로 대별되며, 교사의 자율성은 교육과정 요소에 따른 의사결정의 자율성이라기보다 교과 교육과정 운영의 자율성으로 대별된다.

개정된 제7차 교육과정 중 교과 교육과정의 영역에 있어서 학교교육과정은 크게 수준별 교육과정과 고등학교의 선택중심 교육과정의 영역에서 실현될 수 있다.

수준별 교육과정을 살펴보면, 초등학교의 교과 중에서 주당 평균 3시간 이상의 수업시간 수가 배당된 교과는 그 교과에 배당된 학년별 수업 시수에서 주당 평균 1시간 이내의 시수를 감축하여 학생의 요구와 학교의 필요에 따른 창의적인 교육활동에 감축된 수업시간 수를 증배하여 활용할 수 있도록 규정하고 있다.

수준별 교육과정은 단계형, 심화 · 보충형, 과목 선택형으로 구성되어 있다. 단계형 수준별 교육과정은 국민 공통 기본 교과 중에서 내용 요소 간의 위계가 분명하고 학습능력의 개인차가 비교적 큰 수학 및 중등학교 영어 교과에 해당된다.

심화 · 보충형 수준별 교육과정은 국민 공통 기본 교과 중에서 교과 내용이 다양한 종류의 영역으로 구성되어 있는 국어, 사회, 과학과 학습능력 개인차가 비교적 적은 초등 영어과에 해당된다. 이 교육과정은 모든 학생이 이수해야할 최소 기준의 기본 과정과 학습자의 관심과 흥미에 따라 선택적으로 이수할 수 있는 심화 · 보충 과정으로 구성되어 있다.

과목 선택형 수준별 교육과정은 학생의 능력, 흥미, 적성 및 진로 등에 따라 교육과정을 차별적으로 제공하고 학교의 실정 및 학생의 다양한 요구를 반영하여 선택할 수 있도록 하는 것으로 고등학교 2-3학년에 해당하는 기간에 적용된다.

고등학교 2, 3학년인 11, 12학년의 2년 간에 걸쳐 운영되는 선택중심교육과정은 우리나라의 중앙집권적인 교육과정 결정체제에 따라 개별 학교의 특수성과 학생의 특수성을 제대로 반영하지 못한 교육과정의 운영과, 고등학교에서 너무 많은 과목을 학습하고 있어서 피상적인 학습이 될 수 있다는 문제의식에 기반하여 제안되었다. 고등학교 선택 중심 교육과정은 '교과'와 '특별활동'의 영역으로 구성되어 있는데 총 140단위 중 선택과목에 132단위, 특별활동에 8단위를 배정하고 있다. 일반계 고등학교의 경우 학생들의 진로와 적성에 따라 엄격한 '과정'을 구분하여 설치하지 않도록 하며, 개인이 선택하여 이수한 과목을 모아서 개인별 과정을 만들어 가는 것을 원칙으로 하고 있다.

그러나 이와 같은 선택중심 교육과정도 인문 · 사회, 과학 · 기술, 체육, 예술, 외국어, 교양 과목군으로 나누어 앞의 네 과목군에서 각 1과목 이상, 영어를 제외하고 외국어 과목군에서 1과목이상, 교양 과목군에서 2과목 이상을 이수하도록 하고 있다. 특히 선택과목에 배당된 132단위 중 시도교육청, 단위학교가 각각 28단위 이상을 지정할 수 있고, 학생의 선택은 최소 28단위 이상으로 하되, 이에 관한 구체적인 사항은 시도교육청이 정한 지침에 따르도록 함으로써 개별 학생의 선택권은 보다 많은 제약을 받게 된다.

그럼에도 불구하고 개정된 2007년 교육과정에 의하면 일반선택과 심화선택으로 구분되어 있던 보통 교과 선택과목이 '선택과목'으로 단일화되었고, 보통 교과에서 전문교과를 개설하거나 새로운 과목을 신설할 수 있도록 허용함으로써 단위학교의 편성상의 융통성을 부여하고 있다.

2) 재량활동

한국의 학교교육과정의 실체는 재량활동이라고 해도 과언이 아니다(정영근, 2002). 재량활동은 학생의 자기주도적 학습활동을 촉진하고, 단위학교의 자율적이고 창의적인 교육과정 편성 · 운영을 보장하기 위해서 설정된 것이다. 이러한 배경에는 국가 교육과정 중심의 경직성과 획일성을 완화하고 단위학교와 교육과정 실행 주체인 교사들에게 해당 학교의 교육과정에 대한 편성과 운영의 자율권을 부여함으로써 사회 변화와 교육 수요자의 요구에 적절히 대응할 수 있도록 한다는 사회적 요구가 반영되어 있다.

재량활동의 편성과 운영에 있어서도 제6차, 제7차 및 개정된 2007년의 교육과정으로 가면서 학교의 자율적 재량권을 점차적으로 확대해가는 추세이다. 예컨대 창의적 재량활동과 교과 재량활동으로 구분되어 있던 것을 '재량활동'으로 통합하는 등 영역별 시간배당을 구체적으로 명시하지 않은 것은 단위학교의 자율적 편성을 원칙으로 한다는 방침을 의미한다.

〈표 Ⅴ-2〉 재량활동 관련 지침 비교

구분	내용		개정 사항
	제7차 교육과정	개정 2007년 교육과정	
초등학교	'초등학교의 재량활동을 교과의 심화・보충학습보다는 학생의 자기주도적 학습능력을 촉진시키기 위한 창의적 재량활동에 중점을 둔다.'	'초등학교의 재량활동은 창의적 재량활동으로 운영한다.'	포괄적 규정으로 개정
중학교	• 교과재량활동(교과심화보충, 선택과목) 3시간 • 창의적 재량활동 1시간 • 총 4시간	재량활동 3시간	영역별 시간배당 삭제
고등학교	• 교과 심화보충 4~6단위 • 창의적 재량활동 2단위 • 총 12단위	재량활동 6단위	

3) 특별활동

특별활동은 학교 교육의 목표를 달성하기 위하여 마련된 교과 학습 이이의 학교 교육활동, 즉 학생의 개성 신장, 건전한 취미와 특수기능, 그리고 민주적 생활 태도 등을 육성하기 위하여 학생회, 클럽활동, 학교 행사 등을 통해서 행해지는 교육활동(교육부, 1998)이다. 국가 수준의 교육과정 기준에서는 특별활동은 교과와 상호보완적 관련 속에서 학생의 심신을 조화롭게 발달시키기 위하여 실시하는 교과 이외의 활동으로 규정하고 있다. 개정된 교육과정에서는 특별활동 연간 시간수를 배당하고 있는데, 자치, 적응, 계발, 봉사, 행사 활동의 5개 영역을 운영하도록 되어 있다. 국가 수준 교육과정 기준에는 5개 영역당 시간수를 제시하지 않고 전체 시간 수만 제시하고 있으며, 특별활동의 영역별 시간배당은 학생의 요구와 지역 및 학교의 특성을 고려하여 학교의 재량으로 배정하게 되어 있다.

다. 교육과정 자율화 학교의 교육과정 실태

우리나라는 자율화 정책의 시행과 동시에 다양한 자율경영 학교의 형태를 운영하도록 하고 있는데, 주로 교육과정에서의 자율성을 부여하고 있는 형태가 대부분이다.

1) 특수목적 고등학교

특수목적 고등학교는 과학, 외국어, 예체능 등 특정 분야에서 남다른 소질과 재능을 가진 학생을 조기에 발굴하여 영재교육을 실시하고 기계 · 전기 · 전자, 농 · 수 · 해양 등 국가 기간산업에 종사할 인력을 양성할 목적으로 교육을 실시하는 학교이다(김성열, 2005).

특수 분야의 전문적인 교육을 목적으로 하는 특수목적 고등학교의 교육과정은 별도의 법 규정 없이 일반적인 교육과정의 편성 및 운영에 관한 사항을 규정한 초 · 중등교육법 제23조 제2항에 기초를 두고 있는데, "교육인적자원부 장관은 제1항의 규정에 의한 교육과정의 기준과 내용에 관한 기본적인 사항을 정하며, 교육감은 교육과학기술부장관이 정한 교육과정의 범위 안에서 지역의 실정에 적합한 기준과 내용을 정할 수 있다"고 하고 있다. 특목고의 교육과정편성과 운영은 실업계와 기타계로 분류되어 규정되어 있는데, 국민공통 기본교육과정을 이수하는 것은 동일하지만 전문교과 위주로 편성하는 점이 일반계 고교와 다른 점이다. 특히 전문교과의 경우에는 증배하여 운영할 수 있으므로 과학고나 예술고, 체육고 등은 전문교과 이수단위가 보통교과 이수단위 보다 많다. 이는 특정 분야의 인재를 양성하고자 하는 설립 취지에 맞추어 교육과정상의 자율성을 부여한 것이라 볼 수 있다.

그런데, 외국어 고등학교의 경우에는 전문교과 이수단위의 50%이상의 전공외국어와 전공외국어 이외의 2개 외국어를 포함하여 전문교과를 편성하도록 되어 있지만(교육부고시 제2004-12호), 전문교과를 보통교과보다 이수단위를 많이 편성하지는 않고 있다. 이는 고교 졸업 후의 대학진학 조류와 관련되어 있는 것으로 보인다. 다른 계열의 특목고 졸업생에 비하여 외고 졸업생들은 외국어 계열이 아닌 전공분야(비어문계열 진학 52.4%)로 대학진학을 하기 때문에 고교 교육과정의 편성과 운영이 외고의 특성을 충분하게 살리지 못하고 있다는 것이다(김영철, 2003; 김성열, 2005). 과학고와 외국어고, 영재학교 계열은 자율적인 학사운영이 이루어지고 있는 편이지만, 대학입학전형과 관련하여 3학년이 되면 대입준비에 몰두하게 된다. 김영철(2003)의 연구에 의하면, 특수목적 고등학교가 대체로 설립 취지에 맞게 운영되고 있으나 과학고, 외국어고, 국제고등학교에서는 졸업생의 상당수가 동일 계열에 진학하지 않고 있어서, 설립 취지에 부합한 교육을 하고 있는가에 관해 논란이 일고 있음을 지적하고 있다. 예・체능계 특수목적 고등학교는 전문교과의 경우 소집단 수업 및 개별지도, 능력별 수업, 이동학습, 체험학습 등이 다양하게 이루어지고 있지만 보통교과는 교과서를 쉽게 재구성하여 가르치는 등 학교의 특성에 맞게 운영하고 있다.

2) 특성화 학교

특성화 학교는 중학교와 고등학교에서 의미가 다소 차이가 있다. 초중등교육법 시행령 제76조는 교육과정의 운영 등을 특성화하기 위한 중학교를 특성화중학교로 지정고시할 수 있는 권한이 교육감에게 있음을 규정하고 있으며, 동법 제91조는 소질과 적성 및 능력이 유사한 학생을 대상으로 특정 분야의 인재양성을 목적으로 하는 교육 또는 자연현장실습 등 체험위주의 교육을 전문적으로 실시하는 고등학교를 지정・고시할 수 있으며, 이때에는 특수목적 고등학교의 내용을 준용한다(제2항)고 규정하고 있다. 여기서 '소질과 적성 및 능력이 유사한 학생을 대상으로 특정 분야의 인재양성을 목적으로 하는 교육'은 직업 교육 특성화 고등학교를 일컫는 것이며, '자연현장실습 등 체험위주의 교육을 전문적으로 실시하는 고등학교'란 대안학교 특성화 고등학교를 의미하는 것이다.

특수목적 고등학교는 특수 분야의 전문적인 교육을 목적으로 하고 있는 반면, 특성화 고등학교는 특정 분야의 인재양성을 목적으로 한다는 점에서 차이가 있다. 또한 중학교의 특성화가 주로 교육과정의 운영 등을 특성화한다고 규정하여 교육과정에만 국한된 특성화를 추구하는데 비하여, 고등학교의 경우에는 주로 직업, 진학교육 특성화와 대안교육 특성화 학교로 나누어 학교의 전반적인 운영에 관한 자율성을 부여하는 것이 차이라고 할 수 있다.

직업분야 특성화 고등학교의 교육과정은 특히 실업계 고교 다양화 및 특성화 등 고교단계 직업교육 체제 개선이라는 목적에 부합하도록 개발되는데, 기존의 학교와 전혀 다른 유형의 학교가 아니라 실업계 고교에서 산업인력의 수요가 예상되는 특정 분야를 특성화시켜 소규모로 운영하는 학교(김성열, 2005)로 본다. 각 시도 교육청은 고등학교 교육과정 편성 및 운영지침을 고시로 정하고 있는데 여기에 특성화학교의 교육과정에 관한 사항이 들어있다. 국민공통교육과정 이외에는 시・도 교육감의 승인을 얻어 이수단위를 조정할 수 있으며 산업계의 수요와 학생의 요구가 있는 특정 분야에 대해서 집중적인 전문교육과정을 운영할 수 있다. 그러나 실업계 고등학교 교육과정에서 요구하고 있는 계열별 필수과목은 모두 이수해야 하지만 특성화 고등학교가 자율학교로 지정받는 경우에는 교육과정 운영상의 자율성이 보다 크다.

대안교육분야 특성화 학교의 경우 초중등교육법 제60조의3 규정을 통해 교육과정에 관한 전면적인 자율성을 허용[6]함으로서 학교단위 교육과정의 시행모형으로 적합한 법적 지위를 가지고 있다. 교육과정의 목표와 내용은 특성화 고등학교 지정・고시 취지와 학교헌장의 정신에 부합되어야 하고, 사전에 교육감의 승인을 받도록 되어 있다. 전국 17개의 대안학교 교육과정을 비교분석한 최호성 외(2005)의 연구에 의하면, 대안학교의 교육과정이라 할지라도 대부분 국민공통기본 교육과정과 선택중심 교육과정, 재량활동, 특별활동의 큰 범주는 벗어나지 않고 있으며, 다만 선택 중심 교육과정과 재량활동의 하위영역에 있어서 일반계 고등학교와 차이를 보인다. 선택중심 교육과정은 크게 보통교과와 전문교과로 구분이 되고 있고, 전문교과를 별도로 설정하지 않은 학교와 별도로 설정하여 이를 특성화 교과로 언급하는 경우가 있다. 즉, 특성화 고등학교는 현행 국가 수준의 교육과정 편제의 틀을 유지하고 있으며, 이들을 운영하는데서 다소 차이가 있는 것으로 분석하였다. 일반 선택과 심화선택 과목은 고교 졸업 후 사회에 진출하기 위한 최종 교육의 의미를 지닌 학생과 대학을 진학하는 학생을 위한 배려에서 이들의 선택 비중이 달라질 수 있는데, 우리나라의 경우 어느 쪽의 비중이 크냐에 따라 그 학교가 지향하는 바의 유형을 파악할 수 있는 방법이 될 수 있다(최호성, 2005). 특성화 학교가 자율학교로 당연히 지정되기 때문에 교육과정에서 높은 자율성을 보장하고 있지만, 실제로 우리나라의 학제 하에서는 교육과정 상의 무한 자율성을 보장한다기보다는 체제 내에서의 자율성이 담보된다고 하겠다.

3) 자율학교

자율학교는 학교운영에 대한 규제를 완화한 형태의 학교로, 초기에 예술고와 체육고, 대안교육 특성화고등학교, 직업교육특성화 고등학교 등이 자율학교로 지정되었으나, 점차 통합형고등학교와 농어촌 소재 고등학교로까지 지정대상이 점차 확대되

---

6) 초중등교육법 제60조의3 (대안학교) ① 학업을 중단하거나 개인적 특성에 맞는 교육을 받고자 하는 학생을 대상으로 현장 실습 등 체험위주의 교육, 인성위주의 교육 또는 개인의 소질・적성 개발 위주의 교육 등 다양한 교육을 실시하는 학교로서 제60조제1항에 해당하는 학교(이하 대안학교라 한다)에 대하여는 제21조제1항(교원의 자격), 제23조제2항・제3항(교육과정), 제24조(수업, 학년도 등) 내지 제26조, 제29조 및 제30조의4 내지 제30조의7의 규정을 적용하지 아니한다.

는 추세이다. 자율학교는 초중등교육법 제61조 및 동법시행령 제105조에 의하여 교육과정의 편성 및 운영의 자율성을 보장받고 있다. 학교의 설립목적과 자율학교의 취지에 맞도록 교육과정을 편성 및 운영하기 위해 노력하고 있으나, 현행 학제에서는 강력한 중앙집권적 교육행정체제 및 국가 수준의 교육과정을 오랫동안 유지해온 관습 때문에 교육과정 편성과 운영의 실제적 과정에서 대부분의 학교들로 교육과정의 자율성을 매우 제한적으로 운영하도록 만들고 있다는 지적도 있다(최양미, 2003). 뿐만 아니라 예체능계 특수목적고등학교와 직업교육분야 특성화 고등학교들은 대부분의 교육활동을 전문교과를 최대한 강화하는데 둠으로써 편향된 교육과정을 운영하는데 자율성을 활용하고 있다는 비판도 있다.

라. 현행 학교교육과정의 문제점

앞서 살펴본 바와 같이, 우리나라는 제7차 교육과정과 2007년의 개정교육과정의 시행으로 학교교육과정에 관한 가능성의 폭을 점차 넓혀가고 있는 추세이다. 그러나 여전히 제도의 도입단계에 머무르고 있어서 제도의 안정적인 방향정착과 정책적 개선이 필요하다. 무엇보다도 학교 자율화가 단위학교에서부터 그 필요성을 인식하여 관련 공감대를 형성하면서 점차 확대된 인식공감대가 정책입안에까지 반영된 것이 아니라, 학교에 대한 자율화정책의 형태로 중앙정부 차원에서 제안되어 단위학교에 파급되었으므로 자율성이 제한을 받을 수밖에 없다. 특히 학교교육과정의 자율화는 학생의 교육적 요구나 필요를 보다 효율적으로 교육체제에 반영하여 교육의 효과를 올리는 현장 중심의 자율경영에 기반을 두어야 한다. 이러한 문제의식에 터하여 현행 학교단위 교육과정의 문제점들을 살펴보면 다음과 같다.

1) 중앙집권적 교육행정체제

현행 교육행정체제는 단위학교의 자율적인 교육과정 편성 및 운영을 저해하는 가장 심각한 요소 중의 하나이다. 교육과학기술부와 각 시・도 교육청은 학교에 대한 지도・감독권을 가지며 장학지도와 평가 등의 다양한 방법으로 이행된다. 이러한 상황에서 단위학교에 이양하거나 위임되어 있는 자율권이 침해받고, 학교의 여건이나 특수성을 고려하지 못한 획일적인 지시나 통제에 의해 학교교육과정이 운영되기도 한다. 즉, 중앙집권적인 교육행정체제는 교육과정편성 및 운영에 관한 사항을 시도교육청의 지침에 의거하도록 함으로써 행정적 편의위주의 자율성을 제한적으로

부여하고 있는 셈이다.

특히 우리나라의 교육과정은 국가수준의 교육과정에서 공통필수에 관한 부분을 규정하여 반드시 이수하도록 하고, 나머지 교과나 재량활동 및 특별활동 교육과정에서 단위학교가 자율적으로 교육과정을 편성 운영할 수 있도록 하고 있다. 그러나 교육과정 문서에 의하면 국민공통 기본 교육과정에 대해 이수할 교과목의 종류, 수준, 범위, 분량, 시기, 수단, 시간 등을 과잉 규제하고 있다고 보는 견해(홍후조, 2009)가 있다. 사회적 수요가 줄고 학생 비율이 줄어드는 전문고는 60개 기준 학과에 253개의 과목을 개설하고 있어서 일반고나 전문고의 선택 교육과정은 과잉-방임 상태이다. 이러한 결과는 모두 국가가 교육과정의 전체그림을 상정하고 그 안에서 일부분을 떼어내어 단위학교로 내려주는 형식의 교육과정개발정책에 원인이 있다 하겠다. 진정한 의미의 학교 교육과정 자율경영을 위해서는 국가가 전체그림을 상정하는 것이 아니라 단위학교로 하여금 전체 그림을 상정하게 하고 그에 대한 지원과 조정역할을 국가가 하는 형식으로 전환되어야 한다.

2) 교육과정 평가체제의 근거 미흡

학교 교육과정의 편성과 운영에 관한 평가는 책무성의 측면에서 고려해 볼 수 있다. 1997년부터 학교평가를 실시하여 그 속에 교육과정 평가에 관한 항목을 포함시키고 있으나, 이러한 학교평가의 일환으로서 실시하는 학교단위교육과정의 평가가 학교교육의 책무성을 담보하고 있지는 못하다. 학교교육과정의 운영 결과에 대해 매 학년도 말에 전 교직원이 참여하여 자체평가를 실시하고 그 결과를 다음해 교육과정의 질 개선에 활용하여야 하지만, 잘 이행되지 않고 있는 실정이다(박선용, 2008). 이는 평가 실시 자체에 대한 문제라기보다는 평가 절차 및 방법에 관한 문제로 볼 수도 있다. 지금까지 학교단위 교육과정에 대한 자율성은 꾸준히 강조되어 온 반면, 교육과정의 책무성 노력은 상대적으로 소홀히 해 온 결과이다. 실지로 지방의 교육행정기관은 단위학교에서 운영될 학교교육과정의 운영지침을 작성하고 있지만 이에 대한 평가준거를 제시하고 있지는 못하며 교육과정의 편성 및 운영과 관련한 지원체제 역시 갖추고 있지 못하다.

일반적으로 외국의 경우에도 단위학교에서 개발된 교육과정은 평가근거가 취약한 경우가 많음을 보고하고 있다(강현석 · 박철홍 · 이원희, 2000). 그 이유는 첫째, 단위학교에는 잘 훈련된 평가 전문가들을 보유하고 있지 못하며, 둘째, 교육과정 개발활동에 참여하는 교사들이 평가에 중요성을 부여하지 않기 때문이다. 우리나라의 경우에도 마찬가지로, 가장 많은 자율성을 부여하고 있는 대안교육 특성화 학교의 경우에도 교육과정에 있어서는 '특성화된' 교육과정이 일부분에 지나지 않았다. 이러한 결과를 나타낸 이유는, 교육과정 운영으로 산출된 결과물의 질에 관해서는 교사들이 '책임'질 수 있는 수준으로 편성하려고 하기 때문인 것으로 볼 수 있다. 즉, 교육과정의 결과에 관한 책무성에 문제의 소지가 있는 것이다.

3) 교사의 교육과정 구성 능력

교과 교육과정의 경우 각 학교급에서 이수해야할 과목과 이수단위, 내용 등은 국가 수준에서 정해놓았다 하더라도 여전히 교육과정을 운영해야할 주체는 교사들이다. 교사들이 교과 내에서 교수자료를 만들고 이를 활용한다는 사실은 교사의 교육과정 구성 및 운영에 관한 전문성을 담보로 하고 있다는 의미이다. 일반적으로 교사의 전문성을 이야기할 때는 교육과정 구성 및 운영의 전문성을 의미한다고 해도 과언이 아니다.

그렇다면 단위학교에서 자율적으로 편성 및 운영할 수 있는 자율권을 무한대로 보장해 주었을 때 단위학교는 이 자율권을 행사할 수 있는 능력이 있는지를 의심해 보아야 한다. 교육공학의 발달은 교수학습 자료의 상업적 활용을 가능하게 하였으며 이에 따라 교사들은 교육과정의 운영에 있어서 '개발된' 자료들을 활용하는데 익숙하다. 게다가 교사가 운영한 교육과정의 산출물의 질이란 대부분 상급학교로의 진학이나 현 학교에서의 교육과정 이수여부를 증명해 보이는 것이 전부이기 때문에 국가 수준의 교육과정에 의존할 수밖에 없는 순환이 계속되고 있다. 이러한 문제의 원인은 교사들로 하여금 교육과정의 전문가가 될 수 있도록 하는 여건이 마련되지 않았던 데로 돌릴 수 있다.

우리나라의 교사들은 교수활동에 쏟아 부어야 할 시간의 대부분을 잡무에 매달리고 있다. 공문서 처리와 분장된 업무, 기타 사소한 잡무에 대부분의 시간을 보내고 있고 심지어 특정한 학교행사는 교사의 수업보다도 우선순위에 들어 있다. 이러한 상황에서는 교사들이 교육과정을 자율적, 전문적으로 편성, 운영할 능력을 키우는 것이 불가능하다고 해도 과언이 아니다. 그러므로 교사들에게 현직연수의 기회를 제공하거나 지원센터를 설립하고, 지속적으로 자문을 할 수 있는 전문가를 교사주변에 배치하는 등의 여건을 수립하는 것뿐만 아니라 교사들이 하고 있는 여러 가지 잡무들을 우선적으로 해소할 수 있도록 해야 한다.

4) 창의적이지 못한 특성화 교육과정

일부 새로운 형태의 학교들이 생겨나서 학교교육과정을 특성화하고 있다. 그러나 이러한 학교들이 교육의 다양화와 학습방법의 혁신에 미치는 파급효과는 제한적이라고 할 수 있다. 전국의 학교수로 볼 때 교육과정 특성화 학교의 비율이 높지 않을 뿐 아니라, 그 특성이 일반학교와 다르기 때문이다. 게다가 교육청의 규제와 간섭으로 자율학교 본래 취지를 제대로 살리지 못하고 있다. 교육과정 편성과 운영은 교육청의 담당 장학사의 통제를 받아야 한다. 그런데 대개 장학사들은 일반학교의 표준모형을 따를 것을 요구하고 있어 자율학교와 마찰을 일으키기도 한다. 자율학교도 1학년 과정에서는 반드시 국민공통기본교과를 편성하게 되어 있는 규정에 의해 교육과정의 편성과 운영에 관한 자율권도 사실상 제한을 받고 있다. 자체 교과서 개발을 독려하기 위한 지원금이 매년 각 학교에 지급되지만 교육과정의 편성과 운영의 경직성, 교사들의 소극적 참여로 실효를 거두지 못하고 있다(이종재 외, 2001).

또한 대부분의 학교에서 전년도 교육과정을 일부만 수정하여 운영하고 있으며, 지역의 특색을 살려 교육과정을 운영한다고는 보기 어려운 실정이다. 따라서 특성화 학교를 비롯한 모든 학교에서 다양한 교육과정을 특색있게 운영하도록 하는 방안이 마련되어야 한다. 특히 대학 입시 위주의 수업, 농어촌 소규모 학교의 열악한 여건 등이 개선되기 위해서는 이와 관련된 제반 사회정책과도 연계하여 추진될 필요가 있다.

전문적 직업교육을 위한 교육과정의 경우에도 전국 어느 학교나 대동소이하며 특정 분야에 치우진 전문 교육과정으로 인해 특성화의 취지를 상실하고 있는 실정이다. 이러한 성향은 중학교로 갈수록 더욱 심각하게 나타나고 있는데, 국민공통기본교육과정에 전체 학년에 모두 포함되는 중학교의 경우에는 자율학교로 지정해야할 실익을 찾지 못하고 있다. 그래서 자율학교로 지정된 대부분의 중학교는 국민공통기본교육과정 내의 일부 교과목 예컨대, 영어와 같은 외국어 분야에 치중하고 있어서 특성화의 취지를 제대로 살리지 못하고 있다.

교육과정을 특성화해야하는 이유는 명백하다. 홍후조(2002)는 교육과정을 특성화해야할 이유로서 첫째, 학교 교육과정의 획일화에 대한 학생들의 불만을 완화하고 학교 교육과정의 다양화에 대한 학생들의 요구를 들어주기 위해서 필요하고, 둘째, 개별 학교에서 학생들의 다양한 요구를 들어주기에는 학교의 교원, 시설, 재정 등이 제한되어 있기 때문에 각 학교의 교육과정은 특성화되어야 하며, 셋째, 특정 교과만 중시되어 있고 일부 교과는 부당하게 위축되어 있기 때문에 교과 교육의 고른 발달을 위해서 필요하고, 넷째, 진학하는 대학의 학업분야가 다양하게 분화되어 있으며, 다섯째, 직업세계 역시 다양하게 분화되고 변화하고 있으므로 이를 준비하는 교육과정도 다양하게 분화되어야 할 필요가 있다고 하였다.

5) 학교 교육과정 편성에 대한 참여의 필요성

국가 수준 교육과정의 총론에는 교육과정의 합리적 편성과 효율적 운영을 위하여 교원, 교육과정(교과교육)전문가, 학부모 등이 참여하는 학교 교육과정위원회를 구성하여 운영하며, 이 위원회는 교장의 교육과정 운영 및 의사결정에 관한 자문의 역할을 담당하도록 규정하고 있다. 학교교육과정위원회의 구성은 학교의 실정에 따라 별도의 위원회를 구성할 수도 있고 교직원회의, 부장회의, 동학년 회의 및 교과협의회 등 기존의 학교 조직이나 협의회를 활용할 수도 있게 함으로써 교육과정에 관한 학부모나 학생의 관심을 반영하는데 한계를 두었다. 그러나 교육과정에 관한한 교사의 전문성은 타 영역에서부터의 간섭을 가장 제한하는 영역으로서 학생이나 학부모가 교육과정의 편성이나 운영부분에 개입하는 것을 배제하는 것이 현실이다. 교육과정, 특히 교육과정의 운영에 관한한 교사가 가장 전문가이기 때문이다.

3. 외국의 학교교육과정 사례

가. 미국의 마그넷 스쿨

미국은 1983년 「A Nation at Risk」가 보고된 이래 각 행정부가 바뀔 때마다 새로운 교육과정의 국가적 표준을 설정하려는 시도들을 해왔다. 이러한 시도들은 연방정부가 국가표준을 개발하면 각 주가 국가표준에 상응하는 주의 표준과 평가계획을 개발하게 하였다. 국가 표준에는 내용표준, 학습기회 표준, 성취 표준을 제시하고 있지만 이와 같은 일련의 과정에도 불구하고 교육과정에 대한 결정권을 연방정부로 이양하였음을 의미하는 것은 아니다. 미국의 교육형태 중 교육프로그램에 관한 자율성을 인정받고 있는 사례로서 마그넷 스쿨의 교육프로그램을 들 수 있다.

마그넷 스쿨은 1970년대 초에 창안되었으며 마그넷 프로그램은 초중고 모든 학교급별에서 실시되고 있다. 특히 초등학교가 대부분을 차지하고 있으며, 고등학교 수준의 프로그램은 1/5정도에 지나지 않는다(김홍태, 2001). 마그넷 스쿨은 미국 공립학교 개혁의 가장 일반적인 형태인 대안학교 운동의 발전 형태로 이해할 수 있지만, 1980년대 이후 급속히 보급되어 많은 학생들이 공교육으로서 마그넷 스쿨을 이용하고 있다. 마그넷 스쿨은 운영형태나 규모 등에 있어서 매우 다양하기 때문에 포괄적으로 정의하는 것은 어렵지만 대부분 다섯 가지의 기준에 따른다. 먼저, 특색 있는 테마나 교육과정을 가지고 있다. 둘째, 학교의 특색을 고려하여 학부모나 학생이 학교를 자주적으로 선택한다. 셋째, 종래의 학구 외부로부터도 학생을 모집한다. 넷째, 학구내에 있는 인종별 공동학습에 공헌하고 있다. 다섯째 임시학교지원법에 기초하여 인종차별폐지 목적의 연방정부 보조금을 지급받고 있다.

마그넷 스쿨의 교육수요자를 위한 교육의 다양화는 일반적으로 교수학습방법 및 교과내용 즉 교육프로그램으로 구분할 수가 있다. 교수학습방법의 측면에서는 초등학교 수준에서 가장 다양한 방법을 적용하고 있으며, 고등학교에서는 주로 전문 직업교육에 초점을 맞추고 있다. 마그넷 스쿨에 관한 여러 연구결과들은 학교교육프로그램이 매우 다양하게 학교별로 편성되어 운영되므로 교육수요자인 학생들은 개개인의 관심, 적성, 능력에 따른 학습 선택이 가능하게 되어 있고, 교사가 정규시간동안 일반학교보다 팀티칭으로 가르치는 시간이 많고 교육과정을 탄력적으로 운영하며, 동시에 수업시간을 융통성있게 운영하고, 학생들과 만나기 위한 다양한 수업전략을 활용하고 있음을 보고하고 있다(김홍태, 2001에서 재인용).

즉, 마그넷 스쿨의 가장 큰 특징은 프로그램별로 다양한 학습내용을 통해 높은 전문성과 특성화를 추구하며, 학생들에게 선택과 기회를 확대하고자 하는 미국교육개혁의 의지를 담고 있으며, 보다 효과적인 공교육체제를 만들기 위한 노력의 일환으로 본다는 것이다.

따라서 마그넷 스쿨의 교육과정 특성화를 통한 교육선택 기회의 다양화, 교장의 권한 강화에 따른 교육과정운영에 적합한 교원의 임용, 교수학습의 탄력적인 운영 등을 통해 교육수요자의 기호에 맞는 교육활동의 제공 등의 특성은 수요자의 요구에 부응하고 공교육체제의 신뢰회복을 위한 방안으로서 우리나라의 교육과정체제에 가지는 함의가 크다고 할 수 있다.

나. 프랑스의 계열별 고등학교 교육과정

개별 학교 교육과정의 특성화와 일정지역 학교들이 교육과정의 다양화를 확보하는 것은 이미 프랑스, 스웨덴 등에서는 매우 보편적인 일이다. 프랑스의 고등학교

교육과정은 크게 일반계열, 기술계열, 직업계열로 구분된다. 일반계열은 대학진학 준비를 주된 목적으로 하며, 기술계열은 단기고등교육기관 진학준비 혹은 취업준비를 목적으로 하며, 직업계열의 교육과정은 취업준비를 위한 직업훈련이 주를 이룬다. 기술계열은 우리나라의 실업계열과 유사한 성격을 가지고 있으나 교육과정이 보다 전문화되어 있고 고등교육 준비교육의 성격이 강하다는 점에서 차이가 있다. 직업계열은 우리나라의 각종 훈련기관에서 이루어지는 교육훈련과정에 해당한다. 직업고등학교로 진학하는 학생들이 20%이상이며, 나머지 약 70% 가량의 학생들이 일반계열 혹은 기술계열의 고등학교에 진학한다. 일반계열의 전공과정으로는 문학, 경제사회, 과학 세 가지가 있다. 기술계열 전공과정으로는 산업과학기술, 3차 산업과학기술, 실험과학기술, 의료사회과학, 응용미술, 음악무용, 호텔, 농업 및 환경과학기술, 식품생산과학기술 등 9가지가 있다. 기술계열 전공과정 중에서 응용미술, 음악무용, 호텔 등 세 가지는 특수과정이라 볼 수 있고, 마지막 두 가지 전공과정인 농업 및 환경과학기술과 식품생산과학기술은 농업부에서 관장하고 있는 농업고등학교에 설치되어 있다. 따라서 교육부에서 관장하는 기술계열 고등학교의 전공과정으로는 산업과학기술, 3차 산업과학기술, 실험과학기술, 의료사회과학 등 네 가지가 대표적이라고 볼 수 있으며, 그중에서도 학생수의 비중이 높은 곳은 산업과학기술과 3차 산업과학기술이다. 프랑스의 중등학교에는 정보자료센터(Centre de Documentation et d'Information)가 설치되어 있고, 학교밖에도 전국에 약 600여 곳이 있으며, 약 4,300명의 진로상담가 혹은 심리상담가들이 근무하고 있다(홍후조, 2002).

다. 스웨덴의 고등학교 교육과정

스웨덴의 고교는 1993년부터 의무 교육기의 국어, 수학, 영어 시험에 통과해야 지원가능하며, 모두 남녀 공학이고 무료 3년제이다. 고교에서는 국어, 영어, 수학, 공민, 체육 건강, 자연과학, 종교, 예술의 8개 핵심교과의 최소필수수업량을 정해두고 있으며, 국가 수준에서 계획한 예술, 상업과 행정, 아동보육, 건설, 전기, 에너지, 식품산업, 공예, 건강관리, 호텔 및 요식업, 공업, 미디어, 자연자원 활용, 자연과학, 사회과학, 수송공학 등 16개의 서로 다른 교육프로그램 중에서 학생들이 선택할 수 있으며, 체육 분야는 전국 단위로 학생을 모집한다. 학교의 교사들이 중심이 되어 교육과정을 개발하고 교과목이나 코스, 프로그램을 개발하는 것은 학교와 지역 중심의 교육과정 전통이 확립된 구미의 경우 매우 흔한 일이다. 진보적 교육이 중등학교로 확대 적용되면서 무시험으로 대학에 입학하기로 대학과 고교가 협약한 1930년대의 '8년 연구'를 계기로 학교의 과목개발 설치는 본격적으로 늘어났다.

라. 일본의 학계제 학교의 교육과정

일본은 급격한 사회변화에 따라 교육수요자의 적성과 능력을 고려한 교육의 필요성이 제기되어 교육개혁을 지속적으로 추진해 왔다. 우리나라와 마찬가지로 상위학교로의 진학을 주된 교육목표로 삼고 있는 일본의 교육문화 속에서 추진된 교육개혁의 주요내용은 학교교육의 다양화와 특성화로 초점이 맞추어 진다(김홍태, 2001). 뿐만 아니라 학교교육의 다양화와 특성화는 학급붕괴, 부등교, 집단 괴롭힘 등의 교육문제에 대한 대응책으로도 주목을 받고 있다. 학교경영과 관련하여 고교별로 교육과정에 총합학과와 단위제를 도입하고, 특성화의 새로운 형태의 고교 신설 및 학교간 연대의 추진에 중점을 두고 있다. 총합학과란 보통과목과 전문과목을 학습할 수 있는 형태로서 학교교육과정의 계열화에 의해 전문성을 높이고, 단위제는 이수한 교과단위에 의해 졸업을 인정하는 것으로 교육선택의 자율성을 높이고자 하는 것이다.

일본의 학교형태는 총합학과 학교와 단위제 학교, 새로운 형태의 학교, 학교간 연대 학교의 형태를 띠고 있으며, 직업학과, 전문학과 및 보통과에 대해 특색 있는 학과, 코스, 유형을 설치하고 있는 학교도 있다. 이 중에서 일본의 교육개혁 방침에 따라 학교교육의 수요자 중심 교육선택을 강화하고 있는 학교 가운데 교육 프로그램의 다양화에 중점을 두고 실천하는 학계제 학교의 사례를 살펴보고자 한다.

학계제는 학교에 따라 운영되는 학계가 다양하나 대체로 인문학계, 이수(理數)학계, 예술학계, 외국어학계, 체육학계 등이 있다. 학계제를 선택하더라도 학생들의 다양한 능력, 적성, 진로 등에 따라 교과 선택을 할 수 있는 총합선택제로 운영하며, 구체적인 운영 방안, 예컨대 1학년 때는 각 학계제별로 필수교과를 이수하고 2학년부터 학계나 코스, 전공에 따라 관련 전문교과를 선택해 이수하는 등의 구체적인 운영방안은 학교별로 다양하다. 특히 인문학계와 이수학계는 대학입시를 대비한 수업을 중심으로 하며, 예술학계는 대학진학을 목표로 전공실기교과와 개인레슨, 소인수제를 특징으로 하는 전문교과 학습이 이루어진다.

2008년 1월 일본정부는 1998년 이후 10년 만에 교육과정을 대폭 개편할 것을 발표하였다(윤종혁, 2009). 교육과정 개편의 쟁점은 그간 핵심이념이었던 '여유교육'을 재점검하는 관점에서 출발하고 있으며 '여유'와 '주입식 교육'을 단순히 이항 대립관계로 배치한 것은 아니라고 본다. 즉, 기초・기본지식과 기능을 확실하게 익히고 이를 활용하여 사고력, 판단력, 표현력 등을 육성할 수 있기 때문에 여유와 주입식 교육은 상호 조화될 수 있다는 것이다. 그래서 정부는 기본적으로 국어, 사회, 산수・수학, 이과, 외국어 교과 등의 수업시수를 증대시키는 방향으로 교육과정 개정의 가닥을 잡았다. 이번 교육과정 개편 내용 중에서 가장 핵심적인 내용은 기본지식교과 중심의 교육체제를 확립한 것이다. 소학교와 중학교의 개편 교육과정은 국어, 산수・수학, 사회, 과학, 외국어, 체육의 수업시수를 대폭 증가시킨 반면에, 기존의 종합학습시간은 절반 이하로 줄이는 방향으로 추진되고 있다. 특히 언어활동과 관련하여 소학교 6학년 단계부터 외국어 교육을 강조하고 체험교육 등의 현장학습과 교과활동을 이원 체계로 분리・운영하는 것에 주목할 수 있다.

그러나 일본 교육은 우리와 비슷하게 진학 위주의 학교교육체제를 유지하고 있다. 바로 그와 같은 학교현장에서 개편 교육과정의 교과 연계 체험활동과 비교과 중심 종합학습 시간이 성공적으로 추진될 지는 여전히 불투명하다. 현재 일본 정부가 추진하고 있는 교육과정 개편작업은 국가공교육의 위기를 느끼면서 새로운 교육개혁을 끊임없이 추구하는 과정의 산물이라고 할 수 있다. 그러나 실제 교육현실은 '여유교육'의 상징이라 할 수 있는 종합학습 시간이 축소되고 외국어 교육 및 기본 지식교과가 확대되는 등 글로벌 지향 주지주의 교육과정이 부활되는 인상을 주고 있다.

이러한 일련의 변화는 전통적인 학교지정제도에서 수요자의 요구에 따른 학교선택권을 보장하는 것으로 방향을 전환하였음을 의미한다. 특히 이러한 변화가 정책의 도입에 따라 이루어지게 되므로 정부에서 학교선택제의 방향을 설정하고 지방자치단체내의 교육구청별로 여건을 고려하여 추진하고 있으며, 학교선택에서 실시시기, 선택대상 학교 수, 대상 학교급별 등은 교육자치단체별로 다양하게 보장하고 있다.

마. 각국의 교육과정 평가 체제

교육과정의 평가는 단위학교의 교육과정 운영 전반에 걸친 산출물의 질을 평가하여 교원의 책무성을 담보할 수 있다는 측면에서 매우 중요한 활동이다. 그러나 대부분의 국가들은 '학교 교육과정 평가'라고 이름을 붙인 평가를 실시하지는 않지만, 국가 및 학교 교육과정 개선에 필요한 정보를 확인하기 위한 목적으로 평가를 실시하고 있고, 학교 교육과정의 계획, 운영 및 성과를 평가내용에 포함하고 있다. 특히 뉴질랜드의 '교육과정 현황 조사'나 영국의 '학교평가'에서는 교육과정 평가에 관한 함의를 발견할 수 있다.

영국의 학교평가는 학교교육의 질을 진단하고 교육 주체의 알 권리를 충족시키며 책무성을 제고하고, 정책적 시사점을 도출하기 위한 목적으로 학교평가를 실시한다. 유명한 평가기관인 교육기준청(OFSTED)가 주체가 되며 학교의 효율성, 학생들의 성취수준, 학교가 제공하는 교육의 질, 리더십과 경영 등에 관한 내용을 평가하게 되는데, 문서검토, 방문평가, 모니터링 등의 형식을 취한다. 특히 평가의 결과는 학교교육개선을 위한 자료로 활용되어 학교교육개선을 위한 계획을 수립 및 실천하고, 맞춤형 개선 프로그램의 적용과 같은 자료로 활용된다.

영국의 학교평가는 크게 학교가 처한 상황과 성취된 교육기준(태도, 행위 및 개인적 발달/성취 및 진보/출석), 그리고 교육의 과정(교육과정 및 평가/학생의 정신적, 도덕적, 사회적, 문화적 발달/teaching/지원, 안내 및 학생들의 복지/학부모 및 지역사회와의 협력), 경영(직원, 시설 및 학습 지원/지도성 및 경영/학교의 효율성)으로 이루어진 틀을 바탕으로 질문을 개발하여 활용하고 있다. 이 중 교육의 과정을 평가하는 항목에 교육과정 및 평가에 관한 항목이 포함되어 있다.

우리나라 학교평가의 경우에는 교수-학습 활동과 관련된 평가 지표는 '교수-학습 활동이 교과 특성과 학생 특성에 맞게 적합한 방식으로 이루어지고 있는가?', '교사가 교수-학습 활동 개선을 위한 연구·개발 노력을 기울이고 있는가?'로 구성되어 있는 것과 비교하면 영국의 교육과정에 관한 평가항목은 매우 구체적이고 실질적인 문항으로 이루어져 있다. 우리나라의 학교평가가 학교교육과정의 계획, 운영 및 성

〈표 V-3〉 영국의 학교교육과정 관련 평가 질문(준거)

학생들의 성취 수준
3-1. 교과 영역에서 학생들의 성취 수준은 어느 정도인가?
3-2. 학생들의 태도, 가치관, 인성 발달 수준은 어느 정도인가?
학교가 제공하는 교육의 질
4. 교수-학습 활동이 효과적으로 이루어지고 있는가?
5. 교육과정은 학생들의 요구를 얼마나 잘 충족시켜주고 있는가?
6. 학생들을 위한 지원, 상담 활동은 잘 이루어지고 있는가?
7. 학교는 학부모, 지역 사회와의 파트너십을 유지하며 일하고 있는가?

과의 질 관리에 큰 도움을 주지 못한다는 비판을 받는 이유는 바로 이러한 두루뭉술한 평가문항에서 얻어지는 두루뭉술한 정보에 기인한다고 할 수 있다. 학교평가는 수업, 평가활동을 포함한 학교 교육과정을 중심으로 이루어져야 한다는 사실을 영국의 사례를 통해 증명할 수 있다.

뉴질랜드의 교육과정 현황 조사는 일종의 정책으로서 뉴질랜드 국가 교육과정의 질에 대한 자신감을 제고하고, 뉴질랜드 국가 교육과정의 효과적 적용 가능성 증대를 통한 학생들의 성취도 향상, 그리고 국가 교육과정의 지속적 개발을 위한 방향 및 과정에 대한 합의 도출을 목적으로 한다(허경철, 2006). 평가내용을 살펴보면, 1) 국가 교육과정에 대한 국제전문가들의 검토 실시, 2) 국가 교육과정 진술서 검토, 3) 현장 적용된 국가 교육과정에 대한 평가, 4) 국가 교육과정 지원체제의 정비, 5) 학생 평가에 대한 검토를 포함한다. 이러한 활동 중 '현장 적용된 국가 교육과정에 대한 평가'활동이 학교를 대상으로 한 교육과정 평가에 가장 가깝다고 할 수 있다. 뉴질랜드는 작성된 진술서들이 수업 중에 어떻게 적용되고 있는지, 또 그 성과는 무엇인지에 대한 정보를 수집하기 위한 노력을 다각도로 노력을 기울인다. 이를 위하여 학교평가청(ERO)의 보고서를 분석하고, 교사 협의회와 의견을 교환하며 교육과정 쟁점에 대한 학부모 및 대중의 견해를 조사하기도 하고, 전국적으로 10% 정도의 학교를 표집하여 학교 교육과정 운영에 대한 자료를 지속적으로 수집한다(허경철, 2006).

바. 시사점

외국의 경우 단위학교에서 교육과정을 자율적으로 편성 운영하는 일은 매우 보편적인 일이다. 앞서 살펴본 여러 나라의 교육과정 운영 현황을 분석해 보면 몇 가지 함의와 특성들을 발견할 수 있는데 각 나라마다 다양한 교육과정을 운영하고 있지만 공통적인 가정을 충족시키고 있다.

1) 학생의 선택권 보장

각국의 교육과정 운영 현황을 분석해보면 공통적으로 교육과정 운영에 있어서 학생들의 다양한 선택권을 보장하고 있음을 알 수 있다. 이는 학생들의 학교선택권과도 일맥상통하는데, 왜냐하면 각 학교는 그 학교만의 특색 있는 교육과정을 자율적으로 편성 운영하기 때문에 학생이 학교를 선택한다는 의미는 그 학교의 교육과정을 선택한다는 의미가 된다. 특히 프랑스와 같은 경우에는 학생들이 스스로 계열을 선택하고 그 계열 안에서 특화된 교육과정을 접할 수 있으므로 당연히 계열의 선택에는 교육과정 선택의 의미가 포함된다.

보다 미시적으로 학생의 선택권은 교육프로그램에 대한 선택의 의미도 포함된다. 미국의 마그넷 스쿨이나 스웨덴의 경우에는 다양한 프로그램 중에서 학생의 특성과 요구, 발달정도 등을 감안하여 스스로 선택할 수 있도록 하고 있다. 우리나라의 경우 선택교과가 규정되어 있지만 실제로는 선택교과를 가르칠 교사나 교실 등 여건의 부재와 입시과목 위주의 편향된 교육과정 운영관행 등에 의해 학생들의 선택의 폭은 매우 좁거나 아예 없다고 해도 과언이 아니다.

뿐만 아니라 교사가 프로그램을 기획하여 개설하고 운영하는 일도 매우 자유롭다. 특정한 영역이나 계열 안에서는 교사의 프로그램에 관한 전문적 자율성을 보장하고 있으므로 학생들의 요구나 교사자신의 필요에 의해 교과나 프로그램을 개설할 수 있다.

2) 특성화된 교육과정

각 국의 교육과정은 학생들로부터 선택을 받아야만 하는 여건이므로 당연히 특성화되어 있다. 즉 학생들의 교육과정 선택의 폭이 넓을수록 교육과정은 특성화되어 있다. 이러한 다양한 교육과정은 학생들의 능력과 적성을 감안한 교육을 가능하게 함으로써 교육의 질을 높이고 교육과정 산출물의 질을 쉽게 확인할 수 있도록 한다.

우리나라의 경우 외국어와 과학, 혹은 실업계 일부 분야로만 특성화되어 있어서 전국 어느 곳의 학교유형이든지 대동소이한 교육과정을 운영하고 있다. 게다가 입시 위주의 교육으로 특성화 고등학교에서 전문분야를 이수한다 하더라도 궁극적으로는 대학입시에 매달려야 하는 현실적인 측면이 특성화를 저해하고 있다. 제대로 된 특성화 교육을 위해서는 학생의 진로와 적성을 감안하여 하고자 하는 교육을 제대로 받을 수 있도록 규제되지 않은 특성화가 필요할 것으로 본다. 이를 위해서는 국민의 인식전환과 교육청 등 상부기관에 특성화 교육과정을 지원할 수 있는 전문가의 배치 방안이 요구된다.

3) 책무성을 제고하는 평가기제의 확립

단위학교에서 자율적으로 교육과정을 운영하기 위해서는 교육과정 운영 주체의 책무성을 담보할 수 있는 평가기제가 필요하다. 영국의 학교평가는 매우 구체적인 문항을 담고 있어서 학교교육과정에 관한 보다 실제적인 정보를 얻을 수 있도록 하고 있고, 이를 학교개선의 자료로 활용함으로서 실효성을 얻고 있다. 또한 뉴질랜드의 경우에는 교육과정 현황 조사를 대학에 위탁하여 전문적으로 실시함으로서 국가교육과정의 개발방향에 대한 함의도 도출하는 효과를 얻고 있다. 일본의 경우에도 일본국립교육정책연구소에서 실시하는 교육과정 실시 상황조사를 통해 학습 상황을 파악하고 문제점을 도출하며 교육과정 및 교실 수업 개선을 위한 시사점을 도출하여 학교개선에 활용하고 있다. 이와 같은 활동은 학교단위 교육과정 개발이 자율성만을 의미하는 것이 아니라 책무성도 아울러 갖추기를 요구하고 있고, 이렇게 책무성을 갖추는 길이 학교교육의 질을 높이는 것이라는 가정을 증명하고 있다.

우리나라의 경우에는 학교단위의 교육과정에 대한 평가가 학업성취도와 같은 가시적인 산출물에만 국한되어 있어 교육과정의 전반적인 면을 다면적으로 평가할 수 있는 기제가 마련되어 있지 못하다. 특히 단위학교에서 외부 전문가를 포함하도록 하는 교육과정위원회의 운영 및 활동이 당초 취지대로 시행되지 않고 있어서 교육과정에 관한 전문성을 갖춘 재원이 필요하다.

4. 개선과제

가. 단위학교의 자율범위 확대

개정된 교육과정에는 각 학교가 충실하게 따라야 할 지침과 단위 학교에 자율을 부여한 지침이 모두 들어있다. 각 학교가 충실하게 따라야 할 지침은 교육과정 편제 및 시간(단위)배당 기준으로, 교과, 재량활동, 특별활동에 배당된 편제 및 시간을 엄수하도록 규정해 놓았다. 그러나 앞서 언급한 바와 같이, 국가 교육과정에서 편제와 시간배당까지 규정하여 엄수하도록 하는 것은 단위학교의 자율성을 오히려 저해하고 있다. 예컨대 고등학교 1학년에서 공통 영어를 8단위 하라고 정하는 것보다, 영어를 배울 필요가 있다면 졸업이수요건으로 4학기 정도는 영어를 하라고 정하면, 학교별, 학생집단의 실정에 맞게 수준과 범위를 맞추어 운영할 수 있으므로 자율성의 범위가 확대된다(홍후조, 2009). 그러나 이와 같은 방안은 체제의 변화를 수반하는 갑작스러운 혼란을 야기할 수 있으므로 급진적인 개혁보다는 순차적, 주기적인 변화가 합당하다. 따라서 장기적으로 국가 교육과정 편제에는 교과별 수업시수의 일부분만 제시하고 나머지는 학교가 결정하는 방안이 필요하며, 학교가 정하는 일부분의 교과별 수업시수에는 다양한 유형의 통합 교육과정 및 범교과 교육, 창의성 계발 프로그램, 자기 주도적 학습력 신장 프로그램 등이 중심이 되는 교육활동에 대한 계획을 수립하고 실천하도록 적극 권장되어야 한다(이미숙 외, 2008).

과목 개설의 경우에도 마찬가지이다. 대부분의 시·도 교육청에서는 단위학교에서 과목을 개설하기 위한 기준으로 '학급당 평균 학생수의 70% 이상의 요구가 있을 경우'로 정하고 있으며 학교의 여건에 따라 교장이 조정할 수 있도록 하고 있다. 또한 학교 여건상 개설하지 못하는 과목의 경우 해당 과목을 이수할 수 있도록 원격교육이나 외부 강사 초빙, 공공성 있는 지역사회 교육 시설 활용과 같은 다양한 방법들을 마련해 주도록 하고 있다(박순경 외, 2008). 그러나 시·도 교육청의 지침에서 공공성 있는 사회교육시설에 대한 명확한 규정이나 이수인정, 교육과정의 내용이나 평가의 문제점, 학생들의 생활지도 문제 등에 관한 구체적인 대책이 아직도 미진한 실정인 것으로 나타났다. 개정 교육과정은 현행 교육과정을 충분히 적용한 결과를 바탕으로 고시된 만큼 이러한 부분에 대한 대책을 마련해야 한다.

결론적으로 단위학교의 자율적인 교육과정 운영을 위해서는 현행보다 훨씬 더 많은 자율성이 단위학교로 위임되어야 하고, 현행 교육과정 지침서의 분량은 훨씬 더 적어야 한다. 학교교육과정의 의미는 단위학교에서 자율적으로 교육과정을 편성도 하고 운영도 하는 것이지, 편성은 국가가 하고 운영만 자율적으로 할 수는 없기 때문이다.

나. 학교단위 교육과정을 위한 교사 전문성 강화

단위학교에서 교육과정을 편성, 운영할 수 있는 권한이 있다는 말은 동시에 교사가 교수학습활동 기획하고 조직하며 조정하고 통제할 수 있는 능력도 있다는 의미이다. 그러나 국가 수준 교육과정 문서가 법적 지위를 갖고, 시도교육청 편성 및 운영 지침이라는 별도의 문서를 보급하며, 지역 교육청이 장학자료를 개발 보급한 후에야 단위 학교에서는 일부 교사가 교육과정을 고민하기 시작한다. 이는 우리나라의 교육과정은 문서에서 출발하여 문서에서 마감하는 행사성의 절차라고 해도 과언이 아니다(박순경, 2003). 즉, 교육과정에 관한 자율권에는 교육과정 운영에 관한 책무성도 뒤따르게 되므로 이를 위한 교육과정 전문가로서의 훈련과정이 필요하다.

교육과정 전문가로서 교사는 국가 교육과정의 분석과 교과 교육과정에 관한 편성 및 운영에 관한 전문적인 지식을 가질 필요가 있다. 여기서 전문성은 교사가 교과에 대해 가지는 지식에 관한 전문성이 아니라 전체 교과를 조직하고 조정하는 등의 전문성을 일컫는다.

이를 위해서는 교육과정의 개발과 운영에 관한 현직 교육을 강화하고 교사가 교육과정에 관한 전문지식을 습득할 수 있는 제반 여건을 갖추어야 하며, 인근 학교나 시도교육청과의 상호협력을 통한 효율성을 기하기 위한 인프라를 구축해야 한다.

다. 학교단위 교육과정 개발을 위한 지원확대

소수 학생들의 선택과정을 활성화하기 위해서는 담당교사 및 강사확보의 어려움, 과정 운영에 필요한 시설 및 교수학습 환경 미비, 제도적 지원부족, 교장 및 교육과정 담당자와 교사들의 적극적인 실천의지 부족 등과 같은 문제들이 대두될 수 있다. 이를 위해 인근 학교 간의 교육과정 연계운영방안, 외부강사의 효율적 활용, 단위학교별로 과정 특성화의 방안 들이 모색되어야 한다. 또한 다양한 과정 개설이 불가능한 소규모 학교에는 학생 선택을 고려하여 순회 교사와 강사를 지원하거나 주말학교, 계절학교, 방과후 학교 등을 지원하고, 인근 고등학교 간에 공동과정을 운영하여 교사 교류가 가능하도록 하거나 중학교와의 통합 운영을 통한 전공 교사의 확보 등 인적, 물적, 제도적 지원을 적극적이고 지속적으로 해주어야 할 것이다.

이러한 방안의 실현을 위해서는 현행 지역교육청의 교육과정 지원센터로서의 기능을 보다 강화할 필요가 있다. 앞서 교사들의 교육과정운용을 위한 전문성이 부족한 이유로서 잡무의 부담이 크다는 점을 지적한 바 있는데, 이는 교육청의 장학사들도 예외가 아니다. 교육청의 장학사들은 본래 학교의 교육활동을 지원해주는 역할을 하여야 하나, 실제로는 각종 공문서의 처리 및 상부기관의 요구에 따른 통계자료 작성 등의 업무에 대부분의 시간을 할애하고 있으므로 이에 대한 보완조치가 필요하다. 즉, 단위학교의 자율적인 교육과정 운영을 위해서 현행 지역교육청을 교육과정 지원센터로 하여 교육과정운영에 관한 지원기능을 강화할 수 있는 조치가 요구된다.

라. 학교단위 교육과정의 평가기제 확립

학교교육과정 평가는 평가의 주체가 누구인가에 따라 다른 의미로 이해할 수 있다. 먼저, 국가가 관리나 감독 차원에서 전국의 학교에서 이루어지는 교육과정을 평가할 수 있는데, 이는 앞서 영국의 경우와 같이 학교평가를 통해 간접적으로 교육과정을 평가하고 있다. 또 다른 관점은 학교가 자율적으로 자신의 교육과정을 개선하기 위해 평가할 수 있는데, 단위학교가 처한 맥락과 지역적 특수성 등 여러 여건을 고려하여 각 학교가 처한 상황에 적절한 평가지표를 개발하고 이에 따른 평가를 하려고 노력하게 된다.

단위학교의 자율경영의 관점에서 학교교육과정의 평가는 전자보다 후자의 방향으로 하는 것이 바람직하다. 학교 자율경영의 기저에는 구성원이 스스로 책무성과 전문성, 창의성과 합리성 등을 제고할 수 있도록 노력할 수 있는 자율성이 깔려있기 때문이다. 그러나 우리나라는 오랫동안 국가 교육과정을 견지하여 왔으므로 교육과정 평가의 영역을 비교적 소홀이 다루어 왔다. 학교평가의 한 항목으로 포함되어 있는 교육과정 영역은 학교교육을 통해 산출되는 결과의 질 관리를 위해 구체적이고 실제적인 정보를 얻을 수 있도록 설계되어야 하며, 이를 위해서는 단위학교의 교육과정 운영에 관한 평가를 효과적으로 수행하기 위해 전문성도 갖추어야 한다. 영국은 국가 교육과정을 가지고 있음에도 불구하고 단위 학교에서 이루어지는 교육은 학교마다 상당히 다르다. 이런 이유 중의 하나는 영국의 국가교육과정은 공통 이수 교과만을 제시하고 세부적인 사항은 규정하고 있지 않다. 이는 동시에 단위학교가 자율적으로 교육과정을 편성, 운영할 수 있는 자율성을 가지고 있고, 동시에 이러한 교육과정이 자율적으로 운영된다는 것은 교육과정의 평가를 통해 책무성을 제고할 수 있는 기제도 동시에 만들어져 있다는 뜻이다.

학교 교육과정 평가는 학교 수준에서 자체적으로 교육과정을 편성할 수 있게 된 맥락과 동일한 시점에서 발생된 개념이다. 학교의 자율성이 확대되면 국가의 입장에서는 학교가 주어진 자율권을 올바로 행사하고 있는지에 대해 그 책무를 확인해 볼 필요성이 있다. 따라서 국가가 실시하는 질 관리기제인 학교평가라 할지라도 교육과정에 관한 평가를 보다 구체적이고 실질적인 항목으로 평가한다면 단위학교의 개선을 위한 자료로 충분히 활용될 수 있을 것이며, 그렇게 활용하기 위한 단위학교의 노력을 강화할 수 있을 것으로 예견된다.

마. 창의적이고 특성화된 교육과정 개발

학습자의 적성과 진로, 요구에 따른 선택적이고도 집중적인 학습이 이루어질 필요가 있는데 이러한 기회를 제공할 수 있는 '과정'의 운영이 필요하다. 기존의 과정

운영은 인문과 자연과정의 형태를 벗어나지 못하고 있고 학생 진로에 밀접한 과목을 중심으로 집중 학습이 이루어지지 못하는 실정이다. 이러한 문제점을 해결하기 위해서는 단위 학교의 인적, 물적 자원들을 탄력적으로 이용하여 학습자의 적성과 진로, 요구에 따라 심도 있는 학습이 이루어지도록 교과 교실제의 도입과 함께 공강과 공실의 허용과 같은 제도적 지원방안을 마련해 주어야 한다(박순경 외, 2008).

특히 제도의 시행을 목전에 두고 있거나 혹은 이미 시범운영에 들어간 기숙형 공립학교, 마이스터 고등학교, 자율형 사립학교 등 다양한 학교의 형태는 학교운영의 측면보다 교육과정의 운영에 있어서 기존의 학교와는 다른 양상을 띠어야 한다. 이를 위해서는 창의적이고 특성화된 교육과정이 필수적인 요소가 되어야 하며, 이러한 교육과정은 단위학교가 주체로서 적극적으로 교육 프로그램의 개발 및 운영에 참여하여야 한다는 것을 전제로 한다.

VI 학교의 인적자원

학교경영의 핵심요소는 크게 인적, 물적, 재정적 자원으로 나눌 수 있는데, 그 중에서 가장 핵심적인 것은 인적자원이라고 할 수 있다. 왜냐하면 최첨단의 물적 기반을 갖추고 막대한 교육예산을 투입하더라고 그것을 운용하는 교원의 전문성이나 자질이 우수하지 못하다면 교육의 성장은 기대할 수 없기 때문이다. 학교를 구성하는 인적자원은 학생과 교직원, 학부모, 지역사회 인사 등이다. 그 중에서 학생과 교직원이 학교교육에서 중추적인 역할을 담당한다. 학교는 교사들이 학생을 대상으로 교육활동을 전개하고 효율적인 교육목적 달성을 위해 직원들이 지원하는 곳이다.

교원들의 인사행정은 학생들의 교육활동을 위해 존재하고 특히 학교 자율화 시대에는 학생들의 교육활동에 대한 교원들의 책무성이 강조되고 있다. 책무성을 부여하기 위해서는 자율성이 보장되어야 한다. 하지만 지금까지 우리의 교육현실을 반성해보면 학생들은 교사의 말에 복종하는 것을 강요받아 왔으며, 교사들도 상부 교육행정기관이나 학교경영자의 경영방침을 묵묵히 따르는 것이 미덕으로 평가될 정도로 타율적인 교육운영을 유지해 왔음을 부정할 수 없다. 따라서 학교자율경영이 성공하기 위해서는 단위학교에 위임되는 권한들을 교사에게 임파워먼트(empowerment)하여 학교경영의 효과성을 높일 필요가 있다. 임파워먼트는 의사결정이 이루어지는 곳과 이를 실행하는 곳 사이의 거리가 존재하지 않기 때문에 효율적으로 실행될 수 있다(박종필 역, 2005). 효과적인 학교는 학생과 교직원간의 관계를 주목하고 있다 교직원간 및 교직원과 학생사이에 존경과 신뢰의 관계와 권한의 공유에 기초하여 보살피고, 가치를 공유하고, 협조하는 정신 등을 들고 있다. 교직원과 학생사이의 존경과 신뢰 형성은 과거 일방적인 공급자인 교사와 수요자인 학생의 관계에서 탈피하여 수평적인 관계형성이 요구되는 시점이다(Newmann, 1996; 김흥주, 2005).

본 장에서는 교사와 학생의 수평적인 관계 형성을 기초로 하여 학생과 관련된 학생 자치의 방향성을 탐색하고자 한다. 아울러 학교의 성과와는 무관하게 실시되어온 교직원들의 인사상 문제점을 살펴보고 자율화시대에 맞는 단위학교 인사의 과제를 탐색하고자 한다.

1. 새로운 인적자원관리

현재 중앙부처에서는 성과관리에 의한 업무가 강조되고 있으며 교육과학기술부도 중앙부처단위에서 성과관리를 시행하고 있다. 성과관리의 측면에서의 인적자원 관리를 효과적으로 시행하기 위해서는 조직과 인재와의 관계를 파악하는 People Capability Maturity Model과 인재를 적재적소에 배치하는 업무관리 모델이 필요하다.

가. 전략적 인적자원관리의 학교 적용

공공부문의 인적자원관리는 과거의 전통적인 인적관리의 형태에서 벗어나 기업식 인적자원관리를 강조하고 있다. 학교의 경우에는 교육효과가 비가시적이고 측정이 어렵다는 이유로 도입이 늦어졌다. 책무성, 전문성이 강조되는 단위학교 운영에서는 연공서열위주, 경력위주, 순환위주의 인사에서 전문화되고 과업위주의 새로운 인적자원관리 방식이 필요하다고 본다. 새로운 인적자원의 특징을 살펴보면 아래와 같다.

첫째, 전통적인 인적자원관리와 새로운 인적자원관리는 우선 변화에 대한 수용태도에서부터 차이가 있다. 전통적 인적자원관리는 변화 또는 위험을 회피하거나 이를 소극적으로 수용한다. 이에 반해, 새로운 인적자원관리는 위험을 감수하면서 변화를 적극적으로 수용한다. 새로운 변화를 수용할수록 조직내부의 기존질서는 상당한 도전을 직면하게 되지만, 도전과 새로운 요구의 수용을 통해 조직이나 제도 등의 혁신을 가져올 수 있기 때문에 보다 개방적인 행정관리가 가능하다.

둘째, 인사의 기능 역시 전통적인 인적자원관리에서는 분절된 행정적 기능에 머무르지만, 새로운 인적자원관리에서는 목표달성을 위해 전략적 인적자원관리(strategic human resource management, SHRM)라는 틀 안에서 인사관리상의 주요 기능을 상호 연계하여 전략적으로 운용한다(Klingner, 1995).

셋째, 임용 역시 전통적인 인적자원관리에서는 형식요건을 중시하고 규격화되고 경직된 틀을 중시하여 운용하였지만, 새로운 인적자원관리에서는 형식보다는 실적과 성과에 더 큰 비중을 두어 유연한 임용방식(flexible employment)을 취하고 있다(Farnham, 1997). 노동시장의 유연성 문제는 비단 민간분야에만 해당되는 것이 아니라 공공분야에도 요구되는 시대적 요청이라 하겠다. 앞으로 폐쇄적인 임용체계에서 탈피하여 과감하게 개방형 채용체제(government-wide open recruitment)로 전환하고, 계약제 임용방식의 확산을 통해 과업중심의 인사행정체제를 구축하는 것이 필요하다.

넷째, 관리방식 또한 사람중심의 주종관계적 관리에서 앞으로는 과업중심의 합리적인 관리방식으로 변화되어 간다. 즉, 구시대적인 혈연·학연·지연 등의 안면과 정실중심의 인습을 타파하고 실적과 성과를 실질적인 평가기준으로 삼는 것이다. 이제는 그야말로 실적주의를 공고히 하는 방향으로 관리하는 것이 바람직하다.

다섯째, 전통적인 인적자원관리 방식에서는 교육훈련을 주로 그 조직 내부에서 실시하면서 교육공급자중심으로 이루어져 왔으나, 새로운 인적자원관리에서는 이를 혁신하여 조직내부나 외부를 가리지 않고 조직구성원들의 실질적인 수요에 응할 수 있도록 수요자 중심으로 교육훈련을 실시한다. 즉, 교육수요자가 원하는 시간과, 원하는 장소 그리고 원하는 과목이나 주제를 수강하는 것 등이다.

여섯째, 보수체계에서도 전통적인 인적자원관리에서는 능력과 상관없이 연공적 보수체계를 획일적으로 적용하는 반면, 새로운 인적자원관리에서는 성과급 강화를 통해 보수체계를 다양화·차별화시켜 보다 현실적인 형태를 취할 수 있게 한다(White, 1997). 다시 말해, 보수체계가 획일적 평등주의에서 차별적 공평주의로 전환되는 것을 의미한다.

일곱째, 근무평정에 있어서는 전통적인 인적자원관리에서는 처벌중심으로 비공개주의를 원칙으로 하고 있으나 새로운 인적자원관리에서는 구성원 개개인의 역할과 성과를 중시하고 근무평정 결과를 공개하며, 그 결과를 피드백하고 있다.

여덟째, 경력관리에 있어서 전통적인 인적자원관리에서는 순환보직을 특징으로 하며 일반 행정가 양성에 중점을 두고 있지만, 새로운 인적자원관리에서는 전문적 경력관리를 통한 전문행정가 양성에 중점을 두고 있다.

아홉째, 복무관리에 있어서도 과거에는 처벌중심의 부정적인 관리체계를 활용하였지만, 앞으로는 일 잘하고 우수한 사람에게 보상과 포상을 해주는 식의 적극적인 관리체계로 전환을 시도할 때이다. 잘하는 사람에게 보상·포상하지 않는 것은 못하는 사람을 도리어 보상·포상하는 것과 같다는 비판을 고려한 적극적인 사기 진작책이 필요하다.

〈표 Ⅵ-1〉 전통적 인적자원관리와 새로운 인적자원관리의 비교

기능	전통적 인적관리		새로운 인적자원관리
변화수용	소극적 수용 및 위험회피	패러다임 전환 ⇨	적극적 수용 및 위험감수
인사기능	행정적 기능, 분절적 기능		전략적 기능, 상호연계중시
임용	규격화된 임용 정기임용, 그물형, 고용보장		유연한 수시임용, 낚시형, 경력보장
관리	인간중심의 주종관계적 관리 기능별 조직관리		과업중심의 합리적 관리과제 해결형 조직관리
교육훈련	공급자 및 교육훈련기관중심 교육		수요자 및 기관별 교육훈련기관 중심교육
보수체계	연공적 보수체계(일률적, 획일적)		성과급 보수체계(다양화 · 차별화)
근무평정	처벌중시, 비공개주의		역할과 성과중시, 공개와 피드백
경력관리	Generalist, 순환보직		Specialist, 전문적 경력관리
복무관리	고정근무, 처벌징계위주		탄력근무, 보상과 포상활용

자료: 권경득(1999). 지방자치단체의 인사제도 개혁.

새로운 인사관리는 학교 내에서도 지식정보화 사회에 걸맞게 과거 행정 중심의 교무분장을 탈피해서 팀제 및 다양한 교무조직의 운영 등을 강조하고 있다. 학교 자율화가 강조되고 있어 소극적이고 수동적인 자세에서 벗어나 자율적이고 적극적인 학교 운영이 확대될 전망이다.

학교교육목표의 달성을 위해 교원상호간의 연계가 중시되고 있으며, 경력과 승진 위주에서 탈피하여 학교교육력 제고를 위한 전략적인 인사기능이 요청된다. 초중등교육법시행령 제22조에 교원 외에 산학겸임교사 · 명예교사 또는 강사 등을 두어 학생의 교육을 담당하게 할 수 있도록 하고 있어 단위학교에서 제한적인 인사기능이 가능하다.

개방적인 임용체제는 자율학교 교장의 경우 교사자격증이 없어도 그 학교 교육과정에 관련된 교육기관, 교육행정기관, 교육연구기관, 국가기관, 지방자치단체, 공공단체, 국제기구, 외국기관, 산업체 등에서 3년 이상 종사한 경력이 있는 자는 교장이 될 수 있도록 하고 있으며, 교사의 경우에도 일정한 자격요건을 갖춘 자에게는 교원자격증이 없어도 임용할 수 있도록 하고 있다.

현재 교원들의 전문성 강화를 위해 연수가 강조되고 있으며, 기존의 광역단위 이상의 연수에서 벗어나 점차 지역단위, 학교단위, 개별 사이버연수 등 다양화되고 있다. 조직내부나 외부를 가리지 않고 조직구성원들의 실질적인 수요에 응할 수 있도

록 수요자 중심으로 바뀌어 나가고 있다. "교원 등의 연수에 관한 규정 및 시행규칙 개정령"을 개정하여 지식 · 정보화 사회가 요구하는 전문성을 갖추기 위해 교직경력 4년 이상인 교사들은 3년 주기로 직무연수에서 6학점 이상을 취득해야 하며, 이중 4학점은 전공 교과와 직접 연관이 있거나 생활지도 등에 관한 분야의 이수실적을 요구하고 수석교사제, 교원능력개발평가 등으로 전문적 경력관리를 유도하고 있다.

새로운 보수체계가 획일적 평등주의에서 차별적 공평주의로 성과를 강조하고 있지만 교육의 특성상 적극적으로 반영되지는 않고 있다. 다만 교원성과상여금의 경우 차등지급비율이 2002~2005년 10%, 2006~2007년 20%, 2008년에는 30%로 확대되어가고 있어 업적별 보수차등지급을 부분적으로 반영하고 있는 실정이다.

〈표 VI-2〉 자율화 시대의 단위학교 인사관리 영역

영역	채용	배치	근무	전보	승진
기존의 학교	시도교육청 임용	행정위주 교무분장	경력단계별 유인책 부재	순환근무	연공서열
⇓					
자율화 학교	학교지역단위 자율임용	팀제 및 다양한 운영	수석 교사제	교사초빙 유예가능	초빙공모제

이러한 자율적이고 개방적인 새로운 인사관리방식은 단위학교에서의 변화를 더욱 요구하고 있다. 단위학교에서도 상위기관의 획일적 임용체계에서 과감하게 개방형 채용체제로 전환하고, 학교단위 수요에 맞는 일부 교직원들의 계약제 임용방식도 도입할 필요가 있으며 20%로 확대된 교원초빙제도를 적극 운영하여 학교에 필요한 인적자원을 임용하고 배치하여야 할 것이다. 학교조직 또한 학교단위의 특성을 살릴 수 있는 과업중심의 문제해결을 위한 체제로 전환이 필요하다.

나. 역량중심 인재관리(People Capability Maturity Model) 적용

현대사회를 지식기반사회라 하고 지식기반사회에서 인적자원에게 요구되는 능력은 산업사회의 지식의 단순 수용 및 복사 능력에서 벗어나 지식을 창출할 수 있는 능력이 요구되고 있다. 전통적인 기초능력 즉, 읽기, 쓰기, 수리능력 등 3R이외에도 의사소통, 정보문해력, 팀워크, 자기주도력, 문제해결력 등이 지식기반사회의 인적 자원이 구비해야할 핵심능력이다(강순희, 2002).

단위학교에서도 조직과 인재와의 관계를 파악하는 역량 중심의 인재관리 PCMM (People Capability Maturity Model)의 적용이 필요하다. PCMM은 인재관리를 선발, 육성, 평가, 보상 등 22개 핵심 프로세스 영역(Key Process Area)으로 세분하고 각각 5단계로 구분하여 심층 평가한다. PCMM을 활용하면 인재관리 핵심 프로세스 영역별로 현재의 역량 단계를 파악하고, 상위 역량 단계로 올라가기 위해 필요한 최선의 실행과 개선 로드맵을 구체적으로 피드백 받을 수 있다.

초기 단계는 HR 제도 자체가 정착되지 않은 초보 수준을 의미한다. 2단계는 직원 채용 배치, 업적 관리, 보상 정책 등 기본적인 제도들이 도입되어 여러 부문에 적용되기 시작하는 단계를 일컫는다. 3단계는 역량 중심의 인재관리 제도들이 정착되는 경우를 말한다. 기업이 필요로 하는 역량에 맞춰 인력 계획, 선발, 육성, 평가, 보상 등의 제도가 체계적으로 정립되는 수준이다. 4단계는 조직의 성과를 정량적으로 측정할 수 있게 되고, 사업과 인재관리의 권한을 현장 조직 책임자가 위임 받아 운영할 수 있는 단계이다. 5단계는 기업이 추구하는 전략에 따라 인재관리 제도가 지속적으로 혁신되고, 바뀐 제도가 현장에 바로 적용될 수 있는 수준을 의미한다. 개인, 조직, 전사 단위에서 조직의 실력이 계속해서 향상되고, 조직의 실력 향상이 바로 성과로 이어지는 선순환이 확산된다. 학교의 인적자원의 역량단계 파악하여 적재적소에 배치할 수 있어야 학교의 성과를 높일 수 있다.

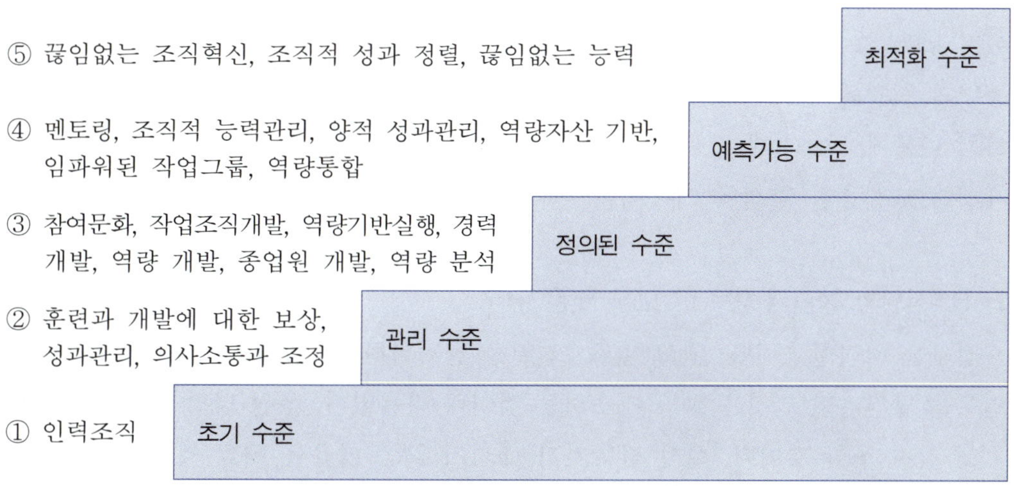

[그림 Ⅵ-1] 인재역량 측정모델(People Capability Maturity Model)

다. 업무관리 모델: 인적자원의 적재적소 배치

단위학교에서 교직원들은 맡은 업무의 수행과정을 통해 의사결정을 하게 된다. Hoy & Tarter(2001)는 구성원의 의사결정의 참여 형태를 구성원의 전문성과 이해관계로 나누어 구분하면서 이해관계와 전문성을 기준으로 설명하였다. 어떤 결정이 구성원에게 밀접한 이해관계를 지니는데다, 구성원이 해결능력까지 갖추고 있다면 결정에 반드시 참여시켜야 한다는 것이다. 이 모형을 단위학교 의사결정 모형으로 많이 사용하고 있다(한국교육행정학회, 2003).

학교내 의사결정에 적용하기 위해서는 의사결정을 할 수 있는 교사들의 업무배치가 중요하다. Lefton & Leob(2005)는 생산성 향상의 열쇠를 적재적소의 원칙으로 파악하고 인사에서의 배치를 강조하였다. 이는 어떤 업무를 담당할 사람을 선정할 때는 다섯 가지 업무관리 모델 중 어디에 해당하는지를 가늠할 수 있다. 업무의 중요성은 항상 맨 처음에 해결해야 한다. 어떤 잠재적 과제나 프로젝트를 냉정하게 평가한 결과 학교에 별다른 도움이 되지 않는다고 판단되면, 담당자가 그 업무를 처리할 수 있을지, 그가 그 일을 좋아할지 따위에 관심을 기울일 필요가 없기 때문이다. 따라서 중요성이 없는 업무라면 나머지 두 측면인 선호도(만족)와 업무 처리능력에 대한 분석이 필요도 없다.

1) A: 중요하지 않은 업무일 경우

별로 중요하지 않은 업무라면 신경 쓸 필요가 없다. 한마디로 그런 일은 빛을 볼 수 없기 때문이다. 또한 자원을 투여해 제대로 처리할 필요도 없다. 시간이 지나면서 이런 일은 그 누구도 돌아보지 않게 된다. 이 그림의 두 축을 이루는 것은 직원의 능력과 직원의 만족이다. 이 두 가지 요소가 학교교육의 성공에 핵심적인 역할을 하기 때문에 적임자가 업무를 제대로 처리할 수 있게끔, 두 요소의 배분과 고려에 세심하고 신중한 관심을 기울여야 한다.

2) B: 직원의 능력과 만족도 모두 낮은 경우

업무를 처리할 능력도 없고 별로 그 일을 달가워하지도 않는 교직원에게 중요한 업무를 맡긴다면 그것은 화를 자초하는 것이나 다름없다. 우선 담당자가 별다른 의욕을 갖지 못할 것이다. 설사 담당자가 내키지 않는 마음을 애써 억누르고 업무를 처리한다 할지라도 결과가 시원찮을 가능성이 크다. 담당자의 솜씨나 능력이 그 업무와 잘 맞지 않기 때문이다. 이런 식으로 일을 맡기면 일이 계속 지체되거나 직원이 내키지 않는 상태에서 후딱 해치워버리려 하기 때문에 형편없는 결과를 얻게 된다.

3) C: 직원의 만족도는 높지만 능력이 없는 경우

담당자가 자신이 맡은 일에 대해서 대단한 열성을 보이지만 그 일을 감당할 능력이 없는 경우다. 중요한 업무를 담당자가 제대로 처리하지 못하면 결국 그 일은 다시 하거나 다른 사람이 맡아야 할 것이다. 열의가 있고 배우고자 하는 의욕이 있다면 뒷받침만 해준다면 맡은 업무를 성공적으로 마무리할 수도 있을 것이다. 이제 해당 업무를 처리할 능력이 있는 사람이 중요한 업무를 떠맡게 된 경우로 넘어가 보자. 여기서는 담당자가 그 일에 만족감이나 즐거움을 느끼느냐 아니냐가 변수로 작용할 뿐이다.

4) D: 직원이 능력이 있지만 싫어하는 경우

학교의 아주 중요한 일이라면 달리 선택의 여지가 없을 것이다. 그 업무의 진전 상황을 면밀하게 감독하면서 인센티브를 부여하는 방법을 택할 수 있다.

5) E: 직원의 능력과 만족도 모두 높은 경우

더할 나위 없이 좋은 경우여서 적임자로 선정할 수 있다. 업무 능력이 있는데다가 업무를 좋아한다면 생산적이고 실적이 한껏 치솟을 것이다.

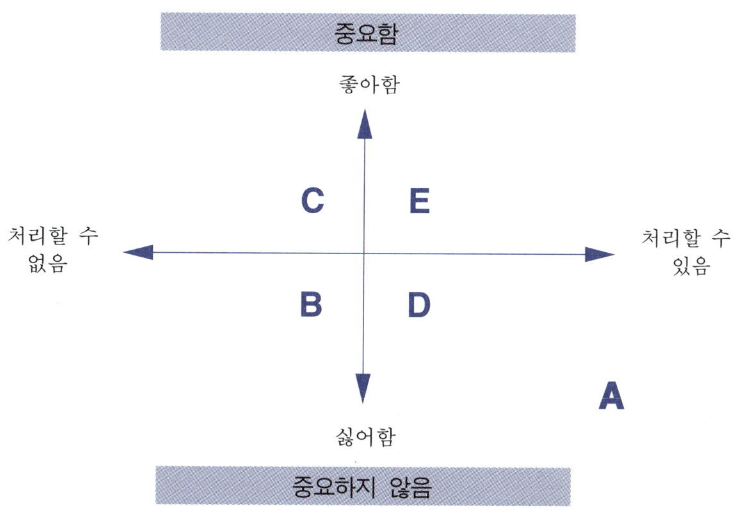

[그림 Ⅵ-2] 인적자원의 적재적소 배치

2. 학교인적자원관리의 문제점

학교 내의 인적자원 관리는 교직원관리, 학생 관리를 들 수 있다. 교직원과 학생들은 하루 중 상당부분의 시간을 학교에서 보내면서 생활하고 있다. 이들의 관계를 살펴보면 교사와 학생은 수평적이고 인간적인 교류보다는 수직적인 관계여서 지시와 통제가 많다. 이로 인해 체벌이 일어나거나 인권침해가 발생하기도 한다. 학생들의 자치조직인 학생회가 존재하지만 입시위주의 교육으로 인해 소홀히 취급되거나 자율적으로 운영되지 못하고 있다. 교사들의 조직은 법제화 되지는 않았지만 여러 종류의 회의와 위원회가 존재하고 업무와 교과에 따른 분장사무 구조를 가지고 있다. 현행 학생 및 교직원 인사의 현황 및 문제점을 살펴보기로 한다.

가. 학생자치 수준

학생자치활동이란 학생들 스스로 자발성과 자율성에 기초하여 학생들이 자신의 권리를 찾아나가고 학교나 학급의 운영에 참가하는 과정을 통해 민주시민으로서의 자질을 갖추고 창조적 문화 활동을 전개함으로써 자신을 개발하는 자치활동을 말한다. 따라서 학생들의 기본권 보장을 위해서 뿐만 아니라 교육의 목표를 달성하기 위해서도 필요하다. 학생들이 어려서 교육을 받을 때부터 자치활동을 통해 민주적 삶의 방식을 몸으로 익히고, 민주적 의사결정 능력과 문제해결 능력을 갖추어 나가야 민주시민으로서 각자의 삶을 살아갈 수 있을 것이다.

현재 학생자치활동으로는 그 활동의 가장 기본단위인 학급활동, 학교 전체적인 학생회 활동, 클럽활동, 동아리 활동 등이 이루어지고 있다. 2002년 학생회 법제화 논의에서처럼 우리나라는 학교운영위원회에 학생의 참여가 요구되고 있기는 하지만 학생들의 자율적인 학사에 관한 결정은 부정되고 있다. 학생들이 준수해야할 학교규칙 제정에서도 학생들의 참여가 배제된 경우가 많고 입시위주의 교육으로 인해 고등학교의 학생회 활동은 매우 소극적인 것이 현실이다.

1) 학생자치활동 지원

서울, 대전, 경기, 대구, 전북 등 5개 시 · 도 교육청의 866개 고등학교, 82개 중학교 등 총 948개교를 대상으로 한 국정감사 자료 조사를 근거로 하여 살펴보면, 현재 자치활동 예산은 학교회계상 학생복리비 항목에 '학생자치회비'라는 세목으로 책정

돼 있다. 하지만 전체학교의 49.6%의 학교가 1천만 원이 안 되는 예산을 책정하고 있으며, 그나마 학생자치 예산의 40%이상이 축제예산으로 사용되고 있는 실정이다(http://www.hani.co.kr/arti/society/schooling/74778.html).

학생회활동을 지원해야 할 학생지도위원회가 과도하게 학생회대표 자격제한을 두는 등 학생자치활동을 침해하고 있는 것으로 밝혀졌다. 실제 학생지도위원회가 학생회 대표 소집 승인권(35.7%), 학생회 예산 승인권(29.6%), 학생대표 후보자격 박탈권(35.2%)을 갖고 있으며, 학생회장 후보 출마시에도 성적(16%), 품행(13%), 징계유무(41%), 담임교사 추천(76.6%)의 제한을 두고 있다. 아직도 간접선거로 학생회장을 뽑는 학교(6%)가 있는 것으로 조사돼 충격을 주고 있으며, 학생회장 선거운동에 필요한 예산지원이 없는 학교도 69.9%에 달해 학교 내에서 학생자치가 거의 무시되고 있음을 시사했다.

2) 학교생활 규정

현재 실시되고 있는 학교생활규정 현황은 2002년에 교육과학기술부에서 시대변화에 부응하는 새로운 학교문화를 조성하고 공교육정상화를 꾀하기 위해 초・중・고별 '학교 생활규정(예시안)'을 제정하도록 함으로 시작되었다. 2007년 학교생활규칙 인지도를 살펴본 결과, 전체 48.5%가 어렴풋이 알고 있다고 응답했으며, 학교홈페이지에 학교 규칙 공개를 모르는 비율도 절반에 달했다. 학교생활규칙의 제・개정 절차에 대해서는 많은 학생들이 학교생활규칙 제・개정 시 의견수렴이 없었다고 응답했으며, 개정 규칙에 대해 만족을 나타낸 학생과 학부모는 20%대 있으나, 교사들은 60.3%가 만족한다고 응답해 반응의 차이를 보였다(국가인권위원회, 2007).

내용상으로는 초등학교와 중학교, 인문계고와 특성화 전문계고 등 학교별 특성에 맞게 각각 세부적인 내용을 달리하고 있으며, 체벌과 징계, 포상, 출결관리, 복장 및 두발 등 교내 생활뿐 아니라 교외 생활에 이르기까지 학생 생활 전반에 걸친 내용이다. 체벌은 벌점 기준을 초과했을 때나 교사의 훈계나 반복적인 지도에도 변화가 없는 경우 등에 한해 실시하되, 다른 학생이 없는 별도의 장소에서 생활지도부장 등 제3자를 배석시킨 상태에서 실시하도록 했다. 체벌도구는 고교의 경우 지름 1.5㎝내외, 길이 60㎝이하의 직선형 나무를 사용하되 체벌부위는 둔부, 횟수는 10회 이내로 제한했다.

학생의 생활지도는 '생활평가위원회(가칭)'가 운영하는 상・벌점제와 지도카드에 근거해 실시하고 벌점이 30점을 초과하면 생활지도교사가 위원회를 열어 징계회부 및 학생지도 등을 결정하도록 했다. 체벌시 학생은 대체 벌을 요구할 수 있으며, 벌점에 대해서도 불복하는 학생이 이의를 신청해 심사를 받을 수 있도록 하는 등 학생의 인권과 권익보호 규정도 두었다.

예시 안에 따르면 학교생활규정 개정위원회 위원의 수는 학교 상황에 맞게 자율적으로 구성하고 학교공동체 의견수렴 및 초안 작성을 위하여 설문지, 회의(학급회, 학생회, 학부모회, 교무회), 토론회 등의 방법을 사용할 수 있다. 하지만 실제 학교에서는 기존의 생활 규칙의 내용을 일부 수정하거나 이웃학교의 내용을 근거하여 여론수렴 과정 없이 관련자들이 초안을 작성하여 발의한 후 학교운영위원회에서 형식적으로 심의하는 경우가 많다(교육과학기술부 학생생활규정 감사, 2003). 규칙 제정 과정상 학생과 학부모가 참여를 모르는 경우가 많다. 학생과 학부모들의 보편적인 공유 가치를 토대로 합리적이고 공개적인 대화를 통해 교칙 제정과 적용에 대한 참여를 이끌어 내야 학생들에게 공감을 얻어 준수율이 높아진다. 대부분의 학교에서 교사가 생각하기에 학생들이 당연히 지켜야 한다고 생각하면 교칙이 되지만 학생들의 지지를 얻지 못하여 학칙제정이 유명무실하여 지켜지지 않고 있거나 사후 처벌적인 규정만 적용되고 있는 실정이다. 한 번 제정 후 수정하지 않는 것이 아니라 일단 제정한 규칙이라도 현실에 맞지 않거나 불합리한 점이 있으며 수정이 가능하도록 하여야 할 것이다.

각급학교의 학칙이나 교육청의 예시안을 보면 체벌과 징계, 포상, 출결관리, 복장 및 두발 및 시상, 학급회의 구성 등 너무 많은 내용을 포함하고 있다. 많은 수의 규칙 내용은 알지 못하여 준수하지 않게 된다고 한다. 핵심적인 내용을 중심으로 하여 세부적인 사항은 별도의 자치회나 관련부서의 규정으로 두는 것을 명시하는 것으로 대신할 필요가 있다.

3) 학생인권의 문제

2006년 중·고등학생 인권상황 실태조사에 의하면 학생들은 복장관련 규칙들, 두발관련 규칙들, 학생회 입후보자 성적 제한 규정 등을 인권 침해라고 생각한다고 응답했다. 교사의 86.7%가 처벌하기 전에 충분히 통보했다고 응답했으나, 학생 83.7%, 학부모 90.0%는 통보받지 못했다고 응답해 집단간 차이를 드러냈다. 기본권적 인권 상황에 관한 문항에서는 교사가 스스로 인권을 침해했다고 여기는 정도에 비해 학생이 인권을 침해했다고 여기는 정도가 월등히 높았다(국가인권위원회, 2007).

아직까지도 일부 중・고등학교의 생활은 극히 통제되고 있어 마치 상급학교의 진학만을 목표로 하는 병영처럼 되어 버렸다. 학교는 규제 일변도로 운영되고 있으며 학칙이 지나치게 엄격하고 비민주적이다. 학생의 지도과정에서 부당한 체벌과 폭력, 인격모독 행위 등 교사들에 의한 인권침해 사례들도 많이 발생하고 있다. 이른바 문제 학생들을 상담과 대화를 통해 지도하기보다는 학교로부터 분리시키는 위주로 징계하고 있다. 청소년 비행은 이러한 체계와 직접적으로 연관되어 있다. 한국에서는 학생이 처벌의 상황에 처하였을 때 자신의 입장을 변호할 수 있는 권리가 없다. 이밖에도 교사의 언어와 두발 규제가 마찰을 일으키고 있다. 학교에서 교사와 학생 간에 사용되는 언어야말로 가장 교육적이면서도 가장 바른 언어여야 한다. 그런데도 학교란 공간에서 사용되는 욕이나 모욕적인 언사는 일반사회에서 사용되는 수준을 뛰어넘는 경우가 있다.

우리나라 대부분의 학교들이 두발에서, 복장, 양말, 신발까지 제한을 두고, 두발 길이와 모양을 획일적으로 규제하고 있어 학교생활규칙 자체가 인권 침해적 요소를 담고 있다.

나. 교원인사의 자율성 정도

현재 인사제도의 근간인 교육공무원의 정원을 국가가 정하고 있으며, 교육을 담당하는 교육공무원 정원의 설정권한도 행정안전부에 속하기 때문에, 교육과정 운영과 학생 수 변동 등 교육환경의 변화에 탄력적으로 대응할 수 없다.

학교자율화 조치 이후에도 아직까지 교원에 대한 인사권은 교육청에서 행사하고 있으며, 교장에게는 인사보강의 형태로 일부 교사를 확보할 권한 등 미약한 권한만이 주어지고 있다. 기간제 교사나 산학겸임교사, 교원이 아닌 비정규직 채용 등이 가능하고 초빙교장의 경우 일정 비율(20%, 공모교장은 30%)의 교사를 초빙할 수 있고 학교 운영상 극히 제한적인 범위 내에서 전보유예가 이루어지고 있다.

1) 신규채용

우리나라는 교사 양성을 목적으로 설립된 교육기관에서만 교사를 양성하는 체제를 운영하고 있다. 목적형 대학(학과)인 교육대학과 사범대학졸업자(대학에 설치된 교육과 졸업자 및 교직과정 이수자를 포함)만이 교육과학기술부 장관이 정하는 바에 따라 교원자격증을 발급받을 수 있다. 이와 같은 제도 운영으로 전국적 차원에서 교사양성의 양과 질을 국가가 강력히 통제할 수 있고 교사 수급 상의 차질을 방지할 수 있는 장점이 있는 반면에, 특정교육기관에만 교사양성을 인정하는데서 오는 폐쇄성과 경직성의 문제가 지적되고 있으며, 전국적으로 교사양성을 국가가 획일화하는데서 오는 비융통성과 교사 양성과정에서 수요자인 시 도교육청이 자율성을 발휘할 수 없다는 한계를 지니고 있다. 2002~2004년에 걸쳐 OECD를 중심으로 수행된 국제 공동 연구 『우수 교사의 충원, 개발 및 유지(Attracting, Developing and Retaining Effective Teachers)』에서도 우리나라 교원 정책의 문제점 중 단위학교와 관련된 선발과 배치가 부족한 것을 지적하고 있다. 이밖에도 취약지역에 대한 근무기피, 교직의 개방성 부족과 임용시험제도 개선이 요구된다.

2) 계약제 교원

계약제 교원은 단위학교 중심의 교육과정 개편에 따른 교원수급의 원활한 운영을 도모하여 학생들의 다양한 교육적 요구를 반영하기 위해 도입한 정책이다. 교직사회의 개방화 정책의 일환으로 교원수급의 탄력성을 제고하기 위한 성격이 짙다. 기존의 교원 인력으로는 급격한 사회 변화에 부합하는 교육 내용을 제대로 소화할 인력이 부족하여 학생들의 다양한 욕구를 반영하기가 곤란하다는 현실적인 점을 고려하여 불가피하게 계약제 교원의 임용정책이 제안되었다고 여겨진다. 그럼에도 불구하고 계약제 운영의 실상은 정규교원들의 공백을 메우는 실정이다. 농어촌의 경우나 예비교사들의 임용준비기간에는 초등학교의 계약제 교원들이 부족하다. 퇴직한 고령교원이거나 교육경력이 부족한 교원들로 임용됨으로써 학부모들의 교육요구를 반영한 다양한 교육방법을 통한 학습지도, 체육, 음악, 미술 등 예체능 교과의 특기지도, 컴퓨터 교육 등을 만족시키지 못하여 비난의 대상이 되기도 한다.

3) 학교조직

○ 교무분장

학교에서 교원의 배치는 담임과 업무부서 배정 및 보직교사 임면이다. 업무 부서를 흔히 업무분장 내지는 교무분장이라고 한다. 교무란 교원의 고유 업무인 교수활동을 도와주는 역할을 하는 학교 경영상 필요한 전반적인 사무나 일을 말한다. 그런데 기존의 교무 조직이 학교 교육의 극대화에 초점을 맞춘 조직이라기보다는 행정 및 사무 처리 업무에 적합하도록 조직되었다는 문제는 오래전부터 제기되었다.

기존의 교무조직은 학교 교육보다 행정 업무에 적합하도록 조직되었다. 학교의 조직은 교무분장 중심, 학년 중심, 교과 중심의 세 가지 방식으로 구조화 할 수 있다. 대부분의 학교에서 이 세 가지 구조화 방식을 모두 적용하고 있지만 어떤 방식에 더 큰 비중을 두고 있는가는 학교마다 차이가 난다.

교무분장 중심의 조직은 학생들의 교육활동보다 행정 편의를 더 고려한 조직 방식이라면, 학년 중심 조직은 입시준비와 생활지도를 중시한 조직 방식이며, 교과 중심 조직은 교수-학습의 질 제고를 위한 조직 방식이라 할 수 있다. 수업의 질을 향상시키기 위해서는 연구하는 교사 문화를 정착시켜야 함에도 불구하고 기존에는 대부분 교무분장에 의한 부서 체제가 중심이 되었고 학년협의회나 교과협의회는 유명무실하게 운영되는 경향이 있었다. 최근 들어 교과별협의회의 중요성이 강조되고 있으나 여전히 형식적으로 운영되고 있는 학교들이 많다.

○ 담임희망

학급담임의 배정에 대한 교사들의 선호가 다르다. 중・고등학교에서는 지역에 따라 다르며 학교유형별 차이가 있다. 학생지도가 수월하고 학부모들의 협조가 많은 경우에는 담임을 선호하고 문제 학생이 많거나 학생지도의 어려움이 있는 전문계 고등학교의 경우 담임을 기피하고 있는 실정이다. 초등학교의 경우에는 저학년 선호가 두드러져 학년순환을 하는 경향이 많다. 학년에 대한 전문성을 갖추기 힘든 실정이다.

현재 학교에서 담임 배정 방식은 희망 선임식 담임제를 운영하고 있다. 따라서 본인의 희망한 바대로 학급담임이 선임되면 교사의 사기가 앙양되지만, 그 반대의 경우에는 불만을 야기할 수 있어 문제점이 있다. 학부모나 학생의 경우에는 담임에 대한 선택권이 전혀 없다. 일방적으로 학교가 정해주는 대로 따라가야 한다. 학급마다 창의적인 학급경영을 하고 그것을 근거로 하여 담임을 선택하는 제도도 필요하다고 본다.

이밖에도 현재의 획일적인 담임제도를 벗어나서 전문적 지도가 가능한 방법에 대한 탐색이 이루어져야 할 것이다. 가능한 담임제도로는 교사별 담당 학급을 미리 고정해 놓고 그 교사는 매년 동일한 학년의 학급을 담임하도록 하는 학년고정식과 한 사람의 학급담임 교사가 동일한 학급을 2년 또는 3년간 계속적으로 담임하다가 교체하는 방법 등이 있다. 다양한 담임 배정 방식을 고안하여 학생들의 만족도와 교사의 만족도를 높이는 시스템이 필요하다.

○ 보직교사 임명

초·중등교육법시행령 제35조 제4항에 의하면 학교급 및 학급 수에 따라 보직교사의 수를 규정하고 있다. 이는 과거에 주임교사의 수와 그 종류를 함께 규정했던 교육법시행령과는 달리 보직교사의 수만을 규정하고, 보직교사의 명칭은 관할청이, 보직교사의 종류와 그 업무분장은 학교장이 정하도록 한 것인데, 실제 학교현장에서는 대개의 경우 관할 교육청의 권고로 몇 개의 부서가 통합되었을 뿐, 과거와 유사한 교무분장 조직을 구성 운영하고 있다.

보직교사의 경우 학교급별에 따라 다르다. 현재 12~17학급 규모의 중, 고교에는 보직교사가 8명이지만 초등에는 4명밖에 배치되지 않아 차이가 있다. 또한 소규모 학교에는 교사 1인당 할당되는 업무가 많음에도 불구하고 보직교사의 수가 적어 2개 부서를 겸임하는 경우가 있다. 보직교사 및 교무분장조직 운영 구성 시에 인사자문위원회에서 자문을 구하도록 되어 있으나, 대개 교장의 경영방침에 따라 구성되기도 한다. 또한 능력에 따른 부장 임명이 아니라 경력에 따른 인사가 진행되거나 승진 대상자를 고려하는 경우가 많다. 이렇게 합리적인 인사배치가 되지 않는 경우 부서간의 업무협조가 부족하고 학교에 대한 만족도가 높지 않아 조직관리에 문제가 발생하기도 한다. 단위학교의 특색에 맞는 배치로 학교교육력을 높이는 구조가 되어야 한다.

○ 행정실 직원의 협력

직접 학생교육을 담당하고 있지 않은 교육행정직의 근무태도 또한 학생교육에 영향을 미치는 것으로 교사들은 반응하고 있다. 대부분의 학교에서 교원과 행정직 직원간의 관계가 원만하지 못하여 학교교육에서 역효과를 초래하기도 한다. 일선학교에서 교무주임을 교무부장으로 칭하면서, 일반 행정직에서는 서무실을 행정실로 서무과장을 행정실장으로 호칭하여 행정실장을 부장보다 한 단계 높은 직위에 있는 것으로 포장하기도 하였다. 엄밀한 의미에서 행정은 최고경영자의 일이다. 그럼에도 불구하고 일부의 사람들이 행정실장을 교감의 상급자 내지 동급 직위로 직위를 상정하거나 행정실 업무 추진에서 교감을 배제하거나 협조하는 사람으로 보는 것은 큰 문제이다. 이러한 원인으로는 행정실 일반 직원의 교육의 성격 및 과정에 대한 전문적인 이해 부족과 관점의 차이, 또는 행정실에 속해 있는 기능직 공무원, 식품위생직 공무원, 일용직 직원들의 교원에 대한 배타적인 태도 등을 들 수 있다(진동섭 외, 2005).

4) 단위학교 우수교원 확보책

○ 수석교사

교육과학기술부에서 제시하고 있는 수석교사의 역할은 수업코칭, 현장연구, 교육과정・교수학습・평가방법 개발보급, 교내연수 주도, 신임교사 지도 등 해당 교과의 수업지원 활동, 교원양성・연수기관에서의 강의 등 교과교육 관련 외부활동, 기타 현장수요에 부응한 추가적인 역할 발굴・수행 등이다. 이러한 수석교사의 역할 규정은 단위학교 내의 교육보다는 장학과 교육청의 교사 연수 위주로 운영될 가능성이 높은 구조이다. 중등수석교사 상반기 활동을 분석한 결과를 보면, 교내외 신규교사 연수(6회), 수석교사제 홍보연수(4회), 신규교사 수업참관 및 멘토활동(6회), 시범교과 수업공개 장학요원 참석(12회), 교내수업공개 참관(5회), 교육실습생 수업참관(2회), 시범교과 수업공개(2회), 각종연수 강의활동(4회), 각종대회 심사(4회). 각종 협의회, 연수회 참석 및 연구 활동(13회) 등으로 전반적인 활동은 교사의 전문성 제고와 관련은 있지만 단위학교보다는 장학사의 업무를 보조하는 교외활동에 치중하고 있다는 문제점이 있다. 이러한 운영에서는 당연히 본인의 수업공개가 적을 수밖에 없다. 따라서 수석교사는 학교 내 본인수업의 적극적 공개를 통해 단위학교 교사들에게 모범이 되어야 할 것이다.

○ 전보제도

학교 조직의 입장에서 볼 때 교사 전보 실시 이유는 장기 근무로 인한 침체를 방지하고 능률적인 직무 수행을 기하는 데 의의가 있다(교육공무원임용령 제13조제3항). 즉, 동일한 학교에서 장기 근무함으로써 나타날 우려가 있는 권태로움에서 벗어나 업무수행의 쇄신을 기할 수 있는 계기를 마련하기 위함이었다. 그간의 전보제도는 교사는 4년 만기에 순환근무가 원칙이다. 교장의 경우에는 4년을 근무하기 전에 대개 2년 정도만 이동하는 경우가 많아 학교에 경영에 대한 책무성을 확보하기가 어려운 실정이다.

학교자율화로 단위학교에 필요한 교원을 확보할 필요가 있다. 학교의 특성을 어떻게 반영하고 그리고 지역 주민의 요구를 어떻게 반영할 것인가가 전보제도에서도 중요한 요소임에도 불구하고 교직원을 교육청에서 지정해주고 있어 학교와는 무관한 인사가 배치되고 있다. 학교가 필요로 하는 교원들을 초빙할 수 있는 범위가 지나치게 제한적인 것도 문제이지만 필요한 인사를 오래 머무르게 할 수 있는 유예제도도 부족하다. 특히 전문계고 산학협력에서 잦은 담당자교체로 사업의 일관성이 없다는 애로사항이 제기되고 있다. 담당교사가 교체되면 처음으로 돌아가는 게 지금의 현실이라고 한다.

○ 교원평가

현재의 교원평가가 교사의 책무성을 물을 수 없다는 것과 모든 학교에 똑같은 평정의 잣대로 측정하여 학교교육력을 향상시키지 못한다는 점이 문제점이다. 교원근무성적평정의 공정성 제고를 위해 다면평가제를 도입하여 교장과 교감 각 50%에서 교장 40%, 교감 30%, 동료교사 30%로 실시하고 있다. 하지만 아직까지 교장 교감의 비중이 70%이어서 관리자들의 정실의 소지가 남아있고, 동료교사를 평가하는 것을 기피하고 절차가 까다로워 형식적이다. 근무성적 평정 요소는 자질 및 태도(24→20점)보다 근무실적 및 근무수행 능력(56→80점)으로 확대되었다. 특히 학습지도 능력이 40점으로 대폭 확대되었다.

평정요소로 학습지도가 확대되었지만 학습지도의 수혜자인 학생들의 만족도나 학부모들의 만족도 반영이 이루어지지 않고 있어 교사자신에게도 정확한 피드백이 되지 않아 전문성 신장에도 도움이 되지 않고 있다. 그리고 현재의 근무평정은 전국공통으로 이루어져 지역별, 단위학교별, 교사지위별 특징을 반영할 수 없다. 지역별, 단위학교별, 교사 지위별에 따른 특성을 반영할 수 있는 자율적 권한을 단위학교에 부여할 필요가 있다.

〈표 Ⅵ-3〉 교사 근무성적 평정사항 및 평정점

평정사항	자질 및 태도		근무실적 및 근무 수행 능력		
평정 요소	교육자로서의 품성	공직자로서의 자세	학습 지도	생활 지도	교육연구 및 담당업무
개정 전	12점	12점	24점	16점	16점
개정 후	10점	10점	40점	20점	20점

단위학교 교사가 학교특성이나 지위 등과는 관련 없이 누구든지 공통적으로 적용되는 공통사항과 교사별 특성에 따라 선택적으로 적용되는 선택사항으로 구분하여 영역을 설정할 필요가 있다(한만길, 2007). 시골의 6학급 교사와 대도시의 50학급

의 교사의 1인 업무 비교량은 차이가 날 수밖에 없고 명문 인문계고 학생들과 농어촌이나 일부 전문계고 교사의 업무 차이는 분명한 것이다. 열악한 다른 조건을 똑같이 취급할 것이 아니라 각자 다르게 평가하여 사기를 진작시켜야 농어촌에도 경력교사들이 지원하게 될 것이다.

5) 교장 공모제

자율화된 학교의 교장은 수업을 잘하는 교사도 아니고 전통적인 학교조직을 관리하는 행정 관료가 아니다. 학교 구성원의 다양한 요구를 수렴하고 조정할 수 있는 민주적 지도력을 중시해야 한다. 교장은 학교 구성원의 협력과 조화를 통해 민주적이며 합리적인 학교운영을 담당할 수 있어야 한다. 또한 사회적 책무성에 대한 인식을 확고히 할 필요가 있으며, 이는 학부모, 지역사회, 국가에 대한 학교교육의 역할과 성과를 중시하는 인식을 가져야 한다. 이렇게 세월이 변화하고 사회가 변화함에도 교장의 역할에 대한 탐색이 부족하고 교장 임용제도가 크게 변화하지 않았다.

3. 외국의 동향

우리나라의 학생관련 규정은 일본의 영향을 많이 받아 지나치게 규정이 많다(국가인권위원회, 2007). 학생인사와 관련된 내용으로 학생관련 규정들이 자유로울 것 같은 미국이나 캐나다, 호주 국가들의 학생규칙을 알아보고 교원들의 인사 또한 단위학교의 교육력을 제고할 수 있는 측면에서 비교 검토하여 시사하는 바를 찾고자 한다.

가. 학생 인사

1) 학생에게 결정권 부여

독일의 경우 학교의 의사결정에도 학생의 참여를 보장하고 있다. 학생은 학교에서 참여를 통해 민주주의에 대한 문서상의 학습이 아닌 실질적인 체험을 하게 되는 것이다. 학교협의회의 구성에서 학생의 수가 초등학교에서는 없지만 중학교에서는 1명이상 참여하다가 고등학교에서는 학부모 대표 수보다 학생 대표의 수가 많아진다. 자연스럽게 학생이 학교의 주체로 성장하게 된다. 학생회에 대한 법제화 내용은 찾을 수는 없었지만 학생들의 의견 반영이 학교에 이루어지는 경우가 있었다(손승남, 2000).

호주의 빅토리아 주에서는 각 학교 카운슬러가 교사, 학부모, 학생들과 협의하여 복장 규정을 마련하고 있다. 타미티어 고교의 경우에는 학생회가 중심이 되어 학교 교복을 바꿨다. 종전 교복 색상이 너무 칙칙해다는 학생들의 불평이 많자, 이를 학생회 안건으로 채택했는데 새로운 디자인으로 바꾸자는 의견이 많아 학교운영위원회에 보고했고, 학교운영위원회가 찬성해 산뜻한 교복으로 바꿨다.

현재 우리의 경우 학생자치회가 법제화 되지 않았지만 제한된 허용 범위 내에서 학생들의 자치가 나타나고 있다. 학생 자치회, 동아리, 축제, 체육대회와 같은 다양한 활동은 학생들의 주체성과 자발성을 촉진할 수 있는 장치들로서, 학생간, 선후배간, 학생-교사간 유대관계를 형성하는데 기여할 수 있다. 동아리 전일제 운영을 최초로 시작하는 등 다양한 동아리 활동을 활성화하고 있는 Y고교의 경우, 학생들과 교사 간 르포 형성이 잘 되어 있고 졸업생이 많이 찾아온다. 선후배 관계도 돈독하고 홈커밍데이(homecoming day)도 운영하고 있다. 각 동아리에 대해서 교사 2~3명씩 적극적으로 지원한다(김영화, 2003).

이밖에도 자율성을 강조하는 간디학교는 교사와 학생들이 함께 모여 동등한 자격을 갖고 의논하는 식구총회가 있다(http://gandhischool.net/). 교사와 학생이 똑같이 생활규칙을 만드는 것, 생활규칙을 어겼을 당시 처벌하거나, 처방하는 것도 1인 1표(식구총회에서)로 결정하는 것이고, 식구 식구총회에서는 학생들과 교사들이 모여 회의하면서 학교 내부의 문제를 해결한다. 예를 들어 도난사건이 발생했을 경우, 식구총회에서 "이런 일이 발생한 이유는 무엇인가" "이 문제를 어떻게 해결해야 하나" 등 근본적인 문제를 토론한 후 식구총회에서 모두 반성하는 의미에서 며칠간 단식을 한 경우도 있다. 식구총회에서 교내 금연 · 금주를 결정하기도 했다고 한다.

2) 미국의 학생관련 규칙[7)]

미국의 학교 규칙은 일반적인 학교 규칙, 운동장에서의 학교 규칙, 점심시간의 규칙, 일반적인 규칙 위반에 대한 처리 과정, 복장 규칙 등으로 나뉘어져 있다. 그 중에서 학생들과 갈등이 많은 복장 규정과 체벌을 살펴본다.

---

7) 이하 학생관련 규칙은 국가인권위원회에서 발간한 청소년 교육전략21 - 중 · 고등학생 인권상황 실태조사 보고서 내용을 요약한 내용임

○ 교복입기 확대

미국의 판례에 의하면 헌법에 의하여 보호되는 개인의 자유권으로서 머리의 모양이나 복장을 선택하는 학생의 권리는 침해될 수 없고 학생의 복장이 깨끗하고 단정할 경우에, 의상을 선택할 수 있는 학생의 자유를 제한하는 것은 교육적으로 합리성이 없다고 판결하고 있다. 그러나 그러한 학생의 권리가 타인의 권리를 해치게 될 때, 즉 헤어스타일이나 복장이 다른 학생에 대한 안전이나 위생 및 수업 분위기 등에 구체적이고 실질적인 방해를 할 만한 근거가 제시될 때, 학생 복장 선택을 규제하려는 학교의 규칙이 학교교육과정의 일상적인 운영과 그 학교가 교육상 책무를 수행하는데 필요하다는 합리적인 근거가 있을 때에는 제한을 가할 수 있다고 판결하고 있다.

1996년에는 빌 클린턴 대통령이 현지를 방문, 학교 폭력 예방 방안으로 교복 정책을 지지해 전미 16,000개의 교육위원회에 교복개정을 권장하는 매뉴얼을 보냈다. 그 후 교육 착용을 의무화하는 학교가 점차 조금씩 늘어나는 추세로 2006년 5월 초등학교의 25%, 중등학교 12% 정도가 교복 착용을 의무화하고 있다.

○ 학부모 동의에 따른 체벌 허용

미국 50개 주(State) 중 체벌을 법적으로 금지하고 있는 주는 28개주에 불과하고 나머지 22개 주에서는 제한적 또는 전면적인 체벌을 허용하고 있다. 또한 미연방 교육국 통계에 따르면 체벌을 받는 학생 수도 연간 30만 명에 달하고 있다. 미국 학교 체벌건수의 3/4은 텍사스, 아칸소, 미시시피, 테네시, 앨라배마 등 남부5개 주에서 집중적으로 일어나고 있다.

지각생, 상습적 수업태도 불량 학생, 교사에게 욕을 하거나 위협을 가한 학생, 집단 따돌림을 가한 학생 등이 주로 체벌 대상이다. 체벌을 하기 위해서는 학부모의 동의가 뒤따라야 한다. 학년 초 학교에서는 학부모들에게 '체벌 동의' 서명을 받으며 이에 동의하지 않을 경우에는 다른 방법의 처벌(반성문 제출, 교장의 직접 지도, 학부모 호출 및 학생과 수업 참여, 방과 후 나머지공부 참여, 토요일 등교, 정학 등)을 받겠다는 다짐을 해야 한다. 예를 들어 체벌을 허용하는 텍사스의 ARP 교육구에서는 교사들을 위한 지침서(Teachers' Handbook)에서 다음과 같은 체벌 시행 지침을 권장하고 있다.

① 체벌을 할 때는 반드시 교사자격증을 소지한 목격자를 대동해야 한다.

② 학생으로 하여금 목격자에게 자신의 잘못을 진술하도록 한다.

③ 체벌 후 학부모에게 생활지도 보고서를 발송해야 한다.

④ 체벌을 할 때는 잘못된 행동의 경중, 학생의 나이 및 덩치가 고려되어야 한다.

3) 캐나다의 학생관련 규칙 - Ontario

○ 까다로운 사립학교 복장규정

캐나다 온타리오(Ontario)주의 학교 복장에 대해 살펴보면 대부분의 공립학교는 마치 대학생들처럼 복장이 매우 자유롭다. 그러나 사립학교와 종교학교의 경우에는 교복이 정해져 있다. 교복의 경우 우리나라의 고등학생에 해당되는 9~12학년의 경우, "여학생들은 학교 마크와 학교 이름이 수놓아진 초록색 골프 셔츠(짧은 소매나 긴 소매)와 학교 마크와 학교 이름이 수놓아진 초록색 스웨터 셔츠, 블랙 워치 스커트를 입는다. 짙은 파란색이나 검은색 바지를 착용할 수 있으며, 몸에 꼭 끼지 않는 것이어야 한다. 짙은 파란색이나 검은색 무릎 양말, 레오타드, 긴 양말을 착용할 수 있다. 검은색 학교 신발이나 간편화를 착용한다"라고 아주 자세히 제시하고 있다.

교복을 착용하지 않는 복장에 관한 지침을 보면 복장은 단정하고, 깨끗하게 착용하며, 적당한 크기의 것을 품위 있게 착용한다. 골프 티는 항상 넣어서 입어야 한다. 스웨터 셔츠 하나만을 착용해서는 안 되며, 반드시 골프 셔츠위에 덧입어야 한다. 6~12학년까지의 학생들은 벨트 고리가 있는 바지에 검은색이나 짙은 파란색 벨트를 매야 한다. 이보다 저학년의 학생들은 바지와 같은 색상의 벨트를 매야 한다. 한편, 까다로운 복장을 요구하는 학교들은 신발, 양말까지 모두 정해주고 있으며, 정해진 곳에서 교복을 사야한다.

○ 체벌 불허

캐나다는 다양한 인종으로 이루어진 사회인만큼 학교 규칙에 대한 전체적 통합성은 낮다. 지역마다, 학교를 세운 종교재단에 따라 모두 다 틀린 기준을 적용한다. 학교 행정도 일관된 규정을 적용하기보다 심사관이나 사무관에 따라 각기 다른 결정을 내리는 경우도 심심치 않게 일어난다. 하지만, 학생 및 학부모들은 담당자들의 판단을 대부분 믿고 따른다. 이는 일처리가 더디기는 하지만 그만큼 철저히 조사하고, 공정한 판단을 내리려고 노력하는 자세에 대한 믿음에서 비롯되는 것으로 볼 수 있다.

한편 다양한 인종들을 일관된 하나의 틀에 넣기보다 개개인의 인권을 존중하는 방향으로 합리적인 판단을 우선시한다. 물론 개개인의 인권 존중이 중시되기 때문에 남에게 피해를 주는 일에 대해서는 법적으로 엄격하게 처벌한다. 토론토(Toronto)의 Brebeuf 학교 규칙을 살펴보면 학생들이 규칙을 어기거나 잘못을 저질렀을 경우, 학교 규칙에 따라 담임교사가 몇 차례 경고를 주는 것이 일반적이며, 이는 학부모에게도 통지된다. 그러나 규칙을 어겼다고 해서, 교사가 학생들에게 체벌을 하는 일은 없다. 이는 교사들이 학생들의 인권을 존중하기 때문이다. 한편 인권 존중이 중시되는 사회이기 때문에, 만약 학생들에게 불미스러운 일이 발생할 경우, 교사들에게 따르는 책임 또한 크기 때문이다.

4) 호주의 학생관련 규칙

호주는 사립, 공립 또는 기독교 학교 같은 유형에 따라 각각 교복. 복장 규정이 다르다. 국가에서 교복을 권장하여 거의 모든 학교가 교복을 입는다. 이밖에도 용모 규정, 두발 등을 세세하게 규정하고 있다. "학교 신발로 꼭 갈색 가죽 신발을 신어야 하며, 매일 신발을 닦아서 깨끗하게 신어야 한다. 체육시간에 흰색 운동화를 신어야 한다."고 규정하고 있는 것에서도 잘 알 수가 있다.

처벌규정은 학교 규칙을 어겼을 때는 3차례에 걸쳐 경고를 주고, 그 다음에도 걸리면 처벌을 하는데 주로 봉사활동을 시키거나 숙제를 내준다. 숙제는 단어를 외워오는 것이며, 봉사활동으로는 보통 쓰레기를 줍거나 청소를 한다. 그리고 교사의 일을 돕거나 심부름을 한다. 그러나 무단결석을 할 경우, 엄격히 처벌한다. 그 외의 경우, 교사들은 다른 학생들 앞에서 야단을 치지 않는 등 학생들의 인권을 존중한다.

캐나다, 호주의 경우 교복 착용이 일반화 되어 있으며 미국도 학생들의 생활지도를 위해 교복 착용을 강조하고 있다. 학생들의 두발이나 신발 등을 세세히 규정하고 있기도 하다. 처벌 규정이 체벌을 허용하는 곳도 있으나 절차에 따라 처리하고 다른 사람 앞에서는 혼내지 않는 인격적인 배려는 배울 점이다.

나. 교직원 인사

여러 국가의 인사제도를 검토하여 단위학교에 시사하는 바를 찾아보면 교사와 교장임용이 단위학교 중심으로 이루어지고 있으며, 수석교사제도도 교사의 전문성을 강화함으로 인해 단위학교 교육력 향상에 기여할 수 있는 것으로 판단된다.

1) 학교별 교사 채용

미국, 영국, 일본, 중국의 교원 임용 제도를 임용권자와 절차에 따라 분석하여 우리나라와 비교하여 보았다. 임명권자가 교육부장관(한국, 독일), 지역 또는 지방교육당국 또는 학교구교육위원회(미국, 영국, 일본, 중국)라는 점이 각각 다르며, 임용계획에 의거한 전국 또는 지역별 채용절차(한국, 일본), 학교에 결원이 발생하는 경우에 채용하는 차이점이 있었다.

〈표 Ⅵ-4〉 각국의 교사 임용 절차

국가	임용 절차
미국	학교에 교원 결원발생 → 학교 또는 학교구에서 채용공고 → 공개전형실시(학교별 심사) → 서류심사 및 면접을 통한 선발 → 교육위원회발령의뢰→ 교위심사 → 임용계약체결 → 임용
영국	학교에 교원결원발생 → 학교와 지방교육당국 공동으로 전국에 채용 공고 → 공개전형(학교별 학교운영위원회에서 심사, 지방교육당국의 인사담당장학관 참여, 임명권자의 추천권발동, 교장의 선발참여강화) → 서류 심사 및 면접을 통한 선발 → 임명권자의 추천권과 일치하는 경우 고용계약체결 → 임명권자에 의하여 임용
독일	유형 Ⅰ 학교에 교원결원발생 → 교장명으로 전국에 채용공고 → 학교 내에 인사위원회구성(교장이 위원장이 되며 교과교사로 구성, 교육청 인사담당 장학관 참여) → 공개전형(서류심사, 수업운영평가, 전공교과분야면담평가) →1~3위 결정 → 교육청을 경유하여 주교육부장관에게 임용 의뢰 → 주교육부심사(지방행정청장이 대행) → 임명(특별한 하자가 없는 한 1순위자가 임명되며, 1순위자에게 문제가 있을 경우 재심사 반려 → 재심사 후 순위를 결정하여 임용 재의뢰 → 교육부장관이 임용)
	유형 Ⅱ 주정부가 매년 채용 규모를 공고(소규모 임용 교과 교사 포함) → 지원자 서류 제출 → 지방교육청별선발위원회구성 → 개인면담(4단계로 평가) → 성적종합(1차 국가시험성적에 10배, 2차 국가시험성적에 30배하여 개인면담성적과 합산) → 합격자 명단 작성 → 교육부장관에게 보고 → 교육부서류심사 → 임용후보자 개별 면담 → 후보자 확정 및 임용후보자 명단 작성 및 공개(성적순으로) → 매년 9월1일 임용
일본	연간 교원수급계획에 의거한 채용규모 확정(도도부현의 교육위원회 또는 시정촌의 교육위원회) → 교원신규채용공고(초임자연수제도에 따라 1년간 조건부채용전제) → 공개경쟁시험실시 → 합격자발표 → 학교배치 → 근무 및 1년간 계획에 의거한 연수 실시 → 정식임용
중국	지역별, 교과별, 학교급별 교사 수급계획에 의한 교원 양성 기관정원 확정(계획양성) → 각급 학교별 채용 공고 → 지역별 교사직무평가심의위원회심사(행정지구단위) → 단위학교 내에 교사초빙위원회가동(초빙교사의 업무분장 마련) → 약정서채택(계약조건명시) → 계약체결 → 초빙증서 발급(임용증서) → 신규임용교사의 초빙기간동안의 활동 목표작성, 제출 → 단위학교 내 간부회의에서 심사 및 최종 승인

○ 단위학교 중심의 교원선발

학교별 채용 절차가 각각 다르다. 크게 선발의 주체 역시 교장을 중심으로 하는 경우(미국, 영국, 독일, 중국)와 교육행정기관이 주관하는 경우로 구분할 수 있다. 교육행정기관이 주관하더라도 학교 내의 교사초빙위원회(중국)나 운영위원회의 심사(독일) 내지는 학교구(미국)와 지역교육청(영국)내 학교인사가 포함되어 있다. 단위학교인사가 임용 심사에 포함되어 학교에 필요한 교원을 선발하는 방법이 시사하는 바이다.

○ 교원적격 판단을 위한 시보 운영

교사의 자격증 유효 기간을 설정하는 국가(미국)와 1년간 조건부로 임용하는 일본의 경우는 그 목적이 매우 유사하나 운영하는 방법이 다르다. 교사의 전문성 및 인성이 대학의 교사 교육 과정 및 임용 과정에서 검증되지 못하여 상당 기간 근무 상태의 평가 및 보충 교육의 결과를 토대로 우수하다고 인정되는 경우에만 정식 임용해야 한다는 점이다. 한국과 중국 및 영국은 이러한 제도가 없으며, 독일은 교사 자격증 취득을 위한 과정에서 2년간의 시보 기간을 두고 있다. 독일의 2년간의 시보 기간 운영은 국가공무원임용과정이라는 전통과 이론과 실제의 통합을 통해서만 완전한 교사를 양성할 수 있다는 두 가지 이론에 의하여 정착된 제도이다.

교원의 전문성 측면에서 교원적격을 판단하기 위해서는 일본의 1년간의 조건부 임용이나 독일의 시보운영이 참고할 만하다. 시험 방식에 있어서도 교육학 선다형 시험을 통과한 자만이 면접과 실기를 거치는 지금의 우리의 임용방식 보다는 면접과 수업운영평가, 전공교과분야 면담평가와 임시기간의 활동 등을 검토하는 방법이 더 타당한 평가이다.

2) 교육중심 교원 배치

○ 교과부 신설

단위학교에서 교육력을 높이기 위해서는 교무분장에 대한 새로운 검토가 이루어져야 한다. 종래 교무분장은 업무 중심이라는 비판을 받고 있다. 중동고등학교가 학교단위 교원조직을 여러 차례 개편을 시도하였다. 그중에서 학생들의 교육을 중심으로 "교과부"를 신설하여 개편한 예가 다음 그림과 같다.

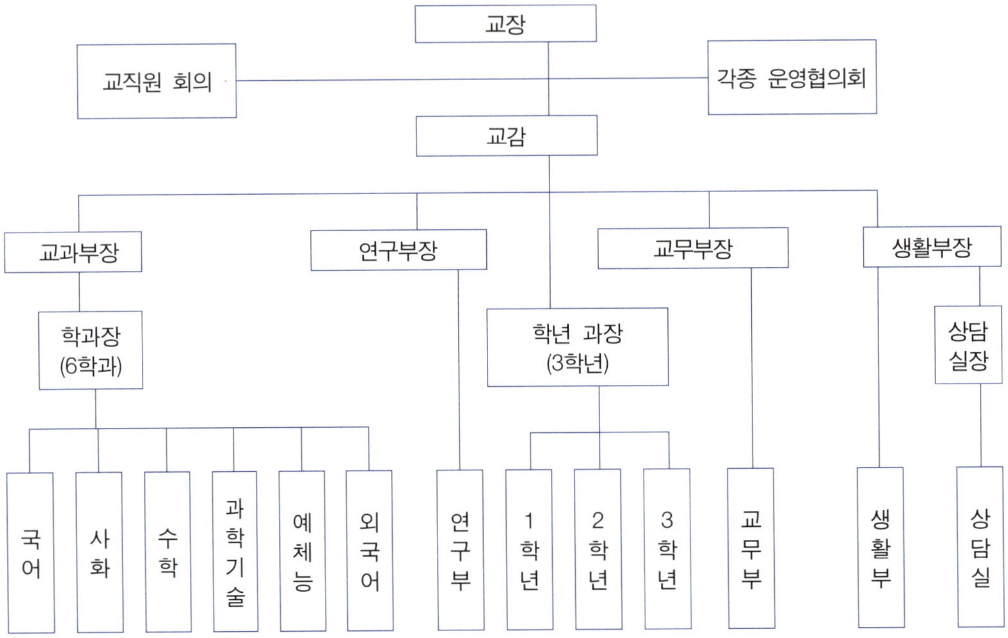

자료: 류방란(1998).

[그림 Ⅵ-3] 고등학교 교원조직(예시)

조직 개편의 방향을 교과 연구와 개발의 활성화에 두고 교과부를 신설한 것이므로, 이것이 제대로 운영되느냐의 여부는 조직 개편의 성과를 판가름할 수 있는 관건이 된다. 중동고등학교에서는 교과부를 효율적인 교과지도를 위하여 수업 준비과정에서 성적처리까지 체계적인 연구와 관리를 위한 조직으로 규정하였다.

업무를 살펴보면 교과연구, 수업연구, 평가개선, 행사업무로 나누고 있다. 행사업무로 기타 교과와 관련된 행사로 다른 행사업무와 구분하고 있다.

〈표 Ⅵ-5〉 교과부 업무

교과연구	교재개발, 공동교안 제작, 교수-학습방법 개선 관련 연수, 소세미나 등
수업연구	토론식수업, 팀티칭, 시청각 기자재 활용 등 새로운 수업 방식의 적극적 도입 및 활용, 수업연구, 시범수업, 공개수업
평가개선	평가의 공정한 관리, 학습과정 인정 점수제 도입 등 평가 방식 개선
행사업무	기타 교과와 관련된 행사 등

○ 조직 개편을 위한 여건 조성

중동고등학교에서 교과 중심의 조직 개편 초기 교과 조직에 소속된 교사는 그다지 일이 없고, 행정 업무 조직에 속한 교사는 업무가 과다하다는 불만이 제기되었다고 한다. 종래 교무분장 조직에서는 외부의 지시에 의해 발생하는 업무를 주로 수행하였던 것에 비하여 교과조직에서는 스스로 연구를 수행하여야 한다.

중동고의 경우의 사례를 살펴보면, 조직에서 규정된 업무가 제대로 수행되도록 연초에 학과별 연간 사업계획을 수립하도록 하고, 예산이 확정된 후에는 편성된 항목에 관하여 자율적으로 집행될 수 있도록 하였다. 둘째, 연구와 협의를 활성화하기 위하여 교과별 협의회는 월 1회로 정기화하고, 교과 교사간 공동교안 작성을 고무하였다. 셋째, 명실상부한 자율장학을 실시하여 교과 연구 및 수업 방법의 개선을 도모하였다. 1년 2회 정해진 기간 동안 교장과 교감이 수업을 참관하여 장학지도를 실시하였다. 넷째, 교사들의 근무 의욕을 고취시키기 위하여 학과별 연구실을 독립적으로 설치해주고 있다.

단위학교의 조직개편에서도 이와 같은 점들을 고려해서 학교 여건에 맞는 여러 형태의 조직 구조를 만들어야 할 것이다. 류방란(1998)은 "학교단위 교원조직 개편 방안 연구"에서 조직 개편의 방향은 교육 활동을 중심에 놓아야 한다고 주장하고 있다. 앞에서 언급한 사례는 오랫동안 변하지 않고 유지되어온 교무분장 중심의 조직을 개편하려는 것은 학교 조직의 핵심에 행정 업무를 놓기보다 교육활동을 놓아 교사들의 전문성을 신장시키고 업무의 효율화를 도모하려는 것이다. 조직 개편 방안 마련과 구현 과정에서 교사들의 능동적인 참여를 이끌어 내야한다. 조직 개편 방안 마련의 첫 단계를 학교 교육의 방향 정립으로 삼을 경우, 어떠한 방향을 설정할 것인지, 그 방향으로 나아가기 위하여 어떻게 조직을 구성하며, 교사들은 무엇을 하여야 하는지 등 일련의 과정을 교사들과 함께 하는 것이 바람직하다. 학교 내 행정 업무를 대폭 줄이는 것이 무엇보다 긴요하다. 특히 상급기관에서 요구하는 업무 중 불필요한 소모적인 것, 실행보다 문서상의 실적을 중시하는 것 등을 없애야 할 것이다. 교사들이 져야할 행정 업무 부담을 줄여야 교육활동 중심의 조직 개편이 실효를 거둘 수 있기 때문이다. 조직 개편 이후에는 교과 지도의 연구와 개발에 지도력을 발휘하는 사람에게 인사상의 평가 방식도 바뀔 필요가 있다.

조직을 개편한다고 하더라도 여전히 관행대로 생활한다면 그 실효를 거두기 어렵다. 따라서 조직 개편의 성과를 거두기 위하여서는 당초의 취지에 맞게 운영하여야 한다. 학교의 연구 분위기를 진작시키기 위한 여러 조치가 필요한 것은 이 때문이다.

조직 개편과 아울러 시설과 여건의 뒷받침이 이루어져야 한다. 현행 대부분 학교의 교무실과 같은 구조에서는 조직 개편의 실효를 거두기 어렵다.

3) 단위학교 전문성 신장을 위한 수석교사제

국가나 지역에 따라서 수석교사(master teacher)(미국 템플시, 위스콘신주)라는 용어를 쓰기도 하지만, 평생직 교육전문가(career professional)(미국 홈즈그룹), 우수 교사(accomplished teacher)(미국 NBPTS), 상급기술교사(advanced skill teachers)와 우수 교사(excellent teacher)(영국), 전문적 지도성을 갖춘 최우수 교원(professional leadership)(호주), 고급교사(중국), 교두(일본) 등의 다양한 명칭으로 불려진다. 최근 2008년부터 일본에서 교사단계가 교사-지도교사-주간교사-교두로 구분하여 역할을 명시하고 있는 점이 특징적이다(http://www.mext.go.jp/).

미국에서의 수석교사(master teacher)제도는 교직사회에 승진의 개념을 도입하기 위해 제시된 것이라기보다는, 교직의 전문성을 높이기 위해 교사의 경력을 다단계화하고 직무를 분화하려는 노력의 산물이라고 보는 것이 타당하다(김선종 외, 1994; 최희선 외, 1994). 외국의 수석교사제도에서 활동범위, 자격기준, 역할 등에 대해서 다음과 같은 시사점을 준다.

○ 일정 년수 이상의 자격 요구

외국의 수석교사제도들에서의 자격은 갱신주기마다 일정 년수 이상의 교직경력과 전문성에 대한 평가나 학력의 자격기준을 갖고 있었다. 위스콘신의 경우 3단계(초기교사-전문교사-수석교사)로 수석교사의 자격기준에는 석사학위 소지, 전문교사 소지 후 5년이다. 초기교사에서 수석교사까지는 최소한 10년의 교직경력이 있어야 가능한 것이다. 최소한의 전문성을 갖추기 위해서는 10년 정도의 기준이 필요하다고 본다.

○ 철저한 분석을 통한 선발

선발방법은 교사의 수업활동 포트폴리오(teaching portfolios), 학생의 학습활동 결과물(student work samples), 수업을 담은 비디오 혹은 DVD, 교사의 수업활동과 학생의 학습활동에 대한 철저한 분석 등을 통하여 「우수 교사」를 인정하게 된다. 이러한 과정에서 교사의 교과 지식의 깊이 확인 및 교과 지식의 지도 방법 확인 등을 위하여 필기시험도 거치게 된다. 일련의 집중적인 성취에 근거한 평가(performance-based assessments)를 통하여 우수한 교사를 확인하고 인정하는 것이다.

중등학교에서는 교과목별로 수평적 직무분화도 이루어졌다. 예를 들면, 수학의 선임교사, 과학의 선임교사 등과 같다. 초등학교 교사들의 경우에는, 수업에 관한 선임교사(senior teacher in instruction), 교육공학에 관한 선임교사(senior teacher in technology), 상담에 관한 선임교사(senior teacher in guidance) 등의 직위를 만들었다.

수석교사의 처우에도 학교 내에 권한이 있어야 함을 알 수 있다. 수석교사에 대한 대우는 단순히 높은 봉급으로 보상해 주는 방법의 차원을 넘어서, 수업에 관한 그리고 학교의 일 전체에 관한 의사결정 권한의 분배를 포함하는 것이다. 탬플시의 경우, 교육청에서는 교육행정가와 교육장 이외에도 각 교육과정 영역의 수석교사를 포함하는 「교수위원회」(instructional council)를 구성해서 운영하고 있다.

○ 교수-학습 중심의 역할

수석교사의 역할은 대개 교수학습활동의 전문성 신장이다. 영국의 우수교사제도(Excellent Teacher Scheme)에서 잘 제시되고 있는데 일반적인 학급교사로서의 의무와 더불어, 신임교사들에 대한 수습교육, 다른 교사들에 대한 전문적인 멘터링, 시범수업을 통한 훌륭한 교수활동의 공유, 교사의 전문성 개발을 위한 계획 · 준비 · 평가 지원, 교수활동이 학생들에게 미치는 영향 평가 및 지원, 학급관찰, 타 교사의 교수활동 실제 개선을 위한 학급관찰 활동 지원 등의 역할을 담당하고 있다.

호주의 전문적 지도성(professional leadership)은 가장 좋은 수업기록을 소유한 교원으로서 학생, 동료교원, 근무학교, 지역사회에 대해 명료한 교육적 비전을 제시하는 헌신적 교육자로 규정하고 있다. 리더십을 강조하여 최근의 지역사회와 협력, 비전 제시를 들고 있다. 점차 학교를 중심으로 사회적 네트워크를 강조하고 있어 수석교사의 자질에 리더십도 필요할 것으로 여겨진다.

수석교사의 역할범위를 수석교사를 학교활동만 볼 것인가 아니면 학교 외적인 활동도 포함할 것인가 하는 것은 영국의 사례에서 찾아볼 수 있다. 영국에서 수석교사제와 관련이 된다고 생각되는 제도로서는 1998년에 도입된 상급능력교사제도(Advanced Skill Teachers)와 우수교사제도(Excellent Teacher Scheme) 2가지가 있다. 우수교사는 상급능력교사와는 달리 타학교 교사들을 위한 지원책임은 지지 않는다. 따라서 우수교사는 학교 내의 장학, 상급능력교사는 타학교 장학지원까지 하고 있다는 것으로 판단된다. 영국의 상급능력교사 경우 2004년 7월에는 약 5,000

〈표 VI-6〉 외국의 수석교사제도 사례

<table>
<tr><th colspan="2">국가</th><th colspan="5">단계 구분</th></tr>
<tr><td rowspan="8">미국</td><td>키레네 지역구</td><td>단계</td><td>수습단계
(residence level)</td><td>선임교사
(buddy teacher)</td><td colspan="2">수석교사(mentor)</td></tr>
<tr><td rowspan="3">위스콘신주</td><td>단계</td><td>초기교사 자격증</td><td>전문교사 자격증</td><td colspan="2">수석교사 자격증</td></tr>
<tr><td>선발방식</td><td></td><td></td><td colspan="2">면담, 시험, 포트폴리오 검토, 논술 평가, 비디오 녹화수업 혹은 현장수업 분석</td></tr>
<tr><td>자격</td><td>5년 기간 동안 유효 - 최소 2년 이상의 교직경험이 없으면, 갱신불가</td><td>5년 기간 동안 유효 - 초기교사자격증 소지후 3년간 성공적 교육활동</td><td colspan="2">10년 유효, 갱신 가능한 자격증
○ 국가교직전문성기준위원회기준 적용
○ 관련 석사학위 소지
○ 전문교사자격증 소지 후 5년간 성공적 교육활동</td></tr>
<tr><td rowspan="2">캘리포니아주 템플시</td><td>단계</td><td>부교사
(assist teacher)</td><td>정교사
(staff teacher)</td><td><선임교사>
(senior teacher)</td><td><수석교사>
(master teacher)</td></tr>
<tr><td></td><td>초임교사를 의미하며 4년간 정시제 교사로 근무하면서 능력을 평가받음</td><td>적절히 교육을 받은 유경험 교사</td><td>탁월한 교수 능력 및 지도력 교사</td><td>연구자로서의 지적인 능력, 효과적인 수업지도성과 함께 탁월한 교사로서의 모든 능력을 소유한 교사</td></tr>
</table>

<table>
<tr><td rowspan="3">호주</td><td rowspan="3">뉴사우스 웰즈주</td><td>단계</td><td>신임 교원
(graduate teacher)</td><td>전문적 능력
(professional competence)</td><td>전문적 성과
(professional accomplishment)</td><td>전문적 지도성
(professional leadership)</td></tr>
<tr><td>정의</td><td>뉴사우스 웰즈 주의 승인된 교원준비프로그램을 마친 교원으로서 초임교원</td><td>실제 교수활동의 성공과 유능성을 입증한 교원</td><td>심층적 교과내용적·교육학적 지식, 풍부한 교수경험, 우수한 교육 성과를 달성한 사람으로 동료교원들이 인정한 교원</td><td>가장 좋은 수업기록을 소유한 교원으로서 학생, 동료교원, 근무학교, 지역사회에 대해 명료한 교육적 비전을 제시하는 헌신적 교육자</td></tr>
<tr><td>자격</td><td>교원양성 교육프로그램을 이수한 졸업생이 가져야할 교수의 실제기준</td><td>수습기간을 성공적으로 마친 교원</td><td>성공적 교육 경험을 풍부히 갖춘 교원의 교수행위에 대한 상급기준</td><td>교수기능과 교수실제 및 교수전문직에 아주 뛰어난 기여를 한 사람에게 적용되는 최상급 기준</td></tr>
<tr><td rowspan="2">일본</td><td colspan="2">단계</td><td colspan="2">교사</td><td>지도교사</td><td>주간교사</td></tr>
<tr><td colspan="2">역할</td><td colspan="2">교원채용 시험을 합격한 면허증을 소지한 정규교사</td><td>학생들을 교육하고 교사에 대해 지도교육지도 개선하는 교사</td><td>교두(교감)를 도와 명을 받아 교무 및 학교일을 처리하고 학생교육을 하는 교사</td></tr>
</table>

자료: 교육력제고를 위한 수석교사제 도입 방안(2006. 한국교원단체 총연합회)과 일본 문부성 (http://www.mext.go.jp/)을 바탕으로 재편집함.

명의 교사들이 AST평가에 합격, 전체 교사 인력의 약 3%~5%를 차지하도록 유지하고 있고 프랑스의 아그레숑 전체 중등교사의 1/5을 차지하고 있는 점도 참고할 사항이다.

우리나라는 지금 교내・외를 병행하고 있는 체제이나 전국의 300명 수석교사 시범운영에서 학교 내・외를 구분하여 운영하여 결과를 비교할 필요가 있을 것 같다. 적은 수로 교내・외활동을 하다보면 두 쪽 다 제대로 하지 못하는 결과를 초래할 우려가 있다. 인원수를 확대하여 각 학교마다 수석교사가 존재한다면 학교밖 역할이 줄어들어 단위학교 교육력 제고에 기여할 것이다.

4) 공개경쟁을 통한 교장 임용

우리나라의 경우 연공서열에 의해 교사로서의 재직 경험이 최소한 20년 이상이 되어야 교감으로 승진하고, 교감 승진 후 최소한 3년을 거쳐야 교장이 되는 구조와 달리 일본처럼 교사의 경험을 전혀 기준에 포함하지 않는 경우도 있고 교육경력이 짧게는 2년 길어도 10년 안이다.

○ 개방적이고 전문적인 교장 자격제도

우리나라는 오랜 교사경험을 통해 교수직으로서의 교장의 역할은 가능하지만, 그 밖의 교장의 역할인 인사행정이나 재정, 조직, 물적 등의 행정에 대한 자질 검증이 부족하다. 영국은 교수직보다 교육관리직으로서의 전문적 자질을 중시하여 교육관리직의 리더십 향상을 위한 양성, 연수 제도 실시하고 있다. 일본의 경우는 교장은 교육에 대한 이해와 식견을 갖고 있는 지역이나 학교 상황 과제를 정확하게 파악하면서 리더십을 발휘하고, 직원들의 의욕을 신장시키며 관계 기관 등과의 연계 절충을 적절히 하고 체계적인 학교 운영을 할 수 있는 자질을 가진 자로 파악하고 무자격 민간인 교장제를 실시하고 있다. 점차 그 인원수가 늘어나 1999년에는 1명에서 시작해서 2008년에 99명에 달하고 있다(http://www.mext.go.jp).

자격요건을 살펴보면 미국의 학교 경영능력 위주의 교장자격제도와 영국의 국립 교장 연수원을 통한 국가 교장 자격증제 도입 등으로 교장의 자질과 능력을 검증하고 있다. 미국의 ISLLC의 학교행정가 자격기준의 영역은 비전, 학교문화와 수업 프로그램, 관리, 학부모와 지역사회의 관계, 행정가의 윤리, 광범위한 상황적 맥락, 인턴 과정의 7개 영역에서 필요한 지식, 기술, 능력, 특성, 자질, 능력과 관련된 기준을 제시하고 있다. 영국의 경우도 국가교장자격증을 취득하기 위한 자격훈련의 핵심영역은 1) 학교발전방향 전략, 2) 교수와 학습, 3) 교직원 관리, 4) 효율적인 교직원 및 자원관리, 5) 책무성이다. 교수와 학습 이외의 영역에 대한 능력을 요구하고 있다. 교장의 역할에 대한 규정 및 역량 평가에 대해서도 연구되어야 할 것이다.

〈표 Ⅵ-7〉 외국의 교장 임용제도

	자격증	자격기준	임용 주관	임용심사자
미국	• 일리노이, 인디아나, 매사추세츠, 메릴랜드, 뉴욕 등 : 자격증 요구 • 미시건 : 특별한 자격증을 요구하지 않음	• 주별로 다름 • 교육행정가로서의 교육, 연수과정을 이수한 자들을 대상으로 자격부여(교사와는 다른 경로의 훈련, 연수를 거침) • 일정 교사경력 후에 대학(원)등에서 프로그램 이수(교장 준비교육에 해당) • 주교육부에서 교장자격 부여	교장임명은 대부분 지역의 학교구 책임	• 주교육부 및 학교구 • 교장임용심사위원회(지역사회인사, 학부모, 타 학교구 교장 등)
영국	국가교장자격증(NPQH) 소지자	국가교장자격증을 취득하기 위한 자격훈련의 핵심영역은, 1) 학교발전방향 전략, 2) 교수와 학습, 3) 교직원 관리, 4) 효율적인 교직원 및 자원관리, 5) 책무성 등이 포함됨	단위학교 학교운영 위원회	학교운영위원회 위원 중 3명 이상으로 구성된 채용전형위원회
프랑스	• 교장임용시험 합격자 • 합격자중중등학교교감으로 2년간 임명된 자	유・초등 교장은 2년 이상의 교사 경력, 중・고등 교장은 5년 이상의 교사, 교육상담사, 직업심리상담사 경력 필요	지역 교육청	지방정부(교육장) 면접위원회에서 심사
독일	교사자격증	1) 다른 학제 출신, 2) 다른 학교 출신, 3) 행정능력과 경영능력 보유, 4) 기타 교장으로서 필요한 능력을 갖출 것을 법으로 명시	교육청	심사위원회(교육청 대표, 타 학교 교장, 학교운영위원회에 선출한 학생 및 학부모 대표, 해당 학교 교원 등
일본	교사자격증 요구 무자격 민간인도 가능	• 교육에 관한 직에 10년 이상 경력 소지자 • 학교의 사무직원을 포함한 직에 5년 이상 근무경력 소지자	교육 위원회	각 현마다 다르나 대개 교육위원회사무국위원과 교육관계자로 구성

자료: 교육정책포럼(한국교육개발원, 2006), 교육과학기술부 국회 관련 정보공개 자료와 문부성(http://www.mext.go.jp)을 정리한 내용임.

미국은 교육행정가로서의 교육, 연수과정을 이수한 자들・일정 교사경력 후에 대학(원)등에서 프로그램 이수(교장 준비교육에 해당)자, 주교육부에서 교장자격 부여 등으로 다양한 경로로 교장이 될 수 있는 대안 마련하고 있다.

○ 공개 모집을 통한 임용

임용후보자 선정 절차는 대부분 공개모집 과정을 거치고 있으며 서류, 면접 등의 다양한 자료를 활용하여 공개경쟁에 의한 임용을 실시하고 있다.

대개 교장 채용이 필요할 시에 감독관청인 교육청이 주관하여 교장채용위원회를 구성하여 해당 학교 등 관련 단체들과의 협의 절차 거치고 있다. 이러한 과정은 교장 임용과정에 학교 구성원들의 적극적으로 참여가 가능한 구조이다. 영국은 학교운영위원회 위원 중 3명 이상으로 교장채용위원회를 구성하여 서류전형과 면접 심사 및 최종 명단 결정을 주관하고 학교운영위원회가 최종후보자를 추인한다. 독일에서는 교육청과 함께 학교운영위원회, 교사회의 등이 임용 심사자로 참여하고 있으며 미국은 학교구의 교장 임용심사위원회에 학부모, 지역사회인사, 타 학교의 교장 등이 참여한다. 일본의 경우에도 도도부현의 교육위원회 차장을 좌장으로 하여 선고위원회를 구성하고 있어 지역에 필요한 인재 선발이 가능한 형태이다. 단위학교나 지역단위의 교장 인사위원회의 역할이 중요하다는 것을 알 수 있다.

대개 임용 절차는 국가마다 조금씩 차이가 있지만 교장 채용공고 → 서류심사 → 심사위원회의 서류심사 및 인터뷰(독일의 경우 수업운영도 있음) → 후보자 추천 → 교육청 승인(프랑스의 경우합격자 연수 및 훈련 유・초교장 후보자는 임용전후 연수, 중등교장 후보자는 2년간 교감으로 훈련) → 임용의 단계를 거치고 있다. 일본은 교직 경력 5년 이상(교사, 사무직원)이면 관리직 시험에 지원할 수 있으며, 합격자는 교직경력에 따라 2년 또는 5년의 후보자 연수를 거쳐 교장으로 임용하고 있다.

○ 책무성 확보를 위한 교장 평가

미국의 학교구에 의해 최초로 임용되는 교장은 시보 계약(Probationary Contract)에 의하여 채용되고 프랑스의 경우 시험에 통과하였더라도 유・초교장 후보자는 임용전후 연수, 중등교장 후보자는 2년간 교감으로 훈련 과정을 지낸 후 임용된다. 또한 임용 후에도 교장 업무수행평가가 2003년도부터 의무화 되어 전국 28개 교육청 교육장이 3년차 교장을 대상으로 매년 직무수행 결과를 평가하고 있어 책무성이 강조되고 있다. 교장에 대한 평가는 영국의 경우에는 1년 마다 평가를 받고 있고 교장은 자신의 업무 성과에 의해 평가받고 그에 따라 재임용과 보수수준 등이 결정되는 유기적인 연계 구조를 가지고 있다.

위의 내용에서 각국마다 채용과정은 차이점이 있었다. 그중에서 교장의 시보 및 훈련과정을 통해 우수한 교장을 선발하고 교장의 선발에서 학교운영위원회 중심의 공개채용으로 단위학교에서 필요로 하는 교장을 채용할 수 있는 점이 학교단위책임경영에서 필요한 점이다.

4. 개선과제

교육에 있어 다양화는 학생이나 교사에게 다 필요하다. 학생들도 획일화된 방식으로 다루어지고 교사 또한 획일화된 시스템에서 근무하는 경우가 있다. 자율화 시대의 학교모습은 단위학교마다 독특화고 차별화된 학생인사, 교직원 인사가 되어야 할 것이다. 그러기 위해서는 학생이나 교직원에게 자치를 부여하여야 한다. 자치가 이루어지면 스스로 참여가 늘어난다. 자율적 참여가 학교의 질 향상에 도움이 된다.

가. 학생 자치 강화

1) 학생 자치기구 활성화

학생자치활동은 학생들에게 시민의식을 가르치고 그들이 다른 사람에 대한 배려하는 마음을 가진 성인으로 성장하는 것을 도와준다. 학생들이 학교의 여러 가지 행사나 일들에 주체적으로 참여하고 학생들의 요구를 파악하고 반영하기 위한 학생자치기구가 필요하다. 학생들이 공동의 생활에서 자신의 역할 스스로 찾아 실천하고 그 과정 속에서 일의 절차를 깨닫고 인간관계를 형성해 간다.

학생도 결코 학교교육의 객체에만 머물지 않았으며 학교운영에 대해서 이의를 제기하거나 때로는 적극적인 의사개진을 통하여 학교의사 형성의 한 축을 형성하여 왔다. 하지만 학생들의 학교운영 참여를 위한 법제화가 이뤄지지 않아 현재 상태에서는 학생들의 참여가 제한적일 수밖에 없다. 현재 교육법규 내에서 가능한 학생회 활동을 파악하고자 한다.

○ 자율적인 학생회 조직 및 운영

자치의 사전적 의미는 '자기의 일을 자기 스스로 다스림'이다. 스스로 다스린다는 것은 아무렇게나 행동하는 것이 아니라 행위의 규칙을 스스로 정하고 그에 따른다는 것을 의미한다. 이는 자율과 같은 의미이다(손승남, 2000).

가장 먼저 학생들이 자율적으로 학생회 규정, 정・부회장 선거규정, 각종 학생 자치 위원회, 회의 진행 절차 등에 관한 규칙을 정하고 준수하여야 할 것이다. 교내생활규정, 교외생활규정 등은 학생들 자신이 지켜야 할 문제임으로 준수가능 여부를 가장 잘 파악할 수 있을 것이고 학교에서 지시적인 방법보다는 학생 스스로 작성하면서 그 내용을 파악하고 준수할 수 있도록 하여야 할 것이다.

학생회 규정에는 학생회의 목적과 회원, 권리의무, 금지활동 등을 명시하여 학생회의 성격을 명확히 하여야 하겠으며 간부를 중심으로 하여 학생회장, 부회장, 각 부의 부장 및 차장(성별 상관없이)으로 자율적인 운영위원회 조직을 구성하여 실제적인 활동을 하여야 한다.

많은 학생들의 의견이 고루 반영될 수 있도록 조직을 만들기 위해서는 학급 자치회의가 필수적으로 운영되어야 한다. 학교 전체의견이 일부 간부들에서 논의된 것이 학반으로 전달되는 것이 아니라 학급자치 결과가 전교 간부회의에 논의되는 상향식 구조가 되어야 할 것이다. 효율적인 의사소통을 위해서는 학년별 대의원회 운영이 필요하다. 각 학년별에서 처리할 내용은 학년별 대의원에서 결정하고 학교 전체의 결정사항은 총대의원회의에서 결정한다. 대의원에서 결정된 내용이나 위임된 내용을 집행하기 위한 학생 운영위원회를 자율적으로 조직한다. 학생회 자치 활동 전반의 기획 및 운영을 하고 학생회의 업무 집행하는 기구로서 예를 들면, 총무, 학예, 선도 등으로 학교의 실정에 맞게 학생들이 구성할 수 있다.

필요에 따라서는 단위학교 각종 위원회 참여에도 학생참여를 보장하여야 할 것이다. 서울시의 경우생활 지도 추진협의회 구성시 위원장-교감, 위원-생활지도부장, 학년부장, 생활지도담당 교사, 학부모 3인, 학생회장단으로 구성하고 있어 학생들의 참여를 보장하고 있으며, 기타 학교 조직에 학생들이 학교행사에 주도적으로 참여하거나 학교교육과정 편성 시에 학습자의 요구 반영 등을 통해 학생들이 학교의 구성원으로서 자리매김하도록 도와야 할 것이다.

그 밖의 여러 가지 문제에 대하여 논의하고 원활한 의견수렴을 위한 학생들이 할 수 있는 방법을 찾아야 한다. 기존의 학급회의 방식뿐만 아니라 학교홈페이지 사이버공간 등에서도 학생들의 의견을 제시할 수 있는 공간을 마련하고 회의 방식 또한 소집단 분임토의, 패널토의 등 다양한 형태로 실시하여야 하겠다.

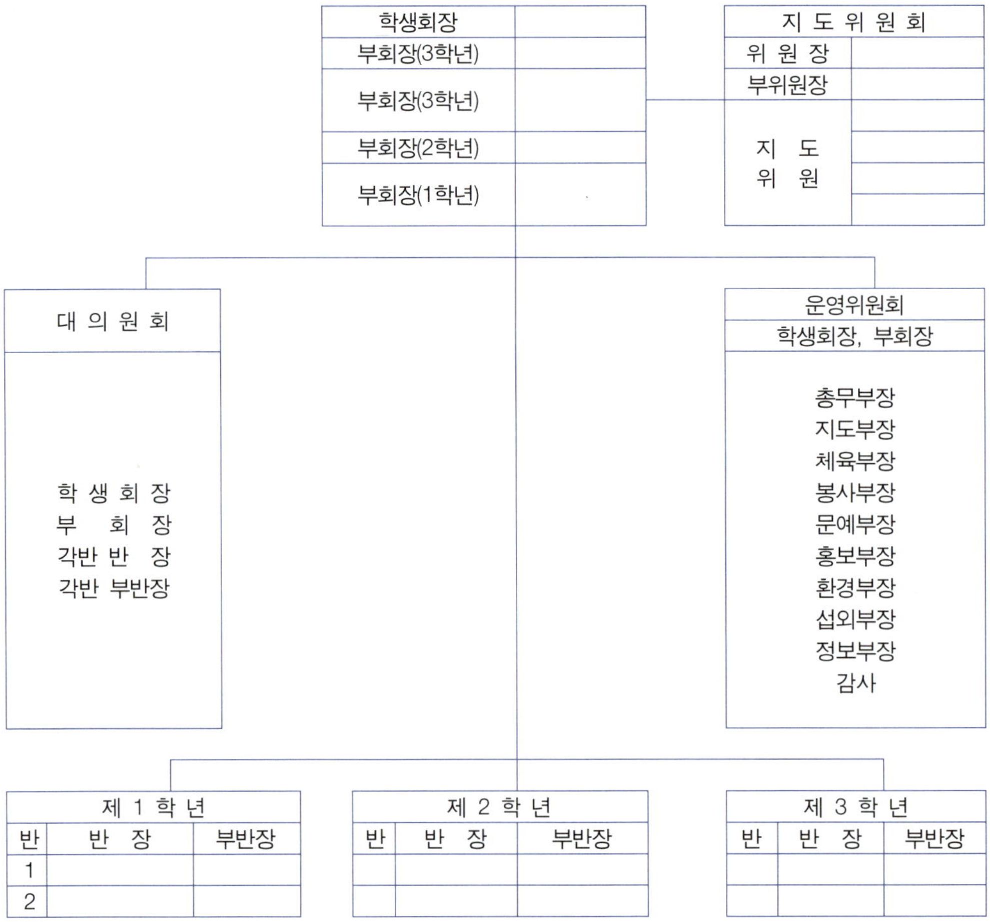

[그림 Ⅵ-4] 학생자치회 조직도(예시)

○ 올바른 행동 촉진을 위한 학교규칙 제정

훈육정책은 학교가 지향하는 가치관에 따라 훈육정책 철학을 형성하고 학생지도와 질서 유지를 위해서 여러 가지 규칙이 마련되어야 한다. 분명한 훈육정책과 공정하고 일관성 있는 훈육정책의 집행은 학생들의 문제행동을 줄이고 학교에 대한 학생들의 태도와 행동을 향상시키기 때문에 학생들의 기대행동을 분명하게 기술한 규칙이 필요하다(박병량, 2001).

미국의 Warwick Elementary School 경우 "품행규정"에 모든 학생이 지킬 내용과 공동 영역에서 지킬 것을 구분하였다.

모든 학생들의 규범
자기 자신과 타인을 존경하여야 하고 관용적이어야 하고, 인내할 수 있어야 하며 노력의 의지가 있어야 하고 배울 준비를 갖춰서 학교에 오고 모든 학생과 학교의 자산을 아끼도록 하고 있다.

공동영역
학교의 특별실, 카페테리아나 운동장에서 지킬 내용으로 제시간에 특별실에 가 있어야 하고 점심을 먹기 위해서 카페테리아로 갈 때는 교사나 보조교사와 함께 간다는 내용이다.

그간 학생들 및 학부모들의 참여가 부족했던 학교규칙을 재정비할 필요가 있다. 많은 수의 규칙 내용은 알지 못하여 준수하지 않게 되므로 세부적인 것은 단서조항으로 두고 심각한 규칙 위반과 경미한 규칙 위반을 구별 짓도록 해야 한다. 또한 징계의 목적이 아니라 올바른 행동을 촉진하는 내용으로 구성하여야 할 것이다.

○ 내재적 동기를 중시하는 학생 보상 및 처벌

학교규칙은 벌을 주기 위하여 설정하는 것이 아니라 학생들이 자신과 타인에게 미치는 영향을 생각하면서 그들의 행동을 점검하도록 도와주는 지침 또는 기준으로 제공하는 것이다. 학생이 규칙을 위반하였을 때 벌을 주기에 앞서, 학생에게 그의 행동을 규칙에 비추어 생각해보도록 하고 돌아보는 기회를 갖도록 하는 것이 바람직하다. 벌은 행동수정의 강화인자로 사용되기는 하지만 Skinner에 의하면 벌보다는 보상이 더 효과적이라고 한다. 행동수정을 사용하는 신스키너 학파도 벌에 관해서 중간 정도의 입장을 취하는 경향이 있다고 한다. 벌 대신에 논리적 결과 개념을 포함한다. 벌은 학생들이 행동에 대한 책무성을 수용하는 것보다 비난을 투사하도록 만들고 종종 퇴학이나 파괴적이며 반항적 반응을 이끌어 낼 수가 있다(이병진 역, 2006). 교사는 학생들에게 행동규칙과 규칙을 준수했을 때 또는 위반했을 때 뒤따르는 긍정적 또는 부정적 결과를 알려준다. 예를 들면 쓰레기를 버렸으면 논리적 결과는 청소하는 것이다. 벌은 다른 방법들이 효과가 없을 때 최후의 수단으로 사용되어야 한다. 이러한 논리적 결과 과정으로 학교 속에서 학칙이라는 법을 가지고 살아가면서 학칙을 지킬 때와 지키지 않을 때 주어지는 상과 벌, 그리고 생활 속에서의 영향을 체험하면서 학생은 법의 의미, 필요성을 배워가는 것이다.

Sergiovanni(1994)는 보상되는 것은 이루어진다고 말하면서 내재적 가치에 의한 동기유발과 책임과 의무에 의해 동기 유발되어야 한다고 주장한다. 학생들에게 주어지는 젤리, 자유시간, 상 등의 외적 보상은 시간이 지나면 결국 동기를 약화시킨다. 성취한 것 자체가 보상이 되도록 하는 것이 아이들을 위한 것이라고 한다.

"사람들은 내적 동기, 존엄성, 배움에 대한 호기심과 배움에 대한 즐거움을 가지고 태어났다. 하지만 이런 내적 동기들에 대한 파괴는 어린 시절부터 할로윈 축제의 상상, 학교에서의 성적, 대학에 대한 우등상과 명예를 얻음으로써 시작된다." 동기는 내적이고 사람들은 의무감에 의해서 행동하는 민주적 공동체에서 편안하게 느끼고 있다.

2) 학교 훈육 조직 및 지원

학교에는 훈육의 전반적인 업무를 담당하는 부서인 윤리지도부 또는 학생지도부 등의 부서가 있으며 학생들의 문제행동에 대한 징계 위원회도 존재한다. 성공적인 훈육정책을 실행하기 위해서는 학교공동체 구성의 참여가 중요하다.

"한 아이를 양육하기 위해서는 마을이 필요하다"라는 말에서 알 수 있듯이 학교, 학부모뿐만 아니라 지역사회의 지원이 필요하다. 이런 환경이 구비되어야 학생들의 훈육문제는 자연스럽게 다루어진다.

○ 예방적인 학교환경 마련

학교에서 발생하는 훈육문제는 일단 학교 환경에 의해서 발생된다고 여겨야 한다. 학교에서 유발되는 훈육문제가 정서적 환경과 물리적 환경에 의한 경우가 많다고 보고 적절한 환경을 조성하면 훈육문제가 상당히 예방될 수 있음을 가정한다(박병량, 2001). 정서적 환경의 경우, 학생들에 대한 교사의 기대가 긍정적이지 못할 때, 학교에서 어떤 행동이 수용되는가에 대한 명확한 지침이 결여될 때, 교사가 학생에 대한 존중이 부족할 때, 아동의 정서적 욕구가 충족되지 않을 때 문제행동이 더 많이 유발될 수 있다고 한다. 또한 강압적인 체제 학교운영에 대한 학생의 참여 기회 부족도 원인이 되고 있다.

물리적 환경의 경우 수업형태와 맞지 않는 교실 및 좌석 배열, 오랫동안 앉아 있게 하는 교실, 움직임이 허락되지 않는 교실, 사생활이 거의 보장되지 않는 교실일 경우 문제행동이 보다 유발된다고 한다. 따라서 학교의 훈육지원은 정서적으로는 통제위주의 학교, 체벌이 많은 학교에서 벗어나고 환경적으로는 각종 시설 설비 부족 등에 대한 지원을 하여야 한다.

○ 친밀한 학급풍토 조성

학교 훈육정책에 대한 교사들의 지원은 훈육정책의 성공에 결정적으로 중요하다. 교사들은 훈육정책 수립과 실행 과정에 적극적으로 참여하여 교육적 신념을 반영하도록 한다. 신념은 사고에 영향을 미치고 사고는 언어로 나타난다. 학생들은 교사의 언어에 의해 행동이 결정된다고 한다(박병량, 2001). 학생들이 긍정적인 자아개념을 갖도록 의사소통을 수평적인 관계로 전환하도록 해야 한다. 또한 학생훈육에 영향을 미치는 인성, 외모, 교수기술, 교육과정 지식, 통제기술에 대해서 교사 자신의 자질과 태도에 대해 정확한 인식을 근거로 학생들 지원에 나서야 한다.

교사들은 학생들이 생활하는 교실의 환경이 시설 및 설비가 깨끗하고 안전한 환경 구비와 함께 효과적인 학급풍토 조성에 노력을 하여야 한다. 심리사회적 환경이 좋아 우호적이고 서로 격려하는 분위기를 만들어야 한다.

○ 학부모의 공동 노력

성공적인 훈육정책을 수행하기 위해서는 학교뿐만 아니라 가정과 지역사회의 지원이 필요하다. 학부모들은 때로는 자식들의 학교행동에 대한 몰이해가 있을 수도 있고 학교 밖에서 교사가 모르는 학생들의 행동도 있을 수 있다. 학생에 대한 정보교환과 훈육과 관계된 가정교육 등을 통해서 자녀의 훈육문제 해결에 학교와 공동 노력을 하여야 할 것이다.

특히 학생들의 문제행동에는 가정적인 훈육요인이 결부되어 있고, 부모의 양육태도가 학생들의 행동에 많은 영향을 주기 때문에 관심과 애정 결핍이 일어나지 않도록 노력해야 할 것이다.

○ 지역사회 전문가의 협조

교육복지투자우선지역의 조사결과 지역사회문화적인 요인인 지역사회의 유해환경이나 불건전한 행동이 학생들의 행동에 영향을 미친다고 한다. 농어촌의 경우에는 이주여성의 증가로 인해 다문화 가정의 학생들이 증가하고 있다. 이들을 위한 노력은 학교뿐만 아니라 지역사회가 함께 해야 한다. 교복투지역의 경우 대다수 일반학교에는 없는 전문 상담가나 사회복지사들이 지역사회복지관 내지는 주민자치센터에 근무하고 있어 문제행동 원인에 따른 개입과 처치가 제대로 이루어질 수 있다. 농어촌의 경우에도 이주여성들이 정착할 수 있도록 학교, 가정, 사회적 서비스 지원을 네트워크화 하는 학교도 함께해야 할 것이다.

○ 각종 위원회에 학부모-학생 참여

학생들의 재량활동 및 특별활동 선호도 및 만족도 등에 대해서는 제한적인 참여를 보장하여야 학생들의 요구에 맞는 특별활동, 재량활동이 될 것이다. 학교위주의 선정에서 벗어나 수요자 중심의 교육이 되어야 한다. 이러한 교육과정위원회 뿐만 아니라 최근 들어 강조되고 있는 성적 및 시험관리위원회의 참여도 필요하다. 특히 정보공시제 도입으로 인해 각급 학교에서의 성적관리는 더욱 공정해야 하겠으며, 학교마다 자율적인 수행평가 관리를 체계적으로 하여야 한다. 수행평가에 따라 석차가 달라지는 경우가 있어 남녀 공학인 학교의 경우 남녀차가 나타나고 있고 공학기피현상이 있기도 하여 학부모들의 관심 항목이다. 수행평가 항목 및 방법 등을 학업성적관리위원회의 심의를 거쳐 확정된 각 교과별 수행평가 계획과 평가 후 결과를 학생 본인에게 공개하여야 한다. 평가결과에 이의 신청이 있을 때에는 면밀히 검토하여 적절한 조치를 취하여야 한다.

나. 단위학교 중심의 교원인사

1) 역량에 따른 학교단위별 다양한 교원임용

OECD의 권고안에 의하면 교직 적성과 헌신도가 높은 우수 인재를 가려낼 수 있도록 임용시험제도를 개선할 필요가 있다고 한다. 이때, 선발 방법에 따른 비용과 효과성을 고려하여 교사의 핵심 역량을 검증할 수 있는 방법을 다양화하고 시범 적용을 할 필요가 있다.

○ 지필시험 이외의 방식 도입 필요

학교교육력을 높일 수 있는 방법 중에 우수한 교원 확보가 중요한데, 신규채용이 가장 큰 비중을 차지한다. 현재의 교육학 위주의 시험제도는 우수한 교사를 뽑기보다는 암기력이 좋은 교사를 뽑는 제도이다. 신규교사 임용시험제도는 교사자격증 소지자를 대상으로 제1차 필기시험은 교육학 및 전공영역에 대한 시험이고, 1차 전형 합격자에 한해서 실시되는 제2차 전형은 논술고사, 일반면접, 제3차에서는 실기면접(영어회화, 수업실기능력, 컴퓨터 일반기초이론 필기시험)으로 구분 실시된다. 1차 선발은 시험결과와 대학성적을 일정비율로 합산하여 선발하며, 1차 시험에서 소요예정 임용인원의 일정 배수를 선발하여 논술과 면접을 거친 후 3차 시험에 합격하여 임용이 예정된 교원에게 일정 기간의 직무연수를 실시한다. 그러나 사립학교에 임용되기를 원하는 경우는 임용고사 없이 임용된다. 1차 시험에 교육학이론과 각 교과교육학 문제를 지필로 치러지고 있어 아무리 수업실기 능력이나 기타 교원으로서의 인성과 자질, 태도 등이 갖춰져 있다고 해도 지필위주의 1차를 통과하지 못하면 임용이 어려운 현실이다.

오늘날 점차 신규교사 임용시험에서 지필고사의 비중을 축소하고, 수업실기능력 평가와 면접 평가를 강화해 나가고 있다. 이를 위해서 기존의 3차 시험을 1차 시험으로 하는 방법도 고려하여 수업과정을 통과한자들을 인성과 교직관 등을 면접하는 방법으로 바꿔볼 필요도 있다. 장기적으로는 독일시보제도나 일본과 일부 미국주에서 나타나는 수습교사처럼 현장에서 생활을 반영하여 선발하는 방식으로 개선해야 할 것이다.

일본의 경우 최근에는 필기시험 위주의 폐단을 막기 위하여 소논문, 실기, 체력, 적성검사 등을 추가하고 있으며, 클럽활동, 봉사활동 등의 경험을 중시하는 등 선고방법을 다양하게 추진하고 있다. 교원 채용은 우수한 능력과 자질을 가진 교사로 성장할 수 있는 잠재력을 가진 자를 공정하게 선발하여 임용하는 것을 목표로 하고 있다. 이를 위해서는 효과적인 수업에 필요한 능력과 자질은 무엇인지, 교사는 이를 위하여 어떠한 관련 업무를 수행해야 하는지에 관한 명확한 기준을 제시해야 한다. 즉 교사의 핵심역량에 대한 탐색이 필요하다. 교사의 핵심 능력을 검증할 수 있는 방법을 다양화하고 시범 적용을 통하여 이를 확대하여야 한다(김이경, 2005).

○ 상황과 지역에 맞는 역량 중심 선발

역량방식의 도입은 임용에 있어서 학력과 같은 외적조건이나 지식위주의 필기시험을 최소화하고, 인성평가와 종합적인 사고능력 및 발전가능성을 중점 평가하는 방식으로의 전환을 의미한다. 특히 창의적 문제해결능력을 평가하는 개인능력평가와 조직구성원으로서의 적합성을 평가하는 조직적응력평가를 실시하여야 한다. 채용(면접)과정에서 명확한 평가 기준을 제시하여 면접자의 임의적 판단이 아닌 직무의 성공적 수행을 예측할 수 있는 기준(역량)에 의한 채용방식을 도입・운영하여야 한다.

또한 역량은 지역이나 주어진 상황에 따라 달라질 수 있다. 예를 들면 교육복지투자 우선 지역이 많은 지역의 교육청에서는 양성과정의 교육복지투자지역 봉사관련 경험과 학생들의 멘토로서의 자질과 능력들을 선발 기준에 포함시켜야 한다.

○ 학교단위 내지는 지역단위 선발

학교의 요구와 특성에 맞는 교사를 충원하기 위하여 단위 학교와 지역사회가 교사 선발에 개입할 수 있는 권한을 부여할 필요가 있다(2002, OECD의 권고안).

학교마다 지리적, 사회적 환경이 다르고 학교조직에서 요구하는 역량이 다르다. 갑작스런 학교단위 교원선발의 도입은 준비가 안 된 학교에서는 또 하나의 업무로 생각될 수 있고, 특히 농산어촌의 소규모 학교에서는 소수의 인적구성원으로 자율적 선발에 어려움이 많을 것이다. 학교단위의 선발이 어렵다면 지역단위 내지는 사정이 비슷한 학교나 현장 장학 지구 단위 등 자율적으로 선발함으로 인해 임용준비생들에게도 선택의 폭을 확대할 필요가 있다. 실제 현행 임용제도는 시도단위 임용에서 지역적 특수성을 살리기 어렵고, 우수교원의 대도시 집중과 지역간 교육격차의 심화 및 지방의 교원수급계획상의 차질을 초래하고 있다. 16개 시・도 임용 방식이나 조건들이 비슷한 상황에서는 농어촌보다 도시를 지원하고자 하는 예비교사들이 많을 수가 있다.

○ 지역의 요구를 반영한 교사양성방안 마련

취약한 농어촌 지역 학교에 근무하거나 교사가 부족한 과목을 가르칠 수 있는 우수 교사를 확보하기 위해서 정부는 금전적, 비금전적 인센티브를 탄력적으로 활용하여 해당 지역 및 과목의 매력을 높여야 한다. 한편, 장기적으로는 취약 지역 및 과목의 교사 수급을 위한 특단의 대책을 마련할 필요가 있다. 지역 가산점 반영 비율을 상향 조정하거나 교육청별로 자기 교육청 신규 교사 임용기준과 내용을 적어도 4년 전에 제시하고, 그 내용에 따라 학생들이 필요한 과목을 수강하고 준비를 하도록 유도해야할 것이다. 가령 전남, 경남, 강원도 등의 경우에는 도서벽지가 많으므로 그러한 교육청의 경우는 도서벽지 교육 관련강좌를 이수한 사람들에게 가산점을 주는 방식을 택할 수 있을 것이다.

지역 교육청의 관점에서 볼 때 학급경영, 특수교육, 혹은 교육공학, 교육평가 등 신규교사가 반드시 이수해야한다고 생각하는 과목이 있을 경우에는 임용고사 응시 시 해당 과목 이수자에게 가산점을 주는 방식을 택하거나 아니면 이 과목을 시험에 포함시키는 정책을 수립할 수 있을 것이다.

중국에서 도입하고 있고 과거 우리나라에도 실시되었던 방법으로 빈곤지구, 농촌이나 산촌지역, 소수민족지역에서 근무할 교사를 선발하기 위하여 그런 곳에 근무하기를 지원하는 학생에 대해서는 교원 양성기관 입학시험에서 일정한 가산점을 주는 방법이다. 양성기관에서 추천입학제, 특차선발 방법 등 다양한 방법으로 학생선발을 하여야 하겠다. 내 고장의 역사를 잘 알고 문화와 전통을 사랑하는, 그래서 자기 고장에서 후배들을 가르치며 오래도록 근무할 수 있는 지역출신 교사를 양성하고 확보해야 하겠다.

○ 일부 임용 개방화로 전문가 활용

타 직종 종사자에게 교직을 개방하여 교사 공급 저변을 확대하는 방안과 초등 및 중등 교원이 상호 이동할 수 있는 탄력적 양성과정을 운영함으로써 교직의 융통성을 증대시킬 필요가 있다고 제기되었다(2002, OECD의 권고안). 이러한 권고에 따라 교직종합발전방안에 교대 사대 상호협력 등이 제기되고 있는 상태이나 학교급별 학생들의 발달의 차이가 있고 교직의 전문성을 갖추도록 프로그램이 마련되지 않아 아직 현실화되고 있지는 않다.

미국의 경우 임용체제와 차터스쿨에서 개방성을 엿볼 수 있다. 임용체제 중에서 경력전환 프로그램은 다른 직종에 근무하는 사람을 교직으로 직종을 바꾸게 하는 프로그램이다. 대표적으로 퇴역군인들이 그 대상이 되는데 퇴역한 군인들에게 일정한 과정을 밟아 교사가 되도록 하는 것이다. 이외에도 변호사로 근무하는 사람이 교원이 되게 하는 사례 등 다양한 경우가 있다.

차터스쿨에 근무하는 교사들 중에서 교사 자격증 소지 여부와 지역 법률에 영향을 받지 않고, 사전에 차터스쿨과 교사 간에 약속한 고용조건을 따를 뿐이다. 실제 교사 자격증 미소지자 비율을 보면 공립학교가 9% 정도이나 차터스쿨은 43% 정도이다(Swinehart, 2005). 우리나라에서도 특성화 고교나 산학협력 학교에서는 교사 자격증이 없어도 임용 가능한 것처럼 도서벽지나 농어촌의 기피지역 혹은 학교교육의 특수한 영역에서는 전문인을 계약직으로 임용하는 방법 등을 검토할 필요가 있다.

○ 계약제 교원의 질 관리

계약제 교원의 전문성 신장을 위해서 연수는 지역교육청 수준에서 계약제 교원의 데이터베이스를 구축하여 정기적으로 직무연수를 실시함으로써 질적 수준을 유지 개발할 필요가 있다. 계약제 공무원들이 결원해소 뿐만 아니라 특정 교과의 한시적 담당 등을 위하여 교원 정원 내에서 교사자격증 소지자를 한시적으로 활용가능하다. 단위학교는 사회적 요구에 부응한 새로운 지식과 경험 등을 수용 • 반영할 수 있도록 탄력적으로 운용하여야 할 것이다. 현재 교사 정원 내에서 계약직을 채용하도록 하고 있는 방식을 벗어나 학교단위 자율을 부여하여야 이 제도의 본래 취지가 살아날 것이다.

강사 부분은 보수 등을 수정・보완, 강사 자격 완화(교원자격증 미소지자도 임용 가능), 강사 임용 시 기간 제한 완화(1개월 이상도 강사 임용 가능)되어서 지역 사회의 인적 자원을 활용하여 학교의 변화와 전문성을 도모하여야 하겠다. 단위학교의 강사 및 계약직 운영에 있어서 아는 사람 위주의 채용이 아니라 학교에 필요한 사람을 다면적인 면접을 이용하여 선발하여 할 것이다. 학교의 사정과 형편을 고려하여 학교운영위원회 심의를 거치거나 학교내인사위원회의 승인을 거쳐 적격자를 선발할 수 있도록 임용 자격 기준을 상세히 규정할 필요가 있다.

○ 단위학교 교사 초빙 및 유예권 확대

단위학교 자율 인사를 위해서는 학교의 전입교사 지정 요청권, 교사 조기 전출 및 전입 요청권, 정원 외 전일제 강사 임용권, 행정실 직원 초빙권 등이 단위학교에서 가능하도록 하여 학교의 자율적인 인사권한을 부여하여야 할 것이다(http://www.kmrnews.com/).

군산시의 경우 '유・초등교원 인사관리 기준'을 일부 개정하여 학부모로부터 신임이 두터운 교원은 해당 학교에서 만기(5년)가 됐더라도 학부모의 90% 이상이 남아 있기를 원하면 최고 2년까지 해당 학교에서 연장 근무할 수 있도록 하였다. 인사의 투명성과 공정성을 담보하기 위해 장학사와 교장, 유치원 원장, 학부모 등 9명으로 구성된 '장기근속 심사위원회'를 구성하고, 학부모에게 전화 설문을 하는 등의 사전 준비를 하였다고 한다. 학교 구성원들의 만족도가 높다는 것은 신뢰받고 전문성을 갖춘 우수한 교원임을 알 수 있다. 교사유예가 단순히 교장의 자기 사람 챙기기로 전락하는 것을 막기 위해서는 초빙교원이 학교운영위원회의 심의하듯이 학부모들의 의견들이 반영되어야 한다. 아울러 현행 공모 교장 수준의 교사 초빙 권한을 일반 학교에도 인사재량권을 부여하는 방안 검토가 필요하다.

2) 통합적인 교무 조직 운영

교무(敎務)란 학교를 경영하는 데 필요한 전반적인 사무나 일을 의미하는 것으로, 교무의 최종 책임자는 교장이지만 교장이 학교의 전반 사무를 모두 처리할 수 없으므로 교감, 보직교사, 교사, 사무직원 및 기타 직원에게 학교의 사무를 분담하는 것이 관례인데 이를 '교무분장'이라고 한다.

○ 교과지도 중심의 통합조직

지금까지의 교무분장조직은 교무, 학생, 연구, 윤리, 과학, 환경, 체육 및 서무 등으로 일반화되어 있으나, 이들 중 교무, 학생, 연구 등은 학사업무를 수행하는 부서이며 윤리, 과학, 환경, 체육 등은 교과지원업무를 수행하는 부서이다. 그러나 교과지원업무를 수행하는 조직들은 사실은 교육지도 조직에 속하는 업무이므로 국어, 수학 등과 같은 여타 교과에도 이러한 업무가 필요하다. 따라서 초등학교, 중학교, 고등학교의 교무조직은 앞으로는 교무부, 연구부, 학생부 등 필수적인 교무조직에 남겨 두고 나머지는 교과지도조직으로 이관하는 것이 바람직하며, 아래 그림처럼 교육과정을 중심으로 업무, 학년, 교과 등의 균형적인 조직이 필요하다.

자료: 류연수(2001). 학교교육과정 편성과 운영; 한국교원연수원 "핵심교직실무과정"(2006) 재인용.

[그림 Ⅵ-5] 통합적 교무조직(예시)

또한 교무조직이 효율적으로 운영되기 위해서는 보직교사에 대한 직위 보장 및 실질적 권한의 강화가 이루어져야 하고, 교무조직 시에는 업무의 성격과 내용에 맞는 부서에 업무를 배정하도록 해야 하며 업무 분담 과정에서도 구성원의 경력, 희망, 소질 등이 충분히 고려되어야 한다. 합리적인 교무분장을 위해서는 적재적소, 공평성, 계통성, 참여적 의사결정 등을 고려하여야 한다.

○ 업무 효율화를 위한 교무분장의 원칙

학교에서 이루어지는 많은 일들을 성공적으로 수행 추진하기 위해서는 교직원을 효율적으로 조직해야 하며, 각 조직원의 특기와 능력을 고려해 업무를 분장시켜야한다. 업무의 중요성, 선호도 등을 파악하기 위해서 앞서 언급한 적재적소의 업무관리 모델을 도입할 필요가 있다.

• 공평성 : 교무 분담을 공평하게 한다. 업무에는 양이 많은 것과 적은 것이 있고, 내용면에서 더 중요하고 덜 중요한 것이 있다. 단순 업무나 누구든지 할 수 있는 업무 중에 반복되는 업무는 윤번제로 교대해 할 수 있도록 하나, 공평의 의미는 업무량의 공평한 배분의 의미를 넘어서 구성원 개개인의 적성과 소질을 살릴 수 있는 차원에서 생각해야 할 것이다. 업무 분담의 공평성만을 강조해서 너무 형식적, 기계적으로 배당하는 것은 도리어 비능률이 될 수 있다. 각 업무 담당자 가운데는 경험이 많은 사람과 적은 사람을 동시에 배치하여 지도를 받아 업무의 승계가 공백 없이 계속되도록 하는 등 복합적으로 고려해야 한다.
• 계통성 : 성격이 비슷한 업무는 특수주임 소관별 같은 부서에 배당해야 한다. 같은 종류의 업무를 여기저기에 분산 배당했을 때는 업무수행 능률의 저하는 물론 서로간의 담당부서 미루기 등 책임한계가 모호해질 뿐 아니라 구성원의 인화에도 나쁜 영향을 미칠 수 있다. 따라서 계획-수행-결과 처리 등의 과정이 맡은 곳에서 이루어 질 수 있도록 교무업무를 분장하도록 해야 한다.
• 참여적 의사결정 : 교장 또는 교감이 단독으로 교무업무를 분장하는 것보다는 다수 교사의 집단사고와 의견 수렴의 과정을 거쳐 교무를 분장해야 한다. 구성원의 참여의식과 개인의 특수한 사정까지도 고려될 수가 있기 때문이다. 한 가지 예로는 교감 및 교무부장 등으로 구성된 기획위원회에서 교무분장의 원안을 작성하고 이를 보직교사회에 회부, 문제점 등을 검토 논의과정을 거친 후 최종안을 교장의 의사결정 과정을 거쳐 확정되도록 하는 방안 등이 있다.

3) 수석교사제를 통한 단위학교 교육력 신장

현재 수석교사제도는 시범운영이 수석교사의 성격을 자격제와 보직제로 할 것인가와 학교 내 활동, 학교 외 활동으로 규정할 것인가 하는 등의 다양한 시도는 이루어지지 않고 있다. 앞서 보았듯이 적은 수의 수석교사가 시・도교육청의 업무를 중심으로 활동하고 있다는 점이 문제이다. 수석교사의 역할, 자격, 선발 방법, 유인체제를 시범운영인 만큼 다양하게 운영해서 학교교육력을 높이는 방법을 검토하여야 할 것이다.

○ 교내 활동 중심 운영

영국의 상급기술교사제도(Advanced Skill Teachers)와 달리 우수교사제도(Excellent Teacher Scheme)는 단위학교내의 동료교사를 위한 것이다. 외부활동이 많아져서 학교 내 동료교사에게 피해가는 일이 줄어들고 학교교육력도 신장될 수 있다. 그러기 위해서는 수석교사 수가 확대되어 학교마다 배치되어야 할 것이고 역할에 대한 규정도 정의되어야 한다. 일반적인 학급교사로서의 의무와 더불어, 신임교사들에 대한 수습교육, 다른 교사들에 대한 전문적인 멘터링, 시범수업을 통한 훌륭한 교수활동의 공유, 교사의 전문성 개발을 위한 계획・준비・평가 지원, 교수활동이 학생들에게 미치는 영향 평가 및 지원, 학급관찰, 타 교사의 교수활동 실제 개선을 위한 학급관찰 활동 지원을 하는 역할을 중심으로 하여야 할 것이다. 중동고등학교에서 수석교사 사례처럼 교수학습 및 평가자료 개발, 보급, 현장교육연구, 교내 자율장학, 교원연수, 교사평가 등도 좋은 예가 될 수 있을 것이다.

○ 권한 부여

현재처럼 학교 내에서 부장임용도 제한되어 있어 단위학교내의 의사결정에 참여할 수 없으며 교육청 단위에서도 체계적인 조직으로 자리잡지도 못한 상태이다. 수석교사들에게 어떠한 형태이든지 권한을 부여하여야 신규교사나 일반교사들의 교수전문성신장을 위한 지도 행위에 힘을 가질 수 있다.

국내 사례 중 중동고는 2급-1급-선임-수석교사의 단계였는데 수석교사의 경우 부서장회의에 참석하도록 하였고 부서장은 선임교사를 자문역으로 대우하였다. 교사들은 자체적으로 선임 및 수석교사의 좌석 배치나 회의 운영시 별도 예우를 하였다고 한다.

미국의 템플시의 경우에도 수석교사에 대한 대우는 단순히 높은 봉급으로 보상해 주는 방법의 차원을 넘어서, 수업에 관한 그리고 학교의 일 전체에 관한 의사결정 권한의 분배를 위해 각 교육과정 영역에 수석교사를 포함하는 교수위원회를 교육청에서 운영하고 있다.

4) 교장의 단위학교 책무성 확보

교장의 임용권한이 상위행정기관에 있음으로 단위학교에 필요한 교장을 학교 구성원이 직접 뽑을 수 있는 경로가 막혀 있다. 단위학교에서 공모제를 희망하는 학교를 사전 조사하여 확대하는 방법을 마련해야 한다.

현행 승진임용제도의 적용비율은 점진적으로 축소하고 그간 공모제 운영에서 문제가 되었던 단위학교 인사선출, 교장임기 연장 수당에 관한 사항을 제도적으로 보완하여 단위학교 중심의 교장 임용을 확대시켜야 할 것이다. 또한 책무성을 강화하기 위해서는 공모교장의 연수 확대와 수습과정 및 교장 평가를 확보해야 한다.

○ 문호 개방

앞서 언급하였듯이 일본에서 교장의 문호를 일반인에게 개방한 후 긍정적인 결과가 있는 것으로 보고되고 있다. 현재 우리나라는 내부형, 초빙형, 개방형 등 세 가지 공모 유형 중 개방형은 특성화학교, 전문계고 등 일부 유형의 학교에만 허용되어 있다. 개별학교에 적합한 우수한 자질과 능력을 갖춘 교장을 널리 공모한다는 공모제의 취지에서 볼 때, 개방형 공모제를 일부 학교로 한정하기 보다는 일반학교에서도 시범적으로 개방하여 확대할 연구할 필요가 있다.

○ 자격 기준 마련

단위학교 교장 선발에 있어 우수한 교장이라는 기준이 있어야 할 것이다. 교장의 자질과 능력 기준이 마련되어 있지 않아 교장의 자질, 지도성에 대해 충분한 검증에 대한 어려움이 많다고 한다. 선발을 하기 위한 기준으로 교장의 핵심역량에 대한 탐색이 이루어져야 한다. 영국 1) 학교발전방향 전략, 2) 교수와 학습, 3) 교직원 관리, 4) 효율적인 교직원 및 자원관리, 5) 책무성과 미국의 ISLLC의 비전, 학교문화와 수업 프로그램, 관리, 학부모와 지역사회의 관계, 행정가의 윤리, 광범위한 상황적 맥락 등을 분석한 후 우리 현실에 맞는 기준을 마련하여야 한 것이다. 적격자를 선발하기 위해서는 교장의 역할에 대한 규정이 선행되어야 하며 단위학교별로 요구되는 교장으로서 자질, 기술, 태도를 중심으로 선발되어야 한다.

○ 수습과정을 통한 우수교장 양성

대부분의 교장이 한 번 임용이 되면 대개 4년을 보장하는 방식에서 탈피하기 위해서는 교장 평가와 연수 등이 강화되어야 한다. 임용과정 2년 후 평가가 이루어지고 있지만 특별한 사정이 아니면 재임용되는 것으로 봤을 때 형식적인 교장 평가이다.

일주일 밖에 되지 않는 신임공모교장 연수과정을 대폭 확대하거나 신임공모교장을 위한 외국의 사례처럼 1년의 교장수습제 과정을 통해 검증을 거친 후 임용을 하는 방법도 검토해야 할 것이다.

또한 모든 교장에 대한 평가를 강화하고 단위학교 근무 연한도 확대해야 할 것이다. 일정 년도(2년) 단위로 업무에 대한 종합적인 평가를 실시한다. 현재 교장들은 4년 근무 연한이지만 실제 4년을 채우기 전에 다른 학교로 이동하여 단위학교의 장기적인 발전이 불가능하다. 최소한 4년은 의무 근무하는 것이 학교운영 연속선상 필요하다. 교장 업무평가 결과는 교장의 성과상여금과 전보, 재계약 여부를 결정하는 중요한 자료로 활용하여 책무성을 강화하여야 할 것이다.

평가 방식 또한 기존의 학교 평가처럼 교육청에서 평가하는 방식에서 탈피하여 학교 운영 주체들뿐만 아니라 전문가 위원을 동원해 질적, 양적 등 다양한 평가 방법을 동원해야 할 것이다.

이밖에도 공모제 시행에 따른 공모 교장 심사 등 단위학교의 업무 부담도 문제로 제기되고 있어 학교단위 내지는 상황이 비슷한 몇 개 학교가 같이 공모하도록 하는 방안도 필요하다. 교장 선발을 책임지고 있는 학교 운영위원회 인사들에게 연수가 필요하다. 개인적인 사사로운 감정을 배제하고 교장의 역할에 대한 이해와 중요성을 파악하는 연수가 중요하다.

VII

학교와 지역사회

단위학교 운영의 창의성과 자율성을 중시하는 학교자율경영은 폐쇄된 교육행정 체제가 아닌 개방체제로서의 열린 교육행정을 지향하고 있다. 개방된 교육행정 체제에서는 학교내부 혹은 학교외부에 존재하는 교육수요자의 학교경영 참여를 활성화함으로써 고객만족을 최대화시켜 나가야 할 것이다.

학교단위책임경영제가 확대되면서 위계와 권위를 중시하는 관료제적 학교경영이 자율과 참여, 분권을 강조하는 학교경영으로 패러다임이 전환되었다. 따라서 다음에서는 학교자율경영의 성공적 정착을 위한 학교와 지역사회의 관계에 대해 조망해 보고자 한다.

1. 학교와 지역사회 관계

문민정부의 교육개혁 이래 '수요자중심 원칙'의 교육개혁은 '교육주체 참여중심'의 교육개혁에 초점을 두고 있다. 학교운영위원회 제도 도입 이후 학부모의 학교 참여는 더욱 강조되고 있으며, 지역인사가 지역위원으로 학교운영위원회에 포함되어 지역사회의 학교교육 참여도 법적으로 보장되어 있다.

그간 학교와 지역사회의 관계는 분권화(分權化)의 기조위에서 교육주체의 자치(自治)와 참여(參與)중심, 그리고 자율운영체제 구축의 교육정책과 교육개혁으로 교육공동체, 특히 학교공동체를 지향하여 왔다. 현 정부 또한 학교자율화를 강조하고 있어 학교단위의 참여와 협력이 강조되면서 학교공동체 구성원들의 역할이 더욱 중요하게 되었다. 공동체를 의미하는 영어의 커뮤니티는 일정한 지역에 살고 있는 주민들의 공동생활체를 뜻하며 특히 지역성을 강조한다. 커뮤니티는 공동(common)

또는 공동체(communal) 또는 의사소통(Communication)이라는 뜻을 가지고 있다. 이를 어원적으로 풀이하면 공동생활의 장을 가지는 주민들의 접촉을 지역사회라고 말할 수 있다. 이와 같은 지역사회는 일정한 지역, 일정한 주민, 공통적인 생활경험, '우리 의식'이 있을 것이 요구된다. 특히 '우리 의식'은 지역사회의 가장 중요한 속성이다.

학교단위책임경영제가 확산되면서 위계를 바탕으로 명령과 지시 위주로 이루어진 관료조직으로서의 학교경영 관점으로부터, 학교행정가, 교사, 학생, 학부모 등 모든 학교 구성원의 적극적인 참여를 바탕으로 구축된 공동체로서의 학교 관점이 부상되었다. 그간 교육공동체에 대한 연구에서는 수많은 교육문제로 인해 분열양상이 심화되고 있는 교육계가 지향하고 궁극적으로 도달해야할 목표라는 목적론적 관점과, 교육개혁을 비롯한 다양한 교육변화노력이 성공하려면 교육공동체가 여러 구체적인 방법으로 정비되어야 한다는 수단적 관점으로 나누고 있다(신현석, 2003).

최근 들어서는 사회적 자본에 의해 학교와 지역사회의 관계를 강조하고 있는 추세이다. 즉, 학교와 지역사회의 관계의 강조는 인적자원정책 활성화를 위한 네트워크 강화의 측면이다. 지역인적자원개발을 위한 협력체제 구축은 시 · 도 단위 지역사회 유관기관 간 네트워크 구축을 위한 '지역인적자원개발 협의체'를 구성하였다. 학교와 사회적 자본과의 관계를 결부하여 학교교육의 한계를 극복하고 학교교육의 폭을 공동체인 사회로 확대하고자 하는 것이다. 사회적 자본의 구체적인 축적경로이자 구현체는 '공동체 혹은 집단'이다.

한편 사회적 자본 개념을 공동체와 동일 내지는 유사한 의미로 보고 있다. 사회적 자본은 개인이 교육을 통하여 그가 속한 사회의 가치나 태도를 어떻게 내면화하는지에 관한 문제이다(김태준, 2007). 이는 대개 공동체는 공유된 가치, 헌신, 이상을 토대로 한 사회적 관계구조(networks)이며, 공유된 가치, 신념, 감정의 결속체로 본다는 측면에서 비슷하다고 본다(Sergiovanni, 1994; Strike, 1999).

공동체와 사회자본과의 관계의 유사성은 다음의 연구에서도 언급되고 있다. "최근 서구에서는 공동체의 의미와 밀접한 관련이 있는 용어로 사회적 자본을 많이 언급하고 있다"는 것과(이창기, 2004), "사회적 자본의 논의도 공동체적 관점을 강조하는 측면에서 같은 맥락을 유지하고 있다"라고 밝히고 있다(김남선, 2006).

사회적 자본이 강조되고 있는 이유 중에 하나는 현대 사회가 지식정보화 사회이기 때문이다. 현재의 지식정보화 사회에서는 학교 교육에서 배운 지식은 학습자가 성인이 되어 사회에 적용하기 전에 소멸하는 경우가 많으며 급변하는 시대에 교육 내용이나 체제가 시대 변화속도에 따라가지 못하는 경우가 있다. 따라서 변화에 재빨리 적응하기 위해서는 학교교육뿐만 아니라 학교외의 형태의 교육구조가 필요하다. 체제의 유연성과 상호의존성은 교육의 각 단계에서 교육을 필요로 하는 사람에게 다양한 형식과 방법으로 제공될 수 있다.

이러한 지역사회와 학교와의 관계를 강화하는 것은 확대된 학교(extended school)라고도 불리어지고 있으며 이에 따른 새로운 역할규정과 역할 수행 노력이 나타나고 있다(신현석, 2003). 확대된 학교를 위해서는 참여와 파트너십이다. 단위학교와 지역사회와의 관계 속에서 학교는 지역의 인적 · 물적자원을 이용하여 학교교육력을 높이고 평생교육에 대한 지속적인 참여를 통하여 지역인적자원개발의 센터의 역할을 하여야 할 것이다.

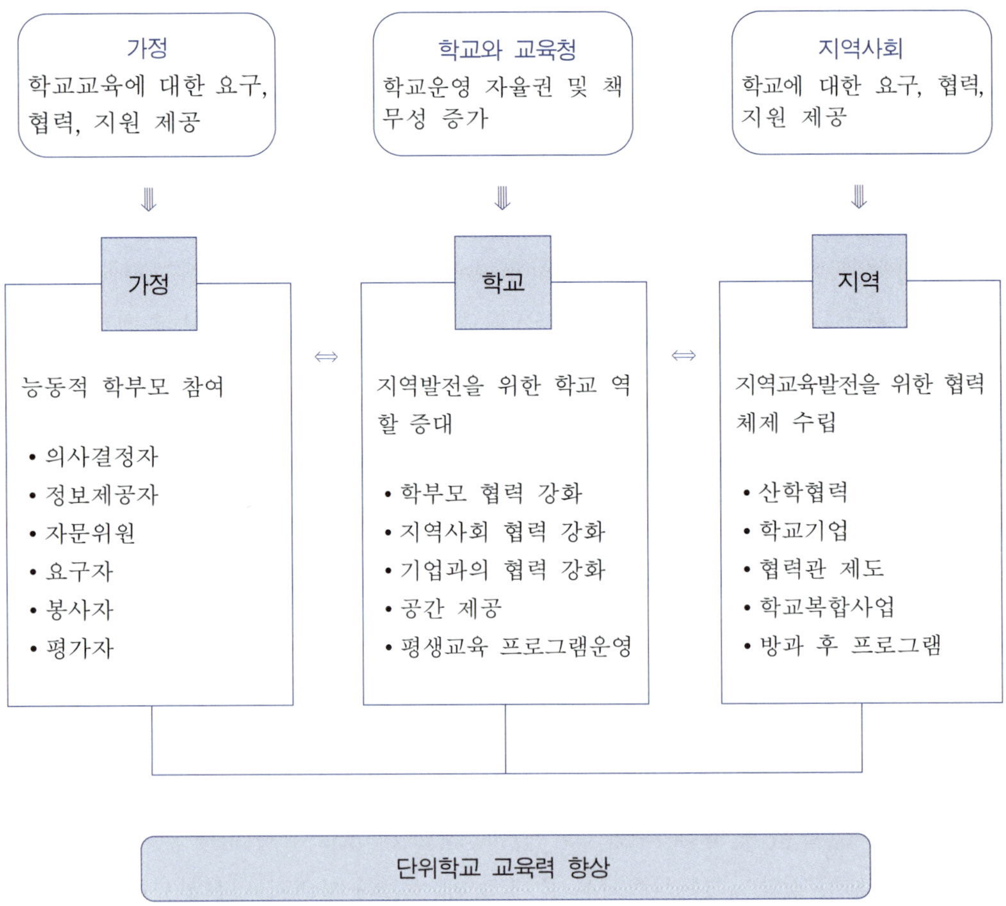

[그림 Ⅶ-1] 단위학교 교육력 향상을 위한 지역사회 관계 모형

2. 학부모 참여

가. 법적 보장: 부모의 참여, 요구, 선택권

조석훈(2006)은 그간 공교육 내에서 학부모 교육권의 연구들(강인수, 1994; 김관수, 1996; 표시열, 1996; 노기호, 1998; 안주열, 2002; 박재윤, 2002; 조석훈, 2004)을 분석하여 선택권, 참여권, 요구권으로 구분하였다. 선택권, 참여권, 요구권의 학부모 교육권 세 유형과 '교육받을 권리'가 적용되는 세 영역, 즉 교육기회, 교육내용·방법, 교육여건을 결합시켜 교육권의 세부적인 교육권의 내용이 도출하고자 하였다.

부모의 교육에 대한 참여는 부모의 교육권으로 보장될 수 있다. 부모의 교육권은 자녀의 이익실현을 그 취지로 하는 기본권이면서도 자녀의 학습권 보장을 위한 사회적 기본권으로서의 성격을 아울러 갖고 있다고 할 수 있다. 따라서 사회적 기본권으로서의 부모의 교육권은 자녀의 학습권을 보장하기 위한 수단적 권리로서, 구체적으로는 교육의 기회균등에 대한 청구권이나 교육의 조건정비 요구권과 같은 교육에 관한 일련의 적극적인 권리의 근거가 된다고 밝히고 있다. 또한 개개인의 부모에게 보장되는 교육기본권에 근거하는 하여 도출되는 집합적인 권리인 집단적 기본권도 있다. 교육행정기관과 학교 또는 교사에 대한 교육청구권이나 학교경영에 대한 참가권이 여기에 해당된다.

단계		투입	→	전환	→	산출
		(피드백)				
		목표 인적자원 물적자원		교수 학습 과정		성취 만족
교육권	선택권	담임 선택 교과 선택		재량활동선택 특별활동선택		
	참여권	교과서 선정참여 교육과정 편성참여 학교예산요구	→	수요자 경비 교육활동 봉사	→	학교결산 참여
	요구권	학교안전요구 학교교육여건정보요구 교육비지원요구		상담요구 교육내용공개요구 평기기준 공개요구 수업방해배제 요구		성취도 정보요구 성취도 결과요구

[그림 Ⅶ-2] 단위학교 경영에서의 학부모 참여권

학부모들의 교육권도 학교행정과정에서 이루어지기 때문에 전반적인 학교운영체제인 투입-과정-산출이라는 측면에서 관계를 분석하여 학부모들의 참여 보장 및 가능 행태를 살펴보는 것이 의미 있다고 생각한다. 위의 그림이 보여주고 있는 단위학교 경영에서의 학부모 참여권은 실제 학부모들이 참여하고 있는 학교 예·결산 심의 내용, 안전요구, 교육과정 편성 참여 등의 참여형태와 앞으로 단위학교 자율경영 과정에서 추진해야 할 학부모들의 요구인 담임 선택이나 교과, 재량활동, 특별활동 등의 항목도 포함되어 있다.

나. 학부모의 학교교육 참여 유형과 역할

학보모의 학교경영 참여를 행태에 따라 유형을 구분해 보면 학부모의 참여는 참여수준과 활동수준에 따라 소극적인 참여, 적극적인 참여로 구분하기고 하고, 참여형태에 따라 집단적인 참여, 개인적인 참여로 구분하기도 한다. 학부모의 학교 선택이 가능한 구조에서는 직접적인 참여와 간접적인 참여로 나누기도 한다.

Fullan(1991)은 학교수준에서의 학부모 참여유형을 가정에서의 학습활동 참여, 가정간의 관계, 학교와 지역사회 관계, 그리고 학교운영으로 구분 짓고, 수업과 직접 관련된 앞의 두 유형은 개인적 참여, 수업과 간접적으로 관련된 뒤의 두 유형은 집단적 참여에 해당한다고 보았다(임연기, 2002).

집단적 참여는 제도적 차원에서 이루어지는 것으로 정책 결정과정 혹은 자문 기구에 학부모 대표가 참여하는 경우를 들 수 있다. 국가수준에서의 정책 참여와 학교수준에서는 학교운영위원회와 같은 공식적 기구에 직접 참여하는 것과 학부모회, 학부모 단체 등을 통하여 학교 운영에 간접적으로 영향을 미치는 것으로 구분할 수 있다.

개인적 참여는 제도적 차원의 참여와 달리 일대일 차원에서 이루어지는 참여를 의미하는데 학교 혹은 학급 전체를 위한 활동에의 참여와 자기 자녀를 위한 참여로 나뉜다.

Epstein(1995)은 학부모의 권리와 의무는 학교로부터 학부모로 그리고 학부모로부터 학교로 동시에 작용하고 있음을 강조하면서, 학교와 가정 사이의 협력관계 방식의 차원에서 참여 유형을 ① 학생의 학교 학습에 대한 지원과 관여, ② 가정과 학교사이의 의사소통, ③ 가정의 학교교육 참여, ④ 가정에서의 학교 학습 활동에 학부모 지원, ⑤ 의사결정, 학교운영, 여타 위원회 활동에 학부모 참여, ⑥ 학부모, 학교 기업 그리고 다른 지역 사회 조직과의 파트너십으로 분류하고 있다.

가정의 학교교육 참여란 학부모와 가정 구성원이 학급 내에서, 교외활동에서 그리고 기타 다른 경우에 교사를 돕고, 학교의 여러 가지 활동에 참여하며 음악회, 연극, 운동회 등등의 여러 행사를 지원하는 것을 의미한다고 하고 있다.

Burns는 학부모의 참여 유형을 역할에 따라 ① 자원봉사자, ② 학교 관련 정보 수신자, ③ 학교의 정책 결정자(학교운영위원회의 참여), ④ 가정에서 자녀 공부지도자로 나누고 있다.

Schikendarz(1977, 2000)는 학부모의 참여활동을 교사와의 관련성 차원에서 세 수준으로 구분하여 설명하고 있다. 제일 낮은 수준은 학교의 의사결정권이나 교사의 전문성을 침해하지 않은 활동유형이다.

Beare(1993)는 학부모 참여에서 참석(involvement)과 참가(participation)를 구분해야 한다고 주장하면서 참석(involvement)은 학부모와 학교 의사결정 과정에 손님으로서 초청에 의해 참여하는 것을 시사하며, 참가는 경쟁자로서 당당한 권리를 가지고 참가하는 것을 의미한다고 정리하고 있다(박남기 · 김근영, 2007에서 재인용).

일반적으로 학부모 참여라고 할 때 참가보다는 참석이 사용되고 있다는 점에서 볼 때, 학교교육에 대한 학부모의 참여는 교사나 학교 행정가와 동등한 권리나 자격을 가지고 이루어지는 것 보다는 학생의 교육을 위해 자문, 지원, 파트너로서 참여하는 것으로 이해할 수 있다.

〈표 Ⅶ-1〉 학부모 참여 수준에 따른 유형 분류

참여 수준	Schikendarz	Beare(1993)	임연기
낮 음 ↕ 높 음	제일 낮은 수준	참석	초청에 의한 참여
	참관, 참가		
	정책결정	참가	권리형 참여

임연기(2002)는 참석을 초청에 의한 참여와 권리형 참여로 구분하고 권리형 참여만이 적극적인 참여조건이라고 하고 있다. 위에서 분석한 참여수준과 여러 행태의 역할을 근거로 하여 도표화하여 보면 다음의 표와 같다.

〈표 Ⅶ-2〉 학부모의 참여수준과 참여 행태

참여수준	역할	예시
제일 낮은 수준	피동적 출석자	자녀가 문제 행동시 담임 호출에 응함
	정보 수신자	가정 통신문, 기타 서신 수신 및 답신
중간 수준 (참석)	가정에서의 학교 학습 지원자	숙제 지원, 가정 학습 지도
	재원 제공자	학교에 필요한 각종 비품 및 재정지원
	행사참여자	교사 학부모 협의회, 면담, 기타 학교행사 참여
	자발적 방문자	필요를 느껴 학교를 찾아와 면담
적극적 참여	자원봉사자	수업 및 학교 경영 관련 활동 도우미
	자문위원	학교경영과 관련된 제반 계획에 대한 의견 개진
	의사결정자	학교운영위원으로 학교 경영 관련계획 수립에 참여

3. 지역사회 참여 유형

학교를 졸업한 후 학생들이 진출하는 곳이 바로 지역사회이다. 학생들이 생활하면서 보게 되는 기업이나 관공서가 성인이 되면서 취업의 대상이 된다. 공기업 이전이나 기타 지방 분권과정에서 보았듯이 자녀들의 교육환경이 조성되지 않고서야 기업이나 관공서가 선불리 이전을 하지 않는 것이 현실이다. 지역사회의 학교에 대한 적극적인 노력이 세수확보를 위한 기업유치에도 도움이 된다. 경기도의 경우 남양만에 제약회사들을 유치하고 정주조건을 개선하기 위해서 시설 개선 자금을 집중투자하고 있으며 남양초등학교는 경기도의 도립 예술단의 멘토지원을 받고 있으며 과학멘토 프로그램에는 학교주변 연구소들의 석·박사 등 고학력 인적자원을 활용하고 있다.

지역사회와 학교의 관계는 여러 측면에서 반드시 필요하고 지역사회의 학교 참여는 다양하게 진행되고 있다. 학교도 지역사회의 거점으로서의 역할이 강조되어 파트너십을 발휘해야 한다. 오혁진(2003)은 평생교육기관에서 파트너십의 형태로 기부, 후원, 단순협조, 역할조정, 완전공조로 나누고 있다. 학교에서 해당하는 파트너십 수준을 고려하면 학교발전기금이라는 이름으로 기부가 이루어지고 있지만 기부문화가 아직 보편적이지 않다. 학교의 경우에는 지방자치단체의 경비보조지원이나 교부금의 지원을 받고 있어 지원이라는 용어가 적절할 것이다. 따라서 학교에서의 지역사회와의 파트너십은 기부, 지원, 협력으로 나눌 수 있다.

가. 기부

학교에서 기부는 기부와 후원을 포함하고 있다. 학교발전기금을 기부하거나 저소득층 학생들의 급식비나 각종 수요자 경비를 지원해주고 있어 학교경비운영에 다소 도움이 되는 경우가 있으며 장학금을 통해 학생들을 후원하는 단체들도 있다. 신문사나 사회단체에서 도서벽지 학교에 도서관이나 교육기자재를 보내거나 지역의 기업체가 학교를 지원하거나 기자재를 제공하는 형태의 후원도 간혹 언론에 보도되고 있다.

나. 지원

지원은 지방자치단체의 재정적 지원과 인적자원 지원이다. 지역사회의 인적자원 예는 조직화된 자원봉사프로그램이다. 학생들의 건강한 여가선용을 위해 학생들이 참여할 수 있는 다양한 프로그램, 정규과목 이외의 방과후 활동 등이 요구되고 있다. 교육복지투자지역의 사회복지사들의 협력도 이에 해당된다.

재정적 지원은 제도적으로 규정되어 있는 지방재정 교부금뿐만 아니라 가능한 여러 가지 방법으로 지역사회를 참여시킴으로써 비용이 적게 들거나 전혀 들지 않는 막대한 재원을 학교에서 확보하게 된다. 재정적 지원과 인적 지원이 별개로 이뤄지는 경우보다는 실례에서는 재정적 지원과 인적 지원이 함께 이루어지는 경우가 많다. 서울특별시교육청의 경우 용산 지역에서 학군 내에 있는 미8군부대 근무지원단과 연계하여 영어교육을 추진하면서 정보화 센터를 건립하여 학교 교과 학습과 지역사회에 개방을 하였다. 또한 용산구청, 서울 시청, 및 국민체육진흥공단과 연계하여 학교 생태연못 등 자연친화적인 환경을 조성한 예가 있다.

다. 협력

협력은 단순협조와 역할조정으로 나누어서 설명된다. 단순협조는 둘 이상의 기관들이 각 기관의 임무, 목적, 서비스 등에 대한 정보를 공유하는 것으로 각 기관의 의사결정 절차, 정책 및 활동은 서로 분리되어 있으며 다른 기관을 참조하지 않고 결정된다. 즉, 각 기관들은 자율적이며 평행선상에서 독자적으로 기능하며 각 프로그램의 목적 달성을 위해 일한다(오혁진, 2003).

역할조정은 다양한 기관의 전문가들이 함께 의사결정을 한 후 공유된 목적을 달성하기 위해서 각자의 서비스 제공을 조정하는 접근방식을 의미한다. 즉, 어떠한 주어진 사업계획에 기본적으로 동감하는 기관들이 자신들의 프로그램이나 시설들을 적절히 조정함으로써 사업의 성공에 이바지하는 경우를 말한다.

이러한 협력의 예는 교육협력관제도이다. 교육협력관 제도를 통하여 경기도와 경기도교육청은 유기적인 협조체제를 구축하여 상호 이해와 협조 하에 지역주민의 교육수요에 능동적으로 대처하고 있다. 또한 경기도교육청의 업무관할 영역외의 고등교육(대학), 평생교육 등 전 분야에 지방자치단체의 역할증진을 도모함으로써 지역혁신과 인재개발에 깊숙이 관여하고 있다.

4. 현황 및 문제점

학부모의 학교교육 참여 중 가장 적극적인 참여는 미국의 NCLB에서 보여주듯이 학교에 대한 평가이다. 이를 위해서는 학교교육에 대한 공개가 이루어져 자녀가 다니는 학교교육의 질을 파악할 수 있어야 한다. 현재 대부분 학교에서는 학교 홈페이지를 통해 일부 정보를 공개하고 있지만, 학생이나 학부모의 주요 관심정보가 누락돼 있는가 하면, 학교별 정보제공 형태도 천차만별이라 신뢰도가 낮을 수밖에 없었다. 2008년 12월 1일부터 이와 같은 문제점을 보완하기 위하여 학교정보공시제가 도입되었다. 초・중・고의 경우 학부모들이 가장 궁금해 하는 학생 및 교원 현황, 교육여건, 재정상황, 급식상황 및 방과 후 학교 등 총 15개 항목과 39개 세부내용을 포함하고 있다. 국가수준 학업성취도 평가 결과 공시는 과목별 등급을 점수가 아닌 비율로 2010년부터 알리도록 하고 있다. 이러한 제도로 학부모의 학교선택은 제한적이나마 가능성이 열렸다. 현행 학부모, 지역사회의 학교교육 참여에 관한 현황 및 문제점을 다음과 같은 것을 들 수 있다.

가. 수동적 학부모 참여

학부모와 학교와의 원만한 관계 형성이 학교교육에 중요한 영향을 미친다는 것은 주지하고 있는 사실이다. 상호 협력적이어야 함에도 불구하고 상호간의 기대 불일치와 학교 교육에 대한 불신으로 사교육이나 해외 조기유학 등의 형태로 나타나고 있다. 그간 우리 사회에서의 학부모 참여는 대체로 부족한 학교재정을 보충하는 '재정지원자'로 한정되어 왔지만 학교단위 책임경영제가 발달하면서 학교경영 전반에 걸쳐 참여가 요구되고 있다.

현재 학부모의 학교교육 참여는 개인적인 필요에 의해 학교를 방문하는 경우와 학교단위 단체에 속해서 활동하는 경우로 나눌 수 있다. 학부모회 규약, 전국 16개 시・도의 '학교운영위원회설치・운영에 관한 조례'에 의하면, 학부모회를 학부모들의 자생조직으로 규정하고 있다. 단위학교에서는 내규의 하나로 학부모회에 관한 규정을 두고 있으며 '(녹색)어머니회'등 봉사활동을 주로 하는 단체 등도 조직하여 운영하고 있다.

학교운영위원회 운영이 단위학교가 처한 현실과 위원들의 역량에 따라 다르듯이 학부모회 운영도 학교마다 상이한 모습을 보인다. 학부모회가 조직되어 봉사활동을 체계적으로 운영되기 보다는 단편적으로 학부모는 발전기금을 내거나 학교 행사와 시험감독 등 학교가 필요할 때 부르면 달려가는 게 현실이다.

학교운영위원회처럼 학교운영에 법적 권한이 주어진 것은 아니지만 학부모가 학교교육과 교육환경 개선을 위한 봉사활동에 참여하는 경우도 많다. 활동분야에는 학교실정에 따라 체육진흥회, 어머니회, 급식모니터단, 교통 도우미, 도서 도우미 등 학부모가 학교 내에서 참여할 수 있는 여러 조직이 있다. 일부 학교의 경우 상부교육행정기관의 지시로 인해 학부모를 동원해야만 하는 봉사활동에서 학부모의 자율적 참여권을 침해하는 사례가 발생하기도 한다. 예를 들어, 초・중등학교에서 운영하고 있는 학부모 급식모니터단의 경우 학부모의 자발적인 학교교육 참여보다는 학반이나 학년별로 할당된 인원을 의무적으로 선정해야 하기 때문에 학부모의 수동적 참여로 인한 학교교육 불만족이라는 부작용을 낳기도 한다. 대부분의 학부모 봉사활동이 학교교육을 지원하는 단순한 도우미에 한정되어 있어 실질적인 학교교육 참여와는 거리가 있다는 문제점도 있다. 학교 봉사활동을 수요자 측면에서 본다면 학부모들의 제안이나 지역화 교육과정에 대한 요구반영이 미흡함을 알 수 있으며, 학교 자원봉사자를 위한 최소한의 편의시설 마련 등 제반여건도 미흡한 실정이다.

나. 불법 회비 징수 문제 잔존

학부모회는 자생조직이므로 회비를 징수할 수 없다. 학부모로 구성된 학교 내외의 조직・단체가 학교운영위원회의 심의・의결 없이 친목도모 이외의 용도로 금품을 접수・사용하거나 학교운영위 심의・의결과 관계없이 출연자(학부모・일반인)의 자율적 의사에 반하여 금품을 갹출・모금하는 행위는 불법찬조행위로 간주하고 있다.

학교발전기금 조성원칙에 의해 기금을 교직원의 복지에 사용할 수 없는데도 비공개적으로 교직원 회식비용 등으로 징수하는 회비, 자생단체 임원이나 학생회장단 학부모들에게 암묵적으로 요구하는 이른바 "당선사례금", 자생단체의 연간 사업과 예산계획이 의결되지 않은 채 일방적으로 징수하는 회비, 자생단체 임원들끼리 할당하여 징수하는 특별회비, 학교 예·결산에 보고되지 않는 외부 업체 등의 후원금 등이다. 간혹 언론에서 학부모 단체에 제보된 일부 학교의 찬조금 관행이 보도되고 있다.

다. 지방자치단체와 협력 부족

단위학교와 지역사회관계는 학교별로 학교운영위원회에 지역인사를 포함하고 있어 지역과의 협력을 제도적으로 보장하고 있다. 최근 학교는 그 동안의 각종 시설 제공뿐만 아니라 지역사회의 중심이 되어 평생교육의 중추적인 역할을 담당하고 지역의 네트워크 형성을 요구받고 있는 실정이다. 특히, 서울특별시의 경우에는 지가(地價) 상승으로 인한 지자체의 개발상의 어려움으로 인해 기존의 학교시설에 체육관, 복지 문화 커뮤니티 시설 등을 복합적으로 조성하여 이용하자는 논의가 활발히 진행되고 있다(목정훈, 2007).

학교공간이 지역 커뮤니티 공간으로서 자리 잡기 위한 학교공간복합화사업과 기초자치단체에서 단위학교에 지원하는 경비보조 사업을 기초로 하여 학교와 지역사회 관계 현황을 살펴보기로 한다.

1) 기초자치단체의 교육경비 지원 지역간 격차

광역자치단체 뿐만 아니라 학교와 좀 더 범위가 가까운 기초자치단체의 학교재정 지원이 확대되고 있다. 시 · 군 및 자치구의 교육경비 지원은 대체로 '시 · 군 및 자치구의 교육경비 보조에 관한 규정'에 의하여 지원되고 있으며, 자체적으로 교육경비 보조에 관한 조례를 제정하여 지원하고 있는 기초자치단체도 있다.

기초자치단체의 교육경비 보조사업의 범위는 '시 · 군 및 자치구의 교육경비 보조에 관한 규정'에 설정하고 있는데 1) 학교의 급식시설 · 설비사업, 2) 학교의 교육정보화사업, 3) 지역 사회와 관련한 교육과정의 자체개발사업, 4) 지역주민을 위한 교육과정 운영사업, 5) 학교교육과 연계하여 학교에 설치되는 지역주민 및 청소년이 활용할 수 있는 체육, 문화 공간 설치사업, 6) 기타 시장 · 군수 및 자치구의 구청장이 필요하다고 인정하는 학교교육여건 개선사업을 대상으로 한다.

기초자치단체가 지원하는 교육경비 보조의 절차는 시장 · 군수 및 자치구의 구청장이 당해 연도 보조사업에 대하여 각급학교의 장에게 보조대상사업 및 그 예산액을 통지하고 보조신청서를 제출하도록 하여 각급학교의 장으로부터 보조신청서가 제출된 경우에 그 보조여부를 결정한 후 교부결정의 내용을 통지함으로써 갈음된다. 즉, 기초자치단체가 지원하는 교육경비는 단위학교의 수입이 되어 교육활동에 사용된다. 이런 경비보조가 시 · 군 · 구에 따라 지원규모가 다르다. 경기도의 예를 들면 '좋은 학교 만들기 지원 사업'의 재원은 경기도의 교육비특별회계전출금, 시 · 군의 교육경비보조금, 경기도교육청의 예산으로 마련된다. 경기도의 교육비특별회계전출금은 비법정부담금으로 의무조항이 아닌 선택조항으로서 자치단체장의 의지에 따라 예산 지원이 충분히 변동될 소지가 있다. 시 · 군의 교육경비보조금의 경우 「시 · 군 및 자치구의 교육경비보조에 관한 규정」(대통령령 제17025호)에 따라 보조되는 것으로 이 또한 시 · 군의 선택사항으로 재정이 취약한 곳은 교육경비보조가 어려워지는 상황이 발생하고 있다

경기도의 대표적인 도시인 수원시, 성남시, 안산시, 부천시, 고양시, 안양시, 용인시 등도 80% 이상의 높은 재정자립도를 보이고 있다. 반면에 가평군, 연천군, 포천군과 같은 미개발 지역의 경우 재정 규모는 물론 재정 자립도 역시 20-30%대로 매우 낮은 실정이다. 이러한 지역들은 지방재정이 열악하고 따라서 자치단체의 교육재정 지원 역시 다른 지역에 비해 현격한 차이를 보이고 있다. 특히 교육환경이 열악한 농어촌 지역이어서 불균형이 더욱 심화되고 있다(하봉운, 2004).

2) 학교복합화 사업 추진 저조

학교의 부지 내에 학교의 신축 · 개축 · 증축과정에서 지역의 기반시설이나 지역주민의 평생교육을 위한 시설을 기능적으로 연계하여 건축하는 것을 복합화라고 한다. 복합화의 의의는 학교 교육적 측면, 평생교육적 측면, 경제적 측면으로 구분할 수 있다. 우리나라의 학교시설은 선진국에 비하여 학교교육과 학생들의 건전한 성장과 생활에 필요한 시설들을 갖추고 있지 않은 상태이다. 교육방법의 변화나 사회 여러 분야의 발달은 빨리 이루어지고 있어 부족한 상태의 학교시설로서는 그 변화에 대응하는 것은 불가능하다. 따라서 학교교육과 관련된 고품질 · 고기능의 학교시설로 복합화 하여 학교교육의 질을 향상시키는데 의의가 있다. 또한, 학교교육과 관련되거나 지역주민이 평생교육(기반시설 포함)에 도움이 되는 시설을 학교와 복합화하여 갖춘다면 지역주민들의 삶의 질 향상에 도움이 될 것이다. 학교 교육적 측면과 지역주민의 평생 교육적 측면에서 필요한 시설을 각각 분리하여 건축한다면 부지구

입비와 아울러 건축비가 따로 따로 투자되어야 할 것이다. 따라서 국가재원의 효율적 활용이라는 측면에서 학교 부지 내에 복합시설을 건축한다면 건설비용을 절약할 수 있어서 저비용 고효율을 기대할 수 있을 것이다.

현재 각 지방자치단체에서 설치하고 있는 복합화 대상시설을 살펴보면 구민회관, 지역문화센터, 체육문화센터, 복지센터, 정보문화센터, 여성문화센터, 청소년 회관, 장애인 복지관, 사회복지관(저소득층, 독거노인) 등의 평생교육 및 문화시설, 복지시설 등이 있다

사업 현황을 살펴보면 2006년 8개 시범사업 중 2개 사업이 MOU를 체결하였으며 1개 사업은 내년에 추진될 예정이고 나머지 5개 사업은 취소되었다. 신도림고는 정상적으로 추진되었으나, 고척초는 복합시설 소유권 문제로 사업 추진이 되지 않았으며, 행복중고는 교육청이 체육관 건립을 100% 요구하는 등 협의가 어려웠을 뿐만 아니라 서울시에서는 BTL사업에 대한 지원을 중단하기로 하였다. 청당초는 보육시설 설치계획에 대한 국・공립유치원연합회 등의 반발이 있는 상황이다. 중리초는 지방자치단체에서 국제규격에 맞는 체육관 설치요구에 따른 추가 소요액에 대한 비용 분담이 협의되어야 하는 상황이다. 센텀고와 수완2초는 지방의회에서 재정부담을 이유로 사업을 부결하였다. 월봉중의 경우는 국・공립유치원연합회 등 관련단체에서 학교 내에 보육시설 설치를 반대함에 따라 사업을 포기하였다.

위의 추진현황에서 알 수 있는 바와 같이 학교 측의 동의와 지자체 예산 확보가 마무리되지 않아 시범사업의 추진이 부진한 실정이다. 2007년에도 2개교 서울 개봉초 체육관, 부산 엄궁초 증축이 사업 대상으로 선정되었고 2008년 학교 복합화 대상사업 7건이 신규 선정되었다. 교육청-시군구간 공동 비용분담으로 부지비: 학교용지 활용(교육청 부담), 시설투자비는 해당시설별 건설비를 산정, 총민간투자비에 대한 장래 임대료 분담비율을 결정한다.

교육감과 시장(구청장)은 교장, 교육청 공무원 1인, 시 공무원 1인, 학교운영위원장, 주민대표 등으로 구성학교복합시설 공동 운영협의를 위해 관리운영협의회를 구성하도록 되어 있다. 교육청은 부지를 제공하고 예산 부담은 지자체가 맡는 만큼 지자체가 예산을 지원해 주지 않으면 사업 추진은 곤란하다.

라. 산업현장과 거리가 있는 전문계고 교육

그동안 청년실업자의 증가에도 불구하고 중소기업 인력부족이 지속되는 등 인력

수급의 구조적 불일치가 지속된 대표적 원인 중 하나가 현장수요와 괴리된 학교 교육과정의 문제로 지적되어 오고 있다. 교육과정 편성에서부터 지역전략사업과의 체계적 연계를 강화하여 특성화전문계고가 실질적인 중소기업 기능인력 양성의 산실로 자리매김할 수 있도록 산학협력이 강조되고 있다. 또한 산학협력을 활성화시키고 현장실습 교육과 연구, 산업체의 기술 이전 등으로 도입된 학교기업 지원사업이 추진되고 있다. 하지만 실제 운영에 있어서는 크게 효과를 거두지 못하고 있다.

1) 마이스터 양성체제 부재

최근 전문계고는 학교 수 및 재학생 수의 지속적인 감소, 취업보다는 진학현상의 심화(71.5% 대학진학) 등으로 인하여 많은 어려움에 직면해 있는 상황이다. 취업률은 19%정도여서 기업현장인력 양성의 목표로 체제변환이 요구되는 실정이다.

자녀수가 적어 대학선호가 문제이지만 전문계고 내부적으로 문제점이 지적되고 있다. 현장성이 부족한 교육과정, 교사의 높은 업무부담, 기초학력수준이 낮은 학생과 특성화고를 중심으로 입학 성적이 우수한 학생들의 유입 등에 대한 차별화된 교육목표 설정과 교육과정 개발·운영 필요 등의 문제점을 안고 있다.

기존의 전문계고가 지니고 있는 문제점을 해소하기 위한 제도로 마이스터고가 내년부터 개교한다. 하지만 마이스터에 대한 산업체의 인식은 부정적인 것으로 나타났다. "마이스터고를 졸업한 학생들을 정규직으로 취직시킬 의사가 있느냐"는 질문에 "채용의향이 없다"와 "혹은 잘 모르겠다."라는 응답이 대부분이었다. 산업체와 학교가 정책의 입안에서부터 협력이 안 되고 있는 것을 보여주고 있다.

2) 기반을 잡지 못한 학교기업

교육과학기술부(당시 교육인적자원부)는 2004년부터 학생 및 교원의 현장실습 교육과 연구, 산업체 등으로의 기술이전 등을 촉진하기 위하여 학교기업 제도를 도입하고 전국 고교 실험학교, 전문대학, 4년제 대학에 학교기업 재정 지원 예산을 지원하고 있다. 한 해 총 130~150억 원의 학교기업 지원 예산을 2년간 각 학교에 2회로 나누어 지급한다. 교육부에서 지원하는 학교기업으로 한 번 선정되면 2개년 동안 8~1억 원을 지원 받을 수 있다. 그러나 중간에 사업 평가를 실시하여 일정 기준에 미달했을 시에는 2차년도 지원이 중단된다.

제1기 학교기업 지원 사업에 4년제 대학 18개 학교, 전문대 17개 학교, 실업계고 5개 학교 등 40개 학교가 선정되었고 2005년도에 전문대 3개 학교, 실업계고 2개

학교가 추가로 선정되었다. 2006년부터 2007년까지 지원액이 있는 2기 학교기업은 총 50개 학교(1기 계속 14개 학교, 신규 36개 학교)다. 2기에서 탈락한 1기 학교기업까지 포함하면 총 80여 학교가 교육과학기술부에서 지원을 받은 셈이다.

교육과학기술부에서 학교기업 실험학교로 선정된 고등학교의 교육과정과 산업체의 연관성을 분석한 연구 자료를 보면, 취업을 준비하거나 창업에 뜻이 있는 학생들에게 현장 적응력과 기업 운영에 대한 자신감을 심어 주는 등 상당한 효과가 있는 것으로 나타났다. 하지만 전문계 고등학교에서는 문제점이 있는 것으로 나타났다. 학교기업이 제1기 재정 지원 사업을 2006년 8월 31일부로 종료된 시점에서 제1기 지원 대상 40여 학교 중 많은 곳이 자립 기반을 구축하지 못해 향후 방향을 잡지 못하고 있는 부분도 있는 게 사실이다. 학교기업에 대한 이해 부족, 전문교사의 부족, 지도 교재 부재 등으로 학교기업을 운영하는 데 어려운 점이 있다고 전문가들은 분석한다. 특히, 전문계 고등학교에서 학교기업을 설치・운영하고자 할 때 참고할 수 있는 자료나 지침 등이 미흡하다는 지적이 많다. 소규모의 학교기업은 일정 시간 교육을 받은 정도로는 담당 교수나 교사가 직접 회계를 담당하기에 어려움이 있다고 호소하기도 한다.

학교기업에 대해 연구하는 전문가들은 특히 실업계 고등학교에서 학교 기업을 설립・운영하고자 할 때에 학교기업의 설립 방안, 운영 주체별 운영 방안, 운용비용 조달 방식, 수익금 처리 방식, 사업종목 개발, 제품 생산 및 마케팅 방안, 교육과정 개발, 시설・설비 확보 방안이 구체적이지 못하다고 한다.

5. 외국의 동향

미국, 영국, 호주, 독일 등의 국가에서는 학교운영위원회에 학부모 위원이 포함되어 학부모들의 참여가 가능하다. 학교운영위원회를 통한 학부모의 참여는 별도의 장에서 논의하기로 하고 여기에서는 학교운영위원회 이외의 학부모 활동에 대해서 알아보고자 한다.

미국의 NCLB와 OFSTED의 학교평가 이후 단위학교는 학부모들의 참여가 더욱 확대되고 있다. OFSTED의 학교평가 뿐만 아니라 학부모들의 학교선택권까지 주어져 있는 상황이어서 학교는 학부모들의 참여에 적극적일 수밖에 없다.

미국과 영국의 경우에는 학부모들의 학교 참여 PTA(Parents Teachers Associations)를 중심으로 이루어지고 있다. 전국단위 PTA의 연합조직(영국은

NCPTA)이 있어 상호 정보 교류 및 지원이 이루어지고 있다. 학생들의 교육활동을 위해 자발적인 기금 모금과 현장학습 등 각종 행사를 주관하기도 하고 학교에서 운영되지 않는 프로그램을 실시하고 있다.

가. 학부모의 주체적인 학교 참여

1) 미국[8)]

○ PTA

PTA는 교사와 학부모가 다같이 참가한다. 아동의 교육효과를 높이기 위한 교사와 부모의 상호협동체이다. PTA의 전신(前身)은 어머니들의 교육, 아동의 건강, 우생학, 급식 및 도덕생활에 관한 향상을 목적으로 1897년 2월 17일 Birney 여사의 주도로 미국 워싱턴에서 개최된 전국 어머니회의(The National Congress of Mothers)이다. 그 후 명칭이 [전국 어머니사친회]로 변경되었으며, 1924년에 부모와 교사의 협의체로서 전국 사친회연합회(The National Congress of Parents Teachers Associations)로 성립되었다(위키백과사전).

이 연합회의 목적은 ① 가정 학교 교회 등 지역사회에 있어서 청소년 복지의 증진, ② 가정의 생활수준 향상, ③ 청소년 보호 감독을 위한 적절한 법률 제정, ④ 가정과 학교의 밀접한 관계를 통한 부모와 교사 간의 상호 협력, ⑤ 아동들의 신체적 지적 사회적 정신적 교육의 이익을 최고도로 얻도록 교사와 일반 공중과의 연합적 노력의 조장 등이다. 요약하면 PTA는 교사와 학부모가 협력을 통해 학생들의 교육과 복지를 증진시키고 아이들 교육을 위해 학부모와 교사의 이해를 증진시키는 조직이다. PTA와 유사한 조직으로 PTO, PTSA가 있다.

개별 학교에 존재하면서 큰 단체에 속하지 않은 학부모 선생님 단체인 PTO (Parent Teacher Organization)라 불리는 그룹이 있다. 학생들을 회원으로 승인하는 그룹은 PTSA 즉, 학부모 선생님 학생들 협회(Parent Teacher Student Association) 라고 한다. PTA생활을 맡아나갈 PTA Executive Board Member(사친회 집행위원회 임원)들은 학부모와 교장선생님을 포함한 선생님들이 투표를 통해 선출한다. 학교에 따라 2년에 한 번 선출하기도 한다.

---

8) http://www.pta.org/에 내용을 정리함

PTA는 12월을 제외하고 한 달에 한 번씩 저녁에 도서관이나 체육관에서 모임을 갖는다. 비회원이 참석할 수 있는 달이 정해져 있기도 한데 이때는 전문 강사를 초빙하여 학교프로그램과 아이들 교육에 관련된 강의를 듣기도 한다.

임원조직은 회장, 부회장, 총무 또는 서기, 회계, 전임회장을 고문으로 두고 있으며 여러 부서와 부장들로 구성된다. 활동으로는 학교댄스파티, 교내게시판 관리, 가정통신문 배부, 정원관리, 도서관리, 학교월간회보, 회의, 학교개학일, 개학전야제, 킨더카튼 / 새 가족환영행사 안내 / 킨더가튼 등록 / 새로운 학생 가족 돌보기, 학교위원회 대리인, 마켓적립카드 가입, 펀드레이징, 학교유니폼 세일, 도서전, 학생들 사진, 학년별 파티, 학교야외 파티, 매점, 기념앨범제작, 학생명부, 기금모음, 기부금 관리자. 기타 특별 게스트 초빙 등이었다. 이밖에도 학부모들의 자원봉사들을 이용한 여러 프로그램이 운영되고 있었다. 방과후 프로그램, 예술 활동인 Reflections Program, 진로탐색 프로그램, 독서행사, 성적이 우수한 학생과 부모, 리더에게 상을 수여하기도 한다. 이밖에도 여러 종류의 학부모 교육을 실시하고 있다.

단위학교마다 사정에 따라 달라지고 있는데 Cougar Ridge 초등학교를 예를 들어 살펴보면 Cougar Ridge 초등학교의 학부모회(PTA)는 회장 외에 수석부회장, 비서, 회계가 있다. 그리고 접대, 의사소통, 기금모금, 프로그램, 자원봉사와 관련된 5개 부서의 부회장이 있다. 학부모회는 모든 학부모가 참여하며 일 년에 가정당 15달러의 회비를 거둔다. 5개 부서 밑에는 각각 상임위원회와 임시위원회가 있다.

접대부서에는 상임위원회로 연락, 월별 생일파티, 새 학부모 담당 등이 있다. 임시위원회는 요리, 가을 교사점심, 스케이트 파티, 스승의 날, 가을 개강 파티 등이 있다.

의사소통부서에는 상임위원회로 지역자문위원회 대표, 규정, 소식지, 출판, 특별서비스 연락관이 있다. 임시원회로는 비상연락, 주소록, 개강 봉투 넣기 등이 있다.

기금모금 부서에는 회사담당, 정부지원서 작성, 회원모집, 앨범 작성 등의 상임위원회가 있다. 임시회원회로는 책 전람회, 봄 경매(2년에 한 번), 학교마크 옷 판매, 가을포장지 판매 등이 있다.

프로그램 부서에는 상임위원회로 회의소집, 도서관에 책선물, 부모교육, 학생저금 등이 있다. 임시위원회로는 이웃돕기, 약물복용금지, 마음의 장기여행, 전시회, 봄 오픈하우스, 과학전시회, 미술재료 등이 있다.

자원봉사 부서에는 상임위원회로 상수여, 등교확인, 교실지원 책임, 특별행사 책임 등이 있다. 임시위원회로는 회계정리, 교육구 학교기금, 유치원, 학교 환경 정리, 청력 · 시력검사 등이 있다(이일용, 2000).

○ 각반 학부모 회장(Springfield Township District)

Head Homeroom parent(s)는 담임의 지시에 따라 Homeroom parent(s)에게 역할분담을 해 주고 각종 학급활동에 대한 정보를 반 학부모들에게 전달하는 역할을 한다. 하는 일로는 가정에 보내는 페이퍼를 나누어 준다. 아이의 이름이 적혀있는 메일 박스에 넣어주면 학교가 끝날 무렵 아이들이 각자의 파일에 담아 집에 가져간다. 교실에서 일 년 동안 사용하게 될 비용을 보통 학년 초 모금하는데 견학비나 파티비용을 모으고 있다. 선생님의 요청에 의해 교실에서의 파티 때, 게임이나 만들기 등의 자료를 준비를 하고 새로 온 전입생 비상 연락 번호 알아두기를 한다.

Springfield Township District의 경우 District 학부모회의 홈페이지가 있다. 가입대상은 Head Homeroom parent(s)와 Homeroom parent(s)들이다. 학교교육을 위해 교사, 학부모, 학생, 교직원들의 의사소통을 위해 홈페이지를 만들었다고 목적을 제시하였다. 의무로는 의무비용인 10불을 지불하여야 한다. 10중에 9불은 학급 소풍을 위해 사용되고 1불은 District의 운영비로 사용된다고 밝히고 있다. 아울러 사용지출에 대한 감사를 하고 보고하고 있다. 또한 학교의 안전과 예술 재료, 사회적 활동 등의 비용에 대한 모금을 안내하고 있다. 학교행사를 공지하고 있었는데 그 중에서는 가족과 즐기는 저녁 행사로 학교 카페테리아에서 영화 보기, 볼링, 야구 경기에 관한 내용이 있었다. 가족들의 함께 즐기는 학교공간이 되고 있는 점이 특징이다.

2) 영국

1997년 '학교 자율 경영(Self Government for Schools)'이라는 백서에 기초를 두고 제정된 영국의 교육개혁에서 학부모와 지역 사회 인사들의 광범위한 참여를 보장하고 학교운영위원회의 참여를 교육법으로 정하였다. 이밖에도 전국 13000개의 PTA 조직을 관리하는 The National Confederation of Parent Teacher Associations을 갖고 있다. 이 조직은 학교와 가정, 지역교육청, 중앙교육청의 완전한 협력을 촉진시키고자 노력하고 있다.

영국은 미국과 비슷한 PTA를 갖고 있다. 학생들을 위한 추가의 기금을 조성하고 학부모와 학생을 위한 행사를 운영한다. 학생들의 여행과 다른 야외 활동을 제공하고, 방과후의 음악, 드라마, 스포츠클럽을 운영한다. 학부모들에게 교육적 이슈에 대한 정보를 제공할 모임을 조직한다. 가입자들에게 학생수에 따라 회비가 부과된다.

전국적 단위인 National Confederation of Parent Teacher Associations (NCPTA)가 있어 PTA 가입을 돕고 있으며 개별단위의 PTA를 관리하고 있다. 크게

두 개의 조직으로 구성되어 있는데 이사회와 실무운영팀인 The NCPTA Team으로 나눠져 있다. The NCPTA Team은 수석의장, 재정 관리자, 회원서비스 관리자 2인과 전국을 9개 구역으로 나누고 이를 관리하는 관리자등이 있다. 이사회는 의장, 9명의 이사들로서 PTA 경험이 있는 자들로 자선활동을 하고 있다.

단위학교에서도 학부모들이 학교 재정을 돕는 데 직접 나서고 있다. 바비큐 파티나 크리스마스 때 집에 있던 물건을 가져와 판 뒤 이 돈을 학교에 기부하는 게 일상화돼 있다. 헌책 팔기, 케이크 만들어 팔기 등의 행사도 자주 열린다.

이밖에도 학교 의가에 따른 학부모들의 요구도 나타나고 있다. OFSTED가 학교평가를 공개하면 학부모들은 학교에 대한 평가결과를 기반으로 학교의 운영과 교실운영에 대해서 개선을 요구하게 된다. 학교평가는 학부모와 함께 진행되는데 학교평가가 실시되기 1주일 전에 조사관 회의에 학부모들이 초대되고 이 회의에서 학부모의 의견이 조사관들에게 제시된다. 예컨대 학부모가 학교에 바라는 사항, 학교교육에 대한 만족도와 같은 것들이 그것이다. 조사 기간 중에는 학부모들에게 질문지를 보내서 의견을 수렴하게 된다. 그리고 평가결과는 학부모들에게 요약본의 형식으로 제공된다.

나. 지역사회와 밀접한 학교

지방자치단체와의 관계가 일반자치와 통합과 분리에 따라 차이가 난다. 영국과 일본의 경우 통합된 구조여서 지역사회와 학교와의 관계가 더욱 긴밀하다. 영국의 지방자치제도는 지방교육행정이 지방자치 행정에 완전히 통합되어 있고, 수석교육관은 행정 체계상 지방자치정부의 사무총장 관할인 집행체계의 일부분인 교육국을 총괄하는 책임자이다. 따라서 LEA를 교육위원회와 수석교육관이하의 집행기구로 협소하게 이해하는 것은 잘못된 것이다. 예를 들어, LEA의 중요한 역할 중의 하나인 학교시설관리와 재정분배는 수석교육관의 책임이 아니고 지방정부 차원에서 통합 운영 관리한다. 일부 학교 또한 지역에서 설립 운영이 가능하여 지역과 학교교육은 불가분의 관계이다.

미국의 경우에도 50개의 주단위에는 주교육위원회와 주교육청을 설치하고 있다. 이는 주지사의 임명과 주민선출 등 주에 따라 조금씩 다르다. 주단위와 학교단위간의 업무조정・지원을 위한 county단위의 중간행정기구를 운영하고 있다. 실제 학교구는 준지방자치단체 내지는 특수 지방자치단체로서 독립적인 징세권을 행사한다.

지방교육구의 교육위원회는 교육방침 및 교육계획의 수립, 교육장 및 교사의 채용, 학교의 감독, 학교 건축 등의 권한을 갖고 있다. 따라서 단위학교는 지역의 요구를 반영할 수밖에 없고 지역사회는 학교를 위해 협력하는 구조이다.

지방자치단체 이외의 참여활동은 지역대학생들을 포함한 자원봉사(일본의 볼런티어, challenge 2000), 학교공원화 사업, 방과후나 주 5일제에 따른 교육활동이다.

1) 일본: 대학생, 학부모, 노인의 자원봉사

일본의 경우 지방자치단체에 교육행정기관인 교육위원회가 설치되어 있다. 일본의 교육위원회는 합의제의 행정위원회이기 때문에 교육위원의 회의체라는 좁은 의미에 있어서의 교육위원회, 그리고 집행기관으로서의 교육장과 사무국을 모두 합해서 교육위원회라고 칭하고 있다. 통합적인 구조 속에서 주민들의 교육을 위해 공민관을 두는 것이다. 공민관은 교육의 지역 서비스 기능을 보여주는 부분으로 시민들의 교양을 높여 건강을 증진 해, 감성이 풍부한 인간으로 만드는 평생 학습의 장소이다.

○ 일반화된 자원봉사

• 학생 자원봉사

대기업의 경우 소니의 교육재단이 과학 교사를 지원하고, NTT의 '모바일 커뮤니케이션 펀드'가 학교 생태계 조성에 힘을 보탠다. 중소기업들은 장래 인재를 공급할 지역 학교에 정기적으로 장학금이나 기부금을 제공한다. 하지만 일본에서 더 강조되는 것은 금전적 도움보다 지역인들의 노력 봉사다. 일본에서는 이를 '학교 지원 볼런티어(자원봉사자)'라고 부른다. 도쿄 고다이라(小平)시 시립 고다이라 제8초등학교의 사례는 일본 사회의 대표적인 학교 지원 모범사례다. 이 학교에선 수업 시간에 '학생 볼런티어'가 참여한다. 도다이라시는 시내에 쓰다(津田)대학을 비롯해 시 외곽에 도쿄가쿠게이(學藝)대, 히토쓰바시(一橋)대가 있는 교육 도시다. 이런 '지역의 힘'을 교육 현장에 투입하는 것이다. 시에 정식으로 등록한 '학생 볼런티어'들이 수업시간에 참여해 학생 한 명, 한 명을 직접 지도한다. 교사에게 배운 원리로 학생들이 산수 문제를 풀면, 볼런티어들이 학생들의 해법을 점검해 주는 식이다.

• 주 5일제 수업 지원 : 학사(學社) 융합

2002년 주 5일제 수업 도입 후, 토요일에도 부모가 일하러 나가야 하는 학생들을 위해 개설한 '토요 광장'에는 지역단체인 '청소년대책위원회' 소속 은퇴 노인들이 교사들을 대신해 주도적인 역할을 한다. 정규 수업을 마친 뒤 열리는 '방과후 클럽'에는 학부모들이 참여한다. 상대적으로 여유가 있는 학부모들이 맞벌이 학부모들의 자녀들까지 챙겨주는 방식이다. 고다이라시에서 이처럼 지역 학교를 위해 봉사에 참여하는 주민들은 연간 5만명(연 인원)에 육박하고 있다.

학교와 지역사회가 융합된다는 뜻에서 '학사 융합'으로 불리는 이런 방식은 두 가지 배경에서 나왔다. 하나는 맞벌이 부부의 증가로 공교육에 대한 기대는 높아졌지만, 재정적자로 공적 재원은 오히려 줄어들고 있는 현실이다. 또 하나는 고령화 현상으로 사회봉사를 희망하는 인력이 늘어나고 있다는 점이다. 교원 확충처럼 공적 재원이 감당해야 하는 영역을 자원봉사자들이 대신해 주고 있는 것이다(조선일보 2007.3.12).

주 5일제 수업방식이 효과를 거두기 위해서는 단순히 학교 내 교육과정의 변화만을 가지고는 그 효과를 달성하기 어렵다. 지역사회와 가정에서 교육의 일정부분을 담당해야 하는 것이다. 학교에서 학습하는 이외의 시간에 학생들이 참여할 수 있는 다양한 각종 교육프로그램이 준비되어야 한다. 이러한 차원에서 일본의 각급학교들은 학부모들의 의견을 수렴하기 위해 설문, 조사, 면담, 간담회와 같은 방법을 활용한다.

지역사회에서는 학부모의 의견과 학생들의 필요를 기반으로 해서 각종 교육 프로그램을 제공하고 이해 대한 정보를 학부모와 학교에 제공한다. 각종 강습회, 체육활동, 지역사회 행사에 대한 정보와 참여가 바로 그것이다. 주 5일제 수업방식을 위한 가정과 지역사회의 노력으로 아이들의 방과후 주말화동지원, 아동 독서활동 추진사업, 도서관의 지역 IT 학습정보 거점화 사업, 지역 비정치조직과의 연대에 의한 지역학습활동 활성화 지원사업이다(권대봉, 2003).

① 아이들의 방과 후 주말활동 지원 : 전국의 1,100개의 지역을 정하고 학교, 사회교육시설, 스포츠 시설 등을 거점으로 스포츠 지도자, 대학생, 고령자 등에 의한 지역교육력 강화 모델을 실시

② 아동 독서활동 추진 사업 : 여섯 개 현에서 추진회의를 만들어 현 내에서의 종합적인 독서활동을 추진하는 사업과 열두개 시정촌에서 공립도서관을 중심으로 각 관계기관 및 단체들이 아이들의 자주적인 독서활동환경을 만드는 시정촌 사업모델이 핵심

③ 도서관의 지역 IT 학습정보 거점화 사업 : 도서관을 지역의 IT 학습 프라자로

자리 잡게 하고 지역주민의 IT 기술향상을 도모하는 한편, 각종 정보를 입수하기 위한 거점으로서의 기능정비

④ 지역 비정치조직과의 연대에 의한 지역학습활동 활성화 지원사업 : 행정기관과 민간단체가 연대하여 IT, 가정교육, 남녀 공동참여 등을 테마로 한 지역학습활동 활성화

학교와 지역, 회사가 함께 학교울타리 뿐만 아니라 도서관, 스포츠 시설 등의 다양한 공간에서 학생들을 위한 주 5일제 프로그램을 실시하고 있다는 점이 시사하는 바이다.

2) 지역사회를 변화시키는 미국 학교

미국대학은 주변의 초·중등학교와 여러 가지 형식으로 상호 협력을 하고 있다. 주말에 대학의 도서관에서 아빠와 초등학생으로 보이는 아이가 함께 자료를 찾는 장면을 종종 목격하게 된다. 대학에서 개최하는 음악회, 강연회에는 지역에 사는 할머니, 할아버지들이 중요한 청중으로 참여한다. 대학뿐 아니라 초중등 학교도 여러 가지 모양으로 학생들의 가족, 지역 사회의 각종 기관들과 협력이 이루어지고 있다.

○ 지역사회 학교

• 지역사회 기반 방과후 프로그램

공업도시였던 프린트시에서 경제공황으로 실업자가 늘어나면서 범죄율이 다른 도시보다 높았다고 한다. 이에 학생들뿐만 아니라 주민들에게 학교의 문을 열어 그들을 학교로 끌어들여 학생들이 사용하지 않는 시간에 학교시설을 이용하게 함으로써 주민들을 가르치고 여가를 즐기도록 하였다. 이렇게 하여 프린트시의 해체된 지역사회를 하나로 결속시켜 어려운 시기를 극복하고 지역사회 발전의 저력을 키우는데 학교가 큰 역할을 하게 되었다. 이러한 활동의 결과 미국은 1974년 연방 령으로 지역사회교육령을 선포하여 모든 공립학교가 지역사회학교로서 활동할 것을 법으로 정하였다. 현재까지 지역사회와 학교는 다양한 교육활동을 전개하고 있다.

Extended-Service School Models(ESS)의 경우 지역사회의 대학교가 프로그램의 기술적 운영과 프로그램 계획 등에 중요한 역할을 한다. 지역사회, 대학, 학교, 학부모, 교육청관계자들로 구성된 학교 또는 지역교육위원회를 통해 의사를 결정하

거나 프로그램을 운영한다.

이 밖의 방과후학교 운영형태 중 지역사회와 관련한 것을 살펴보면 첫째, 지역사회에 기반을 둔 경우 다양한 지역사회 단체나 학습단체 등을 중심으로 YMCA, YWCA, 청소년단체, 사립학원 등에서 정부의 지원을 받아 운영하는 경우이다.

또한 지역사회 기반 단체(Community-based Organization-administered: 이하 CBO) 프로그램은 지역사회기관에 의해 운영되지만 학교교실을 임대하여 지역사회와 학교 간에 파트너십을 통해 운영한다. 학교와 CBO가 공동으로 운영하며 CBO의 운영담당 직원이 학교에 상주하면서 학교 교사 및 교장과 계속적인 관계를 갖는다.

학교공원화 사업으로 민간단체의 주도로 추진되는 SPARK 공원사업은 공원조성을 위한 모금운동에서부터 공원 디자인, 시공에 이르기까지 전 과정에서 학교구성원 및 지역구성원들의 적극적인 참여가 이루어지고, 저소득층의 녹지 확보와 도심 이미지 변화에 크게 기여하고 있다.

• 지역 초 · 중 · 고등학교 팀제 활동인 challenge 2000 프로젝트[9)]

미국 실리콘 밸리에서는 1990년대 중반 이후, challenge 2000 프로젝트라는 일련의 교육개혁 활동이 수행되면서 학교와 학교 사이, 그리고 학교와 산업계 사이, 학교와 학부모 및 지역사회 사이의 연계활동이 강화됨에 따라 실리콘 밸리의 인적자원개발 체계를 네트워크 중심의 틀로 변화시켰다.

Challenge 2000 프로젝트를 출범시키기 전에 지역의 학교, 기업 등 교육과 직, 간접적으로 관련 있는 각계각층의 의견을 수렴하고 미국의 타 지역과 주요국들에서 추진 중이거나 시행중인 교육개혁 및 교육체계를 점검한 결과, 실리콘 밸리의 교육체계가 여러 가지면 에서 개선될 필요성이 크다는 것을 확인하였다. 즉, 하이테크산업이 발달한 실리콘 밸리에서는 무엇보다도 창의적 사고력, 커뮤니케이션 능력, 고급기술 등을 소유한 인력이 다수 요구되고 있었으나, 지역에서 배출하는 인력은 수요에 훨씬 못 미치고 있었고, 타 지역의 고급숙련인력들은 그때까지 실리콘 밸리 초 · 중 · 고등학교의 교육환경을 좋게 인식하고 있지 않았기 때문에, 자녀들의 교육문제로 선뜻 실리콘 밸리로 이주하고자 하는 사람들이 기대한 것보다 많지 않았다. 더욱이 이 무렵에는 지역사회의 학교에 대한 관심과 재정지원도 줄어들고 있었다. 이와 같은 상황 하에서 지역사회의 교육계, 산업계 지도자들은 이 당시 실리콘 밸리

9) 이상일(2000) 한국노동연구원 보고서인 "실리콘 밸리의 인적자원개발"의 내용을 요약함

의 교육이 처한 어려운 환경을 불평하기보다는 실리콘 밸리의 교육에 새바람을 불어 넣기 위해서 긍정적인 자세로 무언가를 하지 않으면 안 된다고 하는 공감대가 형성되면서 21세기 교육이니셔티브위원회가 결성되고 Challenge 2000 프로젝트가 출범하게 된 계기가 되었다.

Challenge 2000 프로젝트를 추진하기 위해서 21세기 교육이니셔티브위원회는 산타클라라 카운티와 산마테오 카운티의 학구들에 소속되어 있는 모든 초・중・고 관계자들을 휴렛-패커드사에 초청하여 Challenge 2000 프로젝트의 취지를 설명하고 참여의사를 타진하였다. 그런데 동 프로젝트에 참여하고자 하는 학교들은 개별 학교 단독으로 지원신청을 하는 것이 아니라 초・중・고등학교들이 하나의 팀을 구성하여 공동으로 지원신청을 하도록 하였는데, Challenge 2000 프로젝트의 시행 첫 해인 1994년에는 총 26개 팀이 지원 신청한 가운데 4개 팀이 선정되었다.

Challenge 2000 프로젝트가 추진되기 전까지만 해도 실리콘 밸리의 일반 주민들은 교육, 특히 공교육에 대한 신뢰감이 그다지 높지 않았다. 학생들의 학업 탈락률이 높고 학생들의 학업 성적이 좋지 않았으며, 게다가 졸업생들은 숙련기술이 부족하여 산업계가 필요로 하는 만큼의 질 높은 인력이 되지 못하는 등 여러 가지 문제점을 안고 있었다. 교사들을 비롯한 교육관계자들도 학부형 및 지역사회의 학교교육에 대한 저조한 관심과 낮은 수준의 재정적 지원 등으로 인하여 교육에 그다지 열의를 보이지 않았던 것이 사실이었다.

이와 같은 현실을 타개하기 위하여 등장한 것이 Challenge 2000 프로젝트인데, 이러한 교육바람을 진작시키기 위하여 교육계 지도자와 일반 교사, 그리고 산업계와 학부모들이 각각 리더십, 지원, 참여 등의 형태로 다같이 교육활동의 주체가 되고 있다는 점이 주목할 만하다. 특정 그룹을 지목하여 부진한 교육활동의 책임을 묻거나 비난하는 대신에 미래지향적인 목표를 설정하여 다양한 그룹들이 다함께 참여할 수 있는 방향으로의 업무추진은 네트워크체계가 발달해 있는 이지역의 문화 또는 정서와 무관하지 않은 것으로 보인다. 초・중・고등학교, 이른바 K-12 교육체계의 구성원들의 상호 학습 및 벤처 방식의 학습 팀별 아이디어를 바탕으로 성과에 상응하는 학습 재정을 지원하고 청소년의 직업세계 이행과정에 대한 지원을 통해 지역과 밀착된 인력양성 및 경력개발이 가능해졌다.

현재 뉴질랜드에서도 “challenge 2000”이름으로 청소년의 문제를 해결하기 위해 학교, 지역사회, 가정을 중심으로 한 다양한 청소년 프로그램이 운영되고 있다.

다. 학교와 기업과의 관계

1) 국내: 산학협력 체제 추진

직업교육체제 혁신방안(교육혁신위원회, 2005.5.12)에서 산학협력취업약정제 사업을 중점 추진과제로 제시하여 실시하고 있다.

○ 산학협력 취업 약정제 사업 운영

산업체-전문계고-전문대-지자체(교육청 포함)가 참여하여 운영하는 프로그램 구축하여 전문계고 학생의 취업과 약정을 통한 산업체별 맞춤형 인재 양성과 조기입직 촉진과 직업교육혁신 모델 확산 및 정착에 힘쓰고 있다.

산학협력취업약정제는 두 가지 모형이다. 제1모형(취업-진학 병렬형)으로 전문계고 졸업한 후 산업체 취업과 동시에 전문대학에 진학이 가능하고, 전문계고 3학년을 대상으로 취업을 위한 특별교육과정 운영하고 전문계고 졸업한 후 협약을 체결한 산업체에 취업하도록 하였다. 산업체는 근로자를 협약 전문대학에 위탁 교육한다.

제2모형(진학-취업 순차형)은 전문계고 졸업한 후 전문대학에 진학, 졸업과 동시 산업체 취업을 한다. 전문계고 3학년 및 전문대학 2년 과정을 하나의 과정으로 운영하고 무시험 전형으로 전문대학에 진학하고 졸업 후 산업체에 취업하고 산업체는 교육과정에 참여, 장학금 지급을 한다. 전문계고 졸업 후 취업과 전문대 진학을 보장하고, 지역 산업체 요구에 부응하는 '산학협력 취업약정제(협약학과) 사업 확대 추진 예정이다.

권역별 총 15개 내외의 협약학과 컨소시엄을 선정하여 시범 운영하고 있으며, 대표적으로 LG필립스-두원공대-파주공고-경기도, INI Steel-신성대학-합덕산업고-당진군, 하이닉스반도체-주성대학-금왕공고 등이다. 컨소시엄 당 2억원씩 2년간 지원하고 있으며 협약을 체결한 실업고 교장, (전문)대학 해당 학과장, 기업체 및 지자체 관계자로 '협약학과 운영위원회' 구성하고 있다.

이밖에도 교육과정 개발비, 실업고-(전문)대학-산업체간 인적교류 비용, 교수·학습프로그램 개발·구입비, 장학금 등을 패키지로 지원하고, 협약학과를 운영하는 실업고는 초·중등교육법상의 자율학교로 지정하며 협약학과 교육과정에 AP제도를 도입하여 실업고-(전문)대학간 교육과정 연계 강화하고 있다.

○ 학교 기업

학교기업은 학교의 기관장이 기업주가 되어 특정학과의 교원과 학생이 교육 활동을 통해 상품과 서비스를 생산・판매하는 학교 내 수익 사업체를 말한다. 재학생을 생산 활동에 직접 참여시켜 현장체험을 미리 해보도록 하여 산업 현장에 대한 적응이 쉽도록 도와주고, 기업 경영에도 직・간접적으로 참여해 미래의 직업 세계와 창업을 준비할 수 있도록 한다는 게 주요 목적이다.

현재 학교기업으로 운영되고 있는 유형을 보면, 유치원과 같이 학교에서 직접 학교기업을 설립하고 운영하는 공익 형태, 학교 내 시설을 이용한 식당 운영, 제과점 운영처럼 학교가 단독이나 외부기업과 공동으로 출자하여 학교기업을 운영하는 형태, 첨단기술을 보유한 기업가가 주도적으로 학교의 시설 공간을 활용하여 설립하고, 일정 수준의 기능이나 기술을 소유한 학생들을 취업 형태로 고용하여 운영하는 형태, 학생의 연구 성과에 따른 첨단 기술을 기반으로 학생이 주축이 되어 설립 운영하는 형태 등이 있다.

학교기업은 최고의 기술력을 보장하고 학교라는 신뢰할 수 있는 브랜드를 이용해 수익을 창출하기에 용이하다는 이점이 있는 반면, 일반 기업과 비교해 마케팅, 홍보 등의 능력이 부족하다는 단점도 있다. 사업의 특성과 지역성을 제대로 살리지 못했거나 홍보 부족으로 어려움을 겪고 있는 학교기업도 있는 게 사실이다.

교육과학기술부에서 학교기업 실험학교로 선정된 고등학교의 교육과정과 산업체의 연관성을 분석한 연구 자료를 보면, 취업을 준비하거나 창업에 뜻이 있는 학생들에게 현장 적응력과 기업 운영에 대한 자신감을 심어 주는 등 상당한 효과가 있는 것으로 나타났다. 또한 고등학교는 이제 시작에 불과하지만 교육과학기술부 선정 실험학교 10개 학교를 포함하여 많은 학교가 관심을 보이고 있다. 이에 따라 교육과학기술부와는 별도로 각 시도 교육청에서도 특성화 전문계 고등학교를 대상으로 학교기업을 선정해 지원 사업을 펼치고 있다. 특성화 전문계 고등학교의 활성화에 혁신적으로 기여하고 있다는 평이다. 서울시 교육청이 지원하는 학교기업은 2005년 5개 학교, 2006년 3개 학교가 추가되어 총 8개 학교로 미래산업과학고, 용산공업고, 성동여자실업고, 덕수정보산업고, 선린인터넷고, 단국공업고, 고명정보산업고, 서서울생활과학고가 있다. 특히 서서울생활과학고등학교는 조리과학과, 관광과의 교육과정과 연계한 '제과제빵' 학교기업을 관할 구청에 등록하고 학교 내외에 매장도 개설하였으며, 교사・학생들이 기획에서 판매・회계・홍보까지 맡아 한다. 좋은 재료로 맛있는 제과를 시중보다 20~30% 싸게 파는 덕에 입소문이 났고, 학생 개인은 자격증 소지 여부 · 실적 등에 따라 10~80만원의 월급도 받는다.

2) 미국의 다양한 산학협력 프로그램

미국의 산학협력 프로그램은 1990년 이전부터 Tech Prep 프로그램, 청소년 도제(youth apprenticeship) 프로그램 등이 실시되었고 STWOA(School to Work Opportunities Act)가 1994년 제정되면서 학교-직업 이행 프로그램(school to work transition)이 체계화되었다.

학교-직업 이행 프로그램은 학교기반학습(school-based learning),현장실습활동에 기반을 둔 직업교육(work-based learning), 학교, 기업, 학생, 그리고 각종 지역사회단체들을 연계하는 파트너십을 통하여, 학교에서의 직업교육과 현장실습 중심의 직업교육을 유기적으로 연계시키는 활동(connecting activities) 등으로 구분된다. 학교-직장 이행과 관련된 프로그램들로는 Tech Prep 프로그램, 청소년 도제 프로그램, 협동교육프로그램(cooperative education program), 학교-직장 도제프로그램(school to work apprenticeship program), 학교운영사업프로그램(school-based enterprise program), 생애아카데미 프로그램(career academy program) 등이 있다(주미대사관 정책보고서, 2007).

○ Tech Prep 프로그램

Tech Prep 프로그램은 일명 2+2 프로그램으로 지칭되기도 하며, 4년제 대학을 진학하지 않는 고등학생들을 대상으로 중등단계 학교과정과 2년제 고등교육기관(주로 커뮤니티 칼리지) 교과과정을 연계하여 운영하는 직업교육프로그램이다. 일반교육 과목과 직업교육과목을 통합하여 서로 연속성을 유지하면서 중복이 되지 않도록 두 종류의 교육기관에서 이들 과목들을 배울 수 있도록 만들어진 프로그램이라고 할 수 있다. Tech Prep 프로그램에서 수학, 과학 등과 같은 일반교육과목을 필수과목으로 채택하고 있는 이유는 일반교육과정과 직업교육과정을 상호 통합함으로써 Tech Prep 프로그램 과정에 있는 학생들이 차원 높은 기술교육을 받을 수 있도록 하기 위한 것이다.

가장 대표적인 Tech Prep 프로그램은 TPAD 모형으로서 2년제 학사학위 또는 자격증 취득을 목표로 하는 학생들을 대상으로 고등학교 2학년 과정(2, 3학년) 및 대학 2년 과정, 즉, 2+2 교과과정을 운영하는 형태의 Tech Prep 프로그램이다.

ITP모형은 고등학교의 일부 일반교육 과목들과 직업교육과목들을 하나로 통합한 교과과정으로, 고등학교의 모든 학생들이 이 교과과정을 이수토록 하고 있다. WBTP모형은 학교로부터 직장으로의 이행이 순조롭게 이루어지도록 하는 데 초점을 맞춘 Tech Prep 모형이며, 이를 위해 특히 학생들이 현장실습 및 기업체와의 협동교육을 통해 기술 습득을 할 수 있도록 프로그램을 편성하고 있다.

TPBD 모형은 Tech Prep프로그램을 이수하는 고등학교학생들이 졸업 후 2년제 대학에서 2년제 학위 또는 자격증 취득으로 진로를 제한하지 않고 4년제 대학으로 진학할 수 있도록 선택의 폭을 넓히고 있다.

효과적인 운영을 위해 Tech Prep 지역협의체는 반드시 적어도 하나의 학구 또는 지역직업학교 및 하나의 고등교육기관, 특히 2년제 교육기관을 포함하여야 한전국적으로 약 1,000여개 이상의 지역협의체가 운영되고 있으며, 대개는 지역단위로 구성되나 경우에 따라 직업분야에 따라 구성되는 경우도 있다. 특히 최근에는 직업 분야에 관한 지역협의체가 증가하는 추세이며, 이 경우 특정 분야에 관심 있는 학교와 대학들이 공동으로 관련 직업군에 관한 기술 요건, 교육과정 및 학점 조율협정(articulation agreement), 그리고 교육과정 등에 관한 사항에 관하여 협력하고 있다.

○ 협동교육프로그램

협동교육프로그램은 학교의 강의교육과 작업현장의 실습을 결합한 프로그램인데 주로 고등학교 2, 3학년 학생과 2년제 커뮤니티칼리지 학생들이 참가한다. 협동교육프로그램에서는 학교의 강의수업과 현장실습의 성과에 따라 성적이 부여되는데, 현장실습에 대한 성적평가에는 해당 실습기업도 함께 참가한다.

○ 학교-직장 도제프로그램

학교-직장 도제프로그램(school to work apprenticeship program)은 협동교육프로그램과 마찬가지로 학교의 강의와 현장실습을 하나로 결합한 프로그램이다. 일반적으로 이 프로그램은 고등학교 3학년 때부터 시작하는데, 졸업 전까지는 파트타임으로 일하면서 현장실습교육을 받는 한편 학교 수업도 병행하고 있다. 고등학교 졸업 후에는 전일제 근무로 도제프로그램에 참여하는데, 졸업 후 도제프로그램을 모두 마칠 때까지는 약 2~4년 정도가 소요된다. 도제프로그램을 이수한 후에는 이를 증명하는 자격증이 부여된다.

○ 학교운영사업프로그램(School-based Enterprise Program)

학교 재학 중에 대부분의 교육과정이 실습활동 중심으로 이루어지는 직업교육프로그램이다. 동 프로그램은 협동교육프로그램이나 도제프로그램과 달리 기업체 등 외부기관에서 실습활동이 실시되는 것이 아니라, 학교 자체에서 운영하는 식당, 건설프로젝트, 자동차 정비소, 이발소 또는 미장원, 소매점, 탁아소 등에서 실습활동이 이루어지고 있다. 따라서 학생들이 실습활동을 할 마땅한 외부업체가 드문 경우에 하나의 대안으로서 운영되는 경우가 많으며, 실습활동 중에는 대개 급여는 지불되지 않는 것이 보통이다.

○ 생애 아카데미 프로그램

학교 내의 학교(school within school)라고 불리는 3~4년 과정의 프로그램인데, 일반교육과목과 직업교육과목을 통합시킨 교과과정과 함께 학생들이 전공분야와 관련된 직장에서 실습활동을 할 수 있도록 한 프로그램이다. 동 프로그램은 학생들과 지도교사들이 하나의 팀을 형성하여 직업교육이 이루어지는데, 참여하는 기업들은 강사를 파견하여 학생들에게 직업교육을 시키고, 산업견학기회를 제공한다. 학교-직장 이행 프로그램에는 이외에도 생애아카데미프로그램과 유사한 직업아카데미군 프로그램(occupational academic cluster program), 그리고 의료부문에 관련된 직업분야에서 이루어지는 임상훈련프로그램(clinical training program) 등이 있다.

라. 기업체의 일반화된 학교 기부

미국에서는 민간기업들이 공립학교를 지원하는 현상이 보편화되어 있다. 교육이 기업 경쟁력의 원천이라는 인식이 자리 잡고 있기 때문이다.

미국의 민간기업들이 공교육에 지원하는 자금은 연간 20억 달러(한화 약 2조원)가 넘는다. 세계적인 컴퓨터업체인 IBM은 '교육의 재창조'(Reinventing Education)라는 프로그램을 통해 각 교육청과 자매결연을 맺고 학교를 지원하고 있다. IBM은 또 하버드대학 경영대와 함께 공립학교에 어떤 지원을 해야 하는지 방법을 찾는 연구 프로젝트도 운영 중이다. IBM은 해마다 7500만 달러를 공립학교 지원금으로 쓰고 있으며, 9만여 명의 교사에게 각종 프로젝트와 지원금을 제공하고 있다. IBM이 지난 1995년부터 이렇게 기부한 금액은 모두 4억4200만 달러에 달한다.

미국 전화회사인 AT & T는 해마다 학교에 컨설턴트, 매니저, 법무사 등 인적 지원을 해주고 있다. 학교와 연락해 학생들에게 특강을 하거나, 학교가 필요한 인력을 무료 봉사하는 형식이다. 골드만삭스, 엑손모빌, 뉴욕라이프생명 등은 학교 교육청이 경제 교사를 고용할 수 있도록 지원금을 내놓고 있다. 식품회사인 크라프트(Kraft)는 직원 2100여명이 직접 일일 교사 형식으로 지원하고 있다. 미국 컴퓨터업체 IBM 관계자와 뉴욕 주 교육청 관계자가 한 초등학교에서 IBM이 지원한 컴퓨터를 가지고 학생이 공부하는 모습을 지켜보고 있다. 플로리다 고등학교 운동 연합회는 해마다 음료수업체인 게이토레이드, 보험사인 스테이트팜, 닷지 자동차, 스폴딩 등 여러 기업들로부터 후원을 받고 있다.

미국의 중소기업들도 공립학교 지원에 열성이다. 버지니아주 페어팩스의 플린트힐초등학교의 경우, 주변 백화점이나 슈퍼마켓 등으로부터 각종 이벤트 때마다 지원금을 받아 행사를 치르고 있다. 학교는 학부모들에게 이들 기업을 간접 홍보해주고, 기업들은 지역 주민을 돕는다는 입장에서 지원금을 제공하고 있다. 예컨대 플린트힐초등학교가 음악대회를 개최하면, 음악대회 개최에 소요되는 일반 경비를 이들 기업으로부터 협찬 받는 식이다. 음악대회 개최 비용이 1000달러이면, 학부모로부터 500달러를 모금하고, 기업이 1대1 매칭 펀드 형식으로 나머지를 제공한다.

세계적인 가전업체인 GE는 켄터키주 루이빌시의 교육청을 지원하고 있다. GE는 먼저 교육청의 고위 간부 20여명을 포함, 교사들부터 교육하기 시작했다. 학생들보다 교사들부터 교육하는 게 더 효율적이라는 판단에서다. GE는 교사에 대한 지원을 코네티컷주 스탬포드시 등 3개 도시로 확대할 계획이다. GE가 향후 5년 동안 들일 예산은 1억 달러(약 1000억원), 앞으로 모두 20만명의 학생이 좋은 교사 밑에서 공부하게 된다고 GE측은 설명했다.

독일계인 BASF아메리카는 지난 2003년부터 해마다 미국 각 50개 주의 고교를 대상으로 로봇 경연대회를 실시, 우수 학생에게 1000달러씩 지원하고 있다. 학생들에게 과학에 대한 호기심을 유발시키기 위해 이 같은 상을 제정했다. 마가렛 스펠링스(Spellings) 교육부 장관은 “산업의 경우 거의 모든 분야가 재창조되고 혁신을 이루었지만 교육은 25년 전 그대로인 상태”라면서 “미국에선 민간기업이 교육 개혁의 선봉에 서고 있다”고 말했다.

영국의 세계적인 유통업체인 테스코(Tesco)와 세인즈베리(Sainsbury)는 쿠폰을 발급해 학교들이 기자재를 마련하는 데 도움을 준다. 테스코의 경우 물건을 사는 모든 고객에게 10파운드(약 1만8000원)당 1장 꼴로 쿠폰을 내준다. 고객들은 이를 모아 인근 학교에 전달한다. 학교는 일정량이 모이면 쿠폰을 테스코에 다시 보내 컴퓨터나 디지털 카메라 등을 받아간다.

사회봉사 차원에서 간접적인 방식으로 학교에 기여하는 기업들도 있다. 세계적인 컨설팅업체인 프라이스워터하우스쿠퍼스(PWC)는 200여명의 직원들이 1주일에 한 번 인근 초등학교를 찾아가 책을 읽어주거나 농구, 음악 등을 가르친다. 또 인근 중등학교의 9~11학년생(한국의 중3~고2) 학생들을 맡아, 대학입시 진로 가이드를 해주고 사회성을 길러주는 멘토(후견인) 역할도 한다.

6. 개선과제

세계적으로 인적자원개발이 중요시 되면서 우리나라도 이를 위해 관련부처들이 협력하고 있다는 점에서 교육은 이제 한 부서만의 일은 아니다. 또한 4.15자율화 조치 이후 권한이 위임되고 있어 교육행정 당국, 학교, 학부모, 지역사회와의 새로운 역할 정립이 필요하다. 교육의 분권화를 통한 교육의 자주성과 특수성을 추구하는 기본적인 방향과 함께 교육의 질 개선과 관리 등에 대한 협력이 요구된다. 미국의 경우 낙오방지법(NCLB) 이후 중앙정부, 주정부, 지역단위의 관계가 재설정되고 있어 시사점을 주고 있다. 주정부와 지방교육청은 단순히 단위학교의 책무성을 감독하는 역할만이 아니라, 학생 등의 학업성취향상과 학교발전을 위해 지원해야 할 책무성을 가진다. 예를 들어 주정부와 지방교육청이 가난한 지역의 학생들을 위해 무료 보조교사 시스템이나 방과후 프로그램 개발과 운영에 필요한 자원을 지원하고 있다. 또한 재정사용에 있어 주정부와 지방교육청에게 융통성을 부여하여 다양한 교사 임용, 성과, 전문성 신장, 교육프로그램 등의 운영을 하고 있는 점도 참고할 만하다(송경오, 2007). 미, 일, 영국 등의 국가들이 PTA를 중심으로 하여 학부모들도 학교운영에 협조적으로 참여하고 자체적인 방과후 활동 프로그램 등을 운영하고 있거나 지역사회기관과 함께 활동하는 봉사 및 방과후, 토요 휴업일 프로그램을 운영하고 있다. 이러한 사례와 우리의 현실을 근거로 하여 학교, 학부모, 지역사회를 중심으로 대안을 찾고자 한다.

가. 개방과 배려로 달라지는 학교경영

1) 수요자 중심의 학교 행사 운영

학부모를 대상으로 한 조사에 의하면, 맞벌이로 인해 학교 행사에 참여나 봉사가 어렵다고 답하고 있다. 학교는 낮 시간에 학교행사 및 봉사를 요청하는 경우가 대부분이어서 맞벌이 학부모들의 참여가 어려운 실정이다. 학교에서 학생들이 없을 때 가능한 봉사나 학부모와 교사와의 면담 등은 저녁시간을 이용하는 것도 고려할 필요가 있다.

점차 늘어가는 농어촌과 일부 도시의 다문화 가정을 위한 배려도 필요하다. 외국의 경우 학부모가 알 수 있는 모국어로 번역하여 배부하기도 하는 사례도 있다고 한다. 부모가 학교와의 원활한 의사소통이 학생의 교육과 직접적인 관련이 있는바, 학교는 다문화 가정의 어머니를 위한 배려가 이루어져야 하겠으며 가능하다면 자원교사나 지역인사를 동원하여 한국어교실을 개설하는 방안도 필요하다. 이밖에도 학교의 행사나 각종 공지사항이 학부모들에게 효과적으로 전달되기 위해서는 e-mail과 문자 메시지 등 다양한 알림 서비스를 이용하여 학생의 발달 상황과 학부모들에게 학교 행사를 안내할 필요가 있다.

〈표 Ⅶ-3〉 단위학교가 학부모에게 공지할 사항

교육프로그램	교육과정 및 특별활동 등 학교에서 제공되는 교육프로그램
학생에 대한 기대	교사가 학급활동, 행동, 숙제, 보충활동 등을 포함하여 학생에게 기대하는 것
기대구현 방안	학생에 대한 기대를 교사는 어떻게 실행하려는지에 대해 훈육방법을 포함하여 학부모에게 공지
학생의 학교생활	아동이 학교에서 어떻게 생활하고 있는지를 일반적인 학교생활과 구체적인 교과활동 내용 통지
협조방안	아동의 진보를 위해서 학부모가 도울 수 있는 것
특별활동 및 행사	학교가 계획하는 특별활동이나 행사

2) 교원의 개방적인 태도

더 이상 교사들이 폐쇄된 교실만을 자신들의 영역이라 생각하지 않는다. 훌륭한 교사는 전통적인 경계선을 넘어 생각할 수 있고 또한 함께 일하는데 편안해하고, 지도력을 발휘하며, 조직을 연결 할 수 있고, 네트워크를 형성하고, 그리고 협동을 관리할 수 있는 사람이다(Kanter, 1996). 학교행정에의 참여와 역할이 학교 의사결정 과정의 민주화와 효과성으로 이어지고, 궁극적으로 학생들의 참된 학습에 영향을 줄 수 있다는 믿음을 가지기 시작하였다. 동료 교사들과 팀 수업을 하기도 하고 교과과정과 수업 강의안을 개발하기 위하여 다른 교사들과 정보도 교환하고 함께 일한다. 또한 학교의 여러 팀에 가담하여 팀 구성원으로 일하기도 한다. 때로는 필요하면 외부의 학교나 조직에서 제공되는 연수, 세미나 등에 참석하여 새로운 정보와 프로그램을 조직 내에 전파하고 이식하려하기도 하고, 심지어는 외부에 강사로 초빙되어 교육을 다니기도 한다.

교사들은 내용지식, 교수법, 최근의 연구, 새로운 아이디어와 개혁 모형, 그리고 집단의사결정과 다른 기술을 습득하는데 적극적이다(David, 1991). 이들은 학교의 경계선이 더 이상 학교 울타리가 아니라는 것을 인식하고 학교단위 책임 경영제에 참여하는 학부모와 지역사회 인사들을 부담스럽게 생각하지 않으며 오히려 이들을 학교의 귀중한 자원으로 끌어들이고 또한 많은 경우 이들에게 언어 교육, 컴퓨터 강좌, 지도성 또는 의사소통 강좌 등을 제공하며 학부모나 사회 인사의 능력과 기술을 개발하는데 적극적인 역할을 담당한다. 아울러 교수-학습의 전문적인 영역 이외의 교사가 일들을 학부모에게 위임하는 것도 필요하다. 미국의 사례에서처럼 학부모 비상연락망이나 각종연락과 자금조달, 여러 가지 행사 특히 가족과 지역이 함께 할 수 있는 행사들은 학부모에게 위임할 필요가 있다. 학부모나 지역인사 중에서 전문성을 갖춘 인사가 있으면 관련 교과에는 적극 활용하는 방법도 교사의 역할이다.

학교의 발전은 학교 구성원들과 함께 협동할 때, 그리고 지역사회의 자원을 끌어들이고 협동하는 가운데 학교의 능력을 극대화 할 수 있다는 전제를 받아들이고 새로운 역할에 대한 인식의 전환을 하여야 한다. 교사 중심 교육에서 학생의 자기주도 학습, 공급자 중심 교육에서 수요자 중심 교육으로 바뀌면서 교원들은 이전에 교실에서 차지하던 교사의 권위와 역할이 크게 흔들리는 것을 경험하게 된다. 교사들의 체벌이 학생들의 휴대폰으로 인해 전송되고 언론매체에 보도되면서 교사들의 교권에 대해 보호받을 필요가 제기되고 있다. 그러나 학부모 단체에서는 교권보호를 체벌남용의 우려로 반대하고 있다. 교사의 주어진 권리를 지나치게 강조하게 되면 학부모나 학생 등 다른 교육주체들과 충돌하게 되기도 한다. 또 교원의 책무성이 강화되면서 전문성이 요구되고 이에 따른 자율성도 증가한다.

학교가 다양화, 특성화되는 방향으로 교육개혁이 이루어지면 교원의 교육적 기본권인 교육과정 편성권이 더욱 신장되고 성적 평가권도 강화되지만, 동시에 교원들의 교육에 대한 책무성도 높아지게 된다. 이러한 변화는 전통적인 방식에 안주하는 것에 비해 교원들에게 훨씬 더 많은 부담을 안겨줄 수밖에 없다. 교원들이 이러한 변화를 주체적으로 수용하는 태도가 필요하다.

나. 주체적인 학부모 참여

'문민정부'에서 교육개혁의 관점을 기존의 '공급자중심'에서 '수요자중심'으로 전환하면서 함께 도입된 학교운영위원회제도를 매개로 단위 학교에서 학부모의 위상이 높아지고 단위학교의 교육정책 형성・결정과정에서 매우 중요하게 되었다.

과거의 부정적이고 왜곡된 학부모의 학교참여에서 벗어나 주체적으로 학교 운영이나(학교운영위원회) 교수활동에 참여하고(보조교사 등), 봉사활동과 모니터링 등 다양한 활동들이 가능하다. 앞서 살펴보았듯이 단순히 일회적인 학교 참여가 아니라 지속적이고 체계적인 방안이 필요하다. 학부모가 갖고 있는 전문적인 역량을 학교와 지역사회에서 발휘할 수 있도록 하여야 한다. 학교행사에서 위임받은 행사나 역할에 대해서 체계적으로 부서를 나눠서 할 필요가 있다. 외국 사례에서 학부모들이 스스로 행사를 계획하고 홈페이지를 통해 행사를 공고하고 운영하는 것은 본받을 점이다. 이를 위해 상시적인 부서 운영과 연례적인 회의 개최 등은 참고할만하다.

1) 학부모 자체 조직화

학교운영위원회 참여 인원은 소수이다. 학교운영위원회 산하 소위원회 활동이나 학교 행사에 직접 참여함으로써 혁신에 기여하고 학교와의 연계를 강화할 수 있다. 각종 기구에 참여, 기획/자문단 활동, 학부모회가 주관하는 활동에 참여(학부모 자체 연수, 학부모 설문조사, 바자회, 문화공연, 도서관 활성화, 학교시설 개선), 학교축제, 문화교실 수강 및 작품발표, 자녀학업상황 보고체제 운영, 학교교육 개선 연대체제 구성(교사, 학부모, 시민단체, 지역사회 공동 참여) 등을 들 수 있다.

아울러 학교에서 주어진 봉사활동 뿐만 아니라 지역사회와의 함께 학생들의 방과 후 활동이나 생활지도에 적극 봉사할 수 있다. 예를 들면 유해환경 감시, 명예선도교사제 등을 통해 매주 학부모가 방과 후 15시~16시에 생활지도 실시하여 문제행동을 줄일 수 있을 것이다. 학교 발전을 위해 과거의 지원에서 벗어 학교행사를 학부모들이 창안하여 제시할 수도 있고 민원이 발생한 경우 학부모 대표들이 민원인의 자택을 방문하여 해결하는 방법도 좋은 예가 될 것이다.

학부모간에 네트워크가 형성되면 자녀교육에 대한 정보를 주고받기에도 수월하며, 일관성 있는 학교 지원과 봉사가 이루어 질 수 있다.

2) 학부모 연수 강화

가정에서 부모의 역할을 돕기 위해서 연수를 실시할 필요가 있다. 학부모 중에는 학생들과의 대화나 가정에서의 학습지도를 두려워하는 경우가 있다. 연간 학교교육 계획 뿐만 아니라 바람직한 의사소통, 기본적인 생활예절, 자녀들이 스스로 책임감을 갖는 방법과 시간관리 같은 자녀교육에 관계된 내용들을 연수를 통해 지도함으로써 학교교육에 도움이 될 것이다. 낮 시간대에 자녀교육에 참가하지 못하는 학부모를 위해서는 저녁시간을 이용하거나 미국의 사례처럼 책자를 배부하여 협력을 구하는 방법도 필요하다.

3) 교사-학부모 면담 및 협력 상시화

미국의 PTA에서 정기적인 교사-학부모의 모임이 일반화되어 있다. 우리의 경우 부정적인 시각에서 만남이 없는 경우가 많다. 한 달에 한 번 정도는 공개적인 회의석상에서 학부모와 학교가 학생들의 교육을 위해 의논할 필요가 있는데, 특히 학부모와 담임과의 대화 필요성에 대해서 50%이상이 매우 필요하다고 생각하고 다소 필요하다고 생각하는 경우가 42.4%에 달한다(김덕근, 2007). 그럼에도 불구하고 공식적이고 공개적으로 면담할 기회가 적은 것이 사실이다. 개별적으로 또는 집단적으로 어떤 형태로 이루어지든 학부모와 교사 간의 의사소통을 위한 조치가 필요하다. 미국의 경우 학부모 면담일을 4월, 11월에 지정하여 두고 있는 사례를 볼 수 있었는데, 단위학교에서 면담일을 지정해 둠으로써 떳떳이 학교를 방문할 기회를 주고 자녀교육에 대해 협력할 수 있도록 하여야 한다.

4) 행사 벤치마킹 및 창안

미국의 경우 앞서 살펴보았듯이 가족과 함께, 지역과 함께하는 풋볼, 볼링, 댄스파티 등 프로그램이 많았다. 이는 학교에서 주관하기 보다는 학부모들이 중심이 되었다. 단순히 학부모의 참석에서 벗어나 참가의 학부모가 되어야 한다. 학교와 함께 할 수 있는 것은 학습물 전시의 밤, 학교 수업 백일잔치, 개학전야제 같은 것을 도입할 수 있을 것이다.

미국의 개학전야제를 예를 들면 개학전야제에 부모들과 학생들이 학교를 같이 개학전날 방문하여 담임소개를 하고 학교에 제출할 서류나 안내를 받는 것이다(정미선, 2006). 이를 통해 아이가 잘 적응할 수 있도록 도와주며 한 학기 동안 경영방침을 설명할 수 있으며 협력을 이끌 수 있을 것이다. 위와 같이 단위학교에서 학교교육을 위한 다양한 행사들을 학교와 협력해서 만들어 낼 필요가 있다.

다. 지역사회 파트너십 강화

1) 단위학교를 중심으로 한 지역사회와의 협력 체제 구축

학생들의 학습, 정서, 신체, 사회적 문제 해결을 위해 학교와 가정이 긴밀한 협력체제를 유지하며, 학교와 사회의 여러 부문과의 협조도 긴밀하다. 학교에서는 학생이 결석하면 휴대폰 메시지 등으로 부모와 다른 관계자에게 바로 연락을 취하여 학생이 학교밖에 방치되지 않도록 한다.

학생들의 생활지도의 경우 정서적, 사회적 발달 등과 관련된 건강한 학교환경조성으로 이어진다. 학교폭력, 왕따, 마약, 장기결석 등의 문제를 예방하고 대처하기 위해 학교심리전문가나 복지담당관, 상담전문가들이 협력하여 학생들로 하여금 정신적, 신체적 건강을 유지할 수 있도록 돕는다.

학교와 지역사회와 밀접한 연관은 열악한 지역에서 더 빛을 발한다. 에스푸시에 있는 한 종합학교(초등)는 동유럽 출신 이민자가 전체의 20%를 차지하여, 가정에서 사용하는 언어배경이 각양각색인 어려운 처지의 학교이다. 이 학교는 핀란드어에 익숙하지 않은 학생들을 위해 2개 학급을 별도 편성하여 언어교육을 집중 지도할 뿐만 아니라, 맞벌이 부모들을 위해 밤 9시까지 방과후 활동을 개설하여 원하는 교과 보충학습은 물론 다양한 청소년활동프로그램에 참여시키고 있다. 이런 프로그램에는 시공무원, 자원봉사자, 지역인사들이 도우미로 나서며, 프로그램운영비는 국가와 지방자치단체가 지원한다고 한다.

현재 우리는 학교의 입장에서는 아동, 청소년에 대한 교육의 문제는 학교, 그리고 교사만이 전문성을 가지고 감당할 수 있다고 생각하기에, 지역의 타 기관에서 교육의 일정부분을 담당하게 될 때 질적인 부분을 걱정한다. 또한 지역의 기관들은 학교가 폐쇄적이어서 소통하려 하지 않는다고 생각한다 뿐만 아니라 지역기관들 간에도 상이한 특성의 기관들과 의사소통하는 데에 어려움을 겪는다고 한다(김경애 외, 2007). 이러한 문제와 학교복합화 사업의 재정 문제 등을 극복하기 위해서 우리도 기존의 광역단위와 일부 시 · 군 · 구청과 지역교육청 단위학교의 협력이 단위학교

차원에서도 이루어지도록 아래와 같이 체제를 구축할 필요가 있다.

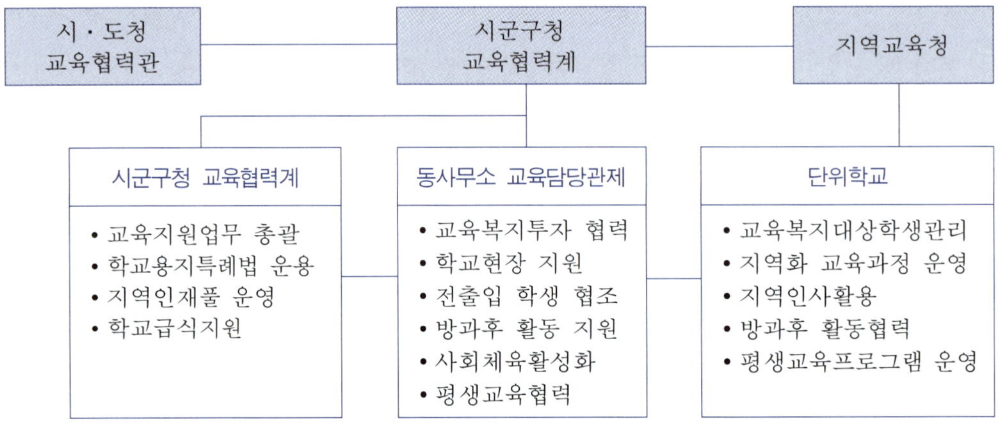

[그림 Ⅶ-3] 기초자치단체와 단위학교와의 협력체제

2) 지역의 인프라 활용

지금 글로벌 경제위기속의 학교는 지역의 인프라를 적극 고려해서, 부족한 물적 자원을 풍부한 인적 자원으로 대용할 수 있는 지혜를 모으고, 정부, 기업, 민간단체들이 동등한 파트너로 공조할 수 있는 전략을 마련되어야 할 것이다. 파트너십은 공조관계에 따라 전략적 제휴, 아웃소싱 등 유사한 여러 형태로 나타날 수 있다.

○ 지역의 교재화와 인재 활용

지역에는 학교교육에 도움이 되는 물적 조건과 사람, 장소가 많이 있다. 지역사회 활용방안은 학교의 교육목표, 교육과정의 내용, 아동의 연령과 필요 등을 고려하여 구체적 내용을 결정하여야 한다. 학급은 학교의 지역사회의 교육적 활용방안에 따라 학급 아동에게 교육적으로 적합한 활동내용을 결정한다. 이러한 활동에는 아동이 스스로의 생활 속에서 학습과제를 체험함으로써 의욕을 갖고 학습을 할 수 있도록 하여 지역사회를 살아갈 자질을 키우고, 자기실현을 도모할 능력과 태도를 기르고자 하는 지역의 교재화 방안과 필요한 경우 발굴된 교재에 대해 지역주민을 각 분야의 교사로 초대하여 지역사람의 지혜, 기능 등을 활용하는 인재활용 방안 등이 있다.

○ 전략적 제휴와 아웃소싱

전략적 제휴는 본래 경쟁관계에 있는 조직들이 일시적으로 상호보완적인 제품,

시설, 기능 및 기술을 공유하는 것을 의미한다. 이런 의미에서 협력이 가능한 기관과의 협력을 통해 단위학교만의 독특한 자율운영이 가능할 것이다.

아웃소싱은 자신이 수행하는 다양한 활동 중 전략적으로 중요하면서도 가장 잘 할 수 있는 분야나 핵심역량에 모든 자원을 집중시키고, 나머지 활동들의 기획에서부터 운영까지 일체를 해당분야에서 보다 뛰어난 외부 전문기관에 맡김으로써 기관의 경쟁력을 제고시키는 파트너십의 한 전략이다. 지역의 스포츠센터에서 계절 및 민속운동이나 수련활동, 학교복합화시설에서 방과 후 활동 위탁 등이 가능하다.

라. 산업체와의 협력

학교에서 배출되는 인력으로 회사를 운영하는 기업도 당연히 교육이해 당사자이며 교육의 주체에 포함된다. 이점에서 기업도 교육의 변화에 관심을 갖고 개선을 위한 노력에 참여하고자 하는 움직임이 있다. 시대에 따라 미래의 직업인에게 요구되는 지식과 기술이 달라져왔다. 농경사회에서는 농사에 관한 지식이라면 지식기반사회, 정보화 사회가 강조되는 있는 것은 핵심역량이다. 직업훈련이나 작업분석에서 기술(skill)은 산업현장의 직무와 연관된 직무 특수적인(job-specific) 것으로 이해되어 왔다. 하지만 오늘날의 사회 환경의 변화는 이러한 특수, 전문적인 기술에 추가하여 여러 직무에 공통적으로 사용될 수 있는 횡단적 역량(transverse competences)을 요구하고 있다(강순희, 2002). 유연하고 상황에 따른 변화가능한 기술은 학교와 기업체의 분절에서는 불가능하고 상호 협력 속에서 가능하다.

미국 실리콘 밸리의 예에서처럼 지역사회 단위로 대학-고교-중학교-초등학교가 일종의 교육연대를 구축하고, 나아가서 지역사회의 기업, 재단, 법인 및 각종 비영리 공익기관들이 학교교육의 정당한 이해당사자(stake-holders)로 참여하는 네트워크 모형을 새로운 발전전략으로 제시할 수 있는 것이다. 우리는 연계, 협력, 제휴 등의 개념이 개별기관 간의 제한적 내지는 일회적인 성격이 강하다. 지역 네트워크를 통해 보다 체계적이고 지속적인 연락 및 협의 관계를 유지할 필요가 있다. 물론 현재 일부 교육복지투자 지역 대학이 고교생의 진학과 진로개척에 실질적인 도움을 주는 프로그램들을 개발해서 운영하고 있는 사례와 지역의 관공서와 산업체들이 지역학교를 위해 멘토활동과 공간 및 재정 지원을 하고 있는 내용이 일부 소개되고 있다. 이러한 활동들이 지속적이고 체계적이기 위해서는 단위학교를 중심으로 하여 지역사회에 소속된 모든 기관들이 이해당사자로서의 파트너로 참여하여야 할 것이다.

VIII 학교의 행정 및 재정

오늘날 학교체제가 산업 사회에 적합한 구조에서 정보사회, 지식기반사회에 적합한 체제로 변화해감에 따라 학교조직의 규모가 커지고, 학교의 역할과 기능이 복잡·다양해지고 있으며, 학교경영의 중요성에 대한 인식이 날로 높아지고 있다. 이러한 사회에서는 창의성과 다양성에 기반한 자율적 능력을 지닌 인간을 육성하는 교육활동이 무엇보다 필요하다. 따라서 지식정보화 사회에서는 모든 지역과 학교에서 똑같이 이루어지는 중앙집권적이고 획일적인 통제에 의한 교육운영은 부적합하며, 지역별·학교별 특성이 고려되고 융통성이 발휘되는 단위학교의 자율화된 경영체제가 보다 적합하다고 할 수 있다.

교육의 수월성과 질을 향상시키고 새로운 교육패러다임의 전환을 위해서는 무엇보다도 학교 경영의 자율화, 민주화, 전문화가 필요하다고 판단된다. 우리나라의 경우 1980년대 중반까지 선언적 수준으로만 제기되었던 단위학교 운영의 자율성 문제가 1990년대 중반에 접어들면서 본격적으로 논의되기 시작했고, 1995년 5·31 교육개혁 방안에서 교장 중심의 학교단위책임경영제를 확립하겠다는 취지를 밝히면서 SBM이 도입되기 시작했다. 이후 문민정부와 국민의 정부, 참여정부를 거쳐 오면서 단위학교의 자율 경영을 위한 많은 노력이 있어 왔다. 규제와 통제 중심의 학교운영에서 자율과 책무성에 바탕을 둔 학교운영으로의 전환과 교육의 지방분권화를 노력하고 있으며, 2001년에는 학교예산회계제도를 도입하여 단위학교의 자율성을 증대할 수 있는 제도적 기반을 마련하였다.

이러한 노력으로 인해 교육과정, 인사, 재정 영역에서 학교의 자율권이 이전보다 더 확보되었고 학교구성원들의 학교 참여도도 이전보다 높아진 것이 사실이다. 그러나 SBM이 실시되고 있는 주요 선진국과 비교하면 아직도 미흡한 부분이 많으며, 초기의 기대나 목적과는 달리 여러 가지 문제점을 노출하여 아직도 학교 현장에 제대로 정착되지 못하고 있다는 비판 또한 적지 않다.

따라서 본 장에서는 행정과 재정에 관련된 영역에서 학교자율경영을 위한 문제점을 살펴보고, 아울러 문제점 개선의 시사를 받을 수 있는 외국의 사례를 살펴봄으로써 학교자율경영을 위한 행정 및 재정 영역의 과제를 도출해 보고자 한다.

1. 단위학교 재정의 특성

가. 단위학교 재정의 개념

단위학교 재정(school-based financing)은 교육의 수월성 추구라는 교육개혁의 취지와 함께 제기된 교육재정 체제에 대한 새로운 접근 방식으로, 학교에 실질적인 예산이 총액으로 배분되어 이에 대한 편성과 집행권한이 단위학교가 얻게 됨으로써 학교 재정운영이 이루어지는 것을 말한다.

단위학교에 의사결정 권한을 위임함으로써 행정의 효율성을 증가시킬 때에만 실질적으로 학교의 프로그램이 변화하고, 이는 학생의 성취를 높일 수 있기 때문에 현재의 교육개혁은 단위학교에의 책임경영을 강조하는 방향으로 변화하고 있다.

학교에 심의, 의결, 집행, 평가할 예산과 그에 따른 권한을 위임한다는 의미를 지닌 단위학교 재정제도는 단위학교 경영이라는 보다 큰 개념의 일부분으로써 이해될 때 비로소 명확해 질 수 있다(한유경, 1999). 학교단위 경영은 실제 교육활동이 실시되는 현장에서 학교에서 사용하고 있는 각종 자원에 대한 의사 결정을 해 나감으로써 학교에서 책임지고 운영해 나가는 것을 의미한다. 이러한 학교단위 경영이 실질적으로 이루어지기 위해서는 단위학교에 예산의 편성 및 운영권이 부여되는 것이 매우 중요하다. 이에 따라 학교단위 예산제도(School-based budgeting)가 도입되고 있다.

단위학교 예산제도는 단위학교 경영계획의 일환으로 적용된 전략이라고 할 수 있는데, 그 이유는 학교경영의 실질적인 집행에 있어서 예산은 가장 중요한 부분을 차지하기 때문이며, 학생 수, 학생의 교육적 필요, 학교의 특성에 따른 객관적인 필요에 기초하여 총액으로 단위학교에 재정을 배분하는 제도이다(주철안, 1999).

학교단위 예산제도는 여러 형태가 있지만 일반적으로 과거에 단위학교 이상의 상위 부서에서 예산과정을 주도한 것으로부터 단위학교가 예산과정의 중심적 역할을 담당하는 분권화 된 예산제도를 의미한다. 교육재정에서 학교단위 예산제도의 개념은 70년대 이후에 본격적으로 논의되고 제기 되었다. 학교단위 예산제도는 학교단위 책임경영제도에 대한 논의와 더불어 새롭게 그 필요성이 강조되고 있는데, 학교단위 예산제도에 대한 논의는 실제로 미국을 비롯한 서구 여러 나라에서 활발하게 논의되고 실험되고 있다. 미국에서는 학교단위 예산제도가 예산 절약을 위해 공립학교의 비용을 통제할 수 있는 방법으로 제안되고 있다.

우리나라에서는 과거에 초·중등학교의 운영에 필요한 재정, 인사, 교육과정 등 각 분야에 대한 결정 및 운영권이 주로 중앙정부 수준에 귀속되어 있었다. 90년대에 들어서 지방교육자치제도가 강화됨에 따라 중앙정부에서 담당해왔던 권한들이 시도 교육청 수준으로 이양되고 있다. 이에 따라 초·중등교육의 중앙집중식 운영이 점차로 지방분권적인 운영으로 변모되고 있으며, 나아가 단위학교의 자율적이고 책임 있는 경영이 새롭게 부각되고 있다. 이는 지방교육자치의 추진에 따른 단위학교의 자율화 요구, 그리고 우리 사회의 전반적인 민주의식과 책임의식이 고양됨에 따른 결과라고 볼 수 있다. 특히, 교육의 국제 경쟁력을 높이기 위해 추진되고 있는 교육개혁 조치에 따라 각급 학교의 교육운영체제는 과거의 중앙주도적인 교육행정에서 교육현실에 보다 가까운 단위학교 위주의 교육행정으로 변화될 것이다.

나. 단위학교 재정의 특성

학교재정은 학교교육활동을 수행하는 데 필요한 재원을 확보하고, 학교교육과 관련된 이해 당사자들의 다양한 참여를 통해 합리적으로 학교예산 계획이 정립되어 동일한 비용으로 가능한 많은 학교에서의 필요를 충족시키는 학교교육의 재정을 뜻하는 것으로, 단위학교 현장에서 아무리 훌륭한 교육과정이 편성되어 있다 하더라도 재정이 확보되지 못하거나, 이를 운용할 자율권이 없다면, 학생의 학업성취가 어렵게 되는 등 결국 학교교육목표를 달성할 수 없을 것이다. 따라서 학교재정은 학교교육을 지원하는 수단이며, 예산으로 구체화되는 데, 학교재정과 관련된 일반적 원리는 다음과 같다.

첫째, 학교의 특수성을 반영하기 위해 자율성이 보장되어야 하고, 둘째, 학교발전과 연계되기 위하여 계획성이 있어야 하며, 셋째, 적절한 재정이 확보되어야 하므로 적절성이 요구된다. 넷째, 학교재정의 배분은 전문적인 지식과 이해집단의 요구를 기초해야 하므로 공정성이 요구되고, 다섯째, 교육목표를 달성하기 위해 최소자본으로 최대의 효과를 올리도록 운영되어야 하므로 능률성에 기초하여 집행하며, 여섯째, 집행된 예산을 교육관련자들이 알아야 하므로 공개성을 지녀야 한다. 끝으로 학교 경영목표 달성정도의 평가를 통하여 학교재정은 효과성을 충족해야 한다.

단위학교 재정은 이러한 일반적 원리 이외에도 다음과 같은 특성이 있다. 첫째, 학교는 모든 사람을 대상으로 하는 것이 아니라, 제한된 학생과 교직원 및 교육수요자들을 대상으로 하고, 둘째, 재원의 조달은 시・도교육비특별회계 및 기초자치단체의 전입금과 학부모 부담 경비 등으로 제한되어 있으며, 셋째, 회계연도도 학교교육계획에 의한 학기제로 운영되어 매년 3월 1일에 시작하여 다음해 2월말 일에 종료한다. 넷째, 예산의 성립 및 집행은 각종 회계법령을 준수하고 학교마다 설치되어 있는 학교운영위원회의 심의를 거쳐야 하며, 다섯째, 예산투자에 대한 사업의 효과분석기간이 상당히 소요되나, 장기적 계속 투자로 보다 큰 생산에 기여 할 수 있는 인력을 개발한다.

지금까지 우리나라 단위학교의 재정은 규모가 영세하고, 재정운영의 융통성이 결여되었으며, 교육활동의 당사자인 교사, 학생, 학부모 등의 참여가 제한적이었을 뿐만 아니라 투명성과 합리성이 부족하다는 비판이 있었으나, 이제 학교회계제도가 도입되면서 단위학교 재정이 확충되고, 자율성과 투명성이 보장되는 등 단위학교 재정의 새로운 전환점을 맞게 되었다. 이에 발맞추어 교육목표가 효율적으로 달성되기 위해서 다음 네 가지 방안이 고려되어야 한다(한유경, 1999).

첫째, 효율적인 단위학교 재정운영이 되기 위해서는 학교재정을 담당하는 관련자들간의 역할과 권한의 한계가 분명하여야 할 것이다. 이는 중앙정부와 지방교육청, 단위학교간의 역할 분담과 어느 수준까지 학교에 재정권한을 위임할 것인가를 결정하는 것이 이에 속한다. 일반적으로 중앙정부는 단위학교 재정운영에 대한 평가로 학교의 책무성을 관리하거나 지방교육청의 예산배분 공식에 대한 지침을 제공하는 일을 맡고, 지방교육청에서는 단위학교에 배분될 예산공식을 정하여 직접학교에 위임하는 역할과 단위학교 재정운영에 대한 정보시스템운영이나 관련자의 교육 등을 맡게 된다. 단위학교에서는 배분 받은 예산에 대한 실질적인 계획과 권한을 집행하게 되는 데 의사결정의 권한은 교장을 중심으로 이루어지지만 단위학교 재정제도하에서는 효율적인 운영을 위해 교직원, 학부모, 지역사회 인사와 함께 하는 참여가 요구된다. 이를 위해 학교운영위원회를 비롯한 다양한 모임은 명확한 예산계획의 수립과 집행에 대한 수단으로서 필요하다고 보여진다.

둘째, 학교는 그들의 예산을 편성, 집행, 결산, 평가하기 위한 정보를 제공받아야 한다. 지방교육청에서 단위학교에 어떤 기준과 방식으로 재원을 배분할 것인지에 대한 예산 배분지침과 집행에 있어 회계상의 통일된 지침 그리고 재정 평가에 대한 세부사항이 수록된 책자의 발간 등은 단위학교로 하여금 예산을 보다 효과적으로 수립하고 집행할 수 있는 정보를 제공할 수 있다. 또한 단위학교에 그들의 재원현황과 각 프로그램마다 예산의 실태를 알 수 있도록 예산 정보를 저장할 수 있는 컴퓨터 네트워크의 개발도 시급하다 하겠다.

셋째, 단위학교 재정운영에 참여하는 의사결정자들에게 예산계획과 실행에 대한 적절한 지식과 기술의 습득이 보장될 때 나타난다. 학교에서 새로운 회계시스템 사용에 관한 교육을 제공하지 않고 단위학교 재정제도를 채택할 때, 교직원의 저항이 예상되므로 예산과정에 대한 능력배양과 관련된 교직원의 전문성 개발, 특히 단위학교 재정운영의 중점적 역할을 맡고 있는 교장에 대한 전문적 교육은 중요하다.

마지막으로 단위학교 재정은 참여자에 대한 적절한 보상체제와 함께 운영될 때 효율적일 수 있다. 단위학교 재정제도의 빠른 정착과 효율성 제고를 위해서는 학교예산과 관련된 업무에 대한 보상이 반드시 필요하다. 현재 성공적으로 단위학교 재정제도를 운영하고 있는 몇 몇 나라에서는 학교예산의 편성과 모니터, 자료수집과 같은 일에 종사하고 있는 교직원을 대상으로 보너스의 지급과 기술개발을 위한 연수비용을 제공하고 있다.

단위학교 재정제도는 단순히 학교에 그들이 경영할 수 있는 예산을 제공하는 것을 의미하지는 않는다. 예산은 반드시 학교의 학업성취도 향상 및 바른 인성함양이라는 교육목적을 달성하기 위한 수단이며, 이와 같은 목적 하에서 단위학교의 권한과 책임이 위임되어야 한다. 한 가지 중요한 사실은 중앙기관 또는 지방교육청에서 단위학교로 예산권한이 위임되는 것만이 학교운영의 효율화를 가져오는 만병통치약은 아니라는 사실이다. 단위학교 재정제도는 교장과 교직원, 그 밖의 의사결정참여자들과의 협조와 신뢰의 기초 위에 유기적인 관계가 이루어져야 만이 좋은 효과를 발휘할 수 있기 때문이다.

2. 현황 및 문제점

가. 교육행정의 문제점

이제까지 단위학교 운영의 자율성이 점차 확대되어 온 것은 분명하다. 하지만, 현행 교육행정체계 속에서는 여전히 초등학교와 중학교는 지역교육청으로부터, 고등학교는 시 · 도교육청으로부터 각각 지도 · 감독을 받도록 되어 있다. 지역교육청이나 시 · 도교육청이 행하는 지도 · 감독은 특별히 명시된 사항에 국한되는 것이 아니라, 국가 교육목표의 실현과 교육기관의 정상적인 운영에 필요하다고 판단되면 언제나 지침을 하달하거나 지시 · 명령을 할 수 있는 포괄적인 성격의 것이다. 지금까지 비판의 대상이 되어온, 학교의 여건이나 특수성을 고려하지 않은 행정편의 위주의 획일적인 지시나 통제는 바로 이러한 행정체계 속에서 가능하였다고 할 수 있다. 이러한 행정풍토는 단위학교의 자율적 결정을 위축시키는 결과를 낳는다. 이러한 규제와 통제 중심의 관행과 관련하여 김성열(2005)은 다음과 같은 문제점을 지적하고 있다.

1) 교육행정기관 우위의 풍토 온존

이제까지 교육행정체제는 학교중심 운영체제를 구축하기 위하여 단위학교 운영의 자율성을 확대하는 방향으로 변화되어 온 것이 사실이다. 이러한 사실은 대부분의 교원들이 현행 법령에서 규정하고 있는 교육부, 시 · 도교육청, 지역교육청, 단위학교가 각각 보유하고 있는 권한을 타 기관으로 이양하는 것에 대하여 현재 상태를 유지하는 것이 바람직하다고 응답한 것에 의하여 확인할 수 있다(변민석, 2005).

보다 구체적으로, 대부분의 교육행정가와 교원들은 현행 교원임용 · 교원근무평정 · 승진 · 징계 · 성과상여금 · 배치 · 인사규정관리 등 기관별 교원인사에 관한 제 권한의 배분, 교육과정 편성 · 교과서 · 정규교과 외 교육 · 평가 · 학교종합정보시스템 등 기관별 교육과정에 관한 권한의 배분, 재정일반 · 학교시설 설치 · 교육과정 운영비 등 기관별 교육재정에 관한 권한의 배분, 학교운영 관리 · 학생배치 등 기관별 기타사항에 대한 권한의 배분이 적절하다고 보고 있다는 것이다.

그러나 대부분의 교원들은 교육행정기관의 권한 행사에 대해서는 부적절하다고 부정적으로 인식하고 있다(변민석, 2005). 즉, 교육부의 권한 행사에 대해서는 응답교원들의 26.5%가 적절하다고, 57.1%가 부적절하다고, 나머지는 모른다고 반응하였다. 시 · 도교육청의 권한 행사에 대해서는 응답교원들의 36.5%가 적절하다고, 49.3%가 부적절하다고, 나머지는 모른다고 반응하였다. 지역교육청의 권한 행사에 대해서는 응답교원들의 40.0%가 적절하다고, 44.8%가 부적절하다고, 나머지는 모른다고 반응하였다.

〈표 Ⅷ-1〉 현재 교육행정기관이 중시하고 있다고 보는 기능

구 분		학교 지원기능		학교 관리 감독		학교 평가		학교 장학		기타		계		χ^2
		빈도	%	빈도	%	빈도	%	빈도	%	빈도	%	빈도	%	
직위	교장	10	50	9	45	0	0	1	1.5			20	100	23.443*
	교감	5	20.8	16	66.7	1	4.2	1	4.2	1	4.2	24	100	
	보직교사	16	24.2	44	66.7	0	0	6	9.1			66	100	
	교사	39	17.8	144	65.8	16	7.3	19	8.7	1	0.5	219	100	
	계	70	21.3	213	64.7	17	5.2	27	8.2	2		329	100	

*p<.05

자료: 변민석(2005). 현행 학교단위 책임경영제의 내·외적 조건 분석. 경남대박사학위논문.

〈표 Ⅷ-2〉 교육행정기관의 권한행사 적절성

구 분		매우 적절		적절		부적절		매우 부적절		모름		계		χ^2
		빈도	%	빈도	%	빈도	%	빈도	%	빈도	%	빈도	%	
교육부	교장			10	50.0	9	45.0			1	5.0	20	100	23.084*
	교감	1	4.2	9	37.5	12	50.0	1	4.2	1	4.2	24	100	
	보직교사			19	28.8	35	53.0	6	9.1	6	9.1	66	100	
	교사	2	0.9	45	21.0	102	47.7	20	9.3	45	21.0	214	100	
	계	3	0.9	83	25.6	158	48.8	27	8.3	53	16.4	324	100	
시·도교육청	교장			13	65.0	6	30.0			1	5.0	20	100	17.141
	교감			12	50.0	10	41.7	1	4.2	1	4.2	24	100	
	보직교사			23	35.4	34	52.3	3	4.6	5	7.7	65	100	
	교사	2	0.9	70	32.7	93	43.5	12	5.6	37	17.3	214	100	
	계	2	0.6	118	36.5	143	44.3	16	5.0	44	13.6	323	100	
지역교육청	교장			14	73.7	5	26.3					19	100	24.290*
	교감	1	4.2	12	50.0	10	41.7	1	4.2			24	100	
	보직교사			26	40.6	28	43.8	1	1.6	9	14.1	64	100	
	교사	1	0.5	73	34.8	87	41.4	10	4.8	39	18.6	210	100	
	계	2	0.6	125	39.4	130	41.0	12	3.8	48	15.1	317	100	

*p<.05

자료: 변민석(2005). 현행 학교단위 책임경영제의 내·외적 조건 분석. 경남대박사학위논문.

대부분의 교원들이 교육행정기관의 권한 행사를 부적절하다고 느끼는 것은 제도의 문제라기보다는 풍토의 문제라고 할 수 있다. 현행 교육행정체계 속에서는 여전히 초등학교와 중학교는 지역교육청으로부터, 고등학교는 시·도교육청으로부터 각

각 지도 · 감독을 받도록 되어 있다. 지역교육청이나 시 · 도교육청이 행하는 지도 · 감독은 특별히 명시된 사항에 국한되는 것이 아니라, 국가 교육목표의 실현과 교육기관의 정상적인 운영에 필요하다고 판단되면 언제나 지침을 하달하거나 지시 · 명령을 할 수 있는 포괄적인 성격의 것이다. 학교의 여건이나 특수성을 고려하지 않은 행정편의 위주의 획일적인 지시나 통제는 바로 이러한 행정체계 속에서 가능하였다고 할 수 있다. 이러한 행정풍토는 대부분의 교원들로 하여금 교육행정기관들의 권한 행사가 적절하지 않게 이루어지고 있고, 단위학교의 자율적결정을 위축시키는 결과를 낳고 있다고 할 수 있다.

또한, 교육관계법에서 종종 사용되는 용어들인 '지도', '감독', '승인', '인가'등은 단위학교가 가지는 재량권이 형식적이거나 선언적 수준임을 나타내는 것이기도 하다. 교장의 재량사항이라 하더라도 사전 혹은 사후에 교육행정기관의 승인이나 인가를 얻도록 한다면 그 재량권은 사실상 유명무실해 질 수밖에 없기 때문이다. 특히, 단위학교와 교육행정기관의 관계가 수직적인 우리의 교육현실 에서는 더욱 더 그러하다.

2) 교육행정기관의 단위학교에 대한 지원기능 미흡

교육행정기관은 학교가 참된 학업성취를 달성하는 데 필요한 조건을 형성하고 지원하는 것을 그 기능으로 한다. 단위학교가 교육프로그램개발, 교사전문성프로그램개발, 교사평가활동 등에 대하여 지원하는 활동을 포함한다. 이러한 지원활동이 충분히 이루어져야만 학교중심 학교운영체제가 제대로 정착될 수 있다.

그러나 대부분의 교원들은 교육행정기관이 단위학교를 제대로 지원하지 못하고 있다고 인식하고 있다.

〈표 Ⅷ-3〉 교육행정기관들의 단위학교 지원 정도

구 분		매우 많이 지원		많이 지원		지원하지 못함		거의 지원 못함		모르겠음		계		χ^2
		빈도	%	빈도	%	빈도	%	빈도	%	빈도	%	빈도	%	
직위	교장			13	68.4	5	26.3			1	5.3	19	100	30.421*
	교감			17	70.8	6	25.5			1	4.2	24	100	
	보직교사			18	27.3	38	57.6	9	13.6	1	1.5	66	100	
	교사	2	0.9	68	31.3	115	53.0	22	10.1	10	4.6	217	100	
	계	2	0.6	48	35.6	164	50.3	31	9.5	13	4.0	326	100	

**p<.01

자료 : 변민석(2005). 현행 학교단위 책임경영제의 내 · 외적 조건 분석. 경남대박사학위논문.

이는 교육행정기관의 단위학교에 대한 지원기능이 미흡함을 보여주는 것이라고 할 수 있으며(김성열 · 변민석, 2004), 궁극적으로는 현재 교육행정기관이 학교지원, 학교장학보다는 학교를 관리 · 감독하는 기능을 중시하기 때문이라고 할 수 있다.

나. 단위학교 재정 운영의 문제점

1) 단위학교 재정 확보의 문제점

학교회계 설치 이전에는 단위학교는 교육재정에 관한 권한이 거의 없을 뿐만 아니라 법적 · 제도적 장치가 미비하기 때문에 재정 확보를 위한 노력을 거의 하지 못하고 있었다. 그러나 학교회계 설치 이후 학교회계예산 편성기본지침으로 국유재산법 제25조, 지방재정법 제28조에 의한 매점 및 식당 등 학교시설의 사용 · 수익허가 수입(대지료, 대가료, 임야수입), 학교물품 대부료, 수영장 입장료와 조례 또는 규칙에 의한 제증명, 정보공개 등 수수료를 학교회계 세입으로 정하고 있다. 즉, 사용료나 예금이자 등의 자체수입을 단위학교에서 자율적으로 편성할 수 있게 됨에 따라 재정 확보가 용이해졌다고 할 수 있다.

〈표 Ⅷ-4〉 2006학년도 학교회계 세입결산내역

(단위: 천원)

구 분		광주광역시교육청 산하 공립중학교	
		금액	구성비(%)
1. 교육비특별 회계전입금	1. 학교교육비	2,006,027	17.7
	2. 목적사업비	2,016,902	17.9
	3. 학교환경개선사업비	0	0
2. 학부모부담수입		6,550,646	58.0
3. 자체수입		56,308	0.5
4. 과년도수입		16	0
5. 학교발전기금		0	0
6. 보조금 및 지원금		160,461	1.4
7. 이월금		507,666	4.5
합 계		11,298,026	100

자료: 이정자(2008). 단위학교 재정운영 발전방안에 관한 연구. 전남대학교 석사학위 논문. p.33.

그러나 자체수입은 <표 Ⅷ-4>에서 보듯이 광주광역시교육청 산하 공립중학교의 평균 수입은 0.5%(광주광역시 산하 공립중학교)에 지나지 않는다. 이처럼 단위학교 예산에 자체수입을 포함할 수 있게 되었다고는 하나, 학교회계의 총 세입에서 차지하는 비율은 아직도 미미하다. 그 이유는 단위학교에서는 예금이자 수입을 증대하려 해도 예산자체가 소규모이므로 이자 수입이 얼마 되지 않고, 대여해 줄 공간이나 건물이 작고 낡은 편이기 때문에 사용료 징수액도 소액일 수밖에 없기 때문이다.

학교회계의 세입과목 중 '학교교육비'목이 학교교육의 내실화와 직접적으로 연계되는 경비이나, 이 경비는 고정지출부분을 제외하면 대부분 부족한 실정이다. 위의 표에서 살펴보면 예산 총액 중 학부모부담수입이 58%로 일년 학교회계예산의 가장 큰 부분을 차지하고 있으며, 학교에서 자율적으로 집행할 수 있는 예산인 학교교육비는 17.7%만을 차지하고 있을 뿐이다. 이에 따라 학교에서는 시설, 장비 등이 노후화 되어 있는 경우 그 부족을 상대적으로 더욱 심하게 느낄 수밖에 없는 현실이다.

학교회계의 가치를 단위학교 자치에 둔다면 재정적으로 운용할 수 있는 예산이 있어야 한다. 그러나 <표 Ⅷ-4>에서 보듯이 예산의 대부분을 학부모부담 수입과 목적경비가 차지하고 있어 재량을 가질 수 있는 예산이 부족하다면 학교회계시행의 의미는 반감될 것이다. 따라서 재원배분방식에서 해결점을 찾아야 할 것이다.

학교회계시행 전보다 목적사업비의 배부율이 낮아 졌다고는 하나 아직도 <표 Ⅷ-4>에서 보듯이 학교회계 총 예산의 17.9%를 차지하고 있다. 따라서 단위학교로 예산을 배부할 때 배부목적을 지정하여 예산을 집행하도록 하는 목적사업비의 배부보다는 자율성이 보장되는 학교교육비의 비율을 늘려서 총액으로 배부하는 것이 기본적인 업무 경감뿐만 아니라 학교회계의 도입취지와도 맞는 방법일 것이다.

재정확보를 위한 다른 하나의 과제는 학교발전기금의 조성에서 찾을 수 있다. 지역여건에 따라 학교발전기금의 액수 차이가 많이 나긴 하지만, 교장의 의지와 노력에 따라서는 지역유지와 교육에 관심 있는 학부모들로부터 어느 정도의 지원을 받을 수 있다. 그러나 현재에는 학교발전기금을 적극적으로 조성해도 인센티브나 보상은 고사하고, 감사의 대상이 되거나 민원의 소지를 야기할 수 있는 등의 문제로 학교발전기금 획득 노력이 매우 저조한 편이다.

2) 단위학교 재정운영의 민주성 문제

단위학교 재정운영의 민주성 확보 측면에서는 예산 • 결산 심의과정, 교직원과 학교운영위원의 관심과 자질 등의 문제점이 노출되고 있다.

첫째, 학교예산 편성이 이루어지는 시기가 12월과 1월에 이루어져야 하는데 학기말로써 전 교직원의 의견수렴 과정을 거치기에는 시기적으로 방학기간과 맞물려 예산편성과정에 따른 부서별 협의 과정이나 의견수렴이 실제적으로 심도 있게 이루어지지 않고 있다는 것이다.

둘째, 부서별, 교과별 예산요구는 학교교육계획과 연계하여 이루어져야 함에도 예산편성과 별개로 이루어지고 있어 아직도 예산편성이 사업별 예산으로 단기별, 품목별 예산편성의 범위를 벗어나지 못하고 있다. 또한 구체적인 사업별 예산편성이 이루어지지 않아 예산만 확보해 놓고 보자는 식의 예산요구가 이루어져 꼭 필요한 교육활동에 투자가 이루어지지 않고 일부이기는 하나 예산의 과다 이월이 발생하기도 한다.

셋째, 학교운영위원회는 학교 예・결산 심의와 관련하여 그 역할의 중요성이 강조되고 있으나 예산에 대한 이해부족 등으로 교육활동과 관련되어 전체적으로 예산이 합리적으로 편성되었는가에 대한 안목보다는 개별사업의 수치만을 따지는 한계를 보이고 있다는 점을 지적 할 수 있다. 학교운영위원과 교직원의 형식적인 예산・결산 심의와 예산에 대한 관심과 이해부족은 단위학교 재정을 일인에게 위임하는 격이 되어 재정의 독재적인 운영을 가져오는 문제점을 안고 있다.

3) 단위학교 재정운영의 관리기법상의 문제

단위학교 재정운영의 관리기법상의 문제와 관련하여서는 먼저 현금주의와 단식부기 사용의 문제를 들 수 있다. 현금주의는 현금자원의 흐름에 초점을 두고 이를 측정하고 기록하는 방법으로써, 현금이 유입될 때 수입이 발생하고, 유출될 때 지출이 발생하는 것으로 본다.

현금주의는 이해가 쉽고 확실한 측정이 가능하며 자의적인 회계처리가 어려워서 통제목적으로 양호한 방식이지만, 비용과 자산, 부채에 관한 정보를 제공할 수 없어 교육활동에 대한 성과측정 자료로 활용할 수 없으며, 자산평가를 위한 객관적인 기준이 마련되어 있지 않기 때문에 전반적인 재정 상태는 물론 자산관리의 적정성을 판단하기 위한 정보를 제공하지 못하는 어려움이 있다. 또한 단식부기는 현금, 특정재산, 채무 등을 중심으로 거래의 일면만을 기록하고 있어서 여기서 도출되는 각종 보고서 및 계산서는 관련항목 간의 계수적 연관성이 없으므로 정확성에 대한 검증을 할 수 없으며, 단편적인 비망적 기록 외에 통합적인 재정상태표 등이 존재하지 않아서 재정에 대한 총괄적 체계적 인식이 곤란하다. 따라서 현재의 현금주의와 단식부기의 관리기법으로는 단위학교 재정운영 상태의 총체적인 파악과, 이를 교육활동의 성과측정 자료로 사용하는 데에는 어려움이 많다.

둘째는 학교회계제도상의 재정운영체제의 올바른 통합문제이다. 현재 시행되고 있는 학교회계제도는 복잡한 재정운영체제를 보다 단순하고 간편하게 하려는 의도는 강하지만, 이렇게 모든 체제를 통합한다고 해서 단위학교 재정운영이 확립된다고는 볼 수 없기 때문이다. 현재의 통합된 학교회계에서는 학교운영비의 가장 많은 부분을 차지하는 교직원 인건비는 파악할 수 없는 반면, 급식비나 방과후학교교육비와 같은 학부모부담수입이 학교회계에 포함되어 학교전체 예산의 50%를 상회하여 학교회계 예산의 규모를 두 배 이상 부풀리고 있는 상태이다.

4) 책무를 보여주지 못하는 예산편성의 문제

학교회계의 품목별 예산편성은 사업과 예산이 분리되는 모습으로 나타나기 때문에 예산서만으로 이 예산이 어떤 정책 또는 사업을 표현하는지 파악하기가 쉽지 않다. 그러다 보니 사업의 성과를 판정하기 어려워 예산이 비효율적으로 배분되는 경우도 있고, 예산집행에 대한 교직원의 오해와 불신을 초래하고 담당 사업에 대한 책임감을 이끌어 내기도 어렵다. 또한 학교운영위원회의 예산심의도 어렵게 하고 있다. 이를 구체적으로 논의하면 아래와 같다.

첫째, 예산이 사업의 성과와는 무관하게 비효율적으로 배분된다. 품목별 예산은 사업이나 활동별로 목표를 설정하고 대안을 탐색·분석하여 선택하는 합리적 과정을 따르지 않기 때문에 사업의 효율성이나 효과성을 판단하기 어렵다. 또한 예산이 지출대상별로 분류되므로 어디에 예산이 소요되는지는 나타나지만 무슨 목적에 예산이 소요되는지는 나타나지 않는다. 그러므로 기회비용에 비추어 볼 때 예산이 낭비되고 있더라도 이를 찾아내기는 쉽지 않다.

일반적으로 학교는 교육계획서에 따라 사업을 결정하고 그에 따른 예산 산출내역을 만든다. 하지만 현실적으로 교육계획은 전년도의 것을 답습해왔기 때문에 학교가 시행하고 있는 사업 가운데 실효성이 떨어지고 성과가 저조한데도 불구하고 계속 유지되는 사업이 있을 수 있다(송기창, 1998). 특히 신규사업이 아닌 경우는 점증주의적 예산편성을 하는 경우가 많기 때문에 예산이 사업의 성과와 관련 없이 비효율적으로 배분될 수 있다.

둘째, 예산집행에 대한 교직원의 오해와 불신을 유발한다. 하나의 사업을 수행하는데 소요되는 예산이 여러 항목에 걸쳐 분산되므로 예산편성에 혼란을 초래하게 되고, 결산을 공개해도 교직원이 사업별 예산을 정확히 알기 힘들다. 더욱이 하나의 세출과목(예를 들어, 공통운영비)에서 여러 가지 사업을 여러 부서, 여러 담당자가 통합하여 사용함에 따라 각 사업 간의 예산 구분 없이 통합 지출하는 경우도 많다. 이에 제한되어 있는 예산을 가지고 학교운영을 해 나가는 과정에서 예산 집행을 둘러싼 오해가 많게 되고, 교원과 행정실간, 또는 부서간의 갈등을 초래하기도 한다.

셋째, 담당 사업 및 예산운영에 대한 교직원들의 책임감을 이끌어 내기 힘들다. 품목별 예산편성으로 사업에 대한 평가가 어렵다 보니 담당교직원의 적극적인 참여가 이루어지지 않으며, 활동보다는 지출 대상에 초점을 맞추어 지출의 효과와 관계없이 규정대로 지출하는 목표전도의 현상도 나타나게 되어 예산의 낭비를 초래할 수 있다.

넷째, 학교운영위원회의 예・결산 심의에 어려움이 있고, 심의가 실질적으로 이루어지기 힘들다. 품목별로 편성된 예산서는 최고 단위인 항이 성질별로 되어있기 때문에 예산 비전문가인 학교운영위원들이 예・결산 심의를 할 때 학교가 어떤 사업을 하고 그 사업을 위해 어느 정도의 예산이 소요되었는지 이해하기 어렵다. 사업의 경비를 이해하기 위해서는 별도의 사업설명서를 보거나, 예산서의 사업을 다 합산해야 경비의 규모를 알 수 있다. 이러한 어려움으로 인해 학교운영위원회의 예・결산 심의가 형식적으로 이루어지는 문제가 나타난다.

3. 외국의 사례 및 시사점

가. 교육행정기관과 단위학교의 관계10)

1) 권한은 축소되고 단위학교 지원기능은 강화된 영국의 LEA

영국에는 1999 년 현재 153 개의 지방 정부가 있으며, 지방 정부는 각 지방의 필요성에 따라 행정조직을 편제해 왔기 때문에 지방마다 행정조직의 차이가 있다. 하지만 대부분 행정, 환경, 복지, 교육 같은 부분을 포함하고 있으며 이러한 분야들은 '국(局)'으로 편제되어 있다.

그리고 이러한 '국'들 중에 대부분의 지방 정부에서 지방교육국(LEA: Local

10) 김홍주 외(1999). 지방교육자치제도 재구조화 연구에서 발췌함.

Education Authority)이 압도적으로 다른 국들 보다 예산, 인원 면에서 규모가 크다. 각 국에는 분과위원회가 있고 이 분과위원회에서 그 분야의 중요 사안의 결정 그리고 전반적인 정책 방향을 설정한다. 이 분과위원회는 다시 소분과위원회로 나누어지고 사안의 성격에 따라 결정권이 분과위와 소분과위로 나누어져있다. 그리고 각 국의 행정부는 지방공무원으로 구성되어 있으며 분과위원회에서 결정된 정책을 실행하는 기구로서 '관료'의 독주가 상대적으로 미약하다.

법령에 정해진 LEA의 역할은 크게 열 가지인데, 역할이 곧 권한을 의미하는 것은 아니다. 지역 학령기 아동의 교육장소 제공, 교육재원확보, 교육 질의 향상, 교직원의 임용 및 해임, 아동의 학교출석, 장애자 시설 및 교육, 교육 관련 민원 해결, 학교급식, 고등교육을 받는 생활보호대상자 자녀의 학비 및 생활비 보조 그리고 기타이다. 기타의 부분에는 통학버스, 성인교육, 교육관련 기관과의 상호 협조(주로 상부, 감독기관에의 보고 의무), 관할구내 학교의 학사일정 설정, 종교교육, 학교건물의 안전 그리고 학교운영위원회 위원 등의 훈련 연수 등이 포함된다.

LEA에는 공무원으로 구성된 행정부가 있고 이 정책을 결정하는 분과위원회가 있다. LEA의 분과위원회의 규모는 각 지방에 따라 차이가 있으며 수십 명 단위인데 대체로 분과위원회 위원의 60%는 시장을 포함한 구(區)의원들 그리고 나머지 40%는 각 단체 대표로 구성되어 있다. 교육 분과위원회에는 전문가 집단으로 구성된 자문단이 있다. 이들은 교육전문가, 법률가, 회계사, 건축가 등이며 고정급이 지출되는 것이 아니라 특정한 사안이 있을 때만 자문료가 지불되는데 자문료는 전문가의 지역발전을 위한 봉사라는 차원에서 시장가격보다 훨씬 낮다.

LEA의 권한은 양적, 질적인 면에서 지난 10 년간 대폭 축소되었다. 1988년 교육법에서는 LEA 관할 하에 있는 폴리테크닉(polytechnics)이라고 부르던 고등교육기관이 독립되었으며 이들 학교는 1992 년 교육법에 의해 대학으로 승격되었다. 그리고 1992년 교육법에서 FE 칼리지라고 불리던 교육기관도 LEA로부터 독립되었다. 그리고 School 이라고 불리던 학교들 중에서도 LEA로부터 독립을 하도록 중앙정부가 법적으로 길을 열어 일부의 학교들도 독립을 했다('98년 현재 7%). 즉, 양적으로 이제 LEA가 관여하고 있는 부분은 독립하지 않은 학교(dependent school)들뿐이다. 하지만 이것도 인사, 예산 분배권이 학교에 위임됨으로 인해 질적인 면에서도 교육에 관여할 수 있는 권한이 대폭 줄어들었다.

2) 학교의 자율권이 확대된 프랑스

지방분권화 이후 중학교와 고등학교의 교수활동에 대한 학교의 자율권이 더욱 확대 되었다(학급구성 및 학생배치, 허가된 범위 내에서 교육시수 결정, 학교의 연간 교육활동 시간계획, 학생들의 진로준비 및 취업지도, 지역의 계획을 고려하여 성인교육 및 계속교육 참여 계획수립, 지역사회에 대한 학교개방, 국가교육과정에서 학교단위로 정하도록 되어 있는 교육주제 선정, 학부모 동의 하에 자유선택 교육활동의 운영 등을 포함함). 이러한 자율권 행사는 학교단위로 수립하는 학교계획(projet d'établissement)에 반영된다. 학교계획은 중등학교가 작성하도록 되어 있으며 학교평가의 중요 항목이다. 학교는 학교계획의 수행을 위하여 특별히 예산을 지원 받을 수도 있다.

학교계획은 학교이사회(conseil d'administration)에서 최종적으로 결정된다. 학교이사회는 같은 수의 세 그룹으로 구성된다. 첫 번째 그룹은 지방자치단체, 교육청, 지역노동조합 혹은 지역고용주연합 대표이며, 두 번째 집단은 교사대표 및 사회, 보건, 기술, 노동, 기타 서비스 관련기관 대표, 그리고 세 번째 그룹은 학부모 및 학생 대표이다. 학교이사회는 사안에 따라 의결권, 동의권, 심의권, 의견제시권 등을 가지는데 학교계획에 대하여는 의결권을 가진다. 학교이사회는 매학기(1년은 3학기임) 마다 최소한 한 번씩 열리며 여기에 상정될 안건들은 상임위원회(Commission permanente)에서 준비한다.

3) 학구단위의 교육자치를 이뤄낸 미국

지방 학교구는 학교조직에서 기본 행정단위이면서 지방정부의 중요한 한 부분이다. 그것은 준자치단체적 권한을 지니며, 하나의 학교 또는 일군의 공립학교체제를 관장하도록 주법에 의해 설치되고, 권한이 부여된 단위 정부로서 미국전역에 약 15,000개소가 있다.

학교구는 하나의 집행위원회에 의해 통제되며, 그것은 과세권, 계약 당사자권, 소송 당사자권을 가진다. 그것은 학교구교육장(superintendent-상급기관의 장인 교육감 또는 교육장과 구분하기 위하여 편의상 이하 학교 구교육장이라 부르기로 한다)을 고용할 수도, 고용하지 않을 수도 있다.

학교구는 자치마을(townships), 자치시(municipalities), 소방구(fire districts), 위생구(sanitary districts), 기타 수많은 다른 지방 정부와 함께 효과적인 행정 수행

에 필수적인 단위로 여겨지고 있다. 주의 정책이 집행되는 것은 바로 이러한 지방 정부에 의해서이다. 일반시민의 마음에는, 학교구는 다른 정부기구와는 거리가 있는 것으로 생각된다. 즉, 교육은 수렁과 같은 정치의 장과는 별개로 운영되어야 한다는 신념이 있다. 이러한 이유로 학교구는 재정적 통제의 면이나 교육위원 선출에서 당파적 정치성을 배제하는 등 상당한 정도의 자치를 누려 왔다. 그리고 대부분의 시민들은 지역주민의 복지에 중대한 영향을 미치는 교육 정책결정에 학교구를 통해 참여하는 기회를 매우 가치 있는 일로 여긴다. 왜냐하면, 그것은 약간의 지방재량을 가능하게 하며, 지역 요구에 순응할 수 있기 때문이다.

학교구는 1650년경에 Massachusetts 주에서 처음으로 생겨났다. 그것은 당시 법적인 뒷받침은 없었다. 1647년의 주의회법(General Court Act)은 학교를 마을(town) 단위로 설립을 하였다. 즉, 마을이 학교를 책임지는 지방행정단위이었다. 이러한 체제는 마을 안에 살거나 그 인근에 사는 사람들에게는 만족스러운 것이었으나, 외딴 곳에 거주하는 사람에게는 그렇지 못했다. 학교구가 생겨나게 된 것은 바로 이들의 요구에 따른 결과였다. 이러한 학교구는 마을의 하위조직으로 구성이 되었다. New England 지역의 마을들은 중심가와 그 주변 농장지대를 포함하고 있었는데, 이러한 마을은 여러 하위 학교구로 나뉘어졌고 그 학교구에 학교를 설비하기 위해 필요한 자체규정도 마련이 되었다.

그러나 학교에 대한 법적인 통제 및 지원책임은 여전히 마을(town)에 유보되어 있었다. 이러한 학교구 체제는 식민지 상황 하에서 훌륭히 기능을 수행하였고, 결국 1789년 법으로 완전히 합법화되어 그 관할 내 학교에 대한 지원 · 통제 권한을 부여받게 되었다. 동법은 학교구내의 학교위원회 임명에 대해 규정하였고, 그 후 1801년 법으로 학교구 학교지원을 위한 과세 권한을 학교구에 부여하였다. New England 지역에서의 성공적 운영 때문이기도 하며, 한편으로는 이러한 제도가 탄생한 조건이 유사하기도 한 때문에 이러한 제도는 미국내 남부를 제외한 거의 전역에서 채택되고 약간 수정되었다. 남부지역에서는 군(county)이 지방의 기본 학교행정기관이 되었다.

오늘날 이와 같은 소규모 지역 단위 또는 군단위의 학교에 대한 지방통제의 관념은 Hawaii를 제외하고는 모든 주에서 공립학교조직의 기초를 형성하고 있다(Spring, 1986). 금세기 초에 약 150,000개소의 학교구가 있었다. 하지만 이들 대부분은 통합과 한교실 학교의 포기로 사라졌고, 현재는 약 15,000개소의 학교구만 남아있다.

4) 지방교육자치를 통해 학교의 재량권을 확대한 일본

일본 문부성은 1998년 9월 21일에 「중앙교육심의회」의 답신 '금후의 지방교육행정의 모습에 대하여'를 통해 학교와 지역 그리고 교육위원회의 나아갈 길에 초점을 맞추어 다양한 관점에서 그 개선책을 제시하였다.

그 요점은 각각의 지역 교육위원회가 주체적이고 적극적으로 행정시책을 전개할 수 있도록 교육위원회에 관한 제도를 재검토하고 그 기능을 정비하며, 그와 병행하여 학교나 지역의 활동 특히 그것을 지지하는 교육행정에 지역주민이나 보호자가 적극적으로 참여하는 시스템을 도입한다는 내용이다. 일본은 이 답신안을 중심으로 지방교육행정을 개혁해 나갈 것이며, 2000년도부터 시행에 들어갈 방침이다.

이러한 움직임은 우리나라의 지방교육 자치제도를 개선하는데 많은 시사점을 줄 수 있다고 본다. 그 대략적인 개혁 방향은 다음과 같다.

첫째로 인사나 예산, 교육과정편성에 관한 학교의 재량권을 확대하고, 둘째, 지방교육행정제도의 중핵을 이루는 교육위원회는 교육행정의 중립성이나 계속성을 확보하는 관점에서 단체장으로부터 독립된 합의제기관으로서 설치되고, 해당 지방공공단체가 설치하는 학교의 관리운영과 함께 평생학습, 사회교육, 문화, 스포츠 등의 폭넓은 분야에 있어서의 시책을 전개하며, 셋째, 교육위원회에 있어서 중심적인 역할을 하는 교육장에 대해서는 지방자치단체가 스스로의 책임 하에 적임자를 확보하도록 문부대신이나 도도부현 교육위원회에 의한 교육장의 임명 승인제도를 폐지하고 지방의회에 의한 동의제를 도입한다. 넷째, 교육위원에 대해서는 그 숫자를 탄력화(현재는 5인, 또는 기초단위는 3~5인)하고, 한층 광범위한 분야로부터 교육위원을 선임할 수 있도록 하고, 다섯째, 앞으로 가정, 학교, 관계단체, 시설 등이 상호 연대하여 지역을 통틀어 어린이들의 성장을 지원해가기 위해서는 전문적인 교육행정기관으로서의 교육위원회가 중심적인 역할을 담당하고 가정이나 지역의 여러 가지 교육 기능을 융합해 갈 필요가 있다. 또한 교육위원회 스스로도 주민에게 친근한 행정기관으로서 지역사회의 육성, 문화・스포츠 활동 등을 통한 지역진흥 등 지역에 뿌리내린 교육행정을 종합적으로 전개하고 더욱 더 다양해지는 주민의 필요에 적절히 대응해 갈 필요가 있다는 것이다.

중앙교육심의회는 이러한 취지 하에 교육행정에 있어서 국가, 도도부현 및 시정촌의 역할 분담을 재검토하고 학교나 지방자치단체의 재량의 폭을 확대할 필요가 있고, 행정개혁이나 규제완화의 흐름을 바탕으로 국가나 도도부현의 시정촌이나 학교에 대한 관여를 필요최소한 도의 것으로 함과 동시에 교육과정의 기준 대강화・탄력화, 학급편성이나 교직원 배치의 탄력화 등의 재검토를 행할 필요가 있다고 제안하고 있다.

이러한 심의회의 심의결과는 ① 교육행정에 있어서 국가, 도도부현 및 시정촌의 역할분담의 모습에 대해서, ② 교육위원회제도의 모습에 대해서, ③ 학교의 자주성·자율성의 확립에 대해서, ④ 지역의 교육기능의 향상과 지역커뮤니티의 육성 및 지역 진흥에 교육위원회가 해야 할 역할에 대하여의 4장으로 나누어 보고되었다.

이상의 주요국 사례를 통해 다음과 같은 시사점을 얻을 수 있다.

첫째, 단위학교가 교육체제의 중심축을 형성하도록 현재의 관료적 중앙집권체제를 개편하고, 실질적 자율화를 통해 단위학교가 행사할 수 있는 자유 재량권의 확보해 주어야 한다. 학교자율경영은 특정한 학교경영체제라기 보다는 학교교육에 대한 전반적인 권한을 정부나 교육청으로부터 단위학교로 이양하여 학교운영의 자율성과 책무성을 강화하고, 그 과정에서 다양한 이해당사자들을 의사결정에 폭 넓게 참여시키는 학교경영의 자율적 형태를 의미한다고 할 수 있다. 따라서 단위학교 자율경영은 권한 이양을 통한 학교자율권의 강화, 학교경영 과정에 다양한 관련자들의 참여 확대, 자율운영에 따른 책무성 강화 등을 특징으로 한다고 볼 수 있다.

또한 교육은 그 본질적 특성상 자율과 밀접한 관련을 맺고 있다. 교육이 추구하는 가치와 목적 안에 이미 자율의 요소와 자율주장의 근거들이 내재해 있고, 이에 따라 그러한 가치와 목적을 구체적으로 실현하는 교육활동의 특성이 또한 자율성 요구의 정당성을 강하게 지니고 있다. 따라서 학교의 자율성 개선을 위해서는 일차적으로 단위학교의 독자적인 의사결정 권한이 증대되어야 한다.

둘째, 기초단위 교육자치 실현을 통해 교육행정기관은 단위학교를 보다 근거리에서 지원할 필요가 있다. 교육자치의 결과로 나타나는 교육의 자율성 실천은 궁극적으로 학교를 통해 그 효능성이 목격된다고 볼 수 있다. 즉, 교육자치는 중앙의 교육행정기관과 단위 학교 사이에서 학교자율경영의 정도를 높여주는 가교 역할을 수행하는 제도적 장치인 셈이다. 그러나 광역단위의 교육자치는 관할하고 있는 교육영역이나 학교의 수가 많아 기초단위의 지역적 특성이나 학교별 요구를 파악하고 이에 효율적으로 대처하기 어렵게 되어 있어 학교경영의 자율화에 적절히 대응하기가 곤란하다. 1개 기관이 관장하고 있는 학교수가 많으면 지역별 특성에 어울리는 학교경영을 시행할 수 있는 행정 서비스 제공보다는 지도·감독차원에서 행정 편의성을 먼저 고려하게 되고 단위학교의 교육적 특성이나 요구에 대해서는 둔감하게 된다(김흥주 외, 1999).

이에 따라 광역 단위에서는 획일적인 지침이나 방침으로 관할 학교를 지도・감독하려는 경우가 빈번하게 되어 단위학교의 자율성 증대를 위해 보다 효과적으로 대응할 수 없다. 그러나 기초 단위의 교육자치가 실시되면 1개 교육청이 광역단위 보다 훨씬 적은 수의 학교를 관장하게 되어 개별 학교의 특성을 보다 용이하게 파악할 수 있고 그에 부응하는 교육행정 서비스를 제공할 수 있음과 동시에 궁극적으로는 단위 학교경영의 자율과 책임의 폭을 보다 융통성 있게 조정할 수 있게 된다.

나. 단위학교 재정 사례

1) 재정운영의 폭 넓은 자율성을 가지는 헌장학교

헌장학교의 경우 대부분의 주에서 재정 지원은 학생 수를 기준으로 하여 소속 학구의 공립학교 지원 경비와 동일하게 지급하고 있다. 그러나 지급액의 범위는 일정치 않다. 실제로는 학생당 경비를 기준으로 해서 일반 공립학교에 비해 적은 재원을 제공하고 있는 경우가 더 많다. 실례로 Arizona는 2003년 회계연도에 평균 $5,123(학생1인당경비)지급했는데, 그 학구에 평균 $5,809에서 $6,827까지 지급되어 13-33% 차이가 난다. Maryland는 공립학교에 비해 55%선, New Jersey는 90%선, New York은 헌장학교가 $8,452, 일반 공립학교가 $9,057정도이다(Vanourek, 2005). 더욱이 헌장학교의 연 예산 중 16%정도는 자본(시설) 지출로 쓰이는데, 일반 공립학교의 경우는 예산과 별도로 집행된다. 따라서 수업에 유용할 수 있는 운영자금의 비율은 더욱 줄게 된다(The Center for Education Reform, 2004b).

또한 헌장학교가 신설될 경우 막대한 신설 착수금이 필요하다. 이 경우 연방이나 주의 재정 지원을 받을 수 있다. 대부분의 주에서는 연방기금을 지원 받을 기회를 부여하고 있으며, 14개 주에서는 주기금을 이용하거나 대부받을 수 있도록 하고 있다. 그러나 신설되는 헌장학교가 착수금 전액을 지원받는 경우는 드물다고 한다. 따라서 대부분의 신설 헌장학교가 재정적으로 열악한 상태에서 운영되고 있다는 것을 알 수 있다.

재정운영의 재량권(fiscal autonomy) 측면에서 20개 주에서는 헌장학교에 재정운영의 재량권이 있으며, 제한적인 권한을 가지는 경우는 5개 주, 헌장에 명시하도록 하는 경우는 5개 주, 9개 주는 재정운영이 일반 공립학교의 규정을 준수하는 형식의 재량권이 없는 형태이다. 그러나 헌장학교는 일반적으로 공립학교에 비하여 재정운영에 폭 넓은 자율성을 가진다. 재정 운영의 자율성은 주마다 각기 다른데 강한 모형의 차터스쿨은 연방 정부, 주정부 및 지역으로부터 받은 교부금을 자유롭게 사용할 수 있는 권한이 있다. 반면 약한 모형의 차터스쿨은 재정 운영 면에서는 여전히 학구의 통제를 받으며, 이때는 법안에 학구가 학교기금을 담당하도록 하고 있어서 학구의 많은 통제를 받는다. 약한 모형의 차터스쿨들은 주정부로부터 직접 교부금을 받지 못하고, 반드시 학구를 통해서 받을 수 있다. 학구는 이러한 절차를 통해 차터스쿨을 재정적으로 구속하게 된다. 실제 재정 지원의 경로에 대한 관련 법령을 보면 지역 학구에서 헌장학교로 지급하는 경우(20개 주)와, 주에서 헌장학교로 지급하는 경우(5개 주), 그리고 주에서 지역 학구를 거쳐 헌장학교로 지급하는 경우(5개 주)가 있다. 그리고 7개 주에서는 주와 지역학구 각각 통로로 이용하고 있다.

2) 규제 없이 예산을 총액으로 배부 받는 교부금 지원학교

GM school은 교직원 개발 및 훈련 지원금, 보험금, 조기퇴직보상금, 부가가치세 보상 등의 특별한 재정지원이 있었고, 전환교부금(transitional grants)[11]이 GM의 지위를 획득할 때 지원되었다(Bush, Coleman, & Glover, 1993). 그리고 GM school의 재정 확보는 100% capital formula grant[12]를 받는 경우와 자본계획을 제출하여 재정지원을 받는 경우가 있었다. 특히 전년도 업적, 학교부지가 필요한 곳, 교육부장관이 승인한 입법안, 긴급 사업 등에 교육부 장관의 지시에 의거하여 재정 배분원칙과 별개로 학교건물 개선이나 신설을 위한 지원금이 지원되었다.

분명히 GM school은 일반학교보다 재정지원이 많았다. 이러한 재정적 불평등은 GM school의 성과를 평가 절하시키는 요소이기는 하지만 새로운 학교유형의 도입 과정에 재정적 지원은 필수적이다. GM school의 자율적 학교운영은 전환교부금이나 특별지원금이 있었기에 가능한 것이었다.

GM school은 학교단위재정 운영이 전적으로 보장되었다. 총액 교부된 학교예산을 학교시설, 교수기자재 구입 등에 투자할 것인지, 새로운 교육프로그램 도입에 사용할 것인지는 학교자율로 결정할 수 있었다.

보수당 정부는 자신들의 자치학교 창출이라는 정치적 목적을 달성하기 위해 자원배분을 하였다. 정부는 독립(Opting out)이 증가하기를 원했기에, 정책적 요구와 공공비용의 통제 요구사이에 갈등이 있었다. 하지만 자율경영학교의 확대를 위해서

---

11) 전환교부금의 규모는 학교당 15,000파운드와 추가로 학생당 15파운드가 지원되었다.
12) 1998-1999년의 경우 초등학교 학교당 9000파운드+학생 1인당 13파운드, 중등학교나 특수학교는 학교당 1만 파운드+학생 1인당 21파운드를 지급

재정적인 지원이 필요하였고, 정부는 GM school에 재정적인 특혜를 제공하였다.

GM의 지위를 획득하는 것은 실질적으로는 학교신설과 마찬가지다. 공립과 사립학교, 재단학교 등을 GM school로 전환하는 것은 실질적으로 새로운 학교를 신설하는 것이다. GM school로 전환함으로써 학교의 소유권과 운영권이 LEA나 재단에서 학교운영위원회로 넘어갔고, 학교 설립 주체와 운영의 주체가 분리되게 되었다. 물론 GM school의 유형별로 학교운영위원회에 정부 인사 혹은 재단인사가 과반수이상을 차지하였지만 학교운영의 자율성은 보장되었고, 학교운영위원회가 학교운영의 최종 책임을 지게 되었다. LEA의 간섭은 배제되었고, 교장은 학교운영위원회의 지지를 받아 특색 있는 교육활동을 전개할 수 있었다.

GM school은 학교가 학생을 유치하기 위해서 경쟁하도록 하는 체제를 형성하고 있다. GM school은 LEA 지원 학교보다 건물, 교육프로그램 운영을 위한 더 많은 재정적인 지원을 받았다. GM school은 건물 및 시설 신축, 교육프로그램 개선에 약 2~4배정도 많은 재정 지원을 받은 것으로 산정된다(Bush & Coleman, 1993). 단위학교의 재정은 최소한 80% 정도를 각 학교에 등록된 학생의 연령과 수에 따라 배분하였다. 대부분의 예산이 단위학교에 총액 배분되고 단위학교에 교직원을 선발할 수 있는 권한을 행사하도록 분권화되었다. GM school에 대한 공통적인 재정배분 공식이 도입되었지만 이 공식은 동일한 지역교육청의 관할 내에서만 통용된다.

지방교육청 지원 학교(LEA maintained School)가 지방교육청에서 총액 배분된 예산을 실질적으로 지출할 수 있는 권한을 가지고 있었는데 비해서 GM school은 중앙정부로부터 직접 교부금을 지원받아 독립적으로 운영하였다.

학생당 교부금의 16%는 정부가 교부금중 지방정부로부터 세금으로 환수한 금액이다. 그래서 LEA의 재정지원 능력에 따라 GM school에 대한 LEA의 재정지원이 차이가 있었다. 그러나 GM school의 재정 및 경영적 자율성이 학교의 교육력에 긍정적인 영향을 미쳤는지는 명확하지 않다(Fitz, Halpin, & Power, 1994).

GM school은 학교단위 재정운영이 가능하였다. 그러나 이러한 학교단위 재정운영이 교수학습과 직접적으로 연관되는 데 투자되기보다는 시설의 확충에 투자되는 경향이 있었다. 특히 재정의 확대는 교사수를 증가 시킨 것이 아니라 행정직원을 더 많이 채용하였다.

GM school은 지방교육당국의 관리를 벗어나 1994년 설치된 학교재정지원기구(Funding Agency for School: FAS)에 의해 재정지원을 받았다. 학교재정지원기구(FAS)는 GM school에 재정을 지원하고, GM 지위에 대한 의견을 수렴하고 조언을 한다. 즉, FAS의 주요기능은 자본을 공급하는 것이고, GM school에 대한 주기적 및 특별교부금을 제공하는 것이다. 교육부 장관에게 제안서 제시, LEA와 협력, 스폰서 조언 및 협의를 한다.

학교재정지원기구(FAS)는 GM school의 확대를 위해 도입된 지원기관으로 GM school의 확대를 위해 노력하였다(Meikle, 1994). 그리고 FAS는 학교의 폐쇄, 통합, 재설계에 관한 의사결정에 관여하였기에 교육 통치구조적인 면에서 많은 구조적인 문제를 야기 시켰다.

3) 단위학교의 필요에 따라 예산을 편성하는 아카데미학교

단위학교의 재정 운영의 측면에서는 지역단위의 학교경영 자치 정신(Local Management School, LMS)에 따라 1993년 3월부터 지역교육청으로부터 배부되는 단위학교 예산 중 최소 85%를 단위학교의 필요에 따라 자율적으로 편성 · 사용할 수 있도록 하고 있으며, 예산의 편성 · 심의 과정에서 학교운영위원회의 의결을 거치도록 하는 제도를 운영하고 있어 단위학교의 재정 운영의 자율성이 매우 높은 것이 특징이다.

이처럼 영국에서는 단위학교의 자율성을 폭넓게 부여하는 학교단위책임경영의 전통이 매우 강하여 보편적으로 일반학교들도 학교 경영에서 많은 자율성을 누릴 수 있었다. 그러나 20세기 중반을 전후하여 오랫동안 경제가 침체기에서 벗어나지 못하자 산업계에서 요구하는 우수한 인력을 학교 교육이 배출하지 못하고 있음을 비판하고, 학교 교육의 비효율성을 극복하기 위한 사회적 요구가 크게 일어났다. 이러한 배경 아래에서, 영국에서는 1980년대 이후 학교 교육을 개혁하기 위한 교육개혁이 활발하게 논의되었는데, 종전의 전통과는 달리 중앙정부의 권한을 확대하여 적극적인 개입을 하고, 그 동안 상당한 권한을 가져 온 지역교육청(Local Educational Authority, LEA)의 권한을 점진적으로 축소하고, 단위학교에서 학교운영위원회의 기능을 강화하되, 학부모 위원의 참여를 늘리면서 학교 교육에 대한 수요자 통제를 확대시켜 나갔다.

영국에서 학교의 유형은 매우 복잡하지만, 학교 운영의 자율성 정도를 기준으로 하여 1994년 Burttler교육법에 의하여 초 · 중 · 고등학교를 구분하면, 지방정부가 설립 · 운영하는 일반 공립학교(Community School), 특정 개인이나 교회가 설립하였지만 국가의 재정 지원으로 운영하는 기부제 재정보조 학교(Voluntary-aided School), 기부제 통제학교(Voluntary-controlled School), 특별협약학교(Special

Agreement School)등 다양한 형태의 학교들이 운영되고 있다. 그런데 이들 학교들이 전통적으로 높은 자율성을 부여받고 있음에도 불구하고, 학교 교육에 대한 사회적 비판, 국가 경쟁력의 저하, 낮은 수준의 학업 성취도의 문제를 보이자 1988년 교육개혁법(Educational Reform Act)를 제정하여 새로운 학교 유형으로 교부금 지원학교(Grant Maintained School, GMS)제도를 도입하였다.

영국의 교부금 지원학교는 기존의 교육행정 지원체계의 한계를 극복하고 단위학교에게 기존학교보다 더욱 대폭적인 자율성을 부여하기 위한 새로운 형태의 자율학교의 성격을 띠고 있으며, 이들 학교들은 지역교육청의 지도・감독 체계에서 벗어나 중앙정부에서 직접 통제하게 되고 재정 지원도 중앙정부로부터 직접 지원을 받게 되었다. 교부금 지원학교는 지방정부의 통제로부터 단위학교를 벗어나게 하고, 지역교육청의 간섭이 없이 학교의 필요에 따라 단위학교 재정 운영의 자율성을 최대한 부여하기 위한 목적(Flude & Hammer, 1990)과 학부모들의 학교 선택권을 확대하기 위한 목적으로 도입되었으나(Bush et.al., 1993), 제도의 도입 이후 교육의 지역격차가 더욱 심화되고, 제한된 국가 재정의 범위 속에서 교부금 지원학교에 대해 다른 일반학교에 비하여 10~15%의 재정을 추가로 지원하는 불평등이 제기(Fitzet et al., 1993)되면서, 1998년 노동당 정부에서 폐지되고, 이들 학교들은 법인학교로 전환되고 제도 시행 이전의 학교 유형으로 환원하였다.

자율학교 유형인 교부금 학교가 폐지된 이후, 새롭게 제도화된 아카데미스쿨은 영국의 분권화된 교육체제의 전통과 학교단위책임경영에 근거한 단위학교 자율적 운영 정책(Local Management School, LMS) 속에서 시도되었다는 점에서 교부금 학교 제도와 맥락을 같이 하고 있다. 그러나 영국의 이전의 학교단위책임 경영 추진 정책의 배경이 되고 있는 중앙정부 교육에 대한 개입 강화, 학교의 다양하고 특성화된 프로그램 확대 이외에 아카데미스쿨 제도는 영국 내에서 사회 양극화 문제를 해소하기 위한 적극적인 실천의 의미가 매우 강하게 담겨 있다. 영국에서는 학부모의 학교 선택권이 보장되고 있어 부모와 지역의 경제적인 여건 차이가 학생들의 교육격차로 이어지고 '좋은 학교'와 '나쁜 학교'의 양분 속에서 대다수의 공립학교들을 그대로 두고서는 학교 교육의 질 향상을 위한 학교 개혁을 성공적으로 추진할 수 없다는 판단 아래 공립학교 개혁을 주된 목표로 하는 아카데미 스쿨 제도를 적극 추진하고 있다.

4) 재정운영의 분권화를 이뤄낸 미래학교

호주의 Victoria주에서 미래학교 프로그램 도입 이후 교장의 역할과 권한의 확대와 관련한 가장 두드러진 특징은 학교 재정 운영의 분권화가 매우 강력하게 실천되고 있다는 것이다. 미래학교가 도입되기 이전에는 단위학교에서 학교 재정의 약 6%만을 자율적으로 교장 또는 학교운영위원회에서 활용할 수 있었으나 미래학교에서는 90% 이상의 거의 모든 학교 재정을 단위학교에서 자율적으로 편성 · 운영할 수 있게 허용하였다. 이로 인하여 단위학교에서는 지역사회의 특성과 학부모의 요구를 반영하여 학교예산을 편성 · 운영할 수 있게 되었고, 무엇보다도 학생들과 관련된 예산을 최우선 할 수 있는 장점을 살릴 수 있게 되었다.

특히, 교육과정 편성 운영, 교원 임용의 자율성과 병행하여 단위학교 예산의 85% 이상을 차지하는 교원 인건비 운영의 자율적 운영을 허용하는 것은 단위학교에서 필요한 교원의 적정 인원의 산출과 이에 기초한 자율적인 교원 임용으로 이어져 매우 효과적인 개혁 정책으로 볼 수 있다(Townsend, et. al., 1997). Victoria주에서는 이러한 단위학교의 재정 운영의 자율성 확보를 위하여 학교 재정 총액 배정 제도인 “School Global Budget”제도를 운영하고 있다.

학교재정 총액배정 제도는 단위학교에 총액으로 재정을 배정하여 학교의 자율성을 허용하고 있지만, 단위학교 예산 총액의 산출은 형평성과 투명성의 원칙을 토대로 하여 모든 학교에 대하여 등록 학생수를 기초로 하여(per capita basis) 산출하고 있으며, 이 부분이 School Global Budget의 핵심적 구성 요소가 되고 있다. 학생수에 따른 기본적인 학생 경비인 중핵 예산 이외에 단위학교별로 특별한 학생에 소요되는 경비(장애학생 경비, 특별한 학습 필요에 따른 경비, 비영어권 학생 경비), 단위학교의 건물 유지비 등의 경비, 단위학교의 교육과정 운영에 필요한 특별한 사업 프로그램 경비 등으로 구성되어 있다.

이상의 외국 사례를 통해 얻을 수 있는 시사점은 다음과 같다(김원찬, 2006).

먼저, 헌장학교는 학교를 관료주의적 통제에서 벗어나게 하고 단위학교 이해관련자들에게 학교 운영의 자율성을 대폭 부여하고 있는 제도이며, 이러한 자율성의 영역에는 교육과정, 교원 임용, 학생 선발, 학교 재정 운영을 포함한 매우 폭넓은 범위의 자율성을 부여하고 있다. 헌장학교는 학교 신설, 공립학교에서 전환, 사립학교에서 전환 등 다양한 형태로 운영이 가능하며, 설립 형태와 관계없이 설립과 운영에 필요한 재정은 국가, 주정부 또는 지역 교육구에서 등록된 학생수를 기준으로 총액으로 지원을 한다.

헌장학교는 일반학교에 적용되는 법규의 규제를 배제하고 있기 때문에 총액으로 교부된 학교 재정의 구체적 사용에 제한이 없이, 단위학교에서 설정한 교육목표와 독자적인 교육프로그램과 교수-학습의 질 향상을 위하여 단위학교 자율적으로 사용할 수 있다. 헌장학교로 전환하는 학교에 대한 재정 지원은 일반학교와 동일한 수준으로 지원을 받지만 이들 학교들에 대해서 추가적인 재정 지원은 주어지지 않는다. 따라서 헌장학교 운영에 참여하는 학부모, 기업체, 지자체, 사회단체, 개인 후원자 등 학교 운영 주체의 재정 지원의 부담의 문제를 해결해야 하는 과제를 안고 있다. 실제로 미국의 많은 헌장학교 설립 이후 재정적인 문제를 학교 경영의 어려움을 겪고 있는 것으로 보고되고 있다.

영국의 아카데미학교는 헌장학교 모델을 벤치마킹하고 있다는 점에서 두 가지 자율학교의 유형에서 많은 공통점이 있다. 특히, 학교의 설립 및 운영의 개방성과 관료주의 통제로부터 벗어난 단위학교 자율적인 학교 운영을 출발로 하고 있다는 점에서 매우 유사한 성격을 지니고 있다. 학교재정 운영 영역에 있어서 아카데미 스쿨은 헌장학교와 마찬가지로 일반학교와 동일한 분배기준에 의하여 중앙정부로부터 총액으로 지원을 받는다.

또한, 헌장학교와 같이 정부 지원에 의하여 민간단체가 운영하는 형태의 학교이고, 학교재정 운영 전반에 대해 단위학교에 포괄적인 자율성이 주어지고 있다. 그러나 아카데미학교에서는 학교설립 비용의 10%만을 학교운영 주체가 부담하고 나머지 90%를 정부에서 부담하여 정부가 한 학교 설립에 약 £2~3백만 정도를 투자하고 있다. 또한, 설립 이후에도 이들 학교들이 대부분 교육환경이 열악한 지역에 소재한 학교들이어서 정부와 민간 후원자들의 추가적인 재정 지원 가능성이 크다는 점은 헌장학교 다른 점이다.

호주의 미래학교의 경우는 학교단위책임 경영의 주요한 영역 중에서 교원 임용 방식의 전환과 교육재정 지원의 분권화 개혁에 역점을 두고 있는 학교경영 개혁의 접근으로 이해할 수 있다. 이점은 미국의 헌장학교나 영국의 아카데미학교가 단위학교에 교육과정, 교원 임용, 학교 재정, 학생 선발의 학교 운영 주요 영역에 대한 포괄적인 자율적 운영을 지원하기 위하여 제도화 하고 있다는 것과 대비된다.

호주의 Victoria주에서 미래학교 프로그램을 처음 도입하기 시작하기 이전에는 우리나라와 비슷하게 지역교육청에서 단위학교의 세부적인 예산을 편성하여 단위학교를 통제하는 체제를 유지하였으나, 미래학교 프로그램에서는 이러한 중앙 통제적인 학교재정 지원 방식을 근본적으로 전환하여 단위학교의 특수성이나 교수-학습

프로그램을 자율적으로 편성 지원할 수 있도록 단위학교에 총액으로 학교 예산을 지원하기 위한 School Global Budget제도를 시행하고, 이 중 거의 대부분을 단위학교에서 자율적으로 세부 실행예산을 편성 및 집행할 수 있도록 허용하고 있다. 이와 관련하여 Townsend 등(1998)은 미래학교에 대한 학교재정 지원의 자율성 확대로 Victoria주 미래학교의 경우 1997학년도에 90% 이상을 단위학교에서 자율적으로 활용할 수 있게 되었다고 보고하고 있다.

이제까지 논의한 외국의 대표적인 유형의 자율학교들의 학교 재정 영역의 자율성을 종합적으로 비교하면 다음과 같다.

〈표 Ⅷ-5〉 외국의 자율학교 학교재정 운영 자율성 비교

세부 운영 비교 기준	아카데미학교	헌장학교	미래학교
학교 재정 총액 교부제도 운영	***	***	***
학교 자율예산 집행 비중	***	***	**
추가 재정 인센티브 부여	***	*	*

자료: 김원찬(2006). 자율학교 운영 국제 비교. 동국대학교 박사학위논문. p.91.

학교단위책임경영 제도를 지향하는 자율학교 운영 모형들을 시행하는 국가들은 공통적으로 학교단위 재정총액 지원제도를 시행하고 있다. 이 점에서 본 연구의 연구 대상인 3개 국가의 대표적인 자율학교들도 단위학교에서 소요로 하는 예산을 총액으로 지원받아 자율적으로 편성 운영하고 있다. 또한, 헌장학교, 아카데미학교, 미래학교의 유형 모두 총액의 규모의 산출 방식은 등록 학생 1인당 예산 지원 규모를 기준으로 다른 일반학교와 동일한 배정 방식으로 지원받고 있는 점에서 동일하다.

학교예산 총액지원 제도의 시행과 학생 수를 기준으로 하는 재정 배분방식은 우리나라 자율학교 중 공립 특수목적 고등학교와 개방형 자율학교유형과 유사하다. 반면, 사립 특수목적 고등학교와 자립형 사립 고등학교는 일반학교와 다르게 등록금을 단위학교 자율적으로 책정할 수 있는 점에서 차이가 있는데, 이는 학교 운영 재원의 추가적인 확보를 학생들의 높은 등록금에 의존하게 하는 약점으로 비판받을 수 있다.

단위학교 예산의 자율적인 집행이 가능한 정도를 기준으로 비교하면, 헌장학교와 아카데미학교는 단위학교에 지원된 전체 예산을 포괄적으로 자율적으로 사용할 수 있어 예산 운영의 실질적인 자율성 정도가 매우 높다.

우리나라의 자립형 사립 고등학교의 경우도 재정적인 자립을 전제로 하는 자율학교이기 때문에 학교 예산 운영에 대한 행정적 규제는 없다는 점은 동일하다. 그러나 우리나라에서는 자립형 사립학교를 제외한 다른 유형의 자율학교는 단위학교에 대한 행정적 규제가 커서 일반학교와 다르게 재정 운영의 대폭적인 자율성을 부여받지 못하고 있다.

이와 관련하여 Victoria주에서 시행한 미래학교 모델이 종전의 교육행정기관에 의한 지도・감독의 규제를 없애고 90% 이상 실질적인 자율성을 부여하여 단위학교의 교육과정과 교원 임용을 실질적으로 지원하도록 지원체계를 개편한 사례는 많은 시사점을 주고 있다. 특히, 우리나라에서 2000년도 이후 단위학교 회계 책임 제도라는 외형적인 틀을 마련하고도 아직도 교원인건비를 포함한 대부분의 예산을 실질적으로 행정기관의 통제를 받아 시행하고 있는 한계를 보이고 있어, 자율학교의 실질적인 자율성 확보에 중요한 걸림돌이 되고 있다.

4. 개선과제

가. 교육행정의 개선 과제

1) 교육행정 우위 관행과 풍토의 쇄신

법령에서 정한 단위학교의 재량권을 무시하는 교육행정기관의 지시와 통제의 관행이 사라져야 한다. 또한 시・도교육청에서는 법령의 근거 없이 단위학교의 자율성을 침해하는 지침을 하달하지 말아야 할 것이다.

학교단위책임경영제는 단위학교로의 권한의 위양도 필요로 하지만 단위학교 운영의 자율성을 존중하는 행정풍토를 조성하는 것도 요구하기 때문이다. 현행 교육행정체계 속에서 국가와 지방자치단체는 학교에 대한 지도・감독권을 가진다(교육기본법 제 17조). 이러한 지도・감독권은 교육부장관과 교육감에 의하여 장학지도, 평가 등의 다양한 방법으로 이행된다. 이러한 상황 속에서 교육행정기관이 단위학교에 이양하거나 위임되어 있는 권한을 종종 침해하고, 학교의 여건이나 특수성을 고려하지 않은 행정편의 위주의 획일적인 지시나 통제를 발하는 관행이 자리 잡아 왔다고 볼 수 있다. 이러한 관행이 개선되어 법령이 정한 단위학교의 자율적 결정영역이 지켜져야 할 것이다(김성열, 2001).

2) 단위학교에 대한 지원기능의 강화

교육행정기관들은 단위학교에 대한 지원을 강화해야 한다. 단위학교가 제대로 책무를 이행하기 위해서는 학교운영 및 직무수행과 관련하여 외부의 전문적인 지원을 필요로 한다. 현재로서는 교육청의 장학이외에는 단위학교에 대한 전문적인 서비스가 없다고 할 수 있다.

이 점에서 한국교육개발원이 교육행정기관 수준별로 전문적 학교지원 서비스센터 구축을 제안한 것은 음미해볼 만하다(한국교육개발원, 2005). 이 제안에 의하면, 교육과학기술부의 학교정책실 산하에 교수 · 학습지원, 학생 · 학부모(지도, 상담, 고충)연구, 학교평가연구, 학교혁신연구 및 지원, 교원지원, 교육정보축적 등의 기능을 가지는 지원센터를 설립한다는 것이다.

시 · 도교육청에는 교수 · 학습지원, 학생지원, 학교혁신지원, 학부모지원, 교육정보지원, 학교평가지원 등의 기능을 지원하는 학교지원센터, 현행 교육연수원을 개편하여 교원 질 제고, 교원평가, 교육복지지원, 교원연수 기능을 담당하는 교원센터 등을 설립한다.

지역교육청에는 학무국(과)를 개편하여 전문적인 교수 · 학습지원 및 장학협력 구축 운영, 학교교육 혁신을 위한 전문적 컨설팅과 관련 행 · 재정적 지원, 학생에 대한 생활지도 · 상담 · 고충처리 · 학생폭력예방 및 지도에 대한 지원 · 학생자치활동 및 동아리 지원 등 학생에 대한 지원, 학부모교육 · 학부모 학교지원모임 지원 등 학부모에 대한 지원, 교사들 간의 교수 · 학습지도 및 생활지도에 대한 정보와 혁신사례 제공 · 교사의 각종 교과연구회 및 자발적 교육연구 동아리 지원 · 교원간 교육혁신 네트워크 구축 및 운영 지원 · 교원복지지원 및 교원고충처리 지원 등 교원에 대한 지원을 담당하는 학교지원센터를 설립한다는 것이다.

이미 언급되었듯이, 교육행정기관이 학교가 참된 학업성취를 달성하는 데 필요한 조건을 형성하고 지원하는 것을 기능으로 해야 한다는 점에서 전문적 학교지원 서비스센터의 설립은 적극적으로 검토해 볼만하다.

3) 교육행정기관과 단위학교의 관계 재정립

교육관계법에서 종종 사용되는 용어들인 '지도', '감독', '승인', '인가' 등은 단위학교가 가지는 재량권이 형식적이거나 선언적 수준임을 나타내는 것이기도 하다. 교장의 재량사항이라 하더라도 사전 혹은 사후에 교육행정기관의 승인이나 인가를 얻도록 한다면 그 재량권은 사실상 유명무실해 질 수밖에 없기 때문이다(강현선, 1998).

특히, 단위학교와 교육행정기관의 관계가 수직적인 우리의 교육현실에서는 더욱 더 그러하다.

따라서 학교자율경영이 성공하기 위해서는 단위학교와 교육행정기관 사이의 제도적 관계가 새롭게 정립되어야 하고, 단위학교가 현재 보다 더 학교운영에 관한 자율성을 가질 수 있어야 한다. 교육행정기관은 학부모를 대신하여 단위학교에 대하여 교육의 책무를 묻는 위치에 있다고 하더라도 단위학교를 관료적으로 통제하려고 들어서는 안 된다. 교육부와 교육청에서는 교육에 관한 기본정책의 수립 · 조정 및 지원기능만을 담당하고, 구체적인 학사운영을 포함한 교육과정 편성 · 운영과 평가방법 그리고 그것에 필요한 재정과 인사에 관한 사항을 단위학교가 결정할 수 있도록 해야 한다. 학교자율경영은 단위학교가 재량권을 가지고 학교를 운영하고 책임지는 것이기 때문이다.

분명 학교자율경영은 우리가 학교경영에 대하여 가지고 있었던 기존의 패러다임을 전환할 것을 요구하고 있다. 그것은 종래의 학교경영 구조와 그 구조의 밑바탕을 이루는 신념들을 완전히 변화시키는 근본적인 개혁이다. 얼마 전까지만 해도 학교경영은 교육행정기관의 지시와 방침을 따라서 교장이 주도하고 책임을 지는 것으로 생각해왔다. 이제는 이러한 생각은 더 이상 우리 학교경영을 바라보는 관점으로 적합하지 않다. 단위학교의 경영은 교육행정기관이 이양하거나 위임한 권한의 범위 내에서 단위학교 운영의 주체들인 교장, 교사, 학부모 등이 공동으로 참여하여 결정한 바에 따라서 이루어지고 함께 책임지는 것으로 변하고 있기 때문이다.

이제까지의 논의를 요약하면 우선, 단위학교와 교육행정기관 사이의 제도적 관계가 새롭게 정립되어야 하고, 단위학교가 현재보다 더 학교운영에 관한 자율성을 가질 수 있어야 한다. 그리고 법령에서 정한 단위학교의 재량권을 무시하는 교육행정기관의 지시와 통제의 관행이 사라져야 한다.

나. 단위학교 교육재정의 개선 과제

1) 교장의 적극적인 재원 유치 노력 강화

학교발전기금제도는 학교의 교육활동을 지원하기 위하여 학교운영위원회에서 자발적으로 조성하는 재원으로써 기부금을 규제하던 이전의 법령과는 달리 초 · 중등교육법 제33조에는 "학교운영위원회는 학교발전기금을 조성할 수 있다."라고 규정하고, 기금의 조성 및 운용방법 등에 관하여 필요한 사항은 대통령령으로 정하도록 하였다. 초・중등교육법시행령 제64조는 학교발전기금은 “기부자가 기부한 금품 및 학부모들로 구성된 학교내외의 조직・단체 등이 그 구성원으로부터 자발적으로 갹출하거나 구성원 외의 자로부터 모금한 금품을 접수”하여 조성하며, 조성된 기금은 노후한 학교시설의 보수・확충, 교육용 기자재 및 도서 구입, 학교체육 활동, 기타 학예활동의 지원, 학생복지 및 자치활동의 지원을 위하여 쓰인다. 학교발전기금의 사용용도 중에서 교직원 복지비가 제외된 것은 1998년 이전의 기부금품제도와 비교해 볼 때 두드러진 차이점으로 지적되고 있다.

학교운영위원회 위원장이 사용목적, 조성방법, 수입・지출계획 등이 포함된 운영계획을 수립하고 학교운영위원회의 심의를 거쳐 조성된 학교발전기금은 학교 내외의 개인, 조직, 단체가 자발적인 의사로 기부, 갹출, 모금한 금품을 학교시설비, 교재교구구입비, 도서구입비, 학교체육활동비, 학생 복지비, 학생자치활동비 등 순수한 교육목적에 사용하고, 학교발전기금회계에 관한 제반 사항은 관계법령에 따라 적법하게 운영하도록 되어있다. 그리고 학교운영위원회의 결정으로 학교발전기금을 학교회계로 전출시켜 학교 일반 예산과 같이 교장이 집행할 수 있게 되었다.

그러나 이러한 제도의 마련에도 불구하고 각 교장의 적극적인 유치노력 부족과 교직원, 학부모, 지역사회 인사들이 학교교육에 참여하는 풍토 조성의 미흡으로 활성화가 되지 못하고 있다는 것이 문제이다. 따라서 학교발전기금 조성에 적극 참여하여 재원을 확보하도록 노력함과 동시에 학교자체의 수익사업을 통해 수입을 증대하거나, 학교시설물을 지역사회에서 활용할 수 있도록 개방을 하여 기금을 확보하는 등 교육 재원을 확보하는데 자구노력을 게을리 하지 말아야 한다.

2) 예산과 사업의 연계를 통한 재정 책무성 강화

성과관리회계제도의 도입은 단위학교의 재정운용에 의미 있는 변화를 줄 것으로 기대되고 있다. 특히 예산이 사업과 연계됨으로써 학교경영에서 재정의 기능이 강화될 것이며, 재정의 책무성도 강화될 것으로 기대된다. 하지만 단위학교 교육재정이 안고 있는 구조적 문제 및 학교교육의 현실적 성격은 성과관리 예산제도가 기대한 만큼의 효과를 발휘하는데 제약요인으로 작용할 수 있다. 단위학교 교육재정의 대부분을 교육청으로부터의 전입금에 의존하고 있는 현실에서 학교회계 세입예산 중 목적경비의 비중이 커서 단위학교가 자율적으로 편성할 수 있는 사업비가 제한되어있다는 점은 사업별 예산편성의 의의를 무색하게 만들며, 그 기대효과 역시 한계를 가질 수밖에 없을 것이다.

또한 재정의 성과를 과연 무엇을 통해 알아볼 수 있느냐에 대한 학자들 간의 의견 일치가 되어 있지 않으며, 설령 학생의 학업성취도를 재정의 성과로 볼 수 있다고 할지라도 사교육비의 비중이 매우 큰 우리나라의 경우, 학업성취도의 변화가 오직 단위학교 재정에 의한 결과라고 단정 짓기는 어렵다는 점은 교육의 성과에 대한 재정의 기여도를 평가하는 것을 어렵게 하고 있다. 특히 단위학교 재정의 성과를 측정하기 위해서는 먼저 재정의 운용 및 그 산출물에 영향을 미치는 요소에 대한 이론적 연구가 이루어질 필요가 있으나, 아직까지는 단위학교 재정의 효과에 영향을 미치는 다양한 변인들에 대한 타당성 검증이나 변인들 사이의 인과관계에 대한 규명이 이루어지지 않아서 실제로 단위학교 재정의 성과를 확인하기 위해 과연 무엇을 진단해 보아야 하는가의 문제에 있어 그 이론적 근거의 한계를 인정할 수밖에 없다.

위와 같은 제약요인은 단위학교 차원에서 쉽게 해결할 수 있는 문제는 아니다. 그럼에도 불구하고 단위학교는 이러한 문제들을 최대한 극복하고 성과관리 예산회계제도가 성공적으로 정착될 수 있도록 노력하여야 할 것이다.

3) 학교교육계획서와 예산편성의 시기 조정

성과관리 예산회계제도가 학교에 정착되기 위해서는 우선 학교교육계획서와 예산편성이 밀접히 이루어지도록 해야 한다. 단위학교 재정이 학교교육을 뒷받침할 수 있도록 학교교육계획과 예산편성이 밀접하게 연계되어야 한다는 주장은 그동안 학교 예산회계제도의 개선을 주장했던 학교 현장과 학자들에게서 많이 제기되었다. 학교회계제도의 시행을 통해서 이 문제가 어느 정도 개선이 되었다고 볼 수 있으나, 아직 만족할 만한 상태라고 보긴 어렵다.

학교교육계획과 예산편성이 제대로 연계되지 않는 가장 큰 이유는 교육계획서 작성이 너무 늦게 이루어지기 때문이다. 일반적으로 단위학교 예산편성은 12월에 시작되지만 학교교육계획서는 다음 해 3월 중에 인쇄되어 나온다. 학교에서는 교직원들의 예산요구서를 받아 예산을 편성하고 있으나, 이 때 예산요구는 교육계획이 구체적으로 수립되기 전에 이루어지기 때문에 형식적인 것으로 그칠 소지가 많다. 물론 학교의 교육과정이 매년 크게 변하는 것이 아니기 때문에 전년도 사업 기준으로 다음해의 사업을 예측하고 예산요구서를 작성하는 것이 어느 정도는 가능하며, 또한 신학년도 교육계획서 작성은 2월 말에 있는 교원 인사이동 결과에 따라 새로 전입한 교사가 하는 것이 바람직하기 때문에 교육계획서를 전년도에 미리 작성하는 것이 실질적인 이득이 없다는 의견들도 있으며, 또한 설령 제대로 편성되지 않아서 부족하게 된 예산이 있을지라도 이는 추경을 통해 보완하면 된다는 의견들도 있으나, 성과주의 예산편성의 취지를 살려 단위학교 재정이 학교교육을 뒷받침할 수 있도록 하기 위해서는 예산이 학교교육계획과 최대한 근접해야 하는 것이다. 그러기 위해서는 교육계획서 작성 시기를 앞당겨서 예산요구 시기와 일치시킬 필요가 있다. 즉, 신학년도 교육계획서 작성이 예산편성의 기본적인 작업이 시작되는 12월 이전에 이루어져야 한다.

더불어 성과관리 예산편성에서 필수적으로 요구되는 세부사업설명서가 제 기능을 수행하기 위해서는 학교교육계획서의 체제를 근본적으로 바꿀 필요가 있다. 현행 학교교육계획서는 사업이나 교육활동계획이 구체화되어 있지 않으며, 그 사업이나 교육활동을 시행할 시기가 되면 별도의 세부계획을 수립하여 시행하기 때문에 학교교육계획의 활용도를 떨어뜨리는 요인이 되고 있다(송기창, 2002). 교육계획서에 맞추어 세부 사업설명서가 작성된다면 상세한 예산편성이 이루어지게 될 것이다.

4) 단위학교의 재정 운영 권한 강화

학교는 예산 편성시에 교육과학기술부에서 설정한 정책사업과 단위사업에 따라 학교 자체의 세부사업을 편성하게 된다. 세부사업은 단위사업을 구성하는 세부내역으로써 각 사업담당자가 실제 운용하는 최소단위의 사업이다. 따라서 단위학교의 교육목표 실현 및 교육과정 운영에 적합한 의미 있는 학교 수준의 사업이라 할 수 있다.

세부사업은 일반적으로 시 · 도 교육청의 표준안 또는 예시안을 참고하여 학교 자율로 설정하게 될 것으로 보이는데, 학교별 설립목적, 교육과정, 학교규모가 다르기 때문에 세부사업명도 달라질 수 있다. 예를 들어 초등학교 6학급과 고등학교 50학급 학교의 세부사업명은 달라질 수 있다. 교육청에서는 세부사업 표준안 또는 예시안을 만들 뿐이며, 단위학교에서는 세부사업 표준안 또는 예시안을 기준으로 하여 교직원과 교육과정 운영계획, 사무분장을 놓고 심도 있는 협의를 거쳐 세부사업을 설정해야한다. 첫 해의 세부사업 설정이 그 이후년도까지 영향을 미치기 때문이며, 향후 세부사업별 사업담당자가 존재하듯이 각각의 개인 업무에까지 영향을 미치기 때문이다.

교육청에서도 목적사업비 집행현황이나 통계 산출의 용이함을 들어 단위학교의 고유 세부사업명을 규정하려고 해서는 안 된다. 앞으로 단위학교가 나아가야할 방향은 교육청의 획일적 예산운용의 하위 부서로서의 학교가 아닌 교장의 경영철학과 책임경영의 의지가 담긴 단위학교의 교육과정 운영계획이 중심이 되어 예산이 편성·운용되고 이를 학교운영위원회, 학부모, 교직원이 견제하고 참여하며 만들어가는 것이라 할 수 있다. 이러한 단위학교를 교육청이 정한 세부사업 코드로 획일화를 시도하는 것은 학교자치를 훼손하는 일이며 성과관리 예산회계제도의 취지와 동떨어진 학교회계 운영이 될 것이다.

5) 예산집행과정에서 교원의 적극적 참여 유도

예산집행이 학교의 교육계획을 효과적으로 뒷받침하기 위해서는 집행과정에 교원의 적극적 참여가 요구된다. 학교에서 예산 집행은 확정된 예산에 기초하여 주로 행정실에서 이루어지지만, 교육활동에 직접 관련된 사항에는 해당 사업의 담당교원이 적극적으로 참여하여 예산집행의 주체가 됨으로써 교육의 성과를 향상시키려는 노력이 필요하다. 즉, 예산집행에 교원의 참여는 단순히 품의서를 작성하고 납품을 확인하는 정도에 그치지 않고 고가의 교육기자재를 구입할 때는 소위원회를 구성하여 심의하거나, 교사들을 대상으로 제품에 대한 설명회 또는 시연회를 갖게 하고 가장 좋은 모델을 선정할 수 있도록 해야 한다. 또한 설치된 시설에 대해서도 교사들이 점검을 하고 논의할 수 있는 기회를 갖도록 해야 한다.

품의서를 작성할 때에도 교원은 구입대상의 가격과 성능을 미리 조사하여 행정실에 구체적으로 집행을 요구하는 것이 바람직하다. 실제 교육활동의 성과를 거두기 위해 어떠한 성능의 기자재가 필요한지는 담당교사가 가장 잘 알 것이다. 이렇게 함으로써 기대한 것과 다른 기자재가 납품됨으로써 빚어지는 행정실과 교원간의 마찰을 미연에 방지할 수 있으며, 예산 집행의 효율성을 증진시킬 수 있다.

6) 예산집행의 신축성 제고 및 예산집행상황에 대한 공개

예산집행이 학교의 교육계획을 효과적으로 뒷받침하기 위해서는 예산집행의 신축성을 제고하는 것이 요망된다. 현재 단위학교의 예산집행권은 교장에게 있다. 모든 품의결재권이 교장에게 있는 것이다. 그러나 이것은 교직원 입장에서 볼 때 원활하고 신속한 교육활동의 지원을 가로막을 수도 있는 또 다른 통제에 불과할 뿐, 그것이 교육활동에 별다른 효과를 나타내지 않을 수도 있다(송기창, 1999). 특히 예산집행이 빈번한 대규모 학교의 경우 교장 부재시 등의 사유로 결재가 이루어 지지 않아 제 때에 예산이 집행되지 않음으로써 교육활동에 지장을 초래할 수도 있다. 물론

위임전결규정에 관련 내용을 둠으로써 교장이 갖고 있는 예산집행권 중 일부를 교감에게 또는 부서 단위로 분산하는 것이 바람직하나(강경석 · 심용섭, 2000), 현실적으로 쉬운 일은 아니므로 먼저 집행을 하고 사후에 결재하는 방식으로 업무처리를 하는 것이 바람직하다. 구체적으로는 확정된 예산서에 따라 집행을 함에 있어서 교장이 결재를 못하는 피치 못할 사정이 있을 경우에 한하여 각 부서의 연간 예산액 한도 내에서 각 부서의 장 또는 교감의 책임 하에 먼저 집행한 후 사후에 교장이 결재하는 방식을 택할 수 있다.

또한 예산운용의 융통성이 요망된다. 원칙적으로 예산은 편성시에 사업의 계획이나 전망 등을 면밀히 분석하고 예측하여 당초 예산이 정한 목적과 내용대로 집행하는 것이 가장 바람직하다. 그러나 예산은 어디까지나 예정적 계획이므로 집행과정에서 부분적인 계획이나 여건의 변동이 있을 수 있게 된다. 이와 같은 환경의 변화에 대응하고 효율적인 예산집행을 위하여 예산집행에 있어서 교장의 융통성이 요구된다. 예산의 신축성을 유지하기 위한 방안으로 각 시 · 도교육청의 학교회계규칙에도 예산의 이 · 전용, 예산의 이월, 예비비제도 등이 명시되어있다.

또한 예산의 집행이 교육의 성과 향상에 기여하기 위해서는 사업별로 편성된 예산을 얼마나 적기에 집행하였는가를 분석하여 제시함으로써 교육활동을 적기에 실행할 수 있도록 장려하고 반성할 수 있는 기회를 제공하여야 한다. 예산 분석이 분기별로 이루어진다면 미집행된 예산을 연말에 집중적으로 사용하는 문제도 나타나지 않을 것이다.

7) 사업의 성과를 확인하는 결산 및 자체 재정평가

성과관리 예산회계제도 하에서의 학교회계 결산은 단지 예산이 적법하게 집행되었는가를 검증하는 차원을 넘어서 예산집행의 결과를 정확하게 파악함으로써 예산에 반영된 학교교육계획이 얼마나 달성되었는지 확인하는데 초점을 두어야 한다. 이를 위해서 결산에 있어서도 예산편성에서와 마찬가지로 사업별 결산을 실시하여 사업의 효과와 교육성과를 확인하는 결산이 되어야 할 것이다.

성과관리 예산회계제도 하에서는 투입에 대한 정보만을 제공했던 기존 예산서가 앞으로는 교육과정에 대한 세부사업 설명서 형태로 사업별 예산서가 작성되기 때문에 결산의 과정에서는 이를 토대로 교육목적에 비추어 실효성이 떨어지고 성과가 저조한 사업에 예산이 낭비되지는 않았는지, 또는 기계적인 배분으로 예산에 따라 사업이 변경되지는 않았는지 확인이 되어야 할 것이며, 예산의 집행은 목적 지향으로 되었는지, 그리고 집행된 예산이 목표를 얼마나 효율적으로 달성하였는지에 대한 분석이 결산과 함께 이루어져야 할 것이다.

또한 대차대조표가 작성되어 결산 과정에 활용될 수 있도록 해야 한다(김병주, 1999). 복식부기의 도입으로 대차대조표가 작성될 것인데 대차대조표를 통해 수익과 비용을 정확히 파악하고, 단위학교 재정운용의 성과를 확인할 수 있는 결산이 되어야 할 것이다.

한편 결산은 그 기능을 확대하여 재정의 성과를 평가하는 단위학교의 자체 재정평가와 연계될 필요가 있다. 지금까지 단위학교 재정 평가는 학교평가의 일부분으로서 타율적인 회계감사의 틀을 벗어나지 못하여 평가의 본질을 훼손하고 있으며, 평가내용도 재정운영의 일부 영역에만 국한됨으로써 단위학교 재정의 전 과정을 종합적으로 다루고 있지 못하며, 결과적으로 학교의 책무성 제고와 교육의 질 개선에 기여하지 못하고 있다는 지적이 많다. 이처럼 단위학교 재정의 일부에 국한된 평가는 단위학교 재정이 본래의 목적 달성을 위해 잘 운영되고 있는지 여부를 정확히 판정하기 어렵게 만든다.

물론 이러한 실태는 지금까지 학교 예산규모가 영세한데다가 또한 경직성 경비가 대부분이어서 단위학교가 자율적 예산운영을 하는데 큰 제약이 있었기 때문에 편성된 예산을 적법하게 집행했느냐를 점검하는 것 이외에 다른 영역의 점검은 큰 의미가 없다는 인식에 기인한 것이라고 할 수 있다.

하지만 성과관리 예산회계제도 도입은 학교교육 성과의 측정과 평가를 수반하게 되며, 이는 결국 단위학교 재정의 성과에 대한 평가로 이어지게 된다. 이에 따라 단위학교는 자체 재정평가를 통하여 집행된 예산이 목표를 얼마나 효율적으로 달성하였는지, 그 결과가 나타나게 된 원인은 무엇이며, 개선방안은 무엇인가 등을 종합적으로 분석하려는 노력이 요구된다.

또한 평가결과는 학교의 차기 계획을 세우는데 반영되어야 한다. 평가는 현재의 상태를 판정하여 개선의 방향을 제시하는 것이 주된 목적이므로 문제점이 발견되었을 때 이를 겸허하게 받아들여 발전의 기초로 삼는 것은 매우 중요한 일이다. 따라서 두 번째 평가부터는 첫 번째 평가결과를 반영한 계획 수립과 그 실천 정도에 중점을 두어서 평가가 이루어져야 한다.

8) 복식부기의 도입

현재 학교회계에서 사용하고 있는 단식부기는 현금, 특정재산, 채무 등을 중심으로 거래의 일면만을 기록하고 있다. 따라서 여기서 도출되는 각종 보고서 및 계산서는 관련항목 간의 계수적 연관성이 없으므로 정확성에 대한 검증을 할 수 없으며, 단편적인 비망적 기록 외에 통합적인 재정상태표 등이 존재하지 않아서 재정에 대한 총괄적 체계적 인식이 곤란하다.

따라서 국제화시대의 투명성과 재정 효율화 요구에 걸맞는 복식부기의 도입을 생각해보아야 할 것이다. 복식부기는 발생주의와 상호보완적이어서 둘 중에서 어느 하나만 적용할 경우 제 기능을 다하지 못하게 된다. 따라서 발생주의를 전제로 하는 복식부기 도입을 고려해야 할 것이다. 복식부기란 거래의 이중성에 따라 거래의 인과관계를 회계장부의 차변과 대변에 기록하고 차변의 합계와 대변의 합계를 일치시키도록 하여 자기검증 기능을 하게 하는 기장방식이다.

복식부기는 경제적 사건의 유형을 분석하여 이를 계정별로 유형을 나누어 분개를 한 후에 주기적으로 동일한 사건에 대한 변동을 집계하는 총계정원장에 전기하고, 회계연도가 종료하면 수정분개와 정리분개 후 시산표를 작성하고 이를 기초로 대차대조표와 손익계산서 등의 재무보고서를 작성한다. 예산편성 · 배정 · 집행은 현행 항목별 예산편성기법에 의한 예산회계제도를 그대로 유지하고 회계처리는 복식부기를 이용한다.

복식부기는 현재 사용되고 있는 단식부기보다 훨씬 복잡한 체계이지만 이의 도입으로 인한 부정과 오류의 감소 및 효율적 의사결정과 유용한 정보제공을 위해서는 충분히 고려할 만한 가치가 있는 방식이다. 이의 유용성을 구체적으로 살펴보면 다음과 같다.

첫째, 복식부기에서는 대차평균의 원칙 아래 모든 장부기록들이 총계정원장을 중심으로 상호 계수적인 연계성이 있기 때문에 Cross-Checking의 자기검증이 가능하여 부정이나 오류를 발견하기 쉽다. 이렇듯 복식부기의 계정과목은 통제계정이므로 총계정원장과 보조원장의 차이에 대한 추가조사를 통해 부정이나 오류를 발견할 수 있다.

둘째, 단식부기는 개별항목에 우선을 두기 때문에 수년간 이월되는 지출에 대한 파악이 어렵다. 이에 비해 복식부기는 수년간 이월되는 지출이라 할지라도 총계자료를 갖고 있고 당기에는 변동된 것만 파악하여 세부내역을 보기 때문에 실제와 차이가 나면 그 원인을 밝혀낼 수 있다. 복식부기의 대차대조표 항목들은 영구계정이기 때문에 기말잔액은 기초금액이 결정되면 당기 발생액이 누적되어 이월되기 때문에 수년간 이월되어도 자동적으로 현재 금액을 신속하게 산출해 줄 수 있다.이와 같이 복식부기 하에서는 총괄적인 자산, 부채 등의 현황과 이를 구성하는 개별현황들이 서로 연관되어 있기 때문에 정확성을 쉽게 검증할 수 있을 뿐만 아니라, 연도간・항목간의 유기적 관계를 분석하여 예산수립, 심의 및 사업시행 등의 의사결정에 유용한 정보를 제공할 수 있다.

아울러 공공부문에서 생산성 제고, 책임경영 등을 구축하기 위해서는 산출이나 성과에 대한 지표개발이 요구되는데 이를 위해서는 공공부문의 산출이나 성과를 가능한 구체적이고 명확하게 측정하여야 하기 때문에 복식부기제도의 도입이 불가피하다.

9) 학교회계 내 수익자부담경비 편성 제외

학교회계제도는 여러 회계로 나뉘어 관리되던 경비를 통합하여 운영하게 되는데 여기에는 학부모부담수입도 포함되게 되었다. 학부모부담수입이란 수업료 이외에 학부모가 교육을 위해 부담하는 경비로서 현장학습비, 학생수련활동비, 학교급식비 등 7개의 목으로 구성되어 있다.

그러나 이 경비는 학교에서 자율적으로 운영할 수 있는 경비가 아니라 학교회계에 세입 시켰다가 같은 금액만큼 바로 지출되는 경비이기 때문에 학교회계에 편입 시키는 것은 징수, 수입, 지출 등의 업무의 가중을 초래할 뿐이다.

또한 학부모부담수입은 세입의 50%를 상회하지만 실제 학교운영에 있어서는 무의미한 수치라 할 수도 있을 것이다. 왜냐하면 학부모가 부담한 수입은 학교운영비와는 달리 단위학교에서 자율적으로 집행할 수 있는 경비가 아니므로 단위학교 예산의 규모만을 2배로 늘릴 뿐이다. 따라서 예산의 규모를 외부에서 바라본다면 재정상태의 투명성을 파악할 수 있는 것이 아니라 오히려 재정도 파악의 효과성을 저해하는 일이 될 것이다.

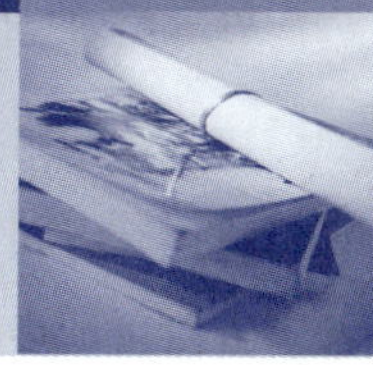

IX 학교경영정보시스템

학교경영의 정보화는 정보통신기술을 교육환경과 접목함으로써 교육콘텐츠를 풍부하게 하고, 다양한 교수학습방법의 구현을 가능케 하여 교육의 질을 개선하고 학교경영의 효율성을 제고하는 유효한 수단으로 활용되고 있다. 뿐만 아니라 학교경영 정보화는 단위학교, 학교와 학교간, 학교와 교육기관간에 요구되는 여러 가지 교육행정업무 처리에 필요한 다양한 서비스를 정보통신 인프라를 통해서 효율적으로 제공할 수 있는 여건을 마련하기 위한 필수적인 과정이라 할 수 있다.

오늘날 급속한 사회변화는 미래학자들도 예측하기가 매우 어렵다고 말하고 있다. 이는 변화의 폭이 넓고 속도가 빨라 변화의 방향을 짐작하기가 쉽지 않음을 의미한다. 다만 '정보화 사회', '후기산업사회', '지식기반사회' 등의 용어로 현대를 표현하고 있음을 볼 때 '정보'가 매우 중요하다는 것을 짐작할 수 있다.

학교경영의 정보화를 통해서 새로운 교육패러다임 변화에 대응할 수 있는 유연한 체제로 변화가 가능할 뿐만 아니라, 다양화되고 있는 교육 수요자와 소비자들의 기대와 욕구 변화를 적극적으로 수용할 수 있다. 한 걸음 더 나아가 교육정보화가 교육개혁의 기저를 이루고 교육 경쟁력 제고에 기여할 수 있는 잠재력은 매우 크다고 할 수 있다.

현대와 같은 불확실한 사회에서는 의사결정이 쉽지 않으며, 많은 정보를 전제로 하여 의사결정을 하게 된다. 조직을 둘러싼 환경변화는 곧바로 조직의 생존과 직결되기 때문에 '경영정보'의 획득은 매우 중요한 것이다. 그런데 정보의 원천은 따로 있는 것이 아니며 도처에 널려 있다. 그래서 현대를 '정보의 홍수 시대'라고 말하기도 하며, 반면 의사결정에 필요한 정보의 획득이 어렵기 때문에 '풍요 속의 빈곤 시대'라고 일컫기도 한다. 이는 올바른 정보의 수집이 매우 중요함을 의미하는 것이다. 또한 정보는 경계 없이 확산되는 특징이 있다.

특히 시간의 중요성이 증대하는 상황에서 조직경영에 있어 시의적절한 의사결정이 필요하게 된 것이다. 즉, 조직 내·외부 환경변화를 예측하여 상황을 판단하고 의사결정을 적절하게 하여야 한다는 뜻이다. 이때 전체적으로 필수적인 경영정보의 원천은 도처에 있으며, 이들을 통하여 정보를 획득하여야 한다. 각각의 경영목적에 따른 많은 정보원 가운데서 선택, 획득하는 것이다. 목적에 합치하지 않는 정보를 많이 수집해도 적절한 판단과는 거리가 멀고, 합목적적인 의사결정이나 실행상의 이용가치가 적다. 이렇게 조직의 경영, 관리상 적절한 의사결정을 위해서 필요한 정보는 관리정보와 전략적 의사결정, 관리적 의사결정 및 업무적 의사결정 등에 있어서 그 의사결정의 범위, 특성 및 정도에 의해서 정보의 내용이나 특징이 다르다.

조직은 비교적 단기적인 환경조건을 예측해서 경영방침, 목표 및 전략을 세워야 하는데, 그 예측은 주로 정보를 해석해서 판단하는 것에 의해서 이루어진다. 환경불확실성 하에서 조직이 추진해야 할 방향을 예측하고 목표달성을 위한 전략을 전개해 나가기 위해서도 경영정보에 의한 판단이 필수불가결하고, 또한 전략을 실행해 가는 과정에서 광범위하고 다양한 정보가 요구된다.

경영정보의 중요성에 대한 인식이 깊어짐에 따라 지금까지 조직경영의 중요한 자원으로서 인적, 물적, 재정적 자원에 추가해서 정보를 생각하는 관점이 일반화 되고 있다. 정보의 유무나 활동성이 우위성을 갖는 결정적인 요인으로 넓게 인식되어져 왔다. 그러나 정보의 시기에 있어서 그 자체가 중요한 가치를 갖는 것이고 다른 정보자원과 같이 비교적 장기간에 걸쳐 가치를 계속해서 갖지 못하는 것에 주의해야 한다. 경영, 관리정보는 시기에 맞으며 문제해결을 위한 의사결정에 적절한 질과 양을 갖추는 것이 필요하다. 그런데 경영, 관리정보는 만들어진 정보가 외부로부터 주어지는 것이 아니라 필요에 따라서 스스로 획득하는 것이다.

이제 '정보'는 기존 경영의 세 가지 자원인 인적, 물적, 재정적 자원인 '사람', '물건', '돈'에 이은 '제4의 경영자원'으로서의 위치를 차지하게 된 것이다. 그리고 이 정보를 경영자원으로 최대한 활용하기 위해서는 단위학교에서도 하나하나의 정보를 유기적으로 결부시켜 효과적으로 처리·가공하는 정보통신 네트워크를 구축할 필요가 있다. 즉, 조직의 하부부서에서 발생한 갖가지 정보를 온라인의 형태로 공유하고 이러한 정보들을 필요에 따라서 즉시 처리·가공하여 활용할 수 있는 조직 정보통신 네트워크 시스템을 어떻게 구축하느냐 하는 것이 급선무가 되고 있다. 따라서 학교경영의 정보화는 학교자율경영의 효과성과 능률성을 제고하는 하나의 방법이 될 수 있을 것이다.

1. 학교경영정보시스템의 구조와 역할

가. MIS의 개념

오늘날 조직은 기술의 발전, 사회의 분화, 법・제도적 규제의 강화 등 경제, 기술, 사회 외부환경과 조직구조의 다양화, 인사, 고용제도의 변화, 의사소통의 변화 등 조직 내부 환경에 있어서 양측의 환경변화에 당면하고 있는 실정이다. 이러한 환경변화에 따라 조직은 과거보다도 더욱 효율적이며 체계적인 경영활동이 요구됨에 따라 경영정보시스템(Management Information System)의 도입이 필요하게 되었다.

MIS의 정의는 아직 통일된 것은 없지만 "조직의 목적을 달성하기 위하여 업무, 관리, 전략적 의사결정을 합리적으로 수행하는데 필요한 조직내외의 정보를 효율적으로 제공하기 위한 조직적 체계"라고 할 수 있다. 경영자들은 항상 정보원(sources of information)을 필요로 하게 되는데 MIS가 바로 이런 정보원으로서 정보시스템을 제공하게 된다. 따라서 MIS는 경영자들의 문제해결과 의사결정을 지원하는 강력한 방법이다.

MIS는 한 조직에 있어서 업무・관리・의사결정 등의 기능을 지원하기 위하여 정보를 제공하기 위한 사용자(user)와 기계(computer)의 통합체라고 할 수 있는데 MIS의 시스템 개념은 정보교환매체를 통해 하위시스템들을 연결함으로써 조직의 산출물을 최적화하는 것이다. MIS의 목적은 조직 내 하위시스템 운영을 계획, 동기화, 조직화, 통제하기 위한 의사결정에 필요한 정보를 제공하고, 그 과정에서 조직의 시너지 효과를 극대화하는 것이다. 그러므로 MIS는 조직내부와 외부 환경에서 발생되는 자료를 수집, 처리하여 정보로 산출, 제공하는 관련된 모든 인력과 기술, 그리고 제도와 절차를 포함한 인간과 기계조직(man-machine system)의 통합체계인 것이다.

MIS는 다음과 같은 성격을 갖는다.

① MIS는 정형적 의사결정 문제와 비정형적 의사결정 문제 모두를 지원한다.
② MIS는 조직 내 모든 계층의 의사결정을 지원한다.
③ MIS는 따로 독립적으로 존재하는 것이 아니라 조직 전체를 연결하는 통로역할을 한다.
④ MIS는 의사결정과정상의 모든 측면을 지원해 준다.
⑤ MIS는 사람, 컴퓨터, 운영절차, 데이터베이스, 대화식 질문 설비 등으로 구성되

는데 변화하는 환경에 대응하기 위해 계속적으로 발전하고 사용하기 쉽도록 설계된다.

나. MIS의 구조

MIS는 관리계층에 따라 하급관리층의 운영관리정보시스템(OMIS), 중간관리층의 경영관리정보시스템(MMIS), 최고관리층의 전략계획정보시스템(SMIS)로 구분된다.

1) 운영관리정보시스템

운영관리정보시스템(Operating Management Information System, OMIS)이란 조직체내에 일상적인 활동이 효과적으로 수행되도록 이에 필요한 정보자료를 지원해 주는 시스템을 말한다. 따라서 운영관리정보시스템에서 지원하는 의사결정은 대부분이 구조적이고 정형적이며, 이론적으로 MIS에 의하여 자동화될 수 있다는 것이 일반적인 인식이다. 주로 하위관리계층(Low Management, LM)의 일상적 업무수행에 적용되는 지원시스템이 여기에 속한다.

다른 정보시스템에 비하여 운영관리정보시스템은 조직체의 인력과 자금 그리고 물적 자원을 효율적으로 사용할 수 있도록, 비교적 일선관리계층에서의 일상적인 의사결정을 지원해 준다. 즉, 생산계획, 재고관리, 구매, 판매, 인사행정 그리고 일상적인 경리, 회계 관리 등이 운영관리정보시스템에 포함된 중요한 의사결정 활동들이다. 따라서 주로 현황파악을 중심으로 비교적 하위조직의 경영 각 분야에서 전략수행상의 단기적인 성과달성에 필요한 관리행동과 의사결정을 지원하는 것이 운영관리정보시스템의 특성이다.

2) 경영관리정보시스템

경영관리정보시스템(Managerial Management Information System, MMIS)이란 조직체내의 부서 및 사업단위 수준에서 관련부분의 전체적인 사업 활동을 계획하고 실제 성과를 조정・향상시키는데 필요한 의사결정을 지원하는 정보시스템이다. 따라서 경영관리정보시스템은 사업부서의 계획과 실제성 그리고 원인분석모형과 해결방안의 모색 모형 등을 중요 정보자료 및 모형으로 포함하고 있다. 경영계획과 실제성과는 데이터베이스에 입력되고 이 데이터들은 각종 차이분석모형과 문제해결모형에 의하여 경영관리의사결정에 필요한 정보지원 자료를 산출해 준다.

경영관리정보시스템은 주로 조직체의 중간 관리 층에서 중 · 단기계획과 경영방향 설정에 필요한 정보자료를 지원한다. 따라서 조직체가 필요로 하는 인력과 자금 그리고 물적 자원을 효율적으로 조달하고, 각 기능분야에서의 목표달성을 위하여 실제 성과를 주기적으로 모니터링 하여 적절한 사전계획 설립과 방향설정을 지원하는 것이 경영관리정보시스템의 특성이다.

3) 전략계획정보시스템

조직체 전체의 목적을 설정하고 이를 달성하며, 조직체의 장기적인 전략계획과 방향을 설정하는데 정보지원을 해 주는 것이 전략계획정보시스템(Strategic Planning Information System, SMIS)의 목적이다. 따라서 전략계획정보시스템이란 최고경영층의 전략적 정책적인 의사결정 활동을 지원해 주는 가장 높은 수준의 정보시스템이다.

전략계획정보시스템은 조직체 전체의 목적달성과 장기적인 전략인 전략방향을 모색하는 비구조적 의사결정을 지원하는 만큼 조직체 내부의 정보자료 뿐만 아니라 조직체 외부환경에 대한 각종 정보자료를 모두 활용하게 된다. 정보자료를 분석 또는 산출하는 것이 전략계획정보시스템의 중요목적이고, 그 과정에서 외부 정보원과의 연결은 물론 각종 분석 · 예측 그리고 시뮬레이션모형들을 구축하는 것도 또한 전략계획정보시스템의 중요한 정보지원활동이다.

다. MIS의 역할

1) 경영활동과 MIS

일반적으로 경영계층에 따라 조직을 작업통제부문, 전술적 통제부문, 전략적 계획부문 등 세 가지로 분류할 수 있다.

① 작업통제부문 : 조직의 최하위 부문을 이루는 분야인데 주로 조직에서 매일매일 발생되는 각종 자료를 일상적으로 처리하며, 그 처리방법은 매우 단순하면서도 반복적이다. 따라서 일반적으로 기계적인 전자자료 처리시스템에 의한 처리가 용이하여 가장 쉽게 전산화 할 수 있다는 장점이 있다. 이와 같이 작업통제부문에서는 주로 컴퓨터의 계산능력과 통신기술을 사용하여 조직체 내외에서 관찰된 정보자료를 신속히 그리고 경제적으로 처리하여 현황정보의 형태

로 의사결정자를 지원하는 것이 가장 중요한 역할이다. 따라서 대부분의 회계 및 관리정보자료의 경영 각 분야에서의 통계자료가 이 단계에서 기대되는 가장 중요한 산출물이다. 이들 정보자료는 조직체 경영에 있어서 비교적 기초적인 자료이고, 또 과거의 수작업 시스템 하에서 적용해 온 기본적인 정보체계가 이미 존재하고 있으므로 이를 전산화하기도 가장 용이하기 때문에 컴퓨터를 이들 정보자료 처리에 가장 먼저 활용하는 것이 일반적이다.

② 전술적 통제부문 : 조직의 중간부문을 담당하는 분야이다. 여기에서 처리되는 자료는 작업통제부문과 비교하여 좀 더 추상적이거나 어느 정도 구체화하여 요약될 수 있다. 이 부문에서는 전산화가 실무수준에서 이루어져야 하기 때문에 어느 한 분야에 대한 자세한 요약보고서가 주종을 이룬다. 따라서 전술적 통제부문은 정보처리수준으로 볼 때, 일상 업무의 운영관리와 경영관리에 관련된 MIS에 해당된다고 할 수 있다.

③ 전략적 계획부문 : 최고경영자가 의사결정을 행하는 부문이다. 이 부문에서 필요한 정보는 상당히 통합되어 있는 것이 특징이다. 전략계획부문은 작업통제부문과는 달리 자료가 매우 추상적이기 때문에 해당분야에 대한 개별적이고 개념적인 틀을 제공하는 데 그 목적이 있다. 이 부문에서 이루어지는 의사결정의 특징은 불확실성으로 귀결된다. 즉, 해당 문제에 대한 해답을 제시하기가 쉽지 않으며 또한 그 해답도 최적이 아닌 만족할 수 있는 수준으로 선택하게 된다. 따라서 전략계획부문을 위한 MIS는 의사결정자에게 여러 대안을 제시하여야 하며 또한 사용자가 어느 하나의 대안을 선택할 수 있도록 관련정보를 제공하여야 한다. 결론적으로 잘 설계된 MIS는 특정문제에 대한 여러 가지 정보를 제공함으로써 불확실성을 줄일 수 있으며, 또한 관리 가능한 형태로 변환시킬 수 있다. 중요한 것은 MIS를 효율적으로 이용함으로써 외부환경의 변화에 신속하고 적절하게 대응해 나갈 수 있다는 것이다.

2) 의사결정과 MIS

일반적으로 의사결정문제는 구조적 · 비구조적 · 반구조적 의사결정문제로 분류될 수 있다.

① 구조적인 의사결정문제 : 문제의 성격이 단순하고 반복적이어서 문제를 해결하기 위한 방식이 정형화되어 있다는 특징이 있다. 일반적으로는 조직의 하위계

층인 작업통제부문에서 발생하는 의사결정문제가 구조적인 특징을 가진다. 이러한 의사결정에 있어서는 불확실성이 거의 없기 때문에 문제의 해결을 위한 전산화가 가장 용이한 형태를 이룬다.

② 비구조적인 의사결정문제 : 문제의 성격이 매우 복잡하고 그 발생빈도가 작은 것으로서 문제해결방식이 공식화 되어 있지 않고 사례별로 독특한 해결방식이 필요하다는 특징이 있다. 따라서 문제를 해결하기 위한 전산화 작업이 쉽지 않아서 MIS는 의사결정자를 위해 여러 대안을 제시하여 그 중 하나를 선택하게 하거나 또는 상호대화를 통해 문제의 발생을 줄여나가 궁극적으로는 최종대안 하나를 제시하는 형태로 발전한다. 이러한 비구조적인 의사결정문제는 주로 조직의 최고경영자 층에서 발생된다.

③ 반구조적인 의사결정문제 : 구조적인 문제의 특성과 비구조적인 문제의 특성이 합해진 중간형태의 의사결정 문제라고 볼 수 있다. 반구조적인 의사결정문제의 가장 큰 특징은 문제해결을 위해서는 의사결정자의 예리한 판단이 요구된다는 것이다. 즉, 문제해결을 위해서는 어느 정도 정형화 된 계량적 방법을 사용하지만, 최종 해답을 구하기 위한 과정에서 의사결정자의 판단이 매우 중요한 역할을 한다는 것이다. 이러한 형태의 의사결정 문제는 조직의 중간관리 층, 즉, 전술적 통제부문에서 많이 볼 수 있다.

2. 학교경영정보화 현황

가. 교육행정의 정보화

최근 세계 여러 나라에서는 정보통신기술을 어떻게 교육에 통합하고 이를 통해 어떤 내용을 가르칠 것인지, 효율적인 교육을 위한 교육체제를 어떤 모습으로 그려 나갈 것인가 하는 문제를 21세기 교육개선의 핵심과제로 부각시키고 있다. 우리나라의 교육에서도 정보통신기술을 가르치고, 교과교육에 활용하는 문제와 교육행정과 학사운영을 정보화 하는 사업이 활발하게 논의되고 있으며 교육행정정보시스템을 대표로 하여 단위학교에서 운영되고 있다. 교육행정의 정보화는 21세기 지식정보화사회에서 교육행정업무 효율성을 높이기 위한 기반을 조성하기 위하여 추진되어 왔다.

기존의 교육행정 정보화는 교육 행정 업무 전산화와 초・중등학교 종합정보관리

시스템을 구축하여 운영하는 것을 주축으로 하고 있다. 교육행정정보시스템을 사용하기 이전의 교육 행정 업무 전산화는 지식정보화사회를 맞이하여 일하는 방식을 쇄신하여 모든 업무를 전산화하여 효율적으로 처리하기 위한 것으로 전자게시판, 전자결재, 전자문서유통시스템 등의 운영을 내용으로 하고 있다. 특히 지난 1997년부터 추진해 온 학교종합정보관리시스템 구축 계획에 따라 기본적인 학교 자료가 데이터베이스화 되어 있고 2000년 말로 모든 학교에 인터넷이 연결됨에 따라 교육행정기관 종합 정보화 추진여건이 갖춰지게 되었다. 2003년도 이후의 교육행정정보화는 교육행정정보시스템을 중심으로 하여 다방면으로 진행되었다. 교육행정정보시스템은 정보통신기술의 발달 및 교육현장 정보인프라 구축의 완성에 따라 시・도교육청에 데이터베이스를 구축하고 모든 행정기관 및 초・중등학교를 인터넷으로 연결하여 교무/학사, 인사, 회계 등 전체 교육행정 업무를 전자적으로 연계하여 처리하는 시스템이다. 업무처리방식 개편을 통한 교원의 업무경감, 자녀의 학교생활정보 제공을 통한 학부모의 알 권리 충족, 대국민 서비스의 개선을 통한 만족도 제고, 교육행정 업무의 효율적 처리와 투명성 제고에 목적을 두고 운영되고 있다.

나. 교육행정정보시스템(NEIS)

1) NEIS 도입의 배경

21세기 지식기반사회의 도래를 상징하는 정보통신기술의 발달과 새로운 정보유통매체인 인터넷을 활용할 수 있는 인구의 폭발적인 증가는 현대사회의 조직은 물론 문화와 과업완수 방식까지 변화시키고 있다. 이로 인해 정보의 정확성과 신속성, 일반 국민을 교육의 고객으로 보는 인식의 전환, 급변하는 환경에 적극적으로 대응할 수 있는 조직의 유연성이 국가 경쟁력을 좌우하는 핵심과제로 대두되었다. 정부는 지식정보화 사회를 맞이하여 일하는 방식의 혁신과 정보통신기술의 결합을 통한 정부 경쟁력 향상과 대민 서비스의 개선이라는 전자정부의 비전구현을 위해 '전자정부 구현을 위한 행정업무 등의 전자화 촉진에 관한 법률(법률 제3439호, 2001.3.28공포)을 제정하였다(임윤식, 2003; 김정진, 2008에서 재인용).

2001년 7월 1일부터는 시행에 들어감으로써 국민의 편익을 도모한다는 관점에서 업무처리 과정 전반에 대한 혁신 및 제설계, 행정관리의 전산화, 대국민 서비스의 전자적 접근 및 처리, 종이문서 업무 감축의 의무화 등을 실현시켜 나가고 있다. 이를 위해 정부는 전자정부 특별위원회를 구성하여 21세기 새로운 국가운영의 패러다임 변화를 뒷받침하고 국가경쟁력을 확보하기 위하여 전자정부 11대 과제 중 교육부문에서 채택하여 추진하게 된 것이 교육행정정보시스템인 것이다.

교육행정정보시스템은 교육수요자 중심의 새로운 교육행정서비스를 목표로 전국의 초・중등하교와 16개 시・도교육청 및 산하기관 및 교육과학기술부를 인터넷으로 연결하여 27개 분야의 교육관련 정보를 공동으로 이용할 전산환경을 구축하여 국민과 학부모를 위한 서비스의 질을 향상시키고, 교사들의 잡무를 경감시키며 업무의 효율성을 기하고자 하는 시스템으로서 출발하였다.

2) NEIS 구축의 목표

정부는 NEIS를 구축함으로써 교육행정의 효율적 정보화로 교육행정의 생산성 극대화를 통하여 기관 또는 부서간의 막힘없는 업무처리체계 기반을 확보하고 교육행정업무의 간소화, 효율화, 합리화를 통한 교육행정 기관의 업무경감을 이루고자 하였다. 또한 NEIS 사용을 통해 교육행정 정보의 공유를 기반으로 신속한 행정서비스, 정확한 처리, 지역적인 제약과 무관한 one-stop 민원서비스 기반을 확립함으로써 교육행정서비스의 획기적 개선을 통한 국민 만족도를 제고하고자 하였다. 뿐만 아니라 기존에 수기로 이루어지던 행정을 디지털 행정을 통한 일하는 방식 개편으로 21세기 국가경쟁력 확보 및 교육행정의 전자정부 구현을 통해 교육정책의 기초 자료를 실시간으로 제공하고 기관에 대한 내・외부 문서를 전자적으로 유통시켜 기관 간 또는 업무 간 공동 활용 정보의 공유 및 연계를 구현하고자 하였다.

교육행정에 대한 업무 재설계 및 정보화 전략계획에 대한 이행으로 교육행정에 대한 업무 재설계 및 정보화 전략계획 수행 결과를 분석・보완함으로써 교육행정 업무처리 절차를 재설계하고, 행정 서식 등을 표준화함으로써 효율적인 교육행정업무 처리절차 확립은 물론 행정업무처리 개선 및 정보화 촉진을 위한 법제도 정비하고자 하였다. 교육과학기술부, 시・도교육청, 지역교육청, 학교 등 교육행정 실무자들의 사업 참여를 통한 공동추진 방식을 채택함으로써 실무전담반(중앙, 시・도)을 구성하여 일선 업무담당자들을 업무분석, 설계, 구현 등 재개발 단계에 참여시킴으로써 원활한 사업을 추진하고 일선 업무담당자들의 의견으로 수립된 교육행정업무 절차를 토대로 표준화 된 정보시스템을 구축하여 향후 교육행정정보시스템 확산 및 촉진을 이루고자 하였다.

교무・학사, 시설, 인사, 물품 등 이미 구축된 전산 자료를 전국단위 교육행정정보시스템으로 이관하여 기존 데이터의 활용 및 업무의 지속적인 수행을 도모하였다. 지역이나 단위업무 중심의 정보시스템 구축에서 통합된 전국단위 교육행정정보시스템으로의 확대 전환으로 말미암아, 단위 업무 중심적인 정보시스템을 표준화 된 업무처리 절차에 근거하여 전국단위 시스템으로 구축함으로써, 전국단위 종합정보유통체제를 구축하고 교육행정기관, 타 기관, 관련기관 간 온라인 연계로 종이문서 유통량 및 업무처리 시간을 대폭 단축시키고자 하였다.

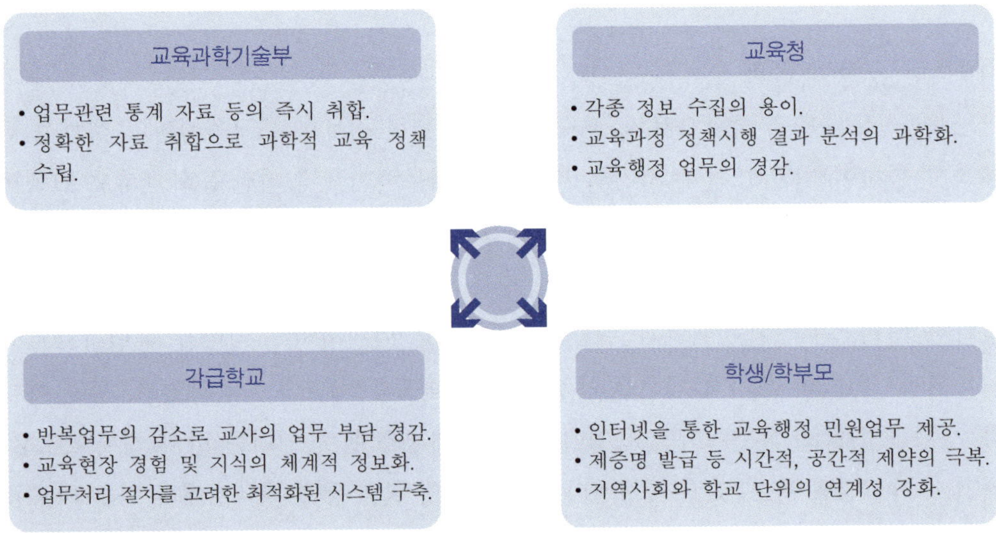

자료: http://helpsys.moe.go.kr

[그림 Ⅸ-1] NEIS의 사업목표

3) NEIS의 이원화

2003년 NEIS가 각급 학교에 도입되면서 교육행정의 효율성 대 인권침해의 구조에서 논란이 제기되었다. 이는 NEIS 실시에 대한 찬반 논쟁으로 이어졌는데 주요 쟁점은 개인정보 수집으로 인한 인권침해 문제, 정보유출로 인한 사생활 침해 문제, 법적 근거 문제, 교원통제 문제, 교원잡무증가 등이었다.

NEIS를 찬성하는 측과 반대하는 측의 갈등은 2003년 2월 전교조 등이 'NEIS 제도폐기'를 요구하는 진정서를 제출하면서부터 공식화 되어 2006년 2월 시스템 시험운영을 끝내는 기간까지 다양한 갈등 처리 과정을 거쳐 2006년 3월부터 교육행정정보시스템(NEIS)과 교무업무시스템으로 이원화 되어 전면적으로 시행되게 되었다.

○ 교육행정정보시스템

교육행정 업무의 10개 대 영역(기획, 교원인사, 일반인사, 급여, 교육장학, 보건, 체육, 재정, 시설, 법인, 기타행정)을 하나의 시스템으로 상호 통합 연계하여 운영하는 방식과 교내에서 발생하는 모든 학사업무를 전산처리하는 학내 시스템이며, 전국 단위의 통합연계시스템으로 대 국민 서비스의 질 향상, 교육행정의 효율성과 투명성 증대, 교직원 업무의 경감 등의 효과를 얻기 위해 개발되었다.

2006년 9월부터는 44개 시범학교의 시범운영을 거쳐 '내 자녀 바로알기' 학부모 서비스를 시작하였으며, 학생이 학교생활기록부, 출결, 성적, 교육과정, 연・월간 학사일정 등을 학부모가 가정에서 인터넷으로 열람할 수 있게 되었다. 2007년 9월에는 '내 자녀 바로알기' 인터넷 학부모 서비스를 6종에서 학교 관련 정보 9종, 학생 관련 정보 16종, 학부모와 교사간 상담 1종 등 26종으로 확대 제공됨으로써 학부모가 NEIS로 학교 및 학생에 관한 정보를 언제 어디서나 열람할 수 있게 되었다.

○ 교무업무시스템

교육행정정보시스템의 27개 영역 중 교무・학사, 입학, 진학, 보건의 3개 영역만을 단위 학교별로 개별서버 또는 연합 서버를 두어 운영함으로써 데이터베이스를 분리하여 구축한 시스템으로, 2006년 3월 개통된 교무업무시스템은 학생들의 인권과 관련된 자료에 대해 보안을 강화하고, 교사의 업무 편의를 증진하고, 교육 지원 기능을 강화함으로써 교육의 질을 높이기 위한 시스템이다(한지숙, 2009).

학사업무에는 교무업무, 성적처리, 입학/진급/반 편성, 학생생활, 학교생활기록부, 교수학습, 건강기록부, 학적관리의 8개 분야로 나누어져 있다. 교무업무 영역은 정보인권에 대한 문제제기로 국민의 의견을 수렴하여 교무・학사 등 3개 영역을 분리한 새로운 시스템인 교무업무시스템 구축 사업을 추진하여 2006년 말까지 개발하고, 자료이관 및 시험 운영기간을 거쳐 2006년 3월에 전면 개통되어 모든 학교 현장에서 사용되고 있다.

4) NEIS의 업무영역

전국단위 교육행정정보시스템은 인터넷을 기반으로 단위학교 내 교육행정 업무처리는 물론 학교 외 교육기관에서 처리해야 할 모든 업무를 27개영역으로 분류하여 추진하고 있다. 각 영역과 세부내용을 살펴보면 <표 Ⅸ-1>과 같다.

〈표 Ⅸ-1〉 NEIS 단위업무별 세부영역

단위업무	세부영역
기획	주요업무, 기관평가
공보	보도자료 관리
법무	법률정보, 판례정보, 법령질의 해석
감사	감사계획 및 결과, 감사현황 분석, 감사자료 공유, 사이버 감사
재산등록	재산등록 대상 및 내역관리, 재산신고
교육통계	학교현황, 학생현황, 교원현황, 시설현황, 주요업무통계 등
입(진)학	초등학교 취학, 중학교 입학, 고등학교 입학 등
장학	교육과정, 연구학교, 장학정보, 학생행사관리, 연구대회 등
교무/학사	학교교육과정, 학적, 성적, 학생생활기록부, 학생생활, 교과용도서
검정고시	원서접수, 성적처리, 고사장 관리, 합격처리 및 각종 통계산출
평생교육	평생교육 시설 및 교육프로그램 관리, 학원 및 교습소 관리
보건	학교보건실 관리, 학교환경관리, 건강기록부 및 보건 통계
체육	학교체육시설 관리, 운동부 및 선수관리, 각종현황 및 통계관리
교원인사	정・현원, 임용시험, 인사기록, 임용발령, 호봉, 전보, 평정, 승진, 연수, 상훈 및 징계, 복무, 기간제 교사, 전문직 임용, 자격검정관리
일반직 인사	정・현원, 임용시험, 인사기록, 임용발령, 호봉, 평정, 승진, 연수, 상훈 및 징계, 복무
급여	월급여, 연봉제, 명절휴가비, 연가보상비, 성과상여금, 연말정산, 기여금, 건강보험, 국민연금, 고용보험
민원	제증명, 유기한 민원, 진정/건의/질의, 정보공개, 현황통계 등
비상계획	민방위 편성, 민방위 해제, 민방위 교육훈련, 공익근무요원 편성, 공익근무요원 관리
법인	법인정보, 예・결산, 법인 대장
시설	시설사업관리, 학교시설승인, 학교시설사용승인, 시설유지관리, 시설현황, 수용계획
재산	공유재산관리계획, 재산대장관리, 사용허가/대부관리, 폐교재산활용 관리
물품/교구/기자재	취득/운용관리, 재물조사, 수급계획, 교구기준안 관리, 교구현황관리, 실험실습재료관리, 기자재 기준안관리, 기자재 현황관리, 기자재 통계
예산	예산편성, 예산배정, 예산이월, 예산운용, 예산통계
회계	세입, 세출, 세입・세출외 현금, 계약/압류, 결산, 자금
학교회계	예산, 세입, 세출, 결산, 세입・세출외 현금, 세무관리, 발전기금
급식	학교급식통계, 급식관리, 급식외 관리, 급식분석
시스템	코드관리, 시스템연계, 보안, 사용자 인증 및 권한관리, 로그관리, 인터페이스관리, 배치작업관리, 업무처리승인관리

다. 지방교육행재정통합시스템

1) 도입 배경

단위학교 자원의 대부분은 주민 및 국민이 부담하는 조세에 의해 조달된다. 따라서 지방교육재정의 가장 중요한 회계정보 이용자는 일반 국민이라고 볼 수 있다. 또한 학교회계에서 수익자 부담경비, 사용료, 수수료 등 이를 부담하는 학생, 학부모 등도 중요한 정보이용자들인 셈이다. 이들에게 학교의 살림살이를 보고하는 방법이 예산회계 보고이다. 이러한 공공회계 보고 책임 이행의 필요성에 따라 국민이 이해하기 쉬운 예산서 체계를 갖게 하고, 또한 회계처리 방식을 기존 단식부기에서 복식부기로의 전환이 필요하게 되었다.

단위학교를 예로 들면 품목별 예산제도 하에서는 하나의 사업이 세출과목에 의한 품목별로 분산 편성됨으로써 사업의 내용 파악 및 이해가 어렵다. 또한 사업의 목적이나 성과를 고려하지 않은 물량 중심의 예산편성 및 집행으로 예산 운용의 효율성을 저해하고 있다. 이러한 품목별 사업의 분산 운영은 단위학교의 재정 상태를 학교이해 당사자가 알아보기 어렵게 만들어 결국에 투명성까지 저해하고 있다. 이에 사업별 예산제도의 운영을 통해 사업 중심으로 세출과목을 재편하고 또한 사업목표, 성과를 기록하여 예산 운용의 투명성과 효율성을 높일 수 있도록 하기 위해 디지털행재정통합시스템이 등장하게 된 것이다.

도입되는 디지털행재정통합시스템에서 지원하는 프로그램은 단위학교에 학교발전기금을 내는 학부모 및 주민들이 그 돈이 어디에 어떻게 사용되는지 쉽게 파악할 수 있다. 이러한 회계의 투명성 확보는 의사결정을 위한 유용한 정보를 제공해 줄 뿐만 아니라 투명한 회계보고를 가능하게 함으로써 학교회계를 둘러싸고 생길 수 있는 불화를 없앨 수 있다. 단위학교에서는 재무정보를 이용하여 미래를 예측하거나 개별 사업에 투입된 원가 산출과 성과를 평가하고 관리할 회계는 현금주의 · 단식부기로는 어렵기 때문에 발생주의 · 복식부기에 의한 재무회계인 디지털행재정통합시스템이 필요하게 되었다.

2) 디지털행재정통합시스템의 개요

정부는 디지털 예산 · 회계시스템 구축을 국정과정으로 추진해 오고 있다. 그러나 교육과학기술부는 이 시스템을 오히려 지방교육통합디지털시스템 구축사업으로 확장하여 시행하고 있다. 이미 2002년부터 시작된 교육행정정보시스템과 연계하여 지방교육행정 및 재정체제를 통합하는 사업으로 추진하고 있다(공은배 외, 2006; 김정진, 2008에서 재인용).

교육과학기술부의 이러한 노력은 결국 예산시스템만으로 구성되지 않은 업무관리(BMR), 균형성과(BSC), 지식관리(KMS)를 통합하여 하나의 시스템으로 구축하기에 이르렀다. 이 시스템의 도입으로 발생주의·복식부기회계 운영을 가져왔고, 그 회계 운용은 일하는 방식의 개선으로 회계 시스템의 개발을 가져 왔으며, 이러한 시스템은 회계뿐만 아니라 통합정보시스템의 구축을 가져왔다.

교육과학기술부에서 개발한 디지털행재정통합시스템은 중앙정부나 지방정부 회계에서 사용하는 전산 시스템과는 다른 특성이 있다. 보통 중앙정부나 지방정부에서 사용하는 전산 시스템은 회계 시스템으로 하나의 프로그램이다. 그러나 교육과학기술부의 디지털행재정통합시스템은 획기적인 통합시스템이다. 왜냐하면 예산회계시스템으로서의 프로그램은 물론 공무원의 일하는 방식 개선으로 지식관리(KMS), 성과관리(BSC), 단위업무관리(BRM) 등이 시스템과 통합되어 구축되어 있기 때문이다.

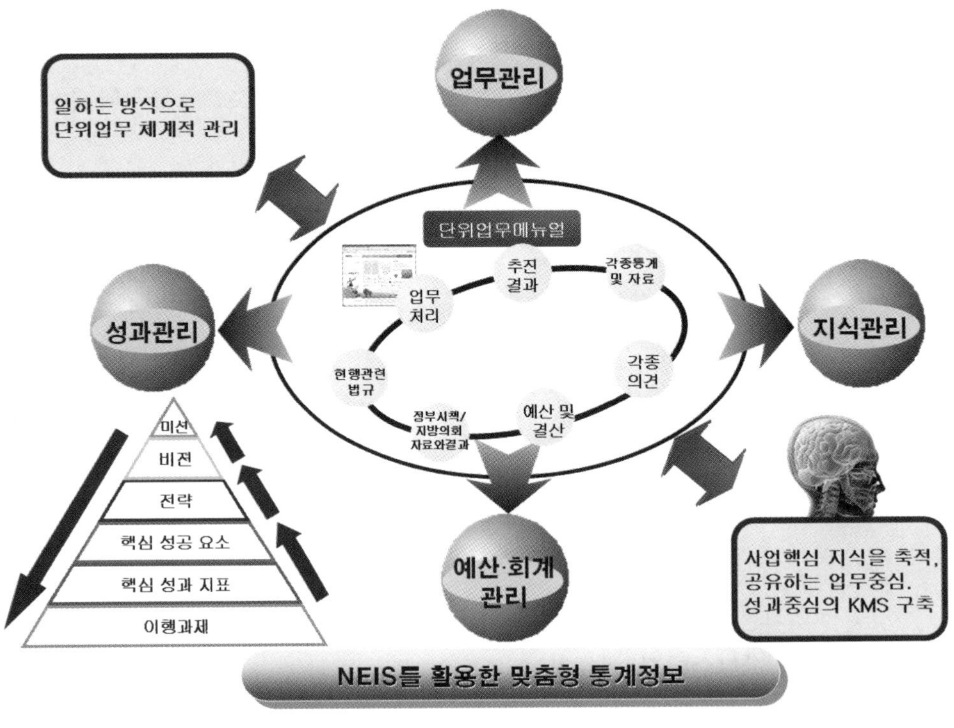

자료: 인천광역시교육청(2007). 통합디지털시스템 관리자 및 실무자 교육자료, p.1.

[그림 Ⅸ-2] 단위업무시스템 개요

이 시스템의 도입 효과를 살펴보면 지방교육에 이 시스템을 도입했을 때 공무원의 업무처리 방법의 혁신 및 효율적인 교육행정을 가능하게 할 수 있고, 재무회계의 도입으로 학교재정을 공개함에 주민들에게는 다양한 교육정보를 주어 투명한 재정으로 교육의 신뢰성을 다지게 할 수 있을 것으로 기대되고 있다.

3. 개선과제

우리나라 학교경영의 정보화는 앞에서 살펴본 것처럼 행정업무의 전산화를 통한 업무의 효율성 제고 등 주로 행정혁신에 초점을 두어 왔다. 하지만 학교자율경영을 통한 우리나라 교육의 질적 개선을 위하여 단위학교는 미래의 비전을 창출하고 합리적이고 과학적인 방법을 이용한 의사결정을 통해 창의적인 경영을 해 나갈 필요가 있다. 따라서 다음에서는 일반 MIS에서 주로 다루었던 경영관리기법 중 학교경영에 도입할 경우 교육개선을 가져올 수 있을 것으로 기대되는 학교단위경영정보시스템에 대하여 살펴보기로 한다.

가. 학교전략정보시스템

1) 필요성

SIS(Strategic Information System)란 일반적으로 "기업이 경쟁력을 유지하고, 오래 살아남기 위해 정보기술과 경쟁전략을 결합하여 정보를 전략적으로 활용함으로써 경쟁자에 대해 경쟁우위에 서려고 하는 시스템"이라고 할 수 있다(서의호, 1998). 이 같은 개념에 기초하여 볼 때, SSIS(School Strategic Information System)란 정보기술을 응용하여 학교의 경쟁력을 부각시키고 지속시키는 수단으로 경영전략과 정보시스템을 일체화시켜 경쟁우위 기회를 창출하고 이를 전략적으로 이용하고자 하는 시스템이다. 이는 조직의 전 계층을 망라하는 포괄적인 개념은 아니며 다만 조직의 경영목적을 달성하기 위하여 획득하고자 하는 전략정보가 어느 계층에서도 조직화될 수 있다는 전제 하에서 구축되는 시스템이다. 즉, 경쟁우위를 확보하기 위한 경영전략을 지원하기 위하여 컴퓨터와 통신 등의 신기술을 활용하여 운영되는 혁신 정보시스템이라 할 수 있다.

기존의 정보시스템은 업무처리의 효율화와 경영관리 분야의 경제 효율을 위한 지원 수단으로 활용되어 왔다면 SSIS는 업무처리의 효율화를 추구하기보다는 경영전략을 실현시키는 도구이다. 이를 표로 제시하면 <표 Ⅸ-2>와 같다.

〈표 Ⅸ-2〉 경영정보시스템(MIS)과 학교전략정보시스템(SSIS)

구분 / 비교	학교전략정보시스템(SSIS)	종래의 업무처리 시스템(MIS)
기본적 사고	전략적 사고	관리적 사고
목표	기회 창출 최대화 - 경쟁력확보 및 유지(정보시스템의 활용을 통한 경쟁적 우위 확보)	기회 손실 최소화 - 업무 처리의 합리화
대상	내부 및 외부 지향	내부
기획	기획, 사업 부서장, 경영자, 시스템 부문과의 협력	정보시스템부서
이용자	수요자(학생, 학부모) 고급 관리자 및 경영층	실무자 및 하부관리층
시스템평가기준	교육시장 점유율 수요자 서비스 수준 학교성과 창출	의사결정 효율화 여부 생산성향상
평가자	수요자 학교	교내 관리자 정보 관리자
시스템	개방형 시스템	폐쇄형 시스템
활용자원	단위학교 및 관련기관의 자원	단위학교
투자에 대한 시각	위험을 수반하는 전략적 투자와 장기간에 걸친 성과 및 점유율 획득에 의한 회수	비용 대 효과

<표 Ⅸ-2>에서 보듯 학교전략정보시스템과 종래의 시스템과의 가장 큰 차이점은 두 시스템이 가지는 주요 관심사가 다르다는 것이다. 즉, 기존의 정보 시스템은 '어떻게 할 것인가'라는 'how'에 관심을 가졌으나, 학교 전략정보시스템은 '무엇을 어떻게 구축하여 이용할 것인가?'라는 'what use'에 관심을 가지고 있다. 또한 종래의 업무처리 시스템이 그 출발점을 업무의 효율화와 기계화에 두고 있는 반면, 학교전략정보시스템은 경쟁 우위 획득을 그 시작으로 하고 있다.

2) 구축 과정

전략정보시스템을 구축하는 것은 현재의 업무 개선을 추구하는 것이 아니라 업무 및 서비스의 질적 전환을 도모하는 시스템이다. 효과적인 SSIS계획을 수립하기 위해서는 학교의 전략적 방향과 수요자 요구에 적합한 서비스를 제공하는 것이 중요하다. 또한 학교의 현재 정보기술 수준과 선택적 정보시스템에 대한 경제적 타당성이 고려되어야 한다. 이것은 SSIS에 의해서 새로운 업무처리 라인이 생겨나고, 조직의 변화에도 지대한 영향을 끼치게 될 것이며, 지금까지 만족되지 못했던 새로운 이용자의 수요를 충족시키는 정보기술이 필요하기 때문이다.

SSIS의 추진 절차를 보면 시스템 계획에 앞서 이를 추진하기 위한 의식개혁운동과 같은 내부 환경조성이 최고경영자의 지원 하에 이루어져야 한다. 이러한 환경조성이 이루어진 후 전략적으로 활용될 수 있는 대상 분야를 선정하고 경영전략을 도출한다.

○ 학교의 목표설정

목표는 새로운 시스템이 걸어가는 도달점이며, 업무활동의 지침이 된다. 목표는 학교의 새로운 활동을 질서 있게 수행하도록 하고 관련된 타 계획 또는 부문계획을 유기적으로 조정하는 연결대의 역할을 한다. 따라서 SSIS의 첫 단계는 학교의 목표를 재평가하는 것에서 시작된다. 목표를 어디에 두는가에 따라 효과가 어느 부분에서 일차적으로 발생하는가를 결정하게 되며, 목표를 확실히 하지 않으면 대상업무의 선정이 단편적으로 되기 쉽고 SSIS의 레벨, 범위, 순서를 정하기가 어렵게 된다. 그러므로 목표는 신중하게, 여러 계층에서, 여러 각도에서 검토된 후 전체적으로 통합하여 확정됨이 요망된다. 목표 여하에 따라 대상 분야, 전략 분야 또는 대상 이용자층의 변화를 가져올 수 있기 때문에 목표는 좀 더 구체적이고 미래지향적인 것을 제시함이 바람직하다.

○ 학교의 환경 분석

학교경영상 문제의 범위나 문제가 발생되는 환경 변수를 면밀히 분석할 필요가 있다. 특히, 정보통신기술의 고도화에 따른 네트워크 환경 하에서 개개 단위학교가 만족할 만한 기능을 수행할 수 있는지, 협력 체제를 통한 기능의 보완에 중점을 두어야 하는지, 데이터베이스의 활용과 새로운 서비스의 출현에 따른 대처방안 등 외부 환경의 변화에 민감한 대응자세를 갖추어야 할 것이다.

○ 학교의 경쟁분석

규명된 각 요인에 대하여 학교의 현재 위치를 파악하고 타 기관과의 상호작용 등을 비교 평가한다. 이 단계에서는 SWOT(Strengths, Weakness, Opportunities, Threats)분석을 통해 전략방향을 유도한다(김윤기, 1992). 앞 단계에서 집중적으로 분석된 자료를 바탕으로 강점과 약점, 기회와 위협을 분석한다. 강점(Strengths)이란 기회를 이용하고 위협을 피할 수 있도록 사용하는 우수한 정보기술을 의미한다. 약점(Weakness)이란 업무수행을 실패하게 하는 결함을 일컫는다. 기회(Opportunities)가 경영에 플러스 요인이 되는 환경 동향은 경쟁상의 우위성을 줄 수 있고, 위협(Threats)은 전략수행에 방해가 되며 전략의 리스크를 증가시키고 기대하는 업적을 저하시키는 잠재적인 마이너스 요인이 되는 환경요인을 말한다. SWOT분석을 통해 다양한 전략분야들 중 매우 중요한 대상 분야를 체크할 수 있다. 분석결과는 경쟁우위 전략 식별단계에 중요한 자료가 된다.

○ 학교의 주요 성공요인

경영목표와 정보시스템의 내부적 일치성을 달성하기 위하여 사용되는 접근방법이다. 주요성공요인(Critical Success Factors: CSF)이란 만약 이 요인이 충족되면 그 조직이 경쟁에서 성공하는 것이 확실한 몇 가지의 영역들이다. 즉, 사업의 성공을 위해서 수행되어야 할 3~8개 범위내의 중요영역으로서 자원의 배분과 경영활동이 올바르게 수행되어야 할 영역, 경쟁상의 우위성을 갖게 하는 주요사항, 현재의 목표 달성을 지원하는 최선의 방법 등으로 해석할 수 있다. 따라서 경영자들은 CSF에 대해서 항상 세심한 주의와 각 영역별 업적을 측정하여 그 정보를 즉각 이용할 수 있는 체제가 이루어져야 한다(Rockart, 1979). 주요성공요인을 추출하는 과정은 다음과 같다.

① 성공인자의 도출 : 최고경영자에게 질문을 통하여 성공인자를 도출한다.
② 목표로 전환 : 도출된 성공인자를 명확하게 표현하고 주요성공인자의 관점에서 조직의 목적과 무엇이 되어야 하는가에 대한 질문을 통하여 핵심요인을 목적과 목표로 전환시킨다.
③ 성과측정방법의 명시 : 조사자는 요인별로 필요한 증빙자료를 수집하기 위하여 정보시스템과 기타 가능한 자료원을 검토한다.

○ 학교의 가치시스템 식별(가치사슬 분석)

전략분야, 전략과제가 결정되고 나면, 다음 단계는 이를 구체화시키는 단계로서 '정보기술이 학교경영에 어떤 영향을 미칠 것인가'하는 영향평가를 실시해야 한다. 아울러 경영전략 중에서 경쟁우위전략을 찾아내고 이를 정보기술과 적절히 결합하는 절차를 거쳐야 한다. 이러한 절차를 위해 가치사슬분석(Value Chain Analysis) 방법이 활용된다(Porter, 1980: 34~39).

가치사슬이란 조직의 업무를 기술적, 경제적으로 구분되는 몇 개의 업무로 나누어 연결시킨 것을 말하며 이러한 각각 업무들을 가치활동이라 한다. 가치활동은 주활동과 지원활동으로 나누고, 주활동이란 교육과정 수립, 학습자료의 구입, 조직, 이차자료의 작성, 정보제공 등의 기본적인 업무를 말하고, 지원활동은 주활동이 원활하게 이루어지도록 지원하는 조직관리, 기술 및 인력관리 등의 업무를 말한다.

가치사슬분석은 경영활동에서 경쟁우위를 식별하는 도구로 사용될 수 있으며, 경영진의 전략요구와 정보기술의 결합방법을 파악할 수도 있다. 이러한 가치사슬 분석을 통한 탐색과정에서 정보기술을 사용하여 기존의 가치사슬을 변화시키거나 제고시킬 수 있는 방안을 찾아야 한다. 모든 가치 활동은 수집, 처리 및 유통을 필요로 하기 때문에 정보기술이 가치를 증대시킬 수 있는 가능성은 높다. 정보기술이 가치활동 간의 연결 본질을 변화시킴으로써 체계적인 경영활동의 가치가 증가될 수 있는 것이다. 이러한 이유 때문에 전략정보시스템에서도 가치사슬 기법이 필요하다.

○ 학교의 요구분석

요구분석의 목적은 시스템에 대한 현재와 미래의 요구를 충족시키기 위해 필요한 모든 자원을 파악하는 데 있다. 요구분석은 조직 내부의 각 계층에서 느끼는 경영상의 요구로서 같은 분야라 하더라도 상이할 수 있으므로 세밀히 파악되어야 하고, 가치사슬분석 과정에서 식별되는 경쟁우위 확보를 위한 차원에서 해석되어 전략의 구체적인 설정단계에 반영될 수 있어야 한다. 이때 분석자는 각 계층에서 어떤 의견이, 어떤 부분에서, 어떤 원인으로 발생하며 대안이 무엇인가를 조사한다.

○ 학교의 전략구상 및 정보기술의 책정

앞 단계에서 얻어진 요구사항들을 기초로 하여 전략을 구체화하고, 이에 따라 정보기술의 활용 방안과 효과를 검토하여, 최종적으로 구체적인 전략을 수립하여야 한다. 또한 구체적인 전략정보시스템의 활용방향은 학교경영전략과 일치하는 방향으로 활용하는 것이 효과적이며, 단기간 효과보다는 장기적인 효과를 추구해야 한다.

○ 학교의 전략평가

물적 · 인적 자원을 제한된 시간에 효율적으로 활용하기 위해서는 전략을 평가하는 기준과 방법, 전략의 우선순위를 결정하는 문제가 대두된다. 중요한 것은 전략(경쟁우위, 차별화, 집중화)과 관계하여 특정분야 또는 특정 가치 활동에 더 많은 전략적 의미가 부여되도록 평가하고 선택함이 바람직하다. 그리고 정보기술이 전략적 우위를 실현하기 위한 도구로 사용가능하도록 실행계획을 작성하여야 하며, 실행계획 작성에서 경쟁우위전략을 어떻게 정보시스템으로 실현시킬 수 있느냐 하는 것이 중요한 문제이다. 이러한 문제는 현재의 정보시스템과 구현될 전략적 정보시스템의 기회와 위협을 정확히 파악함으로써 해결될 수 있다.

3) 성공을 위한 요건

첫째, 교장(CEO)의 이해와 결단이다. SSIS는 단위학교 규모의 시스템일 뿐만 아니라 각종 정보기기의 도입과 조직구조의 변경 등이 요구되기 때문에 교장의 SSIS에 대한 이해가 요구된다. 즉, 교장은 확고한 의지를 가지고 경영혁신을 적극 추진할 수 있어야 한다. 학교의 교장이 새로운 경영혁신을 찾지 않고 과거 시스템만을 고집한다면 경쟁에서 살아남을 수도 없다. 교장이 정보부장을 통하여 모든 정보시스템 개발에 대한 권한을 위임하고 강력히 추진하고 지원할 때 SSIS 구축은 성공한다.

둘째, 전략입안 및 수행능력이 있어야 한다. 학교환경의 변화를 전략기회로 활용하기 위해서는 전략과 정보 자원의 적절한 통합을 위한 정보 전략이 요구되며 정보 전략의 확립은 성공에 대한 관건이라 할 수 있다. SSIS가 성공하기 위해 추구하여야 할 정보 전략은 지속적인 경쟁우위의 정보전략, 경쟁과 협조의 정보전략 등이다.

셋째, 시스템 구축능력이다. SSIS의 구축에는 컴퓨터와 정보통신망이 필수적이기 때문에 이 분야의 기술적 지식과 이의 축적을 위한 적극적인 노력이 필요하다. 정보기술의 기능과 용도에 대한 인식과 새로운 사고 없이는 경쟁우위를 창출하거나 지속적인 비교우위를 확보할 수 없다. 또한 부가적으로 기존 정보시스템 부서의 응용능력과 학교환경의 변화를 경영의 전략기회로 활용하기 위해 최신 정보기술을 채택하여 시스템을 효과적으로 구성하여야 한다. 이러한 시스템 구축 능력은 CIO를 중심으로 한 정보시스템 개발 부서의 능력이 선행되어야 하는데 이를 위해 유능한 정보관리자를 유지하기 위한 교육과 투자가 요구된다.

이상과 같이 SSIS구축을 위한 요건을 세 가지로 알아보았으나 모든 학교는 구조, 교원의 특성 등에 차이가 있으므로 학교의 현 상황에 맞는 정보기술을 전략적으로 활용하는 정보시스템이어야 한다. 현재 나타나있는 기업중심의 SIS를 중심으로 고정관념에 사로잡혀서도 안되고 단순모방해서는 안된다. 자기 학교에 맞는 시스템 구축 방법을 찾아내는 것이야말로 무엇보다도 중요한 과제인 것이다.

나. 학교의사결정지원시스템

1) 필요성

오늘날 사회는 수요의 다양화에 대처하기 위해서 유연한 생산체제를 구축해 나가고 있다. 이런 사회의 변화는 학교에도 적용되어 학교 역시 환경의 변화에 따라서 보다 효과적이고 과학적인 수요예측과 계획 수립 등의 문제 해결에 대한 요구가 증대되고 문제의 규모와 복잡성 또한 커지고 있는 실정이다.

이미 효과적인 문제해결을 위해서 일반 기업은 컴퓨터를 기초로 한 정보 시스템(CBIS: Computer Based Information Systems)을 구축해 나가고 있다. 그 결과 기업은 성공 사례를 도출했고 갈수록 더 많은 기업들이 더 많은 지원을 하며 CBIS에 구축해 나가고 있다. 학교 역시 정보화와 사회의 변화에 맞추어 CBIS를 구축할 필요성을 가지게 되었다.

CBIS분야에 있어서 경영관리에 초점인 의사결정을 지원하는 시스템이 바로 의사결정지원시스템이며 많은 연구자들이나 실무자들에게 중요한 연구 분야로 부상하고 있다(신호균, 1988). 학교 역시도 CBIS 중에서도 경영관리를 위해서는 DSS가 많은 도움을 줄 수 있을 것으로 예상된다.

한편 대내적인 문제를 살펴보면, 학교 관리자, 경영자로 대표되는 교장에 대한 선출보직, 초빙 등의 문제가 심각하게 논의되는 것은 교장의 육성, 선출과정에서도 문제가 되겠지만 관리직 사람들의 학교경영에 관한 전문성을 보장할 수 없다는 것도 하나의 이유일 것이다. 학교경영이 외부에 개방이 될 경우에는 학교의 특성에 대한 도움을 받기 위해서 SDSS가 필요할 것이며 지금의 체제를 유지하게 될 경우에는 경영에 관한 도움을 받기 위해서 SDSS가 필요하게 될 것이다.

2) 주요 기능

먼저, 반구조적이거나 비구조적인 의사결정 상황을 지원한다. 구조적인 의사결정은 규칙과 표준절차(standard operating procedures: SOP)로부터 의사결정에 필요한 정보를 쉽게 얻을 수 있으며, 주어진 데이터를 이용하여 쉽게 컴퓨터 프로그램화 할 수 있다. 이에 비해 반구조적이거나 비구조적인 의사결정은 사용자 의존적이며 정보시스템은 대안을 평가하고 분석하는 보조적인 역할만 수행한다. SDSS는 반구조적이거나 비구조적인 의사결정을 해결하는데 강점이 있으며 구조적인 의사결정도 지원할 수 있도록 설계할 수 있다.

둘째, 가장 중요한 기능은 데이터 및 분석 모델을 제공하는 것이라고 해도 과언이 아니다. SDSS는 의사결정자가 필요 데이터를 자유로이 열람하고 문제와 관련한 모델을 데이터 분석에 원만하게 적용할 수 있게 해 줌으로써 최적의 문제해결 방안에 도달할 수 있도록 지원한다. 데이터는 신속한 수집과 보존이 문제가 된다. 학교에는 전반적으로 NEIS가 실시되고 있어 학교 전반에 관한 방대한 데이터는 이미 존재하고 있다. 변화에 대한 신속한 업데이트에 좀 더 관심을 가진다면 내부 데이터에 관한 것들은 큰 무리 없이 수집이 가능할 것이다. 분석 모델에 관해서는 개발이 필요하다. 자료는 많으나 이를 효율적으로 사용할 수 있는 분석모델이 없어 자료를 적절히 활용하지 못하고 있다. 분석모델은 교육적 여건에 맞게 만들어 져야 하며 방대한 기존의 자료를 적절히 활용해서 모델을 만들어야 할 것이다.

셋째, SDSS를 써서 할 수 있는 정량적 분석 중 가장 강력하다고 할 수 있는 기능은 민감도 분석(sensitivity analysis)이다. 민감도 분석이란 입력변수와 결과변수로 구성된 등식 모형에서 한두 개의 변수에 대한 변화로 인해 나머지 변수들이 어떠한 영향을 받는지 살펴보는 것을 말한다. 민감도 분석은 불확실한 의사결정 상황을 보다 동적으로 분석하고 이에 대한 대응 방안을 마련하는 데 유용하다.

넷째, 시나리오 분석(what-if analysis)은 결정된 해결 방안과 관련하여 일부 변수의 변화가 여타 변수에 미치는 영향을 분석함으로써 불확실한 미래의 상황에 대한 가정을 테스트하는 데 사용된다. 시나리오 분석에서는 모형에서 테스트하고자 하는 입력변수 값을 지정해 주고 그에 따른 결과변수 값을 산출해 내는 데 초점을 둔다.

다섯째, 일반적으로 모형은 입력변수 수치가 주어질 때 결과변수가 어떠한 수치를 갖는지 살펴보는 것을 목적으로 적용하지만, 이번에는 역으로 결과변수 값이 주어질 때 입력변수가 어떠한 값을 가져야 하는지 역으로 추적해야 할 경우가 있다. 원하는 수치를 도출해 내기 위해서 여러 가지 값을 조합하는 것은 사용자로 하여금 시간적인 효율성을 낮출 수 있다. 원하는 수치를 정한 뒤 그 수치를 구성하게 되는 입력변수를 역으로 추적하는 것은 사용자에게 편리성을 줄 수 있을 것이다.

여섯째, SDSS 는 의사결정자의 요구가 미리 정해져 있지 않기 때문에, 의사결정자가 요구하는 다양한 형태의 정보를 유연하게 제공할 수 있어야 한다. 특히 의사결정자의 인지 스타일에 관계없이 합리적인 의사결정을 내릴 수 있도록 다양한 형태의 자료 표현 능력을 가지고 있어야 한다.

3) 기대효과

첫째, SDSS가 광범위하게 사용된다면 학교의 의사소통기구로 활용될 수 있다. 학교의 목표와 실행 목표가 일관된 틀에 따라서 조직되게 되므로 수직적 의사소통의 흐름을 향상시킬 수 있다. 학교의 하위수준에서 사용되는 모델은 상위수준의 모델로부터 파생되어야 하며 그런 이유로 일관된 틀이 유지되는 것이다. 또한 SDSS에서 데이터베이스 구성요소가 정보의 교환을 더 용이하게 하므로 수평적 의사소통을 향상시킬 것으로 예상된다. 제도적 SDSS라는 용어도 개인사용자를 중심으로 하지만 조직의 많은 사용자에게 제공되고 사용되어지는 SDSS라는 것을 강조한 것이다.

둘째, 다양한 의사결정자들이 현존하고 있기 때문에 의사결정과정의 합리성과 표준화된 과정을 제시하여 줄 수 있다(홍민기, 1998). 학교는 의사결정과정에 사용되는 다양한 평가기준에 대해서 더 치밀하고 과학적인 통제를 할 수 있게 된다. 또한 평가기준이 표준화됨에 따라서 문제해결의 능률성과 효과성을 증대시킬 것이다. 더불어 구성원에게 부과하는 규제의 일관성을 향상시켜 줄 것이다.

셋째, SDSS의 사용은 그 결과 치를 보유하고 있다. 이는 지식을 창조한 개인이나 지식을 사용한 개인이 학교나 학교의 일부 조직을 떠나게 되어도 여전히 학교나 학교의 일부 조직에서 지식을 보유하게 된다는 것이다. 이는 SDSS를 통해서 개개인의 지식을 구성해주고 축척해주는 것과 동시에 학교의 지식을 축척하게 되는 것이다. 또한 SDSS의 구축과 향상을 통해서 학습할 수 있을 것이며 목표 수정과 전략 수정을 통해서도 학습의 도구가 될 수 있을 것이다.

다. 학교중역정보시스템

1) 필요성

학교행정가정보시스템(School Administrator Information System: SAIS)이란, 학교행정가가 학교 조직의 경영을 수행하고 교육목적을 달성하는 데 필요한 경영의 주요 정보를 정확하고 신속하게 조회할 수 있도록 지원하는 정보시스템이다. 학교행정가는 컴퓨터의 전문가가 아니더라도 학교의 내・외부 정보를 효과적으로 사용하고 필요에 따라 정보를 여과・조작하기를 원하는 학교행정가의 정보 요구사항이 수용된 실질적인 도구이다.

21세기 정보화시대의 흐름에 따라 교육환경도 급속하게 변화되고 있다. 학교는 이제 개방된 체제로 정보화 사회의 적응에 필요한 변화와 도전이 필요하다. 즉 학교운영이 개방화되어야 한다는 것이다. 이에 따라 학교를 구성하고 있는 구성원들에게 요구되는 역할과 자질의 변화까지 영향을 미치고 있고, 특히 학교단위 책임경영제는 학교의 최고경영자인 교장의 자질과 역할의 변화와 요구가 증대되고 있다. 이런 흐름에 발맞추어 학교의 운영을 위한 학교행정가정보시스템이 대두되었고, 이를 학교상황에 따른 외부요인과 내부요인으로 구분하여 구체적으로 살펴보면 다음과 같다.

먼저 외부요인으로 보면 학교는 더 이상 학교 내부에서 이루어지는 교육활동과 정보만으로 운영되기 어렵게 되었다. 교육환경이 급속하게 변화함에 따라 학교의 모습도 급속하게 변화하고 있다. 이런 변화에 학교 역시 대응 방안을 마련해야 하고, 나아가 다양한 대처 방안을 모색해야 한다. 또한 학교단위 책임경영제에 따라 학교간 또는 학교 급별로 경쟁이 증가하며, 이런 경쟁력의 증가는 경쟁력 확보를 위한 다양한 정보를 학교의 내부뿐만 아니라 외부환경으로부터 모색하게 만들었다. 이는 학교가 외부로부터 더 많은 영향을 받게 되고 상호작용을 하게 됨으로써 학교에 필요한 외부 정보를 신속하고 정확하게 요구하게 되었다. 이는 학교경영에 있어 학교간・교육청・지역사회・국가 등 여러 조직과의 협조와 상호교류와 학교의 자율성 증대를 가져왔고, 이에 따라 학교경영에 있어 학교행정가정보시스템이 필요하게 되었다.

물론 내부요인도 있다. 학교 경영에 있어 신속하고 정확한 정보의 요구 상황이 증대하게 됨으로써 학교행정가는 적시에 맞는 정보를 통해 즉각적인 대응을 해야 하는 문제가 발생하게 되었다. 이에 따라 적시에 제공받을 수 있는 정보체제가 필요하게 되었고, 이에 문서화된 자료를 통한 정보 제공보다는 방대하고 다양한 정보를 체계적으로 데이터화된 시스템을 이용하여 학교경영에 있어 필요한 다양한 자료를 조작하고 원하는 형태로 제공받기 위해서 더 이상 현재의 학교정보시스템의 유형으로는 극복하기 힘들게 되었다. 무엇보다 학교의 관리자는 특정영역에 필요한 정보가 아니라 성공적인 학교 경영에 있어 학교 전반에 필요한 정보를 요구하는, 즉 전교적 차원의 데이터베이스에 접근할 필요가 있는 것이다. 과거 교장은 행정적인 관료로서 주어지는 재정과 인사에 있어 일방적인 수직구조가 아니라, 단위학교에서의 재정과 인사에 있어 수평적 구조로서 향상된 의사소통을 통한 자율성의 확대와 책무성 증대의 양면성을 갖고, 학교조직의 어떤 구성원보다 정확하고 총체적인 정보를 활용하여 학교단위 책임경영에 있어 운영 효과성을 증대시키는데 학교행정가정보시스템이 필요한 것이다.

2) 특성

학교행정가에게 유용한 정보를 적시에 제공하기 위해서는 조직 내의 존재하는 각종의 데이터베이스들이 하나의 경영지원시스템으로 개념적으로 결합되어야 한다. 또한 기존 시스템의 데이터가 학교행정가의 요구를 채우는데 알맞은 형식으로 되어 있지 않은 경우가 대부분이기 때문에 학교행정가의 활동을 지원하기 위한 별도의 데이터베이스가 존재하는 것이 바람직하다.

학교행정가는 일반적으로 정보시스템을 사용하는 경우에 명령을 입력하거나 출력을 실행시키기 위해 키보드를 사용하는 방법에 익숙하지 못하다. 따라서 학교행정가가 정보시스템을 편리하게 사용할 수 있는 인터페이스가 필요한데, 이러한 인터페이스는 세 가지 측면에서 고찰해 볼 수 있다.

첫째는 학교행정가와 SAIS간의 상호작용의 측면이다. 일반적으로 이러한 상호작용에서는 터치스크린(touch screen)의 사용이 점점 증가하고 있는 추세이다. 이 외에도 마우스를 사용한 'point-and-click'이나 터치패드(touch pad) 등이 있다.

둘째는 symbol의 사용이다. 이것은 그래픽 사용자 인터페이스(Graphic User Interface: GUI)를 의미하는 것으로 자료처리 과정에서 필요한 각종의 명령의 입력이 그래픽 형식으로 지원되어야 한다는 것이다. Symbol 혹은 Icon, 영상그래픽 등이 있다.

셋째는 다양한 형식의 출력기능이다. SAIS에서 출력되는 정보를 쉽게 이해하기 위해서는 그래픽이 기본적인 출력형식이 되어야 할 뿐만 아니라 나아가 그래픽출력의 형식도 다양하게 지원되어야 한다. 예를 들어, 학생의 성적현황과 변화는 각종의 여러 가지 형식의 그래프(막대그래프, 꺾은선그래프) 등의 여러 가지 형식으로 나타낼 수 있어야 한다. 또한 그래픽 형식의 출력뿐만 아니라 경우에 따라서는 TEXT 형식 혹은 도표 형식의 출력도 가능해야 할 것이다.

그리고 SAIS는 외부의 데이터베이스와 연결이 되어 있을 때 효과적으로 운용될 수 있다. 학교행정가가 외부의 데이터베이스나 시스템과의 연결은 정보를 상호 교환하고 공유함으로써 보다 유용한 정보를 나누고 문제 상황에 효과적으로 대처할 수 있다는 장점이 있다.

3) 구성

SAIS의 구성요소로는 학교행정가 워크스테이션, 학교행정가 데이터베이스 하위시스템, 학교행정가 모델베이스 하위시스템, 외부의 데이터 및 정보와 연결되어 있는 학교 내의 메인프레임, 다른 학교 중역의 입·출력 장치, 사용자(학교행정가)를 들 수 있다. 학교행정가의 워크스테이션은 조직 내의 메인프레임에 연결되어 있는 개인용 컴퓨터나 혹은 터미널을 의미하는 것이다. 도식화해 보면 [그림 Ⅸ-3]과 같다.

학교행정가를 위한 데이터베이스가 따로 존재해야 한다. 또한 학교행정가의 데이터베이스는 다른 학교의 관리자 워크스테이션과 연결이 되어 있어야 한다. 이는 다른 관리자의 의사결정사항을 열람하고 그것을 자신의 의사결정과정에 반영하며, 또한 다른 학교행정가와 원활한 의사소통을 가능하게 하기 위함이다. 학교 내의 메인프레임에 있는 전자사서함은 하위조직구성원과의 의사소통 창구 역할을 하며 전자결재시스템에 응용될 수도 있다. 외부의 데이터베이스 시스템은 앞에서 설명한 것처럼 각종 교육활동에 관한 성과나 학교행정가의 의사결정에 영향을 미치는 외부환경에 대한 정보를 탐색하기 위해 필요로 한다. 이 외부의 데이터베이스 시스템에는 각종 외부 학교나 환경에 대한 다양한 정보 또는 학교에서 일어난 일들이 대중매체

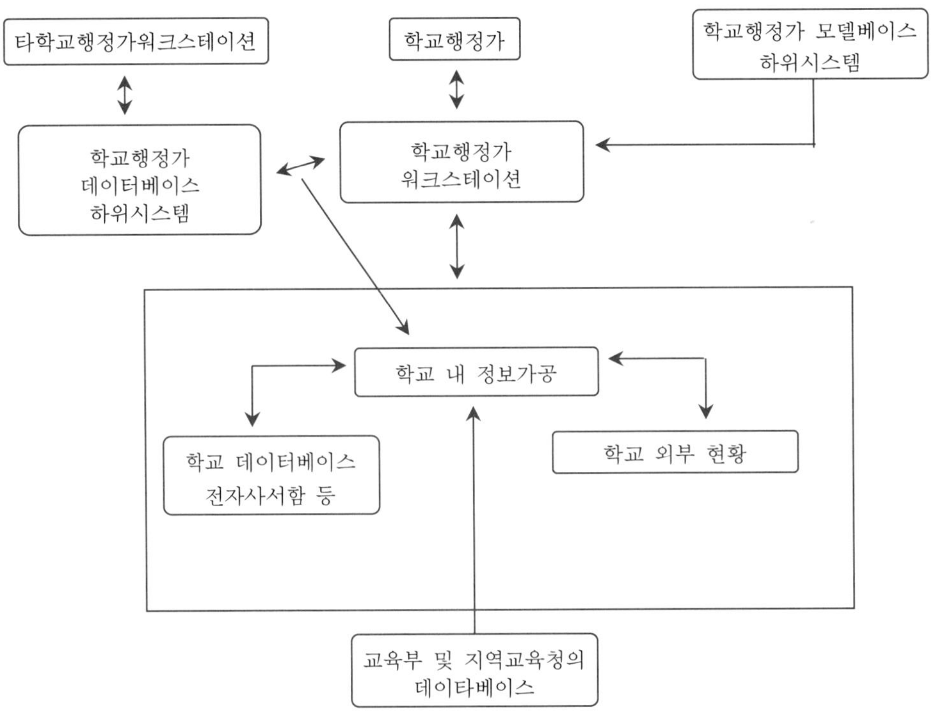

[그림 Ⅸ-3] SAIS의 구성요소

를 통해 나온 정보일 수도 있는데 이는 학교의 의사결정에 영향을 미치는 사항들 중심으로 제공된다.

SAIS의 인터페이스는 학교행정가가 쉽게 정보를 접할 수 있도록 설계되어야 하며, 결과는 그래프나 그림, 도표 등의 형태로 제시되어야 한다.

4) 기대효과

SAIS를 구축할 경우 다음과 같은 효과를 기대할 수 있다.

첫째, 조직성과를 효과적으로 측정할 수 있다, 효과적인 SAIS는 학교행정가들이 그들의 목적과 조직성과를 실제로 보면서 확인할 수 있도록 도와 줄 수 있다. 성공적인 학교행정가는 그들의 목표를 세우고 책임을 맡기며 업무의 진전 상태를 확인하고 적절한 자원을 제공하며 때로는 목표를 성취하기 위하여 압력을 가하기도 한다. 또한 목표가 성취되었을 때에는 목표를 이룬 사람들에게 보상을 제공한다. 이와 같이 SAIS는 조직의 성과의 측정을 쉽게 할 수 있도록 도와줌으로써 학교 성과의 향상을 도모할 수 있도록 해준다.

둘째, 시간의 절약이다. SAIS는 학교행정가들이 필요로 하는 정보를 귀중한 시간의 낭비 없이 빠르게 얻을 수 있도록 해준다. 의사결정이나 행동을 취하는 데 필요한 정보를 얻기 위해 시간을 지체하면, 그만큼 시간을 낭비하게 되는 것이다. 또한 때로는 상부 교육청의 즉각적인 요구 질문에 대한 답을 하기 위하여 교사들 보다 더 중요한 다른 업무에 투여할 수 있는 소중한 시간을 낭비하게 되는 일도 발생한다. 특히 학교 나름의 연구나 대외적인 업무가 있다면 더 절실하게 필요하다고 본다.

셋째, 의사소통의 증대이다. 조직에서 지위가 높을수록 외부정보에 대한 필요성이 증대하게 된다. 이런 면에서 SAIS는 학교조직 내에서 의사소통을 원활하게 이루어질 수 있도록 해준다. 즉, SAIS를 통하여 학교행정가는 학교내의 구성원들과 정보를 교환하거나 교육상황에 대한 정보를 쉽게 주고받을 수 있다. 예를 들면, SAIS의 전자우편시스템 같은 경우 바쁜 상황에서 편의에 따라 여러 가지 업무를 즉시 처리할 수 있도록 해준다.

넷째, 협조체계의 형성이다. 학교행정가들의 중요한 역할들 중의 하나는 학교 조직의 구성원들이 같은 목적 하에 서로 협조체계를 잘 유지하도록 하는 것이다. SAIS는 다음과 같은 여러 측면에서 이러한 협조체계를 형성하는 데 도움을 준다.

- SAIS에 포함된 데이터와 그 역할들을 정의해 줌으로써 학교행정가뿐만 아니라 각 업무의 구성원들이 업무 처리의 우선순위를 명확히 이해할 수 있도록 도와준다.
- SAIS데이터 중에서 학교행정가에게만 요구되는 정보를 제외한 기타 영역에서 학교의 여러 구성원들이 이용할 수 있도록 허용해줌으로써 학교의 구성원이 업무에 원활하게 실행할 수 있고 의사결정에 효과적으로 참여하도록 해준다.
- 학교 조직의 모든 사람들에게 동일한 데이터를 제공함으로써 이들이 같은 조건에서 관리하고 운영될 수 있도록 한다.

라. 학교조직정보시스템

학교경영 활동에 있어 불확실성을 최소로 하고 생산성을 극대화하기 위해서 학교경영에서 정보시스템의 사용이 요구된다. 학교경영에서 계량적 접근을 강조하고 합리적인 조직체계와 최신의 정보를 갖춰야 한다는 것은 설정된 목표를 달성할 수 있는 적절하고 합리적인 결정을 내리는데 기초가 되며, 이것은 결국 효율적 의사결정과 문제해결에로 인도하는 길이 될 것이다(김윤태, 1997).

학교조직은 조직 내부에는 교원과 학생들이 주요구성원을 이루고, 조직 외부에는 학부모, 동창회, 지역사회 등 사회조직과 밀접한 관련을 맺고 있다(신철순, 1995). 학교경영은 이러한 학교조직에서 교장을 중심으로 학교교육목적을 달성하기 위하여 인력, 예산, 시설・설비, 정보 등과 같은 자원을 효과적으로 활용하여 교육활동 및 교육지원활동을 계획・실천・평가하는 활동이라고 할 수 있다.

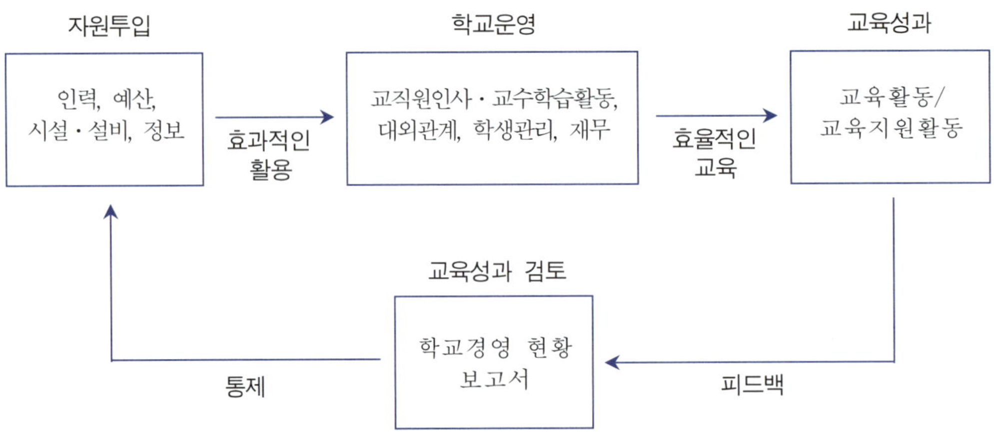

[그림 IX-4] 학교경영활동

또한 교육성과에 관한 현황 보고서들을 학교경영목표와 비교, 검토하는 과정도 여기에 포함되어진다. 즉, 현재 상태는 어떠하며, 주어진 자원과 제약조건은 무엇인가에 관하여 계량적으로 분석할 필요가 있다는 것이다. [그림 Ⅸ-5]에서처럼 학교운영은 다음과 같이 5가지 업무 활동으로 구분할 수 있을 것이다.

○ 교 직 원 인 사 : 교직원 인력 관리, 훈련 · 개발, 업무실적 검토 및 평가, 보수 및 성과금 관리 등과 관련되는 분야
○ 교수-학습활동 : 교육과정운영(교과지도 · 생활지도 · 특별활동), 교육기자재, 장학지도 등과 관련되는 분야
○ 대 외 관 계 : 학교 홍보, 학부모 · 지역사회와의 관계성과 관련된 분야
○ 학 생 관 리 : 가정환경, 건강상태, 출결상황, 학습부진아 지도 상황, 상벌, 성적, 진로상담 등 학생정보와 관련되는 분야
○ 재 무 관 리 : 학교교육비, 학교운영지원비, 예산편성 · 집행 · 결산 등과 관련되는 분야

이와 같은 각 기능 업무들은 관리계층에 따라 바라보는 시각이 다르다. 그림에서 볼 수 있듯이, 최고경영자인 교장은 전략적 계획 관점에서, 중간관리자인 교감 · 행정실장 · 부장교사는 전술적 계획 및 통제 면에서, 그리고 실무운영자인 교사 또는 행정직원은 운영통제라는 측면에서 각 업무들에 관한 정보를 필요로 한다.

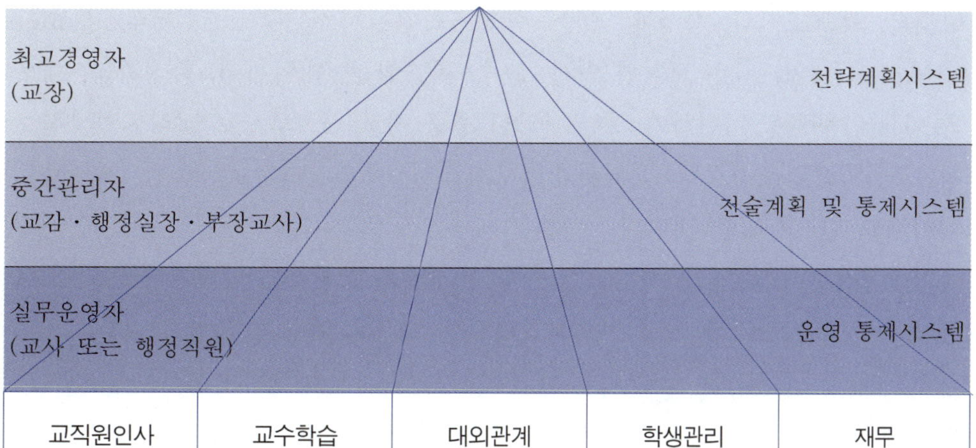

[그림 Ⅸ-5] 학교조직과 학교경영업무의 관계

○ 전략적 계획 활동이란 조직의 목표를 설정하고 그러한 목표를 달성하기 위한 조직의 장기적인 계획을 수립하는 경영활동으로 미래지향적이고 불확실성이 큰 특징을 갖는다. 이러한 전략을 수립하는 활동을 지원하는 시스템이 전략계획시스템(strategic planning system)이다.

○ 전술계획 및 통제활동은 전략계획을 실행하는 계획을 수립하고 경영활동의 주요 관리사항을 통제하는 활동으로, 예산을 수립한다든지 부서별 실적을 평가하는 등의 활동이 여기에 속한다. 전술계획을 수립하고 학교경영활동의 주요 사항을 관리하고 통제할 수 있는 요약된 정보를 보고하는 시스템이 전술계획통제시스템(managerial control system)이다.

○ 운영통제활동은 실무운영자에 의해 수행되는데, 조직의 기본활동이 원활하게 이루어질 수 있도록 통제하는 학교경영활동으로 교직원들의 근무상황을 관리하는 것 등이 여기에 해당된다. 이를 지원하는 시스템이 운영통제시스템(operational control system)이다(김효석 · 홍일유, 2000).

기업경영에 있어서의 조직정보시스템(organizational information system)은 인사, 마케팅, 생산, 회계 및 재무와 같은 기본 업무들을 지원하기 위해 다양한 응용정보 시스템, 즉 거래처리, 경영정보, 의사결정 지원, 최고경영자정보시스템 등을 경영 업무들에 적용하는 것을 의미한다. 그러므로 각 경영 업무에 정보 시스템을 응용한 시스템을 인사정보시스템, 마케팅 정보 시스템, 제조 정보 시스템, 회계 및 재무 정보 시스템이라 부른다(윤주용, 2001).

이것을 학교조직의 특성에 맞춘 학교조직정보시스템(school organizational information system)은 교직원 인사, 교수-학습활동, 대외관계, 학생관리, 재무와 같은 학교 업무들을 지원하기 위한 다양한 응용 정보 시스템으로 교직원인사정보시스템, 교수학습정보시스템, 대외관계정보시스템, 학생관리정보시스템, 재무정보시스템이라고 할 수 있을 것이다.

학교조직정보시스템을 구성하고 있는 기본개념은 효율적인 학교경영을 위해 다양한 응용시스템을 관리하고 활용되어야 한다는 것으로 다음과 같이 정리할 수 있다.

① 시스템의 구성은 학교조직관리를 위한 실무적인 처리를 충분히 만족시킬 수 있도록 지원해야 한다.

② 시스템의 전반적인 내용이 학교의 투입자원의 정보 관리를 위한 요구사항을

충분히 만족시킬 수 있도록 한다.

③ 정보의 검색과 활용이 용이하도록 지원한다.

④ 학교의 경쟁력 향상을 위한 정보를 제공한다.

마. 학교자원관리시스템

1) 필요성

학교는 교육활동의 수행을 위하여 크게 교수-학습과정 및 업무과정 등의 운영체제를 가지고 있는데 이처럼 전 부문에 걸쳐있는 교육자원을 하나의 체계로 통합하여 재구축함으로써 효과성을 극대화하려는 학교재구조화 기법이 필요하게 되었다.

SRP란 학교에서 이루어지는 각종 자원, 즉 교육과정 운영, 인사관리, 고객지원, 학교경영지원, 교육연구/개발, 교육수요관리, 각종 교육기자재 및 교육물류의 통합관리, 교육매체 및 시설의 활용관리 들이 균형을 이루도록 설계된 자원관리 구조의 집합체이다. 기업의 ERP 시스템이 전사(全社)에 걸친 자원의 효율적이고 능률적 관리를 통해 직원의 업무부담의 경감과 동시에 경영자의 의사결정을 지원하는 정보제공기능을 한다면, 학교의 SRP시스템은 학교전체 자원의 흐름을 효율적으로 신속하게 파악하고 업무를 일원화하여 정보화를 통한 교원 사무의 경감과 동시에 학교경영을 위한 정보 및 지식의 제공을 그 주된 목적으로 한다고 할 수 있다. 지난 2003년에 도입된 국가적 차원의 정보화시스템인 NEIS(National Education Information System)는 이러한 SRP 시스템의 확대모형으로 생각할 수 있다. 즉 SRP가 단위학교에 지원되는 자원관리 시스템이라면 NEIS는 전 국가차원의 교육정보관리 시스템이라 할 수 있는 것이다.

2) 활용 기술

첫째, 사용자 인터페이스(GUI)이다. 지금까지 학교를 경영하기 위해 주된 데이터를 다루는 업무는 학교 구성원 중 극히 일부분만이 데이터를 도맡아 처리하고 있었다. 그리고 전산시스템 등 기존의 정보시스템은 문자를 중심으로 한 시스템의 구성과 영어를 위주로 한 전산용어가 사용되었기 때문에 사용자가 쉽게 시스템에 접근할 수 없었으며, 일부 시스템에 능한 직원에게 모든 업무를 전담하도록 해야만 하는 단점이 있었다. 이런 상황에서 그래픽을 사용자 인터페이스로 하는 GUI(Graphic

User Interface) 기술의 등장은 정보시스템을 누구에게나 편리한 도구로 이용할 수 있는 가능성을 열어주었다. GUI 기술은 학교 내의 모든 사용자가 쉽게 정보시스템에 접근할 수 있는 계기가 되었다.

둘째, 개방형 시스템이다. 업무별로 분할되고 독립적으로 운영되는 시스템은 교수-학습 활동 및 지원업무, 각종 재무의 관리와 통제, 정보 및 각종 분장 업무에 대한 종합적인 관리가 필요하게 되었다. 그래서 지금까지 독립적으로 사용되던 업무(Stand-Alone System)들이 상호간의 연계와 통합을 이룰 수 있는 기술이 등장하게 되었다. 개방형 시스템(Open System)은 다른 종류의 시스템의 연계를 원활히 지원해 주는 통합 시스템 구축의 기본 골격을 형성하고 있으므로 전 학교적인 자원의 통합관리를 기본목표로 하는 SRP시스템의 기본 개념이 된다. 어느 한 영역에서의 정보나 데이터의 입력은 이와 유사한 다른 영역에서의 데이터의 입력을 필요로 하지 않으며, 한 번의 입력으로 다른 시스템에서도 정보의 입출력이 가능한 시스템이다.

셋째, 클라이언트/서버 시스템이다. C/S 시스템의 개념은 공용성이 높은 정보는 서버시스템에서 보관하여 관리하고 개별적인 시스템은 사용자 측의 클라이언트 시스템에서 관련 정보를 보관하여 관리하는 개념으로, 시스템의 소형화(Down sizing)에 기여하고 있다. 교사당 적정수의 컴퓨터 단말기를 통해 교무실까지 오지 않아도 개별 교실이나 적절한 장소에서의 데이터 및 정보입력이 가능해 짐으로써 업무의 효율성을 한층 더 향상시킬 수 있는 시스템이다.

넷째, 관계형 데이터베이스와 객체지향 기법이다. 관계형 데이터베이스가 분산 환경의 정보시스템에 기초정보로 사용되면서 SRP 시스템의 기본 데이터베이스로 널리 활용되고 있다. 관계형 데이터베이스란 일련의 정형화된 테이블로 구성된 데이터 항목들의 집합체로서, 그 데이터들은 데이터베이스 테이블을 재구성하지 않더라도 다양한 방법으로 접근하거나 조합될 수 있다. 예를 들면, 학기 초에 교사가 학생의 성명, 주소, 전화번호 등 인적사항을 입력해 놓으면, 성적처리나 생활지도, 학급경영에 필요한 통계자료 등을 추출할 때 별도로 입력하지 않아도 자동으로 데이터베이스에서 테이블의 형태로 지원해주는 기능이라 할 수 있다.

다섯째, 제4세대 언어와 CASE이다. 사용자가 컴퓨터 프로그래밍에 대한 전문지식이 없더라도 원하는 업무의 전산 프로그램을 간단하고 용이하게 개발할 수 있도록 해주는 제4세대 언어의 등장은 사용자 중심의 프로그래밍을 지향하는 것이다. 그리고 소프트웨어 품질보증의 측면에서 개발의 자동화를 지원하는 CASE(Computer Aided Software Engineering)도구는 시스템의 개발 효율화에 많은 공헌을 하게 되었다. 제4세대 언어는 거의 인간의 언어에 가까운 컴퓨터 프로그래밍 언어로서, '어떻게 구현할 것인가'가 아니라 '무엇을 구현할 것인가'에 더 중점을 두는 언어이다. 이러한 언어의 등장은 학교와 같이 정형화되지 않고 인간에 의해 이루어지는 업무가 많은 조직에 보다 효과적으로 정보시스템을 도입할 수 있도록 해 준 것이다.

여섯째, 워크플로(Work-flow)이다. 학교업무가 복잡해지면서 서류들이 점점 복잡해져가고 있고, 업무 관리의 표준화가 더욱 어려워지고 있다. 워크 플로는 학교의 업무들에 대한 자동화, 표준화를 지향하고, 관련 업무 간의 연계성, 정보의 효율적 관리와 운영에 많은 도움을 주게 되며, 또한 정보시스템과의 연관성을 강조하는 것이다. 어떠한 특정 업무가 행해지는 흐름을 뜻하는 것으로, 예컨대, 교사가 출장을 가려면 우선 출장을 지시하는 공문을 바탕으로 출장을 신청하게 되고, 출장신청은 부장교사, 교감, 교장 등 상급자의 결재를 받아야 가능하다. 즉, 출장신청의 워크플로란 공문수령-출장신청-상급자의 결재-출장 후 복명-여비지원 등의 단계로 이루어지며 각 단계에 적합한 정보화시스템을 구안할 수 있다.

일곱째, 전자문서 교환이다. 학교내, 학교간, 혹은 상위 교육기관들과의 업무처리시 단순 데이터만으로는 내용의 전달이 불충분한 경우가 종종 발생하게 되는데, 이는 데이터를 표현하는 구조화된 표준양식과 데이터의 교환이 필요하게 된 것이다. 전자문서교환(EDI: Electronic Data Interchange)은 사람의 간섭이나 데이터의 재입력없이 데이터가 수신자의 컴퓨터에 자동으로 입력되어 처리되는 것을 목적으로 하고 있다. 전자결재 시스템이나 메신저 프로그램 등은 공간을 초월하여 양방향 의사소통의 가능성을 열어주었으며 정보의 공유와 획득에 있어 보다 신속하고 정확하게 전달될 수 있도록 한다.

여덟째, 데이터 웨어하우스이다. 정보화시대에 들어서면서 기업의 데이터는 기하급수적으로 늘어나고 있는 실정이다 그러나 데이터가 학교의 가치 있는 정보로 활용되기 위해서는 각 기능에서 수집하고 보유한 원 데이터(Raw Data)에 대해 여러 각도로 분류하고 결합하는 분석과정을 거쳐야만 한다(이동길, 1999). 데이터 웨어하우스 개념은 학교의 각 기능이나 부문에서 가지고 있는 데이터를 사용자의 요구와 필요에 부합되도록 정보를 효율적으로 가공하여 표나 각종 그래픽으로 분석하는 기술이다.

3) 기대 효과

먼저, 물류와 자금, 인사관리, 학생현황 등 학교경영에 관한 모든 자원의 흐름을 실시간(real-time)으로 파악할 수 있다. 특히 학부모나 학생들에 대한 서비스의 제공시간을 단축시킬 수 있고 정보처리속도와 비용을 최소화함으로써 업무부담을 경감시키고 인적 물적 자원의 효용을 극대화할 수 있다. Paperless의 실현을 통해 업무 효율은 매우 증대될 수 있고 원가절감의 효과 또한 동시에 기할 수 있다.

둘째, 업무의 소량화, 단순화가 촉발된다. 강력한 OLAP(On-Line Analysis Processing)기능을 통한 계획 및 현황에 대한 분석으로 정확한 의사결정을 지원한다. 그러므로 현황파악을 하기 위해서 직접 학교의 여기저기를 뛰어다닐 필요가 없게 되며, 무엇보다 데이터 입력을 한 번만 하면 모든 종류의 결과를 볼 수 있다. 예를 들어 신규 임용된 교사의 신상 등 인적사항은 일단 한번 입력하면 그 자료가 어디서든 열람이 가능하고, 학교시스템내의 모든 모듈에 동시 적용되기 때문에 재무회계, 인사관리, 연구/개발, 학생지도 등의 활동에 일일이 다시 입력할 필요가 없게 된다.

셋째, 업무의 표준화, 자료의 표준화를 통해 시스템을 통합함으로써 정보의 일관성을 유지하고 관리 등의 중복업무를 배제하며, 업무 능률을 향상시킬 수 있다. 새로운 업무에 대한 신속한 대응능력을 향상시켜서 교사들이 가진 지식의 공유가 손쉽게 이루어질 수 있으며, 특정 업무에 관한 특별한 Know-how도 쉽게 전달될 수 있다.

넷째, 학생들에 대한 보다 신속하고 정확한 대응이 가능해 짐으로써 교수-학습활동 패턴을 파악하고 개선할 수 있다. 개방적이고 투명한 학교 경영은 학생들로 하여금 의사소통의 기회를 더욱 많게 하여 교사와 학생간의 자유로운 의사교환과 피드백이 가능하게 된다. 특히 교수방법적 측면이나 수업평가의 측면, 시설 및 기자재의 활용 측면에서 교육의 질을 향상시킬 수 있다.

다섯째, SRP 시스템의 운영은 학교운영에 있어서의 변화를 보다 쉽게 관리할 수 있도록 함으로써 새로운 조직문화의 형성에도 기여할 수 있다.

새로운 시대의 경영에 대해 예견한 학자 Savage(1990)에 의하면, 앞으로의 새로운 경영방식은 순차적 작업처리에서 병행작업으로, 지위에 의한 권한에서 지식에 의거한 권한으로, 수직적 의사소통에서 수평적 의사소통으로 전환되어야 한다. 그리고 제5세대 경영의 핵심은 사람들 간의 연관관계(human Networking)이며, 이러한 관계를 위해서는 비전의 제시, 우수한 인력 확보, 능력개발, 데이터 통합전략 개발, 지식베이스 개발이 중요하다고 하였다. 결국, 그에 의하면 제5세대의 경영은 컴퓨터를 중심으로 한 유연한 조직체제 운영이 필수적이어야 하며, 지식사회, 지식경영의 기본이 된다.

지식경영의 기본 방향은 '지식을 얼마나 가지고 있는가'가 관건이고, 이를 위해서는 정보기술을 이용한 도구의 활용으로 문제를 해결해야 하는 의도가 숨어있다. 개인과 조직 간의 지식교류를 위한 지식네트워크, 사용자의 지식활동을 위한 각종 분석 및 프레젠테이션 도구, 사용자의 시스템 활용제고를 위한 GUI 기능, 사용자의 지식검색을 지원하는 지식지도, 지식의 저장 및 관리를 위한 지식베이스와 지식스키마, 조직 내・외부 시스템과 데이터, 정보, 지식의 인터페이스 등은 부족하고 단절된 지식자산을 연계하고 현재의 시스템을 보완하여 보다 발전된 형태의 지식정보를 획득, 공유, 저장 할 수 있게 한다. 다시 말해 정보시스템을 이용한 새로운 문화형성이란 기존의 것과 완전히 다른 새로운 시스템(문화)을 구축하는 것이 아니라, 기존의 시스템(문화)를 최대한 활용하고 필요한 기능만을 추가적으로 보완하여 보다 새로운 문화를 창출해 내는 도구의 역할을 하는 것이다.

그러나 정보기술이나 SRP 시스템이 문화와 관련하여 해결해야할 과제도 많다. 정보시스템은 근본적으로 업무의 효율을 중시하는 일반 업무체계를 구현하기 때문에 '알고 있는' 업무를 '어떻게' 처리할 것인지에 대해서는 명확한 해답을 주기 어렵다. 즉, 정형화된 형식범위 내에서만 데이터를 입력할 수 있고 관리할 수 있는 한계에서 벗어나 비정형화 되고, 질적이며, 문장으로 표현하기 어려운 지식들을 어떻게 시스템으로 구사할 것인지의 문제를 해결해야 한다.

바. 학습자관계관리시스템

1) 필요성

SRM은 기존의 학교경영기법을 철저한 학습자 지향으로 바꾸는 적극적인 신경영기법이라고 할 수 있다. SRM은 학습자와의 보다 인간적인 신뢰관계를 전제로 하되, 학습자의 진정한 요구사항(needs)을 파악하고 지속적인 커뮤니케이션을 통해 그것을 충족시켜줌으로써 최상의 교육효과를 불러일으킬 수 있는 전략적인 경영기법이다.

또한 학습자의 소질과 적성 등의 학습자에 대한 특성을 바탕으로 학습자를 차별적으로 관리하는 방법이며, 학습자와 관련된 학교 내・외부 자료를 분석, 통합하여 학습자 특성에 기초한 교육활동을 계획・지원・평가하는 관리체계이다.

이상의 특성을 바탕으로 학습자관계관리(SRM)에 대한 개념정의를 내려 보면 "SRM이란 학습자에 대한 정확한 이해를 바탕으로 학습자의 소질과 적성에 맞는 다양한 교육서비스를 지속적인 커뮤니케이션을 통해 제공함으로써 창의적인 능력을 기르도록 하는 시스템이다"라고 할 수 있다.

교육의 궁극적인 목적은 교과의 내용을 가르치는 데 있는 것이 아니라 인간을 가르치는 것에 있다. 이홍우(1998)는 교육의 목적을 가능성으로 보고 있으며, 결국 그러한 가능성은 인간으로부터 시작한다. 따라서 교육의 출발은 인간의 올바른 이해에서부터 비롯되어야 한다(강이철, 2001). 즉, 교육은 한 인간의 독특한 특성을 이해하여 그 특성에 가장 부합하는 교육서비스를 제공할 때 최대의 효과를 보장받을 수 있을 것이다. Bloom(1976)은 '인간의 제 특성과 학교 학습'에서 학습자의 특성이 학업성취도의 약 65%를 결정할 것이라고 말하였다 그가 주장하는 '각자에서 바람직한 학습 환경'이란 결국 학습자의 능력, 적성, 흥미, 요구, 학습 스타일 등에 대한 개인차를 최대로 고려한 교육서비스와 같은 개념으로 해석될 수 있다.

개별화된 학습의 실현은 학습자 특성(학습능력, 적성, 요구, 흥미에 대한 개인차)의 분석에서 출발한다. 즉, 개인차의 확인과 활용은 교육의 개별화를 위한 출발점이요 종착점이며, 개인차를 정확하게 진단하지 않고 교육의 개별화를 꾀하는 것은 모래 위에 집을 짓는 것과 같다(강이철, 2001). 결국 개별화된 학습을 위해서는 학습에 영향을 미치는 개인차 변인들을 개인 학습자에게 어떻게 적응시키느냐의 문제이다.

과거의 학교교육이 학습자의 개인차를 무시한 소품종 대량생산체제였다면 미래의 학교교육은 학습자의 개별 특성을 고려한 다품종 소량생산체제를 구현함으로써 학습자 각자의 적성과 흥미에 부합되는 차별화된 교육서비스를 제공함으로써 창의성인 능력을 가진 인간을 육성해야 할 것이다. 따라서 차별화된 교육서비스를 제공하기 위해서 정보기술을 기반으로 하는 SRM의 도입이 필요하다고 할 수 있다.

2) 전제조건

학교가 학습자에 대한 SRM 전략을 성공적으로 구현하기 위해서는 우선 다음과 같은 세 가지 전제조건이 선행되어야 한다.

첫째, 학습자 통합 데이터베이스가 구축되어 있어야 한다. 즉, 학습자의 흥미, 적성 및 다양한 활동을 수집・저장할 수 있는 통합 데이터베이스 및 정보파일이 구축되어야 한다. 이를 위해서는 학습자에 대한 분산된 정보를 통합하여 저장하는 데이터웨어하우징 작업이 이루어져야 한다. SRM을 위해서는 학습자와 관련된 전교적(全校的)인 정보의 공유체제가 확립되어야 한다.

둘째, SRM의 활용성을 높이기 위해서는 학습자에 대한 통합 데이터베이스로부터 학습자의 특성을 분석・가공할 수 있는 데이터마이닝 도구가 구비되어야 한다. 데이터마이닝은 학습자에 대한 지식을 얻고 학습자를 분류하고 이해하는 데 사용되는 필수적인 요소이다. 이를 통하여 학교가 학습자를 종래와 같이 집단적으로 취급하는 데서 벗어나서 개별 소비자로서 구별할 수 있음으로 해서 학습자를 구체적으로 고객화 할 수 있기 때문이다.

셋째, 학습자 집단의 세분화를 통한 학습자 분석 및 그에 따른 학습자 관리 목표설정을 통해 세워진 전략을 활용할 수 있도록 다양한 교육서비스 채널이 연계되어 있어야 한다. 이러한 교육서비스 채널은 학습자들이 쉽게 이용할 수 있도록 하는 사용자 친화적으로 구성되어야 한다.

3) 구성내용

SRM은 학습자 데이터의 세분화를 실시하여 학습자를 적극적으로 관리하고 유도하며 학습자의 가치를 극대화시키는 교육의 과정이라고 할 수 있다. 즉, 학습자에 대한 정확한 이해를 바탕으로 학습자가 원하는 교육서비스를 지속적으로 제공함으로써 결과적으로 학습자의 평생가치를 극대화하고 교육성과를 높일 수 있는 통합된 학습자 관리 프로세스인 것이다.

첫째, 학습자 가치 관리가 필요하다. 학교가 학습자의 요구사항이나 원하는 것이 무엇인지를 정확히 파악하고 자세히 나누어 그에 맞는 교육서비스를 제공해 줄 수 있다면 학습자의 만족도가 높아지는 교육이 이루어짐과 동시에 교육성과도 제고될 수 있음은 당연하다. 학습자의 가치를 관리한다는 것은 학습자의 요구를 정확히 파악하고 그것을 학교의 목적에 맞도록 세분화하는 일이라 할 수 있다. 학교환경에서 고려할 수 있는 학습자의 요구(학습자의 가치)는 다음과 같은 것이 포함되어야 한다.

- 학습자의 흥미 및 적성에 적합한 교육서비스 제공
- 학습자가 원하는 적시에 교육서비스 제공
- 학습시간, 노력의 절약
- 양질, 고수준의 교육서비스
- 사이버 교실(e-learning)의 확대

물론 교육프로그램의 특성이나 학습자의 종류에 따라서 달라질 수 있겠지만 일반적으로 이상과 같은 고객요구가 파악되어져야 할 것으로 보인다.

둘째, 학습자 상호작용 관리가 필요하다. 학습자와의 상호작용은 단지 수업을 통해서만 이루어지는 것이 아니라 학생상담, 사이버 교실에서의 학습 등 다양한 분야에서 다양한 방법으로 발생한다. 일련의 교육서비스가 제공된 후 학교는 학습자의 정보를 피드백 하여 교육의 질을 높여나감으로써 학습자와의 일체감을 계속적으로 유지해 갈 수 있다. 성공적인 학습자 유지는 학교가 다음의 세 가지의 원리를 지키는 것에 달려 있다고 할 수 있다.

① 상호작용을 유지하는 것
② 학습자에게 분명한 가치를 계속 전달할 것
③ 학습자가 다른 단계로 계속적으로 변화한다는 것을 이해할 것

학교가 학습자와 관계를 맺기 위해서는 먼저 그들을 이해하는 것이 선행되어야 한다. 학습자를 이해하기 위해서는 자세한 분석과 학습자와의 상호작용을 결합시켜야 한다. 이 단계에서의 조직의 활동은 네 가지로 요약할 수 있다.

① 학습자의 적성, 흥미, 학습 스타일 등에 관한 자료를 수집한다.
② 학습자를 유사한 특성을 보이는 논리적인 그룹으로 묶어서 세분화 한다.
③ 학습자의 요구사항이나 생각을 알기 위해 끊임없이 조사・연구한다.
④ 학습자의 생애가치나 잠재능력 계발 및 학습 성과 제고를 위해 학습자를 평가한다.

셋째, 학습자를 식별해서 그들의 요구 및 가치를 파악하고 학습자와 원활한 커뮤니케이션이 이루어진 다음에는 학습자 개인별로 교육서비스를 차별적으로 제공해야 한다. 이를 효율적으로 실행하기 위해 다음의 내용에 중점을 두어야 한다.

① 학습자의 적정한 세분화 : 학습자의 분류를 어느 정도 자세하게 할 것인가이다. 지나치게 세분화하면 오히려 학습자의 가치보다 세분화에 대한 비용이 많아져서 문제가 된다. 반면에 너무 엉성하게 세분화하여도 비용은 낮아지지만 학습자의 요구와의 틈이 커져서 교육성과가 감소하는 원인이 된다.
② 분류별 명확한 지위와 대응 : 적절한 분류가 이루어지면 각각의 분류별로 명확한 개념이나 의미를 부여하게 된다. 그리고 그에 따른 대응책을 마련하여 적당한 지원을 해야 한다. 예를 들어 학습에 대한 관심도 높고 학습성과도 우수한 학습자의 경우에는 자신의 요구를 명확히 이해하고 있다고 볼 수 있으므로 요

구에 꼭 맞는 것을 간편한 형태로 실현 제공하는 것은 물론 부가서비스(심화학습)에 대한 차별적인 대우가 필요하다. 반면에 처음부터 학습에 전혀 관심이 없는 학습자의 경우에는 학습흥미를 유발시킬 수 있는 유인가를 제공한 후 학습에 대한 관심이 생길 것을 대비하여 적시 접근이 가능하도록 모든 준비를 갖추어 놓는 것이 필요하다.

③ 정보수집과 개별 대응능력 강화 : SRM의 성공과 실패는 학습자를 정확히 판단하고 대응하는 학교의 능력여하에 따라 결정된다는 것을 잊어서는 안 된다.

4) 절차

학교를 중심으로 한 SRM 기법은 철저히 학습자 중심적이며, 학습자의 가치를 고려하고 학습자를 하나의 로열티로 간주하고 있다는 점이 특징이다. 즉, 학습자의 정보를 수집하고 수집한 정보를 저장 및 가공하며, 학습자정보에 접속하고, 학습자 데이터를 조직하고, 학습자 데이터를 유형화하고 분석하여 학습자에게 생애가치를 부여하고자 하는 학교경영기법이다. SRM은 대체로 다음의 네 가지 단계를 거치면서 이루어진다.

첫째, 학습자 관계 데이터 수집단계이다. 이 단계에서는 학습자의 적성, 흥미, 학습에 관한 메시지, 학습자가 수행한 과제 분석결과, 학습자 활동 프로파일, 학습자의 학습이력, 관심분야, 교육 받고 싶은 분야 등의 학습자와 관련된 데이터를 수집하는 활동이 이루어진다.

둘째, 수집한 학습자 관계 데이터를 분석하는 단계이다. 이 단계에서 개개의 학습자 관계 데이터를 마이닝[13] 한다. 이 단계에서 시스템은 학습자의 학습스타일, 학습시간, 학습자의 선호분야, 적성, 흥미, 학습자의 과목별 선호도 등 학습자와 관련된 데이터 분석을 통해 학습자의 개인적 특성을 알아내는 활동이 이루어진다.

셋째, 학습자의 개인적인 가치(로열티)를 알아내기 위해 분석에 기초한 전략 세우기 단계이다. 이 단계에서 시스템은 학습자 관계 데이터의 분석을 통해서 학습자에게 차별적인 교육서비스를 제공하기 위한 전략을 재구조화 하는 활동이 이루어진다.

넷째, 전략에 입각한 교육적 처치의 단계이다. 이 단계에서는 교실 또는 사이버

13) 데이터마이닝이란 대량의 데이터로부터 쉽게 드러나지 않는 유용한 정보들을 추출하는 과정을 말한다. 여기서 정보는 묵시적이고 잘 알려져 있지 않지만 잠재적으로 활용가치가 있는 정보를 말한다. 다시 말해 데이터마이닝이란 조직이 보유하고 있는 내외부 데이터를 기반으로 숨겨진 지식, 기대하지 못했던 패턴, 새로운 법칙과 관계를 발견하고 이를 실제 경영의 의사결정 등을 위한 정보로 활용하고자 하는 것이다.

교실의 교육경로를 통해 실제로 학습자에게 적응적인 교육환경을 제공해 주는 활동이 이루어지게 된다. 예를 들어 학습자 관계 데이터의 분석을 통해서 학습자에게 적응적인 인터페이스가 제공되며 학습내용이 적응된다. 또한 개별 학습자의 활동을 수량화하여 가치를 부여함으로써 학습자의 학습 참여도 및 학습 상호작용을 증진시키게 된다.

사. 학교지식경영정보시스템

1) 구성요소

학교에서의 지식경영은 학교교육의 질 향상을 목표로 하고 있다. 학생의 학업성취 수준의 향상과 학교교육에 대한 만족도를 높이는 것, 그리고 학교교육을 통해 반드시 이루어져야 할 교육적 활동이 제대로 이루어지는 것 등이 이에 포함된다. 이를 위해 필요한 다양한 지식과 정보가 교직원 개인 수준 및 집단 수준, 학교 수준에서 학습이 이루어지는 것을 목표로 한다(윤정일 외, 2003).

지식기반 학교경영은 '학교와 학교 구성원들의 개인적 · 팀적 · 조직적 지식의 관리와 조직 학습을 통해 학교의 학습 역량을 향상시켜 학교교육의 목표 달성 수준을 높이는 것'이다(정금현, 2003). 지식기반 학교경영은 학교의 혁신 역량을 강화하고 학교교육의 질을 높이기 위해 교사의 전문적 지식, 행정 업무지식, 교육적 상황지식을 획득하고 이를 공유함으로써 효과적으로 활용하고 저장하는 일련의 과정이다. 학교에서의 지식경영은 학교교육활동을 지원하는 핵심적 지식을 신속하게 창출, 전파, 보급하고, 기존에 보유하고 있는 교수학습 및 업무지식을 체계적으로 분류 · 정리하여 업무처리의 효율성을 도모함으로써 학교 교육력을 제고할 수 있다. 이러한 지식경영의 수단으로 학습조직이 필요하며, 조직학습은 학습조직의 과정이며, 학습조직은 조직학습의 결과이다.

학교의 지식경영을 위한 구성요소는 크게 기술적 차원과 관계적 차원으로 나눌 수 있다. 기술적 차원은 정보기술요소와 지식요소로, 관계적 차원은 문화요소, 인적요소로 구성하고 있다. 기술적 차원은 지식경영에서 지식 그 자체와 정보기술을 강조한 측면이며, 관계적 차원은 지식경영에서 인간적 측면을 강조한 것이다.

가) 정보기술

정보기술은 지식경영이 등장할 수 있는 기초를 제공했기에 학교에서 효과적인 지식경영을 위해 필수적인 하드웨어적인 요소이다. 학교조직에서 정보기술적 차원은 컴퓨터, 데이터베이스, 네트워크의 세 가지로 구성된다. 그래서 지식경영의 기본 인프라는 조직 내 컴퓨터의 활용과 하드웨어, 소프트웨어 구축이 기본이 되어야 하고, 지식 축적의 도구로 데이터베이스와 지식공유의 기반으로 네트워크가 구축되어야 한다.

이러한 정보기술적 측면은 지식관리적 측면과 정보인프라의 활용 측면으로 구분할 수 있다. 지식관리시스템은 조직내 지식자원의 가치를 극대화하기 위하여 통합적인 지식관리 프로세스를 지원하는 정보기술 시스템이다. 지식관리시스템은 지식경영의 인프라이며 지식의 획득에서 축적, 공유 및 활용, 평가 및 새로운 지식의 창출에 이르는 지식의 전체 생명주기를 효과적으로 관리하는 경영도구이다. 학교에서의 지식관리시스템에는 학교종합정보시스템, 학교홈페이지, 학내망, 온라인 학교, 교육행정정보시스템, 시・도교육청 홈페이지 등이 있다. 학교교육정보화 사업의 결과 정보인프라는 구축되었다고 볼 수 있다. 그러나 정보인프라의 기반 구축이상으로 중요한 정보인프라의 활용 측면은 교장과 교사의 정보화에 대한 인식이나 정보소양 능력에 따라 그 활용 정도는 상당한 차이가 있다.

나) 지식요소

지식이란 '학교 교육활동을 수행하는데 필요하고, 의미 있는 정보로서, 학교경영의 부가가치를 창출할 수 있는 것'으로 학교가 보유한 조직차원에서의 교육적・행정적 지식은 물론이고 교사 개개인이 보유하고 있는 교육에 관한 무형적・유형적 지식을 포함한다. 학교에서 지식은 교사의 전문적 지식, 행정업무지식, 교육적 상황지식으로 구분할 수 있으며, 지식의 소유 주체에 따라 개인지식, 조직지식으로, 표현 가능성에 따라 암묵지와 명시지로 나눌 수 있다.

교사의 전문적 지식은 지식의 내용에 따라 교과내용 지식, 교수방법 지식, 교육과정 지식, 학생에 관한 지식, 연구지식으로 구분하고 있으며, 행정업무지식은 교육기획, 인사행정, 장학, 리더십, 인간관계, 시설 및 재정, 학사행정, 학교 행정 사무관리와 같은 경영적 과업에 관한 지식으로 구분하고 있다. 교육적 상황지식은 사회의 지배적인 교육 패러다임에 대한 이해, 교육철학적 지식, 교육관, 미래사회의 변화에 대한 지식, 정보화 사회의 정보통신지식, 학교에 대한 교육수요자의 요구에 대한 지식 등을 포함하고 있다. 교육적 상황지식은 구성원의 멘탈모델을 결정하는 중요한 요인이며, 암묵지이지만 명시지화 하여 교육을 통하여 전달할 수도 있다.

다) 인적요소

학교에서 지식경영을 위해 핵심적인 관리 요소로 등장하는 것이 조직의 인적요소인 지식근로자이다. 지식근로자는 교사 및 교장을 포함한 모든 학교구성원이 될 수 있다. 산업시대의 교사는 정보전달자였으나, 지식기반사회에서의 교사는 안내하고 지휘하는 조정자로서의 역할을 강조한다. 또한 일상적인 업무처리과정에서도 관료적 통제와 탈 기술화로 인한 교직의 단순 사무직화를 극복하고 자율적 교육활동과 학습을 중심으로 한 교사들 간의 인간관계가 중요하게 되었다. 지식근로자로서 교장의 능력 중 강조되는 것은 네트워킹 능력으로, 특히 인적네트워킹 능력은 인간과 인간의 직접적인 접촉을 통해 필요한 정보나 지식을 교환하거나 공유하는 능력으로서 정보네트워킹보다 효율적인 경우가 더 많다고 보고 있다. 교장은 학교조직에서 최고 지식책임자(CKO: Chief Knowledge Officer)로서 구성원들의 지적 호기심을 자극하고, 개발해줄 수 있어야 하며, 학교 안에서 지식공동창고의 핵심적인 운영자로서 활동해야 한다. 그리고 새로운 아이디어와 발상을 하는 구성원들에 대해서는 그에 상응하는 보상을 해야 한다.

교사는 지식에 대한 개방성, 인지성, 최신성, 자기학습력을 가져야 한다. 인적요소의 개방성은 자신의 지식을 공개하고 타인의 지식을 받아들이려는 개방적인 마인드를 가져야 한다는 것이다. 인적요소의 인지성은 구성원들이 지식의 가치와 지식관리의 필요성에 대한 인지도이다. 이러한 인지성이 높을수록 인적요소는 지식관리에 몰입하여 지식경영에 기여할 것이다. 인적요소의 최신성은 지식근로가 새로운 지식을 추구하고자 하는 정도이다. 지식근로자가 새로운 변화에 민감하고 새로운 교육적 시도를 하려고 노력하는 것은 창의적인 교육활동을 위해 반드시 필요하다. 자기학습력은 지식과 정보를 수집 · 저장 · 활용하는데 있어 자신감을 느끼는 정도를 의미한다. 교사 개인의 기본학습능력, 정보통신기술, 정보가공능력, 정보소양능력은 지식경영에서 새로운 지식과 정보의 수집, 활용에 중요한 영향을 미칠 것이다.

라) 문화요소

문화요소는 조직 내의 지식 친화적인 분위기 및 지식 공유를 위한 조직구조 형성, 의사소통채널 및 관계의 다양성을 의미한다. 조직구성원이 자발적으로 지식을 공유할 수 있는 분위기를 형성하기 위해서는 조직의 의사소통이 개방적이어야 하며 기존의 경직된 계층 구조에서 벗어나야 한다.

2) 과정

지식경영 과정은 지식의 흐름이며, 구체적으로는 지식의 획득, 공유, 저장, 활용의 순환과정으로 반복적이며 학교조직이 존속하는 한 계속적으로 일어난다. 이러한 과정은 별도의 분리된 과정이기보다는 하나의 통합된 과정이며, 각 과정은 개인지식과 조직지식의 상호 전환 관계에 의해서 유지된다.

학교에서의 지식경영은 개인수준에서 보면 교사가 교육활동을 통해서 지식을 획득, 공유, 저장하는 과정이며, 조직 수준에서는 학교의 일상적 교육활동에 대한 이해와 새로운 지식의 창출, 교육활동을 개선하기 위한 노하우의 획득, 공유, 저장을 통해 학교조직의 적합성을 찾아가는 과정이다. 이러한 개인지식과 조직지식은 특정 맥락에 깊이 몰두한 실제 경험을 통해서 얻을 수 있기에 교사의 일상적 교육활동에 대한 의미부여 및 학교 교육 활동에 대한 새로운 의미를 탐구하는 과정을 통해서 이루어진다.

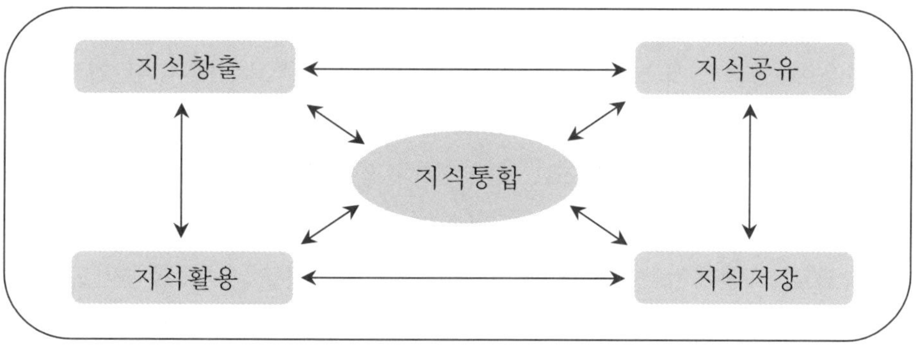

[그림 Ⅸ-6] 학교의 지식경영 프로세스

가) 지식창출(Create knowledge)

지식의 획득은 정보처리적 관점에서는 지식의 창출, 공유, 저장, 활용과정에서 첫 단계이지만 현상학적 관점에서는 연속적인 순환과정의 하나이다. 지식창조는 새로운 지식의 생성 및 현존하는 정보와 지식을 수집 또는 획득하고 만들어내는 과정이다. 지식획득은 개인 및 조직이 지식을 습득, 생성, 창출할 때 발생하며, 이러한 지식, 사실, 정보의 습득은 조직환경을 평가하거나 정보를 저장, 관리, 재생하는 정보시스템의 활용, 또는 조직 자체의 연구개발 활동, 경험, 세미나 참여, 벤치마킹, 그리고 교육, 훈련 등에 의해 이루어진다. 이렇게 해서 입수된 지식은 개인의 도식체계 및 조직의 규범, 절차, 문화 등으로 구성된 지각적 필터에 의해 걸러진 후 수용된다.

지식획득 활동을 지식제공원천에 따라 조직내부・조직외부, 관계 유형에 따라 수직적・수평적 관계로 나눌 수 있다. 지식 제공의 원천은 다시 정보 출처에 따라 정보시스템, 문서, 사람으로 나누고, 매체는 대면접촉 및 대화, 책 및 보고서, 디지털 자료, 전화, 공문서, 개인적 문서로 구분한다. 지식 획득 행위는 현직연수, 공문서 확인, 교내장학, 동료와의 대화, 정보매체 검색, 연구물 및 보고서 검토(개인적 탐구)로 분류한다. 이 외에도 대학원 교육, 교과교육 연구모임도 교사의 지식획득 행위에서 중요한 부분을 차지한다.

나) 지식공유(Share/Distribute knowledge)

지식공유는 개인에 내재화되어 있는 다양한 지식을 학습조직 또는 정보기술을 통해 조직 구성원들 상호간 지식으로 전환해 가는 과정이다. 따라서 학교조직에서 지식공유는 학교조직의 목적 달성을 위해 개인적, 조직적 지식이 다양한 채널을 통해서 교류되는 과정이다.

지식공유의 영향요인 또는 지식공유의 저해요인과 성공요인에 대한 연구에서 핵심적인 것은 지식공유가 사회적 교환관계 요인 및 정보시스템과 같은 기술적 요인에 영향을 받는다는 것이다. 구체적으로 지식관리과정에서 공유에 영향을 미치는 요인은 정보기술요소, 지식요소, 인적요소, 문화요소에서 찾을 수 있다.

정보기술요소 측면에서는 지식공유의 수단으로서 정보기술의 활용빈도가 높고, 정보기술이 지식공유의 수단으로 그 가치를 인정받아야 공유가 원활하다고 할 수 있다. 지식요소 측면에서는 지식 그 자체의 내용 및 표현 가능성에 따라 공유의 수준이 달라질 수 있다. 지식 그 자체가 암묵지인 실천적 지식은 공유에 어려움을 겪는다. 인적요소 측면에서 지식근로자 간의 신뢰와 개방성이 지식공유의 수준을 결정한다. 상호간의 의사소통은 신뢰를 쌓고, 이는 다시 의사소통을 증대시키고 궁극적으로 지식의 공유를 조장한다. 개방적인 의사소통은 서로 교환되는 지식에 대해 쉽게 접근할 수 있도록 하여 지식의 교환과정을 시스템화하는 것을 가능하게 한다. 문화요소 측면에서는 지식공유를 위해 지식접근도를 높여야 한다. 지식을 필요로 하는 사람이면 누구나 쉽게 접근할 수 있어야 하고, 지식의 특성에 따라 다양한 매체를 활용할 수 있어야 한다. 조직학습과 관련된 많은 이론에서 조직 구성원들 사이에 공통된 인식의 틀을 가지고 있을 경우, 조직 내부에서의 지식전파가 효율적으로 일어난다고 주장하였다.

다) 지식저장(Store knowledge)

지식저장은 지식의 체계적인 축적과정이고 새로운 지식창출의 기본이 된다. 지식은 만들어지는 것이 아니라 쌓이는 것이다. 아무리 새로운 지식이라도 기존의 지식을 바탕으로 한 것이다. 기존의 지식은 새로운 지식으로 변형되거나 새로운 지식의 일부가 되거나 아니면 최소한의 영감을 얻는 계기가 작용한다.

지식의 저장을 위해 지식창고를 활용할 수 있다. 지식 창고를 구축하는데 있어서 중요 관리적 이슈는 안정성, 접근성, 매체 다양성의 확보이다. 안정성은 지식창고의 신뢰성과 관련된 이슈로 저장된 지식의 일관성과 중복성의 배제를 의미하며, 접근성은 시간과 장소에 구애됨 없이 신속한 지식에의 접근 보장을 의미한다. 그리고 매체의 다양성은 지식이 단순한 문자에서부터 이미지, 동영상 등 여러 가지 형태로 표현되므로 지식창고도 이러한 다양한 형태의 지식을 수용할 수 있어야 한다는 것이다.

라) 지식활용(Utilize knowledge)

지식활용은 공유된 지식을 가치창출을 위하여 사용하고 피드백하는 제반과정을 말한다. 지식을 획득하고 창출하여 형성된 지식은 조직에 체계적으로 축적되고 다양한 경로를 통해 활용되어야 한다. 자료가 정보로 전환되어 시간이 경과함에 따라 일부 정보는 가치가 감소하여 사라지고 보존가치가 있는 지식은 조직에 축적되어 순환적으로 활용되는 과정을 밟는다. 조직에 지식을 축적한 지식베이스를 활용하게 하려면 인적 네트워크를 확산시키고 정보시스템을 적극 활용해야 한다.

마) 개인지식과 조직지식의 전환

조직지식의 관리과정은 조직학습의 과정이다. 조직학습은 개인의 학습 과정이라기보다는 학교 조직의 학습과정이다.

조직지식은 학교수준에서 조직의 적합성을 높이는 것이며, 교사수준에서는 교사가 획득하여야 할 개인지식의 내용이다. 학교에서 통용되는 가정, 상용이론을 교사가 획득함으로써 교사는 교육활동의 전략을 개인적 · 집단적으로 형성한다. 교사의 지식획득 과정은 학교수준에서 조직지식의 형성에 영향을 미친다. 교사는 새롭게 획득한 지식을 학교 교육활동 개선에 활용하는 과정을 통해서 조직 지식형성에 영향을 준다. 그리고 새로 전근 온 교사가 소유한 지식은 학교의 조직지식에 영향을 미치고 개인의 지식 전달 능력에 따라 차이는 있지만 학교의 지배적 가치의 변화를 주도하기도 한다.

지식획득과정에서 개인지식이 조직지식으로 전환될 수 있으며, 조직지식 또한 개인지식의 획득에 계속적으로 영향을 미치는 관계로 설정할 수 있다. 지식기반 학교경영을 실현하기 위해서는 교사가 획득한 개인지식은 끊임없이 조직지식으로 전환될 수 있어야하며, 조직지식 획득이 개인지식 획득으로 전환될 수 있는 체계가 구성되어야 한다.

지식공유 과정에서 실질적으로 개인지식이 조직지식으로 전환된다. 지식공유는 본질적으로 개인지식을 공유하여 조직지식을 형성하는 과정이다.

평가과정에서는 개인지식이 조직지식으로 전환되어 저장・평가된다. 개인지식은 조직의 지배적 가치인 조직지식에 의해 평가되고 수정된다. 역으로 조직지식은 비판적 개인에 의해 그 가치를 재평가 받게 된다. 개인의 반성적 성찰은 조직의 지배적 가치에 대해 문제를 제기함으로써 조직지식의 변화를 일으킨다. [그림 Ⅸ-6]은 개인과 집단간의 흐름을 다룬 Leonard-Barton & Senisper(1998) 모형을 학교에 적용시킨 그림이다. 지식흐름은 세 계층에서 상향식으로 경쟁력이 강화되며 하향식으로 조직 내부에 확산된다.

X

학교경영자

과거 학교는 관리의 대상일 뿐이었다. 교육부와 교육청 등 여러 상급 기관에서 중요한 의사결정을 행하고, 법과 각종 규정은 학교의 일을 세밀하게 규정하였다. 학교에서 이루어지는 일은 그다지 창의적인 사고를 필요로 하지 않았고, 누구도 주인 의식을 가질 수 없었다. 뛰어난 사람들에 의하여 만들어진 청사진에 따라 학교를 운영하면 될 뿐이었다. 전국에 많은 학교가 있었으나, 그저 '학교'였을 뿐, '우리 학교'는 매우 드물었다. 이미 정해진 일을 하였을 뿐, 알차게 학교를 살림하는 일은 두드러지지 않았다.

이제 학교 경영의 시대가 열리고 있다. 그 동안 중앙 집권적으로 진행되어 온 교육개혁은 그 한계를 점차 드러내고 있다. 이제 교육개혁에서 학교 혁신으로 방향을 전환할 때이며, 학교의 자생성을 자극하고 자활력을 높이는 일이 최고의 미덕이다. 학교 공동체 구성원 모두가 주인 의식을 가지고 '우리 학교'를 가꾸기 위한 노력을 할 때이다.

학교 경영은 학교 관리를 넘어 선 개념이다. 학교 관리는 교육법규와 상부 지시에 따라 의존적, 타율적으로 학교 교육을 운영하는 데 필요한 제 조건과 시설을 정비, 운영하는 것인 데 비하여, 학교 경영은 경영자의 창의적 기능으로 자주적, 자율적으로 교육의 이념과 목표를 실현하기 위하여 교육내용을 운영하는 것이며, 학교 관리가 객관적, 법규적 관점에서 교육의 조건과 상태를 유지하고 정비하는 간접적 배려인 데 비하여, 학교 경영은 교장의 주관적, 이상적 관점에서 교육을 운영하는 데 관한 직접적 배려라고 둘의 차이를 드러낸 바 있다.

관리자는 일을 올바르게 하는 사람이고, 경영자는 올바른 일을 하는 사람이다. 과거에는 주어진 일을 성실히 하면 좋은 관리자이고 좋은 학교였다면, 이제는 어떤 일을 할지, 그 일을 어떻게 할지를 스스로 결정할 때이다. 학교는 공동체 구성원의 계획과 의지에 따라 자신만의 독특한 색깔을 지닌 똑똑한 조직으로 운영되어야 한다.

김종철(1991)은 학교 경영을 "단위 학교, 특히 초중등학교에 있어서 교육 목표를 설정하고 그것을 달성하기 위한 프로그램 및 인적, 물적, 기타 지원 조건을 정비, 확립하여, 목표 달성을 위한 계획과 결정, 집행과 지도, 통제와 평가 등을 포함하는 일련의 봉사 활동을 지칭하며 학교 조직 내에서의 집단적 협동 행위를 위하여 효과적으로 지원하는 것을 본질로 하는 작용"으로 정의한 바 있다.

이 정의에서 학교 경영 과업의 몇 가지 본질을 확인할 수 있다. 첫째, 학교 경영은 목적을 추구하는 능동적, 적극적 활동이라는 점이다. 어떤 일을 하여야 할지를 누군가가 말해 줄 것을 기대하는 것은 이미 과거의 일이다. 이제 학교 공동체 구성원은 "우리는 왜 여기에 있는가?"라는 질문으로 시작하여, 어떤 일을, 왜 하여야 하는지 스스로 질문하고, 결정된 일은 구성원의 총의를 모아 추진하여야 한다. 능동성과 적극성이 학교 경영의 본질이다. 둘째, 학교 경영은 교육 자원을 획득하고 배분하며 활용하는 활동으로서 계획, 조직, 지도, 조정, 통제 등 일련의 활동 과정으로 이루어진다. 학교 경영은 학교를 운영하는 과정에서 요청되는 모든 일을 통합적으로 포괄하는 활동이다. 또, 새로운 아이디어 하나, 새로운 실천 하나가 학교 경영의 모범사례는 되겠지만, 그것 자체를 학교 경영이라고 할 수는 없다. 학교 경영은 본질적으로 학교 운영 방법의 체제적 변화를 도모하는 일이다. 셋째, 학교 경영은 봉사적, 조장적 성격을 본질로 삼는다. 학교 경영은 그 자체가 목적이라기보다는 학생들의 학습과 교육을 효과적으로 지원하는 일을 최고의 목적으로 삼는다.

학교 경영은 그 자체가 가치를 지향하는 활동이다. 무엇이든 '새로운 것'이기만 하면 바람직한 것은 아니다. 학교 경영의 새로운 실천은 모종의 가치를 담지하고 있어야 한다. 학교 경영을 구성하는 낱낱의 활동은 나름의 준칙을 준수하여 행하여져야 한다. 이처럼 학교 경영의 활동 속에 본질적으로 내포되어 있으며, 학교 경영이 지향하여야 하는 가치(규범)를 학교 경영의 원리라고 할 수 있다.

학교 경영은 때로는 상호 모순되어 보이는 원리들이 조화를 이룰 때 가장 바람직한 상태에 있다고 할 수 있는데, 이 점에서 학교 경영은 완전히 과학적인 활동이라기보다는 기예적 성격을 다분히 지닌 활동이라 할 수 있다. 학교 경영자가 다양한 가치를 어떻게 조화롭게 충족하는가가 중요하다. 이 점이 학교 경영자가 갖춰야 할 자질과 역할의 핵심을 구성한다.

본 장에서는 현행 학교경영의 문제점과 외국의 학교 경영사례를 통해 학교자율경영에 따른 학교 경영자의 자질과 역할을 탐색해 보고자 한다.

1. 교장의 역할과 역량

가. 역할/역량 중심 접근

교장의 성과는 두 가지 이론적 요소로 구성된다. 첫째, 능력은 직무를 수행하기에 기능적으로 적절한 인성적 자질과 교장의 특별한 지위에 대한 역할로 간주되는 필수 지식, 능력, 역량, 기술, 판단을 말한다. 둘째, 역할은 확실한 규범적 의무 그리고 기대, 역할이 주어지고 그 책무가 효과적일 때 역할을 수행했다고 일컫는다.

그러므로 교장평가에 있어서 역량과 역할의 두 이론은 매우 유용하다. 역량은 개인을 강조하고 역할은 지위를 강조한다. 두 이론은 교장의 성과를 평가하는 준거의 이론적 틀로 사용될 때 상보적이거나 독립적이다. 이러한 관계는 [그림 X-1]과 같이 나타낼 수 있다.

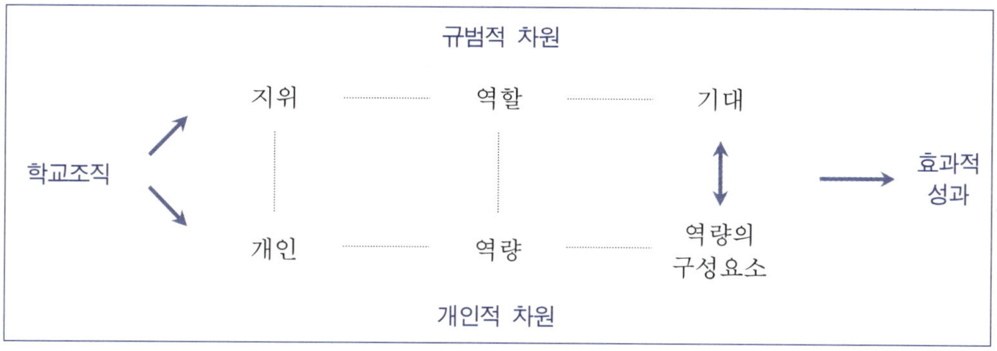

자료: 신상명(1997). 교장의 학교경영 평가 모형 확장. 피츠버그대학교 박사학위논문. pp.7-10.

[그림 X-1] 역할-역량 관계 모형

두 가지 중요한 현상을 포함하는 학교조직은 개념적으로 독립적이고 현상적으로는 상호작용한다. 첫째, 확실한 역량과 역할기대를 가지는 지위는 조직의 목표를 만족하게 이행한다. 둘째, 조직의 구성원이 명확한 역량과 역량 요소를 가지고 상호작용하는 것을 우리는 조직역량이라 부른다. 표의 상단은 규범적 차원으로 지위와 역할 그리고 기대로 구성된다. 표의 하단은 개인적 차원으로 개인과 역량, 역량의 구성요소로 구성된다. 효과적인 성과는 규범적 차원과 개인적 차원으로부터 동시에 파생된다.

이러한 구성은 수요자의 기대와 교장의 역량 사이의 필수적인 상호작용과정의 이

중성을 명확하게 나타내준다는 측면에서 매우 의의가 있다. 교육 수요자는 교장이 직면한 무수히 많은 책무성 요구와 다양한 기대가 평가의 기초가 되기를 희망한다. 교장은 교사, 학생, 학부모, 행정가, 학교운영위원회를 비롯한 지역사회 구성원들 모두의 요구에 반응해야만 한다. 예를 들어 교사는 교장과 일상적으로 상호작용한다. 교사는 교장에 의해 가장 직접적인 영향을 받으므로 교장의 성과를 평가하는 데 핵심이 되어야 한다. 따라서 상기 제시한 규범적 차원과 개인적 차원이 적절히 통합되어 지지될 때, 교장의 직무가 효과적으로 수행될 수 있다.

나. 교장의 역할

역할이란 어떤 자리 또는 지위에 따라 수행해야 할 일련의 행위를 말한다. 교장의 역할이 교장이라는 직책에 대하여 가지게 되는 일체의 기대로서 규범적이고 일반적인 광의의 개념이라 한다면, 교장의 직무는 교장이 수행해야 하는 보다 구체적인 업무로서 기능적인 개념에 보다 가깝다고 볼 수 있다. 교장의 역량을 정확하게 규정하기 위해서는 실제 행하고 있는 직무를 분석하고 역할에 따라 해야 할 일들을 중심으로 역량을 파악하고자 한다.

1) 법률적인 접근

교장이 행정적인 역할을 수행하고 있는가를 분석하는 방법에는 다양한 방식들이 제기되고 있다. 실제 학교에서 일어나는 연구들을 종합하여 교장이 수행하는 행정적 역할의 특징을 분석하기도 하고 법령상에 나타난 교장의 임무를 중심으로 분석하기도 한다.

법적인 접근은 현재 초·중등교육법 제20조에 따르면, '교장은 교무를 통할하고, 소속 교직원을 지도·감독하며, 학생을 교육한다'고 교장의 임무를 규정하고 있다. 교무 통할과 교직원 지도·감독, 학생교육으로 나눌 수 있는데 교무를 통할한다는 것은 학교의 모든 업무를 교장이 책임지고 수행한다는 의미로 가르치는 업무뿐만 아니라 학교 경영의 모든 업무 말하는 것이다(주삼환, 2006). 학교의 업무를 크게 교무와 사무로 구분할 수 있다. 교무에 속하는 일로는 학교교육 계획의 수립, 지도, 집행 및 학습지도 활동과 학생의 관리 등을 들 수 있다(2003, 서정화 외). 한편, 사무에 속하는 것은 내부 사무로서의 학교의 시설, 설비, 교재, 교구에 관계되는 직무와 문서 작성 처리, 인사관리업무, 학교의 재무 및 육성회 예산 운영과 같은 회계 사무에 관한 직무 등이 포함된다. 그리고 교육청이나 교육위원회 등의 행정기관, 학교운영위원회, 사회교육단체와 같은 각종 단체와의 연락, 조정에 관한 사무 등이 있다.

둘째, 소속 교직원 지도·감독에 관한 직무를 들 수 있다.

소속 교직원 지도·감독에 관한 교장의 직무는 직무상의 감독과 신분상의 감독으로 구분해 볼 수 있다. 지도의 측면에서는 교장의 장학이 중요한 비중을 차지한다. 이밖에 법률상 포함되어 있는 직무상의 감독에는 소속 교직원의 ① 품위 유지, ② 성실의무, ③ 정치운동 금지, ④ 집단행위 금지, ⑤ 연수 및 근무성적의 평정이 포함되고, 신분상의 감독으로는 ① 근무성적의 인사관리 반영과, ② 승진 및 강임 내신, ③ 전보와 포상의 내신을 비롯한 공무원 보수규정에 따른 승진내신 및 보수 지급이 해당된다.

셋째, 학교교육에 관한 직무를 들 수 있다. 직접 수업을 안 하더라도 교장의 언행이 학생의 교육에 영향을 준다는 의미이다.

교장은 가르치는 일에 관한 한 교사에게 어느 정도의 자율성을 인정하고 이러한 자율성의 바탕 위에 전문적인 교육 활동을 수행할 수 있도록 지원하고 보조해야 한다는 의미이다.

2) 실제 활동 분석 접근

실제 교장의 업무를 파악하기 위해 참여 관찰적인 측면으로 분석한 경우가 있는데 아래와 같이 많은 일들을 하고 있음을 알 수 있다.

빠른 속도에 많은 업무량, 예기치 않은 상황에서 여러 가지 일들, 언어적 의사소통으로 나눠 정리하였다. 이에 의하면, 미국 교장들은 업무 부담이 매우 많고, 자유시간은 적으며, 신속하게 업무를 처리하고 결정한다. 미국의 초등학교 교장은 일일 평균 7~9시간, 일주일 평균 51시간 일하며, 대부분의 시간을 메일을 확인하거나 학교 건물을 돌아보고, 예기치 않은 일을 처리하고 결정하는데 시간을 할애하고 있다. 교장의 직무는 매우 다양하고, 분절적이며 간단하고 신속하게 처리되어야 하는 일들이 대부분이어서 깊이 생각하거나 반성적 사고를 할 수 있는 시간은 매우 드물다. 또한 대부분의 일은 면대 면이나 전화 등 구두에 의한 의사소통에 의해 이루어진다.

교장이 실제 시간을 사용한 비율은 최근의 캘리포니아의 예를 들면, ① 수업과 교육과정 14.5%, ② 기획, 평가, 개혁 11.3%, ③ 예산, 행정, 유지 15.4%, ④ 학부모 참여와 관계 13.3%, ⑤ 학생 접촉과 기강 18.5%, ⑥ 직원감독과 평가, 지역사회 관계 27%로 나왔다(주삼환, 2007).

3) 기술적 접근

교장이 실제 어떤 일을 하는가를 분석하는 또 다른 접근법은 교장이 직무를 수행하는데 요구되는 기술은 무엇인가를 파악하는 것이다(Lunenberg & Irby, 2006). 학교경영자는 기본적으로 계획, 조직, 지도, 모니터 등의 기능을 수행하지만 이러한 직무를 수행하는데 요구되는 기술은 크게 개념적 기술, 인간관계 기술, 기술적 기술 등 세 가지로 구분된다.

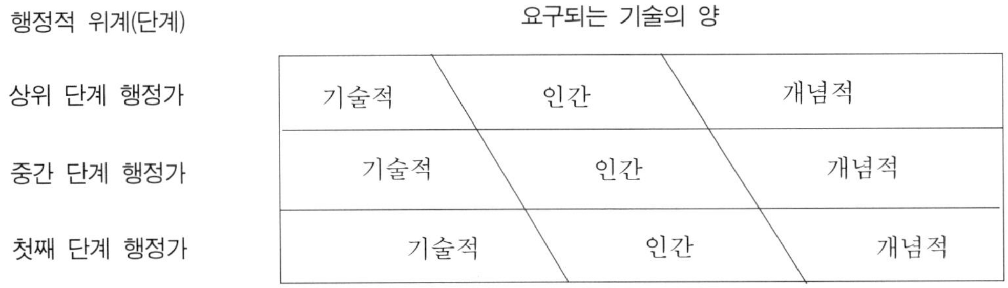

[그림 X-2] 행정 단계별 관련 기술

Katz(1974)가 제시한 이러한 세 가지 경영 기술의 개념을 기초로 Lunenberg와 Irby(2006)는 이러한 기술이 요구되는 정도는 조직 위계상의 지위에 따라 달라진다는 점을 [그림 X-2]와 같이 제시하고 있다.

개념적 기술(conceptual skill)은 다양한 정보를 획득·분석·해석하고, 학교의 목표를 실현하기 위한 복잡한 결정을 내리고, 전략적으로 생각할 수 있는 능력, 기술을 말한다. 좋은 학교의 리더는 조직을 전체적인 관점에서 보다 넓게 볼 수 있고 관련된 모든 사람이 혜택을 받을 수 있도록 문제해결을 하는 능력을 가지고 있다. 개념적 기술은 교육청의 전략을 평가하고 이해하는 능력과 변화를 예상하는 능력 등으로 상위의 행정가에게 필요한 능력이다. 교장은 학교의 내부환경에 광범위한 교육정책, 부모들의 불평, 통치 구조의 개혁, 조직체의 변화 등의 환경적인 요소를 고려하는 것이다.

교장들은 상당한 시간을 사람들과 접촉하며 시간을 보낸다. 인간관계 기술(human skill)은 사람들을 동기화시키고, 조정하고, 지도하고, 의사소통하고, 갈등을 관리하고, 다른 사람과 잘 지내는 것 등의 기술을 말한다. 학교에서 교장은 다양한 배경을 가진 구성원들을 관리할 수 있도록 인간관계 기술을 갖출 필요가 있다. 최근 들어 이러한 인간관계 기술에 대한 인식이 증가하고 있다. 우수한 학교와 훌륭한 교장은 따뜻함, 배려, 신뢰와 변화하는 환경을 제공한다(Lunenberg, 2006). 효과적인 인간관계 기술은 직원들내에 에너지를 방출하게 하고 성장을 도와준다. 결국에는 목표도달과 최고의 성과를 발생시킨다.

기술적 기술(technical skill)은 구체적인 분야나 영역의 지식, 방법, 기술 등을 사용할 수 있는 능력으로 학교에서 학년부장이나 교무분장업무 책임자들이 이러한 기술을 갖출 필요가 있다. Lunenberg(2006)는 첫째 단계의 행정가는 좀 더 교사를 연수하고 발전시키기 위한 실제적인 일에 밀접하다고 하였는데 교장에게서도 이러한 기술이 필요하다고 하겠다.

4) 직무 내용 분석적 접근

직무 내용 분석을 여러 학자가 교장론 교과서에 담고 있는 내용을 80년대, 2000년대로 구분하여 분석하였다. 80년대의 분류는 <표 Ⅹ-1>과 같다.

공통적인 요소들이 ① 수업과 교육과정 개발, ② 교직원 인사, ③ 학생인사, ④ 재정사무관리, ⑤ 시설과 건물관리, ⑥ 지역사회와 대외관계로 구분할 수 있다. 이러한 요소들은 분석의 기준이 1988년이라는 점으로 미루어 본다면 교장론 문헌은 그 이전으로 판단되며 변혁적인 리더십이 등장하기 전으로 관리적인 측면이 강조되고 있다.

<표 Ⅹ-1> 외국 학자들에 의한 교장의 직무 영역(1980년대)

Griffths	Otto & Sandefs	Gorton	Lipham & Hoeh	Hughes & Ubben	Roe & Drake
수업과 교육과정 개발	교 수	수업과 교육과정 개발	교육프로그램	교육프로그램	수업 교육과정
교직원 인사	교직원 인사	교직원 인사	교직원 인사	교직원 인사	교직원
학생인사	학생관리	학생인사	학생행정	학생인사	학생
재정사무관리 시설관리	학교시설 재정관리	재정사무관리 시설 건물 관리	재정과 시설	사무와 건물 시설 관리	재정 공간
대외관계	지역사회	지역사회	지역사회	지역사회	지역사회

자료: 주삼환(1988)을 인용한 신상명(2007)에서 재인용.

최근의 교육적 리더십이 강조되면서 출판된 교장의 직무 관련된 책들을 분석한 내용은 <표 X-2>와 같다. 공통적으로 등장하는 것은 80년대와 비슷하나 의사소통이 강조되고 있으며 학교의 책무성으로 인해 평가, 교사의 전문성, 장학 등이 주요 업무로 포함되고 있다. 특히 평가에 있어서는 학생들의 수행을 다양한 측면에서 평가할 것을 강조하고 있다. 이밖에도 법률적, 정치적, 경제적인 맥락을 위해 하는 것과 변화를 강조하고 있어 과거보다 교장의 업무가 더 늘어나고 있는 것을 알 수 있다.

〈표 X-2〉 외국 학자들에 의한 교장의 직무 영역(2000년대 이후)

학자 영역	Sergiovanni (2004)	Anderson (2005)	Lunenburg (2006)	Reinhartz & Beach(2004)	Michel & Bob(2007)
수업	수업과 교육과정 개발	교수·학습	교육과정 개발 교수 학습	교과과정 개발과 조정	교수, 커리큘럼
조직	조직 구조	노동조합, 협약	조직구조 인적자원관리		동기부여
학생		학생관리	학생서비스		학생서비스
재정	재정관리	재정관리	예산과 학교	자원관리	자금
지역 사회		학부모 참여	지역사회관계		
의사 소통	의사소통		의사결정 의사소통	의사결정과 의사소통	의사결정
평가	자체평가			책무성	자체평가
리더십	리더십 행동	리더십	비전	리더십	
전문성	전문성	장학	전문성 개발	전문성개발	
윤리			윤리	가치 윤리	윤리
법		법	법	법률적 쟁점	법적
변화			변화	학교문화	혁신
정치	정치적 관리		정치·정책		
기타		경제·문화적 등의 다양성	안전		

자료: 신상명(2006). 교장의 핵심 역량 탐색 연구. 교육인적자원부. p.25.

주삼환 외(2007)는 우리나라 학자들이 교장의 과업영역 내용으로 제시한 것을 다음 <표 Ⅹ-3>과 같이 정리하고 있다.

〈표 Ⅹ-3〉 우리나라 교장의 직무 영역 분류

강길수	김종철	김윤태	주삼환	남한식
• 장 학	• 교육 목표 • 교육과정 • 교과서 • 교육자료 • 장 학/연 구	• 교육과정과 수업 관리 • 평가, 연구, 책무성	• 수업 프로그램	• 기 획 • 교 무 • 연 수 • 학교 평가
• 조직 운영 • 인사 관리	• 인사 행정 • 학생 행정	• 조직 발전과 유지 • 교직원 인사 • 학생 인사	• 교직원 인사 • 학생 인사	• 교직원 인사 • 학생 관리
• 시설 관리 • 재정 관리 • 사무 관리	• 학교 시설 • 교육 재정 • 사무 관리	• 교육 재정과 경영 관리 • 학교 시설 관리	• 재정과 시설	• 시설, 설비 • 서무, 회계
• 지역사회관계	• 홍 보	• 학교와 지역사회 관계	• 학교와 지역사회 관계	• 학교와 지역사회 관계

자료: 신상명(2006). 교장의 핵심 역량 탐색 연구. 교육인적자원부. p.26.

<표 Ⅹ-3>에 제시된 학자들 이외에도 여러 직무명료화 노력이 있었는데 정태범(2000)은 관리적 직무에만 초점을 맞춰 교육목표 관리, 교육조직 관리, 교육과정 관리, 교육조건 관리, 교육성과 관리의 5영역으로 나누어 보고 있는데, 이는 주로 ISLLC의 표준 3에 해당하고, 미국에서는 1960년대는 교장의 직무가 주로 관리에 치중되어 있었다.

진동섭 외(1995)는 교장 및 교감의 직무 활동 영역으로 학교 경영계획 수립(학교 교육목표, 학교경영계획), 교육과정 운영(교과지도 운영, 특별활동 운영, 생활지도 운영, 교육평가 운영), 교내 자율장학, 교직원 인사관리(교직원 인사배치, 교직원 복무관리, 교직원 근무조건 및 복지), 학교관리(학교 시설관리, 학교 재무관리, 학교 사무관리), 학교와 지역사회 관계(학부모와의 관계, 지역사회와의 관계, 동창회와의 관계), 전문성 개발의 7영역을 제시하고 있다.

KEDI 2005(안)은 교육과정 및 수업관리(학교교육과정 편성 · 운영 관리, 수업 지도 관리), 학생 지도 관리(학업성적 관리, 생활 지도), 학급경영 관리(학급경영 지원,

학급 환경 조성 지도), 학교경영 관리(학교운영위원회 지원 관리, 학교예산 회계 관리, 시설·설비 관리, 학사 관리, 보건 관리, 사무 관리, 학교교육 평가 및 성과 관리), 교직원 관리(교무 운영 조직, 복무 관리, 인사 관리), 학부모 및 대외 협력 관계(학부모 참여 지원, 지역사회 협력, 다른 학교 협력 지원, 교육청 협력 지원, 교직/교육단체 협력 지원), 전문성 신장(교직원 연수 관리, 연구 활동 지원, 학교 행정가 전문성 신장)의 7영역으로 나누어 상세한 요소와 직무내용을 제시하고 있다.

우리나라의 직무분석의 경우에도 앞서 분석한 외국의 80년대 교장론의 ① 수업과 교육과정 개발, ② 교직원 인사, ③ 학생인사, ④ 재정 사무관리, ⑤ 시설과 건물관리, ⑥ 지역사회와 대외관계 큰 차이가 없음을 알 수가 있으며 장학과 전문성이 일부 연구에서 포함되어 있는 것을 알 수가 있다.

5) 직무 표준적 접근

교장은 리더로서의 비전을 갖고, 수행해야 할 일의 성격을 이해해야 하며 직무를 수행하기 위해 요구되는 구체적인 행동은 무엇인지, 구체적으로 무엇을 해야 하는가를 이해해야 하며 직무를 수행하는데 필요한 기술을 갖추어야 한다(Lunenberg & Irby, 2006: 187).

미국은 교장양성을 하고 교장의 능력 개발을 하기 위해 직무표준 개발을 강조하고 있다. 직무 표준 개발에 있어 직무영역-직무요소-직무표준의 3단계 정도를 개발하는 것이 좋다는 견해도 있고 특성, 과정, 행동, 산출 중심으로 나누는 견해도 있다. 직무 영역-직무요소-직무표준의 3단계 절차를 따르고 있는 경우가 ELCC 교장의 직무표준이다. ELCC의 경우 비전, 학교문화와 수업프로그램, 관리, 학부모와 지역사회 관계, 행정가의 윤리, 광범위한 상황적 맥락의 영역으로 6개 직무 영역-직무요소-직무 표준으로 구분하고 있다.

ISLCC도 직무영역을 비전, 학교문화와 수업프로그램, 관리, 학부모와 지역사회 관계, 행정가의 윤리, 광범위한 상황적 맥락의 6개 영역으로 구분하였으며 각 영역별로 지식, 성향, 수행으로 나눠서 직무표준을 설정하고 있다.

특성, 과정, 행동, 산출의 경우 ISLCC 교장의 직무 표준에서 찾을 수 있는데, 특성은 성격, 신념, 태도 등으로 볼 수 있어 ISLCC의 성향과 비슷하게 볼 수 있을 것이다(주삼환, 2006). 과정, 행동, 산출은 아직까지 세분화시켜서 구분하고 있지는 않고 ISLCC의 수행이라는 항목에 활동의 과정을 촉진하고 있어 과정, 행동은 수행으로 볼 수 있을 것이다.

다. 교장의 역량

위에서 교장의 개인 역량과 관리 역량으로 구분하여 살펴보았다. 개인 역량과 관리 역량이 교장의 행위로 나타나는 것은 Getzels와 Guba의 사회과정모형으로 설명 가능하다.

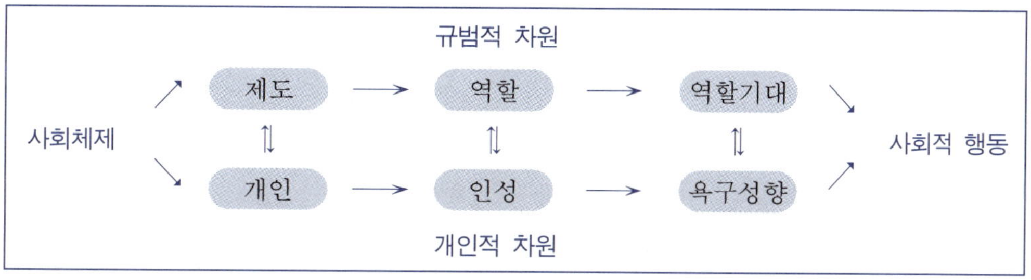

[그림 X-3] Getzels와 Guba의 사회과정모형

Getzels과 Guba는 인간의 행동을 사회적 조건들로 이루어진 규범적인 차원과 개인의 심리적 특성들로 이루어진 개인적 차원의 상호작용으로 나타나는 사회적 행위로 본다. 규범적 차원이란 사회의 기관이나 제도로 구성되는 사회체제의 차원으로, 체제의 목적을 달성하기 위해 제시되는 지위와 역할, 그 역할에 따른 기대 등을 규정한 제도를 의미한다. 지위와 역할, 그 역할에 따른 기대는 교장으로서 관리 역량으로 나타날 수 있다. 개인적 차원은 사회의 지위를 차지하고 역할을 수행해야 할 개인의 심리적 특성을 말한다. 개인의 심리적 특성은 교장의 개인 역량과 관련이 있다. 따라서 사회체제 속에서 이루어지는 개인의 행동은 사회제도가 요구하는 역할인 관리 역량과 그 역할을 수행하게 되는 개인의 역량간의 상호작용이 행동으로 표출된다.

학교라는 체제 내의 외부적인 요소인 정치, 사회, 문화 등의 시대적인 변화에 따라 달라진다. 교장 개인의 특성을 구성하는 의도, 동기, 특질, 지식, 스킬, 가치관, 긍정적 자존심 등이 교장의 지위에 요구되는 역할과 일치해야 한다. 예를 들면 교장의 개인적 신념과 가치가 어떻게 그의 조직에 반영되고, 학교 문화 속에 있는 교사들과 직원들의 태도를 어떻게 할 것인지 결정해야 한다. 이것은 교장이 그의 개인적 신념과 가치가 학교의 신념과 가치와 일치하도록 해야 한다.

개인적인 역량은 교장의 지위에 따른 행동인 학교문화를 형성, 인적・물적 자원을 관리, 지역사회와의 친밀한 관계 형성, 정치, 사회적 맥락을 이해 등의 역할에 기저가 된다. 특정한 목표상황에서 효과적이면서도 보다 상향화 된 성과를 가능하게 하는 개인 또는 조직의 내적 특성이다.

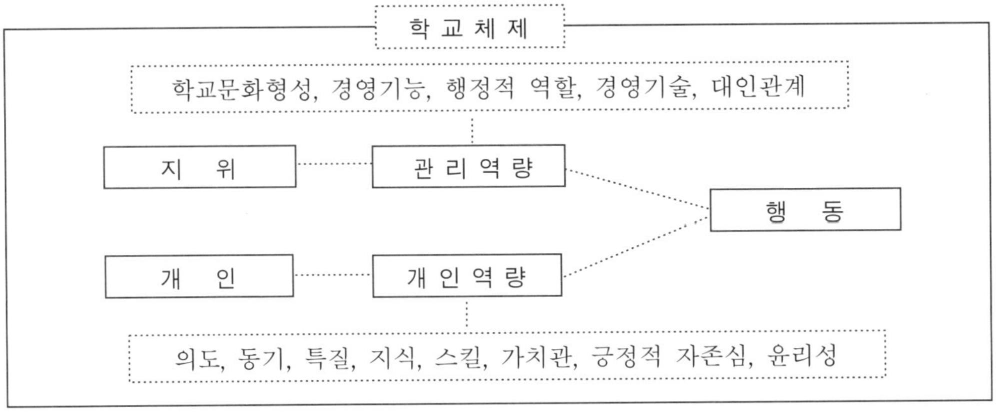

자료: 신상명(2007). 교장의 핵심역량 탐색연구. 교육인적자원부. p.19.

[그림 X-4] 교장의 역량 구조

교장의 역량은 단순히 혼자만의 능력이 아니라 학교라는 조직 사회에서 발휘된다. 개인이 갖고 있는 역량들이 여러 주위의 환경과의 관계 속에서 행동으로 나타난다. 행위로 나타난 결과를 통하여 학교의 효과성을 판단한다. 교장은 개인적인 역량뿐만 아니라, 타인(학생, 교사, 학부모, 상급자)의 기대, 여러 가지 사회적 요인(인구적 변화, 경재 상태, 정보의 영향, 뉴스매체와 교육공학)등에 따라 크게 영향을 받는다. 사회변화와 발전과 궤를 같이하며 교장이 학생, 교원과 직원, 학부모, 지역인사 등으로부터 다른 역할을 기대 받고 있고, 이에 따라 교장의 역할은 점점 복잡하고 다양해져 가고 있다.

교장의 일은 학생들, 교사들, 부모들과 그리고 다른 조직적 구조를 세우는 것과 헌신하면서 다른 사람을 계발하기 위해 돕는 것과 학교 속에서 경영기능을 주의 깊게 모니터링 하는 것이다(Lunenberg, 2006). 학교 개선을 위해 (a) 자원을 확보-돈과, 시간, 전문성 개발-교수적 목표와 정리, (b) 상호간의 다양한 방법으로서의 교사의 전문적 성장을 지지, (c) 의사결정 정보에 교사가 포함되는 것, (d) 학교와 공동체 사이에 관계를 기르고, (e) 학교 운영의 일상적인 일에 중심의 역할이다. 학교에서 교장은 지도자로서의 역할과 기능을 수행할 뿐 아니라 행정적인 역할을 담당한다. 또 행정적 역할과 기능을 수행하기 위해서는 다양한 관리적 기술을 갖출 필요가 있다. 경영은 지도성의 필수 요소이며, 교장이 수행하는 매일 매일의 일상적인 일은 행정적, 관리적 성격의 직무를 포함하고 있다. 구성원들이 조직의 비전과 목표를 실현하도록 이끌어가고 영향을 주는 지도성은 기본적인 경영 과정을 포괄하는 것이다.

2. 현황 및 문제점

가. 학교경영자의 학교경영 실태

오늘의 학교현장은 각 구성원간의 목소리가 높아지고 있다고 할 수 있다. 오랫동안 변화에 둔감하던 우리 학교 행정이 몇 해 전 국가 경제 위기에 따른 변화의 요구에 모든 면에서 변화를 위한 노력을 해왔으며 그 성과도 적지 않다. 그러나 학교 내부의 문화는 아직도 고쳐져야 할 것이 많으며 앞으로도 많은 면에서 바꾸어져야 할 것이다.

첫째, 학교의 조직적인 측면에서는 서로 협력적이기보다는 상하 관계로 인식되는 구조이고, 여러 직종과 직렬 혼재의 대립적 구조에 있다. 내부적으로는 교장, 교감, 부장교사, 교사, 일반직의 행정실장, 직원, 기능직, 일용직 등으로 구분하고, 교원의 상하관계, 일반직원의 상하관계, 교원과 교원간, 교원과 일반직원간 갈등이 있으며, 외부적으로는 학교와 운영위원의 관계, 학교와 학부모, 학교와 지역사회(민원)간의 타협이 아닌 대립적 관계가 있다.

둘째, 학교의 관리적인 측면에서는 불신에 기반을 둔 통제 위주의 관리, 일선 현장보다 지도·감독 기관 위주의 관리, 상급기관·상급자로 갈수록 융통성의 폭이 증대되는 권위주의적 융통성에 의한 관리, 협의·조정보다는 결정·지시 중심의 관리자 형태, 폐쇄적 정책결정, 행정 편의적 장학행정 등으로 인한 문제가 있다. 일선학교 교장의 자율경영은 상급기관의 지시적 학교운영의 간섭과 상급기관을 위한 해바라기식 경영과 눈치 보기, 타 기관과의 보조 맞추기식의 경영이 이루어지면서 지금의 관리층은 이러한 사실이 타성으로 젖었다 해도 과언이 아니다. 그러면서도 자기권위에 대한 울타리식 경계선을 치고 권위를 최대한 이용하려고 하고 학교 내 조직원의 요구를 이해하려고 하는 마음이 부족하고 그 조직원의 새로운 생각과 합리적 도출을 간섭하고 경계하려는 학교경영이 많았다고 할 수 있다. 기존의 틀을 바꾸려 하지 않고 지시하는 쪽은 권위를 잃지 않으려고, 지시를 따르는 쪽은 무시를 당하지 않으려고 자기만을 높이는 교육현장에 갈등과 협상이 부족하다(대전매일, 2003).

셋째, 학교 경영상으로는 크게 인사·예산 등의 관련으로 변화에 즉시 대응할 수 없는 품목중심·기준 중심의 전근대적 예산 체제, 특별자금 등에 의한 정치성이 있는 예산 배분, 연공서열식 인사 관행, 장기적 전망 없는 시설 예산 집행 등으로 인한 문제점을 들 수 있다. 학교 책임 경영 체제로의 전환을 위한 학교단위 재정 경영은 교장의 경영방침 따라 행하여지는 것이 필연적인 현실이다. 그러나 학교회계제도의 도입 후 현실적으로 여러 문제를 바로 보지 못하고 소수 인원의 이상적 경영 실현에 급급하다 보면 운영 취지와 달리 여러 가지 사업과 계획으로 업무만 늘어나 직원간의 과중한 업무부담만을 초래하는 경우가 있다.

나. 학교자율경영을 위한 경영자의 문제점

자율경영에 관한 경영자의 문제점은 역할에 따른 역량을 제대로 발휘하지 못하고 조직구성원을 열린 마음으로 포용하지 못하는 점이 가장 큰 문제점이라 할 것이다.

대내적으로는 각 구성원의 요구에 대하여 합리적인 의사결정 없이 이를 차단시키고 독선과 권위로서 일관하는 태도이다. 이러한 문제는 교직원의 근무의욕을 떨어지게 만들고 사기 또한 저하되는 문제가 발생되고 있다는 것이다. 사전에 결정된 사안에 대하여도 다수의 교직원이 수정을 요구할 시는 이를 검토하고 반영하여야 함에도 갈등의 문제를 안고 시행하는 것에 문제가 있다.

다음으로는 관리자의 확고한 책임의식이 부족하고 구성원에 대한 업무활동의 여건 조성에 도움을 주지 못하는 문제점도 있다. 단위학교의 교장 경영의지에 대한 결정을 상급기관의 지시와 간섭 없이 자율적으로 결정하고 교장의 확고한 의지대로 이행 하여야 함에도, 교육청이나 교육기관에서 인사와 재정권 등으로 통제와 간섭의 압력을 행사하고 있기 때문에 책임의식이 결여되는 문제가 있다. 또한 경영자는 항상 교육적인 환경과 여건조성에도 상급기관이나 단체에서 당해학교에 대한 투자와 관심을 유도시켜야 하는데 적극적으로 대처하지 못하고 방관과 무사안일로 근무하다 다른 기관으로 전근하면 그만 이라는 생각의 문제도 있다.

경영자가 인사권과 재정권을 임의로 행사하고 있는 문제점도 나타나고 있다. 학교의 인사와 재정집행을 투명하게 운영하지 않아 학교 구성원들이 이를 이용하여 사회적으로 물의를 일으키게 하고 학생과 학부모를 선동하여 대중적으로 문제를 만들기도 한다.

대외적으로는 학교구성원간의 바람직한 역할이 부족하다. 학교에서 발생된 사회적 문제를 관리자가 학교 내에서만 처리하고 차단하여 이를 자세히 알지 못하는 학부모와 운영위원과의 관계가 어렵게 되는 경우가 있어왔다.

3. 외국의 동향14)

가. 학교자율경영을 통한 학교의 재구조화(미국)

수년 전에 볼티모어 오리올즈 프로야구팀은 낡은 스타디움에서 맥빠진 경기만을 펼쳤었고, 비슷하게 60년의 역사를 가진 캔톤중학교는 낡은 건물과 시설에서 개선하려는 의지도 없이 지루한 나날을 보내고 있었다.

오늘날, 오리올즈팀은 미국에서 손꼽히는 스타디움에서 경기를 하고 있고, 캔톤중학교의 학생들은 최고의 학습시설에서 지역사회의 풍부한 지원을 받으며 공부하고 있다. 오리올즈팀은 활력 있고 유능하며, 헌신적인 선수와 감독, 그리고 구단주를 영입하여 리그 챔피언십을 따낸 반면, 캔톤중학교는 활력 있고 유능하며 헌신적인 교육자로 팀을 구성하여 비전 있는 프로그램을 개발하고 학교 지도자를 얻게 되었다.

캔톤중학교는 지난 10여 년간 다른 도시학교들처럼 관습과 중앙집권적 체제, 학교에 대한 낮은 기대치, 비효과적 지도성에 얽매여 있었다. 다른 학교들이 기술적 진보를 추진하고 있을 때, 이 학교는 3류 학교로 낙오되어 있었다. 그러던 중, 1991년 캔톤중학교는 관습으로부터 탈피하여 도시학교 개혁의 선두주자로 나서게 되었다.

여기에는 몇 가지 요소들이 학교발전에 추진력을 가져왔다. 그 중에 하나는 새로온 교육감 월터 앰프리였는데, 그는 학교중심경영을 추진하고 전통적 관료제 통제로부터 벗어나도록 지원하였다. 그리고 카네기재단의 학교개혁 지원프로그램인 중등학교 개혁대상학교를 선발하였다. 캔톤중학교의 교장은 800명의 학생으로 구성된 학교의 구조적 변화를 위한 독특한 아이디어를 가지고 있었다.

그는 카네기재단이 제시한 두 개의 연구보고서를 학교경영혁신의 길잡이로 삼았다. 두 보고서는 모두 하의상달식 개선을 제시해 주었으며, 과거 상급기관이 가지고 있던 책임과 지도성을 교사들에게 위임해주는 방식을 제시해 주었다. 많은 교육지도자들이 말뿐인 분권화를 제시하고 있을 때, 교장과 교육감은 어떻게 하면 의사결정과정을 공유할 수 있는지를 계속 논의해 왔다.

1992년에 한 연구보고서는 성공적인 교육체제를 위한 9가지의 요소를 제시한 바 있었다. 그 중에 하나는 교사가 학교직원의 선발, 예산편성, 교육과정, 교수실천, 훈

---

14) 본 사례는 임연기・신상명(1999)의 21세기 학교경영혁신 모형 개발연구에서 제시된 외국의 경영혁신 사례 중 외부지원체제가 아닌 경영자의 노력으로 인한 우수경영사례를 발췌하였으며 일본 부분을 보완하였음.

육, 그리고 학생과 교원의 과업 배당에 핵심적 위치로서 역할을 해야 한다는 것이었다. 그리고 그러한 구조적 변화를 위해서는 교원의 전문성 신장이 전제되어야 한다고 하였다.

캔톤중학교에서는 이러한 교육개혁 철학을 학교의 실정에 맞게 해석하고 실천하였다. 그들은 학교 내에서 다음과 같은 구조 변화를 시도하였다. 즉;

- 협동적 학교중심경영체제에 연계되는 권한이 강화된 동료적 교사팀 구성
- 학생의 지적, 사회적 잠재력을 개발 기대를 비전을 가지고 있는 교육자 집단에게 위임
- 모든 학생의 지적, 학문적 욕구를 충족시켜주는 교사가 설계한 교육과정 교수 모델
- 모든 학생의 사회적, 물리적, 정서적 욕구를 충족시켜주는 광범위한 프로그램과 서비스 설계
- 무학년, 무학과를 취지로 학생의 능력을 개발시켜주는 팀티칭 구성
- 학교와 산업계를 연계한 프로그램 개발

1) 교사의 권한 강화

오늘날 학교에서 개발되지 않은 위대한 자원은 교사라는 것을 깨닫고, 캔톤중학교는 여기에 힘을 실어 주었다. 그러나 교사의 역할을 재규정하고 권위를 변화시키는데 많은 장애를 거쳤다. 예를 들면, 협동적 학교중심 의사결정체제를 구축하는데 경력교사의 저항이 많았다. 기존의 상황에 익숙해 있기 때문에 그들은 역할의 변화나 부가적 책임을 원하지 않았다.

종종 학교개혁은 교육청에서 효과적으로 개혁을 추진할 때 요구되는 유능한 직원을 학교에 배치하지 못함으로써 실패하는 경우가 있다. 캔톤중학교에서 얻은 교훈은, 학교중심경영체제를 이루려면 저항하는 경력교사가 활력을 얻고, 학교경영혁신에 필요한 전문성을 신장시킬 수 있는 공간이 필요하다는 점이었다. 학교의 빠른 변화에 반대하는 교사들을 격려하고 고무시키는 일이 필요했던 것이다.

그 후 4년 동안 캔톤중학교는 다양한 자원을 활용하여 30명의 신임교사를 선발하고 일부기존 교사를 해임하였다. 신임교사의 선발은 전통적인 방법뿐만이 아니라 다양한 경로를 통해 이루어졌다. 그리고 신임교사에게 중등학년 교육을 맡기기 위해서 학교는 집중적인 교내연수를 실시하였다. 그리하여 캔톤중학교는 응집력 있는

교사팀을 구성하여 의사결정을 공유하고, 학교를 학생들이 더 잘 배울 수 있는 장소로 바꾸었다. 이때 함께 한 대부분의 교사들은 아직도 캔톤의 직원으로 남아 있다. 다음 <표 Ⅹ-4>는 캔톤 중학교 학교중심경영의 효과를 보여준다.

〈표 Ⅹ-4〉 캔톤중학교 학교중심경영의 효과

	학생출석률(%)	정학 학생수	읽기시험결과	수학시험결과
1991-1992	85	41	6.5	6.1
1992-1993	86	28	7.0	6.3
1993-1994	87	7	7.2	6.6
1994-1995	87	8	7.4	7.2

2) 학교중심 의사결정

학교중심경영은 거의 모든 수준에서 역할의 변화를 가져온다. 그리고 변화가 효과적이기 위해서는 의사소통 통로가 열려있어야 함은 물론 상호 신뢰도가 높아야 한다.

가장 중요한 역할변화의 하나는 교장이 위에서 지시하는 관리자로부터 지원자, 변화촉진자로의 전환이다. 전통적으로 훈련받은 행정가는 이러한 변화를 수용하기가 쉽지 않다. 그러나 일단 받아들이면 공유된 통치는 보다 증대된 책무성과 책임, 그리고 학교 전직원에 걸쳐 산출의 증대를 가져온다. 학교중심경영의 힘은 모든 학교가 가지고 있는 미개발 상태의 에너지와 재능, 그리고 지도성을 개발하는 것에 있다.

캔톤중학교에서는 '지도자 중의 지도자' 모델을 발전시켰다. 학교에 있는 두 개의 건물에 2명의 교장체제를 갖추어 각각 건물 내에서 의사결정을 할 수 있는 권한을 부여하였다. 학과간의 장벽을 허물고 교사팀을 만들어 교육과정과 수업시간을 편성하였다. 교육과정과 교육프로그램 개발은 교사팀에게 주어졌다.

교내 의사결정을 공유한 이래로 '학교개선팀'은 주당 1회씩 만나서 학교교육계획을 검토하고, 직원개발계획을 확인하며, 조직적, 운영적 결정을 하고, 프로그램의 개선을 위해 학생에 관한 자료를 분석하였다. 다른 학교의 교장과는 달리 캔톤중학교의 교장은 교사를 이끄는 팀에서 위원장이 아닌 팀의 일원으로 참여하였다. 프로그램을 결정할 때는 합의를 원칙으로 하되, 합의가 안 될 때는 보편적 규정에 따랐다.

3) 학생 지원

캔톤중학교 학교개선팀의 첫 번째 임무는 문제를 가지고 있는 학생의 요구를 해소하는 일에 두었다. 78%의 학생이 연방정부의 무료급식 혜택을 받고 있었고, 평균 출석률은 79%에 지나지 않았다. 팀원들은 이러한 문제를 해결하기 위해서는 종합적인 대책이 필요함을 알게 되었다. 카네기재단에서 추진하고 있는 프로젝트 중의 하나가 학교중심 건강자원 개발이었는데, 여기에서 알려진 바로는 치료받지 못한 육체적, 정신적 질병은 낮은 학업성취도와 높은 중퇴율에 직접적인 관련이 있다는 것이었다.

문제를 해결하기 위해 캔톤중학교의 교장은 지역사회의 자원 활용을 유도하였다. 두 개의 기관과 연계를 시도했는데, 먼저 지역의 병원과 계약을 맺어 학생진료비의 제 3자 부담제도를 도입하였고, 두 번째로는 비영리 의료봉사기관과 계약을 맺어 전담 간호원이 딸린 보건소를 설치하였다. 이러한 두 가지 계약을 위해 지역의 공립 보건소가 지원을 해주었다. 지역사회 자원을 활용한 이러한 방법은 학생에게 파급효과가 매우 컸다. 가벼운 질병으로 결석했던 많은 학생들이 이제는 치료를 위해 학교에 오고 있다.

학교중심 자원의 활용은 캔톤중학교의 '기초평가위원회'의 임무이다. 이 위원회는 인근의 병원과 학교의 상담직원, 심리학자, 사회복지가, 그리고 특수교육 담당 직원으로 구성되며, 주 1회 모임을 갖는다.

캔톤중학교의 또 다른 과제는 중퇴율을 줄이기 위한 산업계와의 연계문제였다. 교장은 볼티모어 시내의 한 호텔 지배인과 협의하여 문제 학생을 주당 1일씩 근무하게 하였다. 학생이 학교에 출석을 하고 학업성취도가 개선되는 것을 조건으로 하였다. 이 일의 성공적인 결과로 인해 매릴랜드 주에서 캔톤중학교를 표창하게 되었고, 보조금 지원 혜택과 취업대상 기업이 확대되는 성과를 거두었다.

4) 학교중심 교육과정 개발

'학교개선팀'의 두 번째 임무는 학교중심 교육과정의 개발이었다. 중앙집권적 교육과정 설계 및 운영은 교사로 하여금 교육과정의 질적 개선에 도전하지 않도록 만들었다. 그래서 캔톤중학교의 교장은 교육과정 운영을 전적으로 교사의 책임에 맡겼다.

학교중심 교육과정을 평가하고 재구성하는 일의 주요 요소는 학교실정에 맞게 '초점'을 맞추고 '적용'하는 일이었다. 교육과정 개발의 초기 평가단계에서 자료를 분석하여 학습결과 목표를 설정하여 '초점'을 맞추었다. 캔톤중학교의 학생수에 적절한 교육과정 구성을 위해서 현재의 교육과정에 대한 대대적인 보완작업이 이루어졌다. 특별한 욕구를 지닌 학생을 위해 보다 유연한 교육과정을 구성하고, 교사와의 개별적 교육이 가능하도록 구성하였다.

매릴랜드 주교육부는 캔톤중학교의 학교중심 교육과정 개발에 필요한 재원을 제공하였다. '학교개선팀'은 교사들이 학교의 실정에 맞는 교수프로그램 개발과, 새로운 교육과정 작성, 기존 교육과정 수정 등에 많은 시간과 전문성이 요구된다는 것을 깨닫게 되었다. 그래서 '학교개선팀'은 직원의 전문성 신장을 위해 주교육부가 제공한 재원을 투입하여 여름방학 동안에 교사에게 봉급을 주고 학교중심 교육과정 개발을 지원하였다. 교장은 학교중심 교육과정을 위해 학교구애서 요구하는 교육과정에 얽매이지 않도록 배려하였다. 여름방학을 이용한 학교중심 교육과정 개발을 2년 동안 지속한 후에 깨닫게 된 것은, 학교중심 프로그램 개발에는 질적인 시간 투입이 필요하며, 그러한 투자만이 실질적 변화를 가져온다는 사실이었다.

5) 학년 및 학급운영 개선

캔톤중학교는 새로운 교육과정과 함께 무학년제와 무학급제를 실시하였다. 이는 혼합된 학생 집단을 새로운 교육과정에 보다 효과적으로 적용하기 위한 방안이었다. 이러한 재구조화는 학습기대치를 높여주었고, 캔톤중학교의 직원은 이러한 구조 하에서 필수적 자원이 되었다 그 결과 학생의 출석률이 높아졌고, 문제행동이 줄어들었으며, 학업성취도의 증진과 함께 학교의 전반적인 프로그램에 대한 학생들의 보다 큰 만족을 가져왔다.

6) 교수-학습 장비 개선

교육과정을 개선하는 일과 동시에 '학교개선팀'은 교수-학습 장비개선을 위한 재원을 요청하였다. 가능한 지원자는 사립재단과 대학, 주교육부, 그리고 몇 몇 관련기업들이었다. 3년전 캔톤중학교에는 거의 사용되지 않고 오래된 15대의 컴퓨터가 교내에 흩어져 있었다. 그러나 오늘날 캔톤중학교에는 교내 전산망이 구축되어 있고, CD-ROM 플레이어, 200대가 넘는 3세대 웍스테이션을 갖추고 있다.

모든 교실과 관리실이 연결되어 있어 학생 출석과 성적표 등을 전산관리하고 있으며, 최신 교육용 소프트에어의 활용과 음성메일이 가능하고, 교실과 학교도서관, 더 나아가 지역의 도서관과 연결되어 학습효과의 혁신을 보고 있다. 그 뿐만 아니라 학부모와의 상담도 교사용 홈페이지와 전자우편을 활용하여 이루어지고 있다.

나. 변화지향적 학교경영을 통한 학교 재구조화(호주)

1992년 그린필드 고등학교의 교장인 데이비드 스미스는 850명의 학생이 다니고 있는 이 학교에 부임했다. 이 학교에 부임하면서 데이비드는 강한 도전 의욕을 느꼈는데, 그 이유는 15세 이상의 지역주민 70%가 무학력이었고, 실업률이 주 평균을 훨씬 웃돌았기 때문이었다. 1994년에 학생의 결석률은 14%에 이르렀다.

데이비드는 학생중심 학교운영이 되어야 한다는 신념을 가지고 있었다. 즉 학교의 의사결정과정 자체가 학생에게 초점을 두어야 한다는 것이다. 그의 첫 번째 주안점은 학생들이 그린필드 고등학교에 오는 것을 즐기도록 하는데 두었다. 그는 지역사회에서의 학교이미지를 개선하고 학생들이 자긍심을 갖도록 하며, 학생을 존중하는 풍토를 조장하였다. 학교풍토 조성을 위해 지속적으로 모니터하고 수정하는 동시에, 학교의 조직과 지원 부서를 구조적으로 변화시켜 학생지원체제를 확대하고 강화시켜 나갔다.

1) 편안한 환경 조성

데이비드가 그린필드 고등학교에 처음 왔을 때, 그는 자신이 쇠퇴기에 있는 학교에 발령 난 것을 알았다. 그는 기분이 상했으며, 학교 직원이 희망을 갖고 있지 못한 것이나, 학부모들이 자녀를 학교에 보내는데 열성이 없는 것을 보고는 더욱 그랬다. 그가 더욱 화가 난 것은 학교정책들이 학생의 학습활동에 초점이 둔 것이 아니라, 통제 관리에 중점을 두었기 때문이었다.

그러나 그는 참았다. 그가 참을 수 있었던 것은 그가 교사경력과 장학사 경력을 통하여 얻게 된 신념 때문이었다. 그는 안전한 환경을 조성함으로써 학생들이 학교를 가정처럼 편안하게 느끼게 해야 한다고 믿었다. 이를 위해 학생과 관련된 정책과 체제를 강화하기로 하였다. 즉, 출석, 훈육, 조언, 평가, 그리고 일반적인 학생관련 절차들을 보다 강화해 나가기로 하였다.

그는 옳다고 생각하는 것을 먼저 혼자서 실천에 옮겼다. 우선 그는 자신의 직무처리 효율성을 높이기 위해 한 달 동안 사환을 고용하여 서류정리를 하였다. 그의 첫 번째 관심사는 출석률이었다. 그는 15~20%에 이르던 결석률을 10%이하로 낮추었다. 비결은 근접 모니터링체제를 도입한 때문이었다. 예를 들면, 전담직원을 배치하여 결석이 발생했을 경우, 그 결석의 원인과 패턴을 관찰하도록 하였다. 모든 담당교사도 결석이 발생할 경우 교사 핸드북에 기록하고, 보고하며 학부모에게도 알리는

'종합적 출석 유지체제'를 마련하였다. 학생은 결석의 이유를 설명해야 하며, 상세한 결석 기록을 남기도록 하였다.

그의 두 번째 과제는 점심시간 때의 학생이동이었다. 그가 처음 왔을 때 매일 200~300명의 학생이 점심식사를 위해 학교 밖으로 나갔다. 학생의 이동은 안전에도 문제가 있을 뿐만 아니라 건강에도 문제가 있으며, 학교분위기에도 좋지 않은 영향을 끼치고 있었다. 이에 데이비드는 추가적인 시설, 즉 의자 마련과 점심 시간대 조절, 매점식사 질 개선, 냉수통 설치 등의 접근방법을 통해 점심시간의 학생이동을 줄였다.

데이비드는 그의 초기 교사경험을 살려 구성원의 협동을 강조하였다. 그는 협동적 교직풍토를 만들기 위해 직원 핸드북을 만들어 2주에 한 번씩 행정적 사항을 전달하였고, 학생을 위해서는 학생에 관한 정보와 교육과정을 상세히 소개해 주었으며, 과제연락장 제도를 시행하였다. 학부모를 위해서는 학기당 두 번씩 학교활동을 자세히 설명해주는 뉴스레터를 보내 주었다.

동시에 '학생행동 관리규정'을 만들어 학생과 직원의 권리를 일깨워 주고, 책임도 제시해 주었다. 이 규정을 자세히 살펴보면 다음과 같다.

- 모든 학생과 직원은 깨끗하고 안전한 환경에서 일할 권리를 갖는다.
- 학생과 교사는 방해받지 않을 권리를 갖는다.
- 학생은 자신의 배움을 지속할 책임이 있다.
- 학생은 자신의 행동에 책임이 있다.
- 학생은 교사의 가르침에 따라야 한다.
- 모든 학생과 직원은 존중받고 정중하게 대해져야 한다.

2) 학교풍토 개선

데이비드는 협동적 학교문화가 교육개혁의 중심에 있다고 믿었다. 이러한 믿음은 그의 과거 교직경험 뿐만 아니라 연구물과 책을 통해 얻게 된 것이다. 그는 구성원의 의견을 반영하기 위해 학년도 말에 직원과 학생, 그리고 학부모를 대상으로 설문조사를 하여 학교발전계획에 대한 만족도나 불만에 관한 조사를 하고, 그 내용을 직원들과 열린 토의를 하였다. 그는 학교공동체의 모든 구성원의 의견이 반영된 교육과정이 효과적인 교수-학습을 가져다주고 건강한 학교문화를 만들어 준다고 믿었다.

데이비드의 믿음을 실천하는 한 방법은 학생들로 하여금 자긍심을 갖도록 하는 것이었다. 이를 위해 그는 성실한 노력과 우수성을 보인 학생에게 표창을 하였다. 그가 처음 학교에 부임했을 당시엔 학생들에게 성취의욕이 거의 없었다. 그는 다양한 방법으로 성취에 대한 보상을 해주었다. 학생의 좋은 성취에 대한 칭찬의 편지가 학부모에게 보내지고, 학기당 두 번씩 발행되는 뉴스레터에도 우수학생을 공고해주었다. 칭찬과 함께 학기말 점심식사나 영화 관람이 제공되었다.

데이비드의 학생에 대한 인간자체로서의 존중은 '교육적 조언' 프로그램으로 실현되었다. 즉 담임교사가 매일 학과과목 이전에 '교육적 조언'을 해주는 시간을 갖고 학생의 인성도야에 힘쓰도록 한 것이다. 동시에 금요퀴즈시간 갖기, 반별 야구대회, 운동장 청소, 나무심기 등의 활동을 통하여 심성을 계발하도록 권장하였다.

이와 같은 데이비드의 인간존중 신념은 학생들로 하여금 학교를 단순히 편안한 곳으로 여기는 차원을 넘어 학교에 대한 애착과 자부심을 갖는 풍토로 바꾸는 원동력이 되었다.

3) 구조적 변화

학생에 대한 지원체제의 구조적 변화를 위해서 데이비드가 먼저 추진한 것은 '학생지원부'를 설치하는 것이었다. 지역사회의 지원을 받아 많은 외부자로부터 도움을 받게 되었는데, 이 부서에는 세 명의 전문가를 포함하여 저학년 조정자, 토착민 교육자, 청소년교육 담당관리, 신부, 베트남 출신 장교, 간호사, 지역경찰, 교외강사 등이 포함되어 각각 전문분야에서 학생을 지원하였다. 여기에 학교 직원은 오직 두 명이었고 나머지는 모두 외부 자원인사를 활용하였다. 그 결과 학교가 가지고 있는 자체 역량에 비해 비교할 수 없을 정도로 엄청난 학생지원 효과를 가져 올 수 있었다.

또 다른 그린필드 고등학교의 변화는 '학생자치회'의 설립이었다. 주요 역할은 학생의 의견을 모아 직원에게 제시하고 학교의 긍정적 이미지를 증진시키는 일이었다. 데이비드는 자신의 신념인 학생중심 학교경영을 위해서는 학생자치회 구성이 필수적이라고 믿었다.

데이비드는 학부모와 지역사회의 학교 참여가 학교발전의 주요 요소라고 믿고 있었는데, 이러한 믿음은 관련 연구문헌을 읽고 난 후였다. 데이비드가 그린필드 고등학교에 오기 전에는 자원봉사자가 거의 없었다. 학부모는 학교를 신뢰하지 않았고, 오직 자녀에게 문제가 생겼을 때만 학교를 방문하였다. 그러나 현재의 그린필드 고등학교는 구내매점에서 자원 봉사하는 학부모를 비롯하여, 전화교환, 도서관 등에서 자원 봉사하는 학부모들이 많이 있다.

4) 교육과정 개선

데이비드는 그린필드 고등학교에 처음 왔을 때, 68%의 학생이 읽고 쓰는 데에 문제가 있다는 것을 알고 이를 해결하기 위한 노력을 기울였다. 그는 읽기, 쓰기 능력 향상 프로그램인 EDWA 프로그램을 도입하여 각 학과에 각과의 교육과정이나 숙제 등에 이를 적용하도록 하였다. 특히 부진아를 위한 별도반을 편성하여 전담교사의 집중적 지도를 받게 하였다. 그 결과 현재는 부진아들이 놀라운 향상을 보여 정규 학급으로 환원되었다.

또한 영어가 제 1 언어가 아닌 학생들을 위해 소규모 집단으로 구성된 영어반을 설치하는 등 특수영역에서 문제가 있는 학생을 위한 특별반을 운영하였다. 그리고 만족할 만한 진전을 보이면 다시 정규 학급으로 환원시켰다. 그리고 주지교과에 대해 부진을 보이는 학생들을 위해 보충수업반도 운영하였다.

데이비드는 교육의 질은 교사의 질에 달려 있다고 믿었다. 데이비드가 처음 부임했을 당시 많은 교사들은 부가적인 노력을 싫어했기 때문에 교사의 질은 답보상태에 있었다. 이에 데이비드는 교사들에게 숙제를 부과했다. 처음에는 사회과와 과학과 교사들에게 숙제를 주었고, 지금은 모든 교과 교사들이 일주일에 한 번씩 과제를 제출한다. 그 결과 현재는 학교의 과학교육프로그램이 주 전체에서 우수함을 인정받고 있으며, 이로 인해 최근에는 수천달러에 해당하는 보조금을 지원 받게 되었다.

다. 교육공동체 형성을 통한 학교의 재구조화(캐나다)

1994년 와그너 고등학교가 속해있는 학교구는 혁신적인 교육감을 맞이하여 교육공동체형성에 우선권을 두게 되었다. 그러나 문제는 각 학교가 어떻게 공동체를 형성하느냐에 달려 있었다.

1991년 이사회는 와그너 고등학교를 과학기술고등학교로 전환시켰다. 그리고 300명의 학생수를 배당하였다. 와그너고등학교는 인구가 밀집된 지역에 위치하고 있지 않았다. 지리적으로 넓은 학교구 때문에 학생들이 가까운 지역 고등학교를 선택하게 되었고, 더구나 와그너고 등학교가 위치하고 있는 도시(애드먼튼)의 남동부는 고등학생수가 증가하고 있었기 때문에 학교교육과정 운영을 위한 추가 공간이 요청되었다.

이에 교육위원회는 와그너고등학교의 공간 확보 필요성을 인정하고, 공간 확보를 위해 건물 개·보수를 위한 자금을 지원해주었다. 그러나 각 학교에 대한 교육청의 재정지원은 학생수에 따라 거의 전적으로 배분되었으며, 학교의 크기나 교육프로그램의 수, 지역사회에서의 사용 등은 영향을 거의 미치지 못했다. 결국 학생수가 작은 와그너고등학교는 그 만큼 재정지원에 불리하였다.

1) 학교의 새로운 정체성 형성

1992년과 1995년 사이에 학생과 직원, 학부모, 그리고 지역사회 구성원은 새로운 학교건물을 함께 지으면서 매우 많은 변화를 보였다. 지금은 1992 년 이전에 학교를 방문했던 사람은 와그너고등학교를 잘 알아보지 못한다. 학생수는 900 명으로 늘어났고, 10, 11, 12학년 프로그램을 만들었으며, 이에 따른 첫 번째 신입생들은 1995년에 12학년 국가시험을 치렀다. 교내 교사들은 보다 다양하고 혁신적인 방법으로 가르치는데 자신감을 갖게 되었다. 그리고 학교에서는 학생 팀과 클럽, 학부모조직들을 설립하였다. 오늘날 와그너 고등학교는 학교풍토가 좋고, 안전하며, 학생의 학업성취도가 상승하고 있으며, 학생들에게 많은 기회가 주어지는 곳으로 알려지고 있다.

와그너 고등학교가 오늘날과 같은 학교를 만들기 위해 도전했던 일은 다음과 같다. 먼저 어떻게 하면 과학기술고등학교에 변화를 줄 수 있는가를 고민하였다. 그래서 시작한 일이 비록 제한적인 방법이긴 하지만 과학, 기술, 수학 등에 초점을 맞추는 것이었다. 당시의 입장에서는 가장 안전한 길이었다. 새로운 다른 길도 있었겠지만 불확실하였기 때문이다. 3년간의 집중적인 노력 끝에 새로운 건물을 얻었고, 과학, 기술, 수학교육을 위한 보다 앞선 여건을 마련하게 되었다.

학교구에서도 각 학교의 구성원인 학생, 직원, 학부모, 지역사회 인사가 학교계획 과정에 참여하는 학교조직을 요구하고 있었으므로, 교장이 해야 될 일은 지역공동체가 학교의 방향을 결정하는데 참여하도록 조장하고, 그에 따른 재정을 합리적으로 지원하는 일이었다.

2) 공동체로서의 의사소통

와그너 고등학교는 학교계획을 준비하는데 있어서 공개된 논의가 필요함을 인식하고, 합의점 도출보다는 다양한 의견과 아이디어를 존중하는 분위기를 형성해 나갔다. 1994년 11월 직원회의에서 교장은 '2000년을 향하여-본교의 3년 계획'이란 문건을 제출하고, 직원으로 하여금 '앞으로 학교에서 해야 할일 3가지'를 찾아 다음회의에서 의견을 제시하도록 하였다. 그리고 이 문제에 관하여 직원간이나 학생, 지역사회와 협의하도록 권장하였다.

한 달 후 12월 직원회의에서 각 교사 팀은 그들의 우선순위에 따라서 다양한 의견을 제시하였다. 다시 각 팀의 리더는 학생들에게 똑 같은 질문을 제기하였고, 각 학급에서는 두 명의 대표를 선발하여 전체 학생대표 집단을 구성하여 논의하였다.

학부모나 지역사회의 의견을 반영하는 일이 쉽지 않았기 때문에 학교는 학생과 직원에게 제기했던 똑 같은 질문을 학부모 집단에게 제기하였다. 동시에 지역사회 뉴스레터를 활용하여 질문지를 발송하였다.

3) 쟁점의 구체화

각 집단으로부터 의견을 수렴해본 결과 집단간의 차이에도 불구하고 공통점이 많았다. 즉, 학교환경개선, 교수-학습시설 현대화, 학생의 학업성취도를 지속적으로 학생과 학부모에게 통지하는 일 등이었다. 그리고 수렴된 의견은 다음과 같은 세 가지의 쟁점으로 귀착되었다. 첫째, 우수학생 육성에 중점을 둘 것인가 아니면 보편교육 확대에 둘 것인가, 둘째, 매일 지도학습 시간의 역할을 어떻게 규정할 것인가, 셋째, 학교 체육프로그램은 어떻게 발전시킬 것인가 등이었다.

모든 집단의 의견은 쟁점을 구체화하는데 가치 있었고, 그들은 의견제시에 대한 피드백을 받았다. 또한 직원이나 학생, 학부모, 그리고 지역사회의 구성원이 다른 집단의 의견이나 관점을 이해하는 데에도 도움을 주었다.

수렴된 의견분석을 통하여 학교는 7가지의 구체적 논쟁거리를 확정하였다. 즉, 프로그램 다양화, 공동체로의 관계 개선, 교육과정의 일관성 유지, 교사/상담가 프로그램 개방, 체육활동 활성화, 기술 장비 개선, 교원의 전문성 신장 등이다. 이에 교장은 각 주제별로 리더를 임명하고, 교사는 적어도 한 가지 이상의 주제별 팀에 속하도록 조직하였다. 또한 교장은 직원과의 인간관계 개선을 위해서 2개월간 각 주제별 팀 조직을 대상으로 조찬모임을 가졌다. 다음 해 2월 중순에는 '가장 어려운 장애점 두 가지' 질문을 직원에게 제기하여 문제 해결의 참고자료로 활용하였다.

4) 계획서 발표

계획서의 초안을 완성하고 난 후에 각 집단의 검토를 받았다. 학부모 집단이 자발적으로, 그리고 개인적으로 문서를 검토하고 의견을 제시해 주었다. 학생집단도 다양한 검토의견을 주었고, 직원들은 '저녁 4시간 작업' 시간을 활용하여 각 자의 전공과 관심영역에 대해서 검토의견을 주었다. 이러한 일련의 과정이 관련 구성원들에게 참여를 통한 관심 증대와 만족감 증대라는 효과를 가져왔다. 그러나 각 개인이나 집단은 학교계획의 전체그림을 보지 못하고 개인적 관심과 이익에 관련되는 부분에 이의를 제기하기도 하였다. 이에 교장은 각 개인이 전체그림을 볼 수 있도록 설명하는데 주력하였다.

이러한 일련의 과정에서 마지막 단계는 전체 학교공동체에 피드백을 제공하는 일이었다. 초안을 검토했던 모든 직원들과 학생, 학부모에게 수정된 최종안을 제공하였다. 그리고 나서 이사회에 계획서를 제출하고 발표하였다.

5) 공동체형성의 성과

계획서 최종안에는 다음과 같은 요소들이 포함되었다.

- 학문으로서의 수학과 과학이 실제에 적용되도록 학교의 목표와 방향의 명료화
- 과학 분야에서 지역사회와 파트너십을 갖는 계획
- 보다 발전된 기술을 학교에 도입하는 계획
- 학생의 학업성취 목표 설정
- 교육프로그램 개선 계획
- 교육과정 일관성 유지 계획
- 공공관계 증진 아이디어
- 교원의 전문성 신장 계획
- 출석률 유지 계획
- 체육 프로그램의 활성화 계획
- 재정지원 계획

학교교육계획서에 모든 구성원이 원하는 것을 다 포함시킬 수는 없다. 그러나 각 학생, 교사, 학부모, 그리고 지역사회 구성원들이 자신들의 요구가 논의되거나 포함된 것을 확인할 수 있다. 학교공동체를 이루데 필요한 성공요소는 모든 구성원이 요구하는 것을 수용해서 반영해야만 한다는 것이 아니라 각자의 요구를 경청하는데 있는 것이다.

라. 동기부여를 통한 학교 혁신(일본)

최근 일본에서는 한 여성이 매스컴의 집중 조명을 받았다. 그 주인공은 47세의 여성 교육자인 우르시 시호코. 그녀는 한 학급 입학생이 5명에 불과했던 폐교 직전의 학교를 맡아 7년 만에 도쿄대 입학생을 배출했으며, 입학경쟁률 3.3대1의 명문교로 변화시켰다. 교직을 가업으로 생각하고 있던 우르시 시호코는 친구의 친정집이 운영하던 시나가와 여중고가 경영위기에 처했다는 소식을 듣고, 곧 교장직을 자원한다. 그리고 학교에 대한 교육계 의견을 취합하는데, "지금 와서 무슨 개혁? 이미 늦었다"는 답변이었다.

그러나 "더 나빠질 것도 없으니 하고 싶은 대로 해보라"는 의견도 있었다. "스스로 포기하지 않으면 성공할 수 있다"는 격려성 답변도 있었는데, 우르시 신임 교장은 후자의 의견을 받아들여 학교 혁신을 시작한다.

먼저 학생들이 싫어하는 것을 모두 바꾸기 시작했다. 학교 명칭을 '시나가와 여중고'에서 '시나가와 학원'으로 바꾼 데 이어, 학교 건물을 화사한 현대식 건물로 바꾸었다. 이어 학생들이 가장 싫어하던 두발규칙을 폐지했으며, 학생 스스로 예쁜 교복과 가방을 선택하도록 했다.

우르시 교장의 의도는 "학원 또는 다른 학교에서 볼 수 있는 좋은 아이디어를 모두 실천해보자"는 것이었다. 그러나 어떤 아이디어든지 학생들이 반대하면 곧 포기했다. 스피드와 실천력을 중시하면서 "10개 아이디어 중 한두 개만 성공해도 좋다"는 것이 그녀의 본심이었다. 가장 어려운 것은 학생들을 변화시키는 일이었다. 그러나 우르시 교장은 학생들에게 "열심히 공부해 좋은 대학에 들어가라"고 호소하지 않았다. 대신 그녀는 "너희들이 독립할 수 있는 28살이 됐을 때, 진정으로 하고 싶은 일이 무엇인지 지금부터 찾아내자"는 것이었다.

우르시 교장은 "학생들은 자신이 할 수 없다고 생각했던 일을 성취했을 때, 자신이 하고 싶은 일에 대해 뚜렷한 목표가 생겼을 때, 자신이 하는 일이 남을 위하는 일이라고 생각했을 때 가장 행복해 했다"고 말했다. 그리고 바로 그 행복의 순간, 자신이 왜 학교에 와 있는지, 왜 공부를 해야 하는지 '동기부여 스위치'가 켜졌다는 것이다.

우르시 교장은 "28살이 됐을 때 너희가 목표한 일을 충분히 수행할 수 있도록 학교가 열심히 지도하겠다"고 약속했다. 그리고 학생들에게 제시한 것이 '비전 28 프로젝트'다. 이 프로젝트는 학생들이 스스로 진로를 선택하고, 그 목표를 실현할 수 있도록 '라이프 디자인 컨설팅'을 해주자는 것을 목표로 하고 있다.

컨설팅 중 주목할 내용은 전문성이다. 학생들이 28세가 됐을 때 가능한 한 전문성이 높은 직업을 선택하도록 지도했다. 사회와의 커뮤니케이션이 가능하도록 기업과의 '협동(collaboration)' 프로그램을 도입한 것도 특기할 사항이다. 기업 측의 협력을 얻어 학생 자신의 아이디어를 기획, 발표하고, 개발해 나갈 수 있도록 새로운 교과과정을 도입했는데, 일부 아이디어가 제품으로 이어지며 주변을 놀라게 했다.

교과과정에 새로운 방식의 외국어 교육이 포함됐다. 학생들이 국제무대에서 어려움 없이 활동할 수 있도록 TOEIC을 직접 지도했으며, 각 반에 외국인 유학생을 2명씩 배치해 학생들이 쉽게 외국어를 접할 수 있는 환경을 조성했다.

매년 학생들과 5회, 학부모와 2회, 모두 7회에 걸쳐 개별면담을 실시했다. 학생들이 명확한 비전을 찾아내 공부에 대한 '동기부여 스위치'를 켤 수 있도록 적극적인 도움을 주자는 의도였다. 그리고 2006년 시나가와 졸업생 203명이, 2007년에는 졸업생 192명 중 170명의 학생이 4년제 대학에 입학했다. 그리고 2008년에는 학교 역사상 최초로 도쿄대 입학생이 탄생했으며, 주요 명문대 입학생이 줄을 잇고 있어 일본 열도를 놀라게 하고 있다.

마. 시사점

이상의 학교경영 우수사례를 종합하여 볼 때, 다음과 같은 시사점이 도출될 수 있다.

첫째, 학교의 실태와 문제점을 파악하여 주어진 환경에 적절한 학교경영의 재구조화를 시도하고, 교육수요자가 만족하는 학교혁신 방안을 도입하여 실천하고 있다.

둘째, 경영자는 비전을 창출하고 이를 실현할 수 있는 인력을 조직하여, 학교 구성원들로 하여금 비전을 실현하기 위해 최선을 다하도록 적절한 동기부여를 하고 있다.

셋째, 학교경영에 있어서 학부모 및 지역사회의 참여를 증대시켜 학교구성원인 교사, 학생, 학부모, 지역사회 인사가 공동으로 참여하는 학교공동체를 이루고 있다.

넷째, 지역의 특성과 학교의 실정에 맞는 교육프로그램을 개발하여 실천에 옮기고 있다.

다섯째, 교사에게 힘을 실어 주어 교사의 권한을 강화함으로써, 교사가 학교변화의 주체로서 역할을 수행하고 있다.

4. 개선과제

오늘날의 학교 조직은 교육 개혁에 대한 요구의 증대로 인해 관리와 경영의 면에서 많은 변화를 요구받고 있다. 학교자율경영에 따른 자율화의 요구는 학교 조직의 민주적 운영을 강조하고 있고, 그에 따른 질적 책임도 함께 요구하고 있다. 이러한 최종적인 책임은 학교 경영자에게 있다. 과거에는 학교 경영자가 모든 것을 결정하고, 그 결과에 대해서도 학교 경영자가책임지는 것이 당연한 것으로 받아들여졌다. 그러나 오늘날 학교 경영에서는 교사들의 다양한 요구, 학부형의 요구, 사회의 교육적 요구 등에서 상당한 갈등이 예상된다. 따라서 지금까지와는 달리 앞으로의 학교 경영은 다양한 학교 교육 주체들의 적극적인 참여와 그에 따른 자율적 경영 속에서 질적 고도화를 추구해야 하는 과제를 안고 있으며, 이러한 과제를 해결하기 위해서 학교 경영자는 다음과 같은 역할과 자질을 가져야 한다.

가. 비전 창출

비전은 변화관리와 목표 설정, 교육과정 개발에 중요한 역할을 하고 학교가 공유한 가치는 윤리적인 의사결정에도 직접적인 영향을 준다. 이러한 비전의 중요성과 상호관련성을 Murphy(1994)는 만약 리더가 도덕적. 윤리적인 의식을 발달시키지 않는다면, 그들은 의사결정 하기가 어렵다는 것을 발견하게 될 것이며, 목적의식조차 잃게 될 것이라고 강조한다. 즉, 교장이 학교목표에 부합한 분명한 교육비전과 철학을 가지고 교직원들에게 다양한 영역의 권한부여를 통해 학교조직에 보다 더 적극적으로 헌신하고 협력하도록 유도하는 변화지향적인 행위라 할 수 있다.

따라서 학교경영자로서 교장은 좋은 학교에 대한 비전을 창출하여 제시할 수 있는 능력, 그러한 비전을 실현시킬 전략을 설계하는 능력, 그 비전에 뜻을 같이 하며, 비전 실현에 기여할 수 있는 인력을 조직할 수 있는 능력, 학교 구성원들로 하여금 비전의 실현을 위해 최선을 다하도록 동기화하는 능력을 갖추어야 한다. 단순히 교장의 지위 권력만으로 교장의 역할을 수행할 수 있는 시대는 지나가고 있으므로 교장의 자세 전환이 필요하며, 지속적으로 연수하고 개발하는 노력을 기울여야 할 것이다.

우리가 비전이라고 부르는 이미지는 꿈처럼 막연할 수도 있고 목표나 사명 선언문처럼 구체적일 수도 있다. 중요한 것은 이 비전은 현실적이고 믿을 만하며 매력적인 조직의 미래, 현재의 조직과 비교하여 중요한 몇 가지 점에서 더 나은 상태를 명확히 제시해야 한다는 것이다.

나. 학교 재구조화

그동안 '개혁'이라는 이름 하에 이루어진 다양한 정책들은 여러 차원으로 나눌 수 있는데 갱신(Renewal)은 조직이 이미 하고 있는 일을 보다 효율적으로 잘 하도록 돕는 활동 즉 '새롭게 하기' 차원이고, 개혁(Reform)은 조직으로 하여금 새로운 환경과 요구에 부응하여 기능할 수 있도록 현존하는 절차와 규정을 바꾸는 활동 즉, '고쳐 하기' 차원이다. 반면에 재구조화(Restructure)는 학생의 다양한 교수-학습 활동을 개선하기 위하여 조직 내적으로나 조직과 외부 환경과의 관계에 내포된 근본적인 가정, 관행, 관계 등을 총체적으로 바꾸는 '틀 다시 짜기' 차원이라 할 수 있다(양승실, 2002).

지식기반 사회는 빠른 속도로 확산되고 있는 지식의 변화에 신속한 대응을 요구한다. 따라서 미래에 대한 조망과 비전에 기초하여 능동적으로 대응하려면 단위학교 조직에 있어서도 변화 관리 기능을 내재시키거나 혁신과 개혁의 정신을 내면화시킨 학습 조직을 구축하는 것이 필요하다. 이와 같이 미래지향적인 학교로서의 위상 및 기반을 구축하기 위해 학교 경영자는 종래의 학교와 달리 의사결정의 분권화와 공유화, 다양한 교수-학습 방법 및 프로그램 개발, 학부모 및 지역사회의 참여 증대, 명확한 목표와 비전, 그리고 학교 교육에 대한 학교조직 구성원들의 책무성이 증대된 학교로 재구조화 할 필요가 있다.

다. 인적자원의 활용과 개발

학교의 발전은 핵심적인 인적자원을 어떻게 확보하고 개발하며 활용하는가에 달려 있다고 해도 과언이 아니다. 학교조직의 목적을 달성하는 수단은 바로 사람들과 함께 하는 것이다. 어디론가 방향을 정해서 사람들의 힘을 한 곳으로 모아 성취를 이뤄내는 것, 그것이 바로 경영이고, 그것이 바로 경영자의 역할이다. 학교의 비전과 이념, 문화에 비추어 적절한 사람을 선발하는 것, 잘 훈련시키고 제대로 평가하여 적재적소에 배치하는 것, 그들 스스로 열정을 가지고 최선을 다해 창의적이고 도전적으로 팀워크를 발휘하면서 일할 수 있도록 동기부여와 임파워먼트 하는 역할이 여기에 해당한다.

따라서 단위학교가 소기의 목적을 달성하기 위해서는 최고의 교사들을 찾아내고 그들이 최고의 성과를 얻도록 자율성을 최대한 보장해 주어야 한다. 학교마다 개혁적이면서도 유능한 교사들이 있기 마련이며, 이들은 비공식적이고 간접적인 과정을 통해 다른 교사들에게 영향을 미친다. 그리고 다른 교사들은 그러한 교사들의 의견과 과제 해결방식을 따르는 경우가 종종 있으므로 경영자는 개혁적이면서도 유능한 교사들을 발굴하여 그들에게 리더의 역할을 수행하게 하는 분권적 리더십을 발휘하는 것이 필요하다.

라. 건전한 의사소통 풍토 조성자

교육목표를 달성하기 위한 학교경영은 교직원, 학생, 학부형, 지역사회 등의 협력이 적극적으로 이루어질 때 비로소 성과를 발휘할 수 있다. 타인과 더불어 협동적으로 과업을 수행하는 데에는 무엇보다도 건전한 인간관계가 전제되어야 한다.
학교 경영자는 비전에 맞게 자원을 배분하기 위하여 합의를 도출하고 이를 의사소통하고, 갈등을 해소하는 적절하고 효과적인 요구사정, 연구에 근거한 자료, 집단과정 기술을 활용하여 직원을 조직운영과 우선순위 설정에 참여시키는 능력을 보여줘야 한다.

학교 지도자들은 지속적으로 변화하는 그들의 역할에서, 학교 문화의 변혁을 시도함으로써 덜 위계적이고 덜 상명하달식이며, 내면에 초점을 맞추고 보다 평등적이며, 통합적인 초점을 두는 형태로 변하고 있다.
학교 경영자가 더욱 효과적으로 조직을 이끌어 가기 위해서는 다음과 같은 능력이 필요하다(Weisinger, 1998; 신상명, 2006에서 재인용).

- 자기노출 : 느끼고 생각하고 원하는 것을 다른 사람에게 말하는 능력
- 확신 : 타인에게 대한 존중감도 보이면서 당신의 생각, 아이디어, 견해와 신념을 지지하는 능력
- 역동적 청취 : 타인이 말하고 있는 것을 당신이 진지하게 듣는다는 것을 확신시켜 주는 적극적이고 주의를 기울이며 듣는 능력
- 비판 : 타인의 아이디어나 행동에 대해 건설적으로 피드백 하는 능력
- 집단 의사소통-집단에서 의사소통하는 능력

이상의 기술 목록에서 보듯이 효과적인 의사소통은 말하고 듣는 것 이상의 복합적인 과정이다. 조직 구성원은 경영자가 듣기를 잘하고, 좋은 대화자가 되기를 기대하고 있다. 그들 각각은 자신들의 관심 사항이 잘 전달되었다고 느껴지도록 해야 한다. 대안을 고려하고 관심 사항의 모든 면을 듣는 기회가 있을 때 각 관심 사항은 주목될 필요가 있다.

학교에서 모든 참가자들이 목소리를 내도록 하는 열쇠는 의사소통이다. 학교경영자는 아래로, 위로, 그리고 수평으로 의사소통의 형식적 경로를 수립하고 유지할 책임이 있다. 학교경영자는 학교의 목표를 달성하는데 도움을 주는 활동들이 조화롭게 기능하도록 비밀 정보망과 같은 다양한 의사소통 네트워크를 사용한다. 집단 구성원들이 가지고 있는 가치관, 세계관, 교육관, 교직관, 학생관, 교수기법 등에 관하여 전문가로서 상호 존중해 주는 풍토를 조성해 주면서도 간혹 야기될 수도 있는 이견이나 불만, 갈등에 대하여 깊은 관심과 배려를 가져야 한다.

마. 이해관계자 관리와 사회적 책무 수행

학교 경영자는 하나의 조직, 즉 학교의 대표를 맡고 있는 사람이다. 따라서 해당 조직의 목표를 이뤄내는 일차적인 책무와 더불어 사회의 다양한 구성체 중 하나인 학교의 대표로써, 사회적 책임과 역할을 수행해야 하는 책무를 가지고 있다.

학교는 교사, 학생, 학부모, 지역사회 인사 등 다양한 이해관계자로 구성되어 있음은 주지의 사실이다. 이해관계자 집단이 학교에 요구하는 '사회적 책임'은 시간이 흐를수록 증대될 것으로 예상된다. 높아지는 교육수요자의 요구, 엄격한 투명성에 대한 요구 등이 그러한 사회적 책임과 이해관계자 집단의 요구를 나타내는 실례가 된다.

미래에는 점증하는 이해관계자 집단의 요구에 적절하게 대응하는 것이 학교의 목표 달성에 직접적인 영향을 미치게 된다. 따라서 학교 경영자는 조직을 대표하는 사람으로서, 이들 외부의 다양한 이해관계자 집단의 요구에 소극적으로 대응하는 것이 아니라 적극적이고 능동적으로 대응함으로써, 조직 본연의 목적을 달성해 나갈 수 있어야 한다.

조직 내부의 교사와 학생은 물론이고, 학부모, 지역사회 인사 간에 상충되는 이해관계를 적절히 조정해서 학교의 가치를 극대화하기 위해서 경영자는 이해관계자 관리와 대 사회적 책임을 다하는 것을 학교의 최상위 전략으로 자리매김 할 수 있어야 한다. 또한 자기 자신 뿐만 아니라 모든 조직원들이 사회 구성체로서의 학교의 사회적 책임을 다하는 것을 중요하게 인식하게 하여야 하며, 문제가 터졌을 때 사후약방문 격으로 대응하는 것이 아닌, 사전적이고 능동적인 대응을 할 수 있는 시스템을 구축 운영하여야 한다.

바. 윤리적 지도자

공동체 속에서 지도자 행동은 '도덕적 예술(moral art)이라고 할 정도로 윤리적이어야 하며, 교직원과 학생에게 윤리적 교육을 해야 한다. 따라서 최근 학교경영자에게 도덕적 지도성이 강조되고 있다.

성공적인 학교경영자들은 비전, 성품, 가치, 임파워먼트 그리고 지구력 포함한 특정한 윤리와 관련된 기술을 가져야 한다. 훌륭한 지도자란 먼저 훌륭한 사람이 되어야 한다. 그들은 미덕을 갖추고 진실성, 통합성, 헌신, 정열과 같은 가치의 본보기를 제시해 줌으로써 높은 표준을 지니고 있을 뿐 아니라 훌륭한 성품도 지녀야 한다. 학교경영자들에 있어 윤리적 행동이란 비전과 영감을 제시하는 것뿐만 아니라 교육적 과정에 목적과 의미를 가져다주는 것을 포함한다.

교원의 윤리는 단순히 학교사회 내부에서만 존재하는 것이 아니다. 즉, 학부모와 학교 외부의 사회에 대한 교원의 윤리는 교원의 사회적 지위를 결정하는 중요한 요인이 될 뿐만 아니라 교원의 권위와 교육력을 유지하는 중요한 토대가 된다. 따라서 학교경영자는 학부모와 일반사회에 대한 윤리를 준수하기 위해 각별한 노력을 경주해야 한다. 이러한 윤리는 공무원법에 제시되어 있는 활동을 기본적으로 준수해야 하는 것은 물론이며 사표로서의 윤리적 태도를 갖춰야 할 것이다.

일반인들에게는 널리 허용되는 행동조차도 교원들의 경우에는 지탄의 대상이 될 수도 있다. 이는 교원들의 행위가 사회적 규범의 상징이며, 그만큼 높은 윤리적 기준이 요구되기 때문이다. 따라서 학교경영자는 사회 전체의 도덕과 윤리를 선도하고 유지하는 표준이 되어야 한다.

사. 변화추진자

학교사회는 다양한 가치관과 역량을 가진 사람들이 함께 모여 있는 조직이므로 그들의 다양성을 존중하면서 목표를 향해 한 방향으로 조직을 이끌어 가는 일이 더욱 중요해 진다.

변화추진자는 그의 관점을 바꾸는 데 개방적이며, 분별력 있고, 사회적 시사점을 잘 인식하고 있어야 한다. 또한 복잡한 조직 문제를 파악하고 분석할 수 있어야 하고, 구성원에게 미치는 문화와 풍토의 영향을 이해하여야 하며, 변화를 위한 계획을 개념화하고 실행할 수 있어야 하며, 투입, 산출, 그리고 변화의 질을 점검하면서 체제의 개방성을 유지할 수 있고, 변화를 통해 개선을 지향하면서 체제의 긍정적적인 측면을 유지할 수 있어야 한다. 변화추진자는 높은 전문성을 유지하여야 한다. 변화추진자는 자극하고 고무하는 동기 유발자가 되어야 한다.

Havelock(1973)은 변화추진자로서의 학교경영자의 역할을 변화의 촉매자, 해결방안 제공자, 과정조력자, 자원연결자로 들었다(신상명, 2006에서 재인용).

- 촉매자(catalyst) : 변화의 필요성을 제기하고, 다른 사람들이 그것을 인식하게 하며, 변화를 격려한다. 이러한 역할은 서로 다른 문화적 배경, 지식, 이해관계를 가진 사람들의 의견을 하나로 묶어 내어, 문제 또는 과제 해결을 위한 바람직한 창조적 대안을 창출할 수 있도록 항해의 방향을 제시하는 선장의 역할이다.
- 해결방안 제공자(solution giver) : 일련의 해결방안을 강구하고 선택한다. 이를 위하여 위원회를 구성하기도 한다.
- 과정조력자(process helper) : 경영자나 구성원에게 변화과정을 보여준다. 변화의 필요성을 정의하고, 진단하고, 해결과정을 제시하는 전문적 지도・조언을 한다. 변화과정에 관해 전문적 지식과 기술을 가진 변화 전문가 또는 변화 컨설턴트이다.
- 자원연결자(resources linker) : 인적・물적 자원을 확보하여 효과적으로 분배하고 사용한다. 변화에 동조하는 사람을 모으고 인적・물적 자원을 조직하여 변화추진체제를 구축하며, 이 체제를 통해서 변화를 추진하고 통제한다.

좀 더 구체적으로 말하면 학교경영자는 경영의 기법인 다음 3가지 역할도 변화의 추진자로서 필요하다.

- 프로세스 체커(process checker)로서의 역할이다. 계획된 진행 절차를 유지하고, 팀 목표 달성을 위한 기법을 지원하는 역할을 말한다.
- 서기(scriber)로서의 역할도 수행한다. 구성원들 사이에서 제시된 아이디어를 함

축적으로 기록하고 주제별로 정리하는 역할이다.

• 타임 키퍼(time keeper)로서의 역할이다. 단계별로 시간 배분을 고려하여 토론을 진행하고, 필요할 경우 소요 시간 등을 알려줌으로써 주어진 시간 내에 합의를 이끌어내는 역할이 필요하다.

이밖에도 학교경영자가 변화의 추진자로서 목표달성을 위해 바람직한 활동이 이루어지도록 지도하고 모든 구성원들이 적극적으로 참여할 수 있도록 유도하는 역할을 하여야 하며 개척자 정신을 지녀야 한다. 변화추진자는 평범하고 관습적으로 단순히 문제를 해결하는 것 이상을 할 수 있어야 한다.

학교경영자는 변화의 원인을 내적인 것인지 외적인지 아니면 종합적인 것인지 파악을 하여야 할 것이다. 변화에 따른 저항이 생긴다면 저항이 생기는 이유를 파악하여 저항을 극복하는 방법을 알고 변화의 방향으로 이끌어야 한다. 저항을 발전의 과정으로 인식하여 긍정적인 방향으로 재정의 하는 태도가 필요할 것이다.

아. 경영자 갭(gap) 분석

학교를 대표하는 경영자로서 조직의 비전을 확고하게 설정하기 위해서는 미래 환경에 대한 분석도 중요하지만 미래 환경에 대한 정확한 이해를 바탕으로 그것에 비춰 보았을 때의 자신의 강점과 약점을 찾는 노력 또한 필요하다. 즉, 현재 자기가 갖고 있는 장단점에 대한 분석도 필요하지만 그것보다는 미래 경영자의 역할과 자질을 먼저 설정하고 그것에 비추어 볼 때 자신의 강・약점은 무엇인가를 파악하여 그러한 갭을 극복해 나가기 위한 노력을 해야 한다. 이는 경영전략에서도 활용되는 방법이다. 갭(gap) 분석은 미래의 바람직한 목표상과 대비하여 현 상황을 비교 분석하고 현재 상태가 그대로 지속될 경우에 과연 조직의 목표를 제대로 달성하겠는가하는 통찰력을 얻는 분석 방법이다. 이 경우 미래 목표와의 갭이 크면 클수록 뭔가 획기적인 노력을 경주해야 함은 당연할 것이다.

자. 지식경영자

지식기반사회에서 교육 패러다임의 변화는 학교경영의 변화를 요구하는데, 이는 학교가 산업사회의 경영방식에 머물러 있는 현상에 대한 비판에서 시작된 것으로 학교관료제에서 학습하는 학교로의 전환 및 학교경영의 본질적 문제를 해결하기위한 조직 차원의 혁신을 포함한다. 여기서 학교경영의 본질적 문제라는 것은 여러 가지 측면에서 설명할 수 있겠지만 구체적으로 학교조직이 지니고 있는 외부 정책 중심 운영, 업무 분장 중심의 학교 운영, 학교 의사결정의 민주화 결여, 업무 분담제의 합리성 결여, 교사 집단의 개인주의적 성격 및 구성원 갈등(정태범, 2002)이 대표적이다. 이러한 문제를 해결하기 위한 시도로서 학교경영자의 지식경영자 역량이 요구된다.

학교경영자가 지식경영자로서의 역량을 발휘하기 위해서는 교사가 그들 나름대로의 새로운 교육방법을 내면화하고 개인적 지식이 팀지식, 조직적 지식으로 전환할 수 있도록 여건을 만들어야 한다. 그리고 학교 특성에 맞는 문제해결방식을 찾고 보다 효율적인 지식관리를 위해 자신들의 노하우, 학급경영 기법, 업무처리 방법, 학생에 대한 정보, 개인에 대한 정보를 공유하는 방식을 개발하고 활용하게 하여야 한다. 이러한 과정을 통해서 외부 정책 중심의 학교 경영에서 지식중심 학교경영으로의 전환, 업무분장 중심의 학교경영에서 팀 중심의 학교경영으로의 전환, 학교 의사결정의 민주화 결여에서 비전과 지식의 공유 중심의 학교경영으로의 전환, 업무분담의 합리성 결여에서 정보시스템을 이용한 효율적인 업무처리로의 전환, 교사 집단의 개인주의적 성격 및 구성원간의 갈등에서 학습중심 학교경영으로서의 전환, 그리고 사무처리 중심에서 지식관리 중심의 학교경영으로 전환을 실현해야 한다.

참고문헌

강경석 · 심용섭(2000). 학교재무관리 개선을 통한 학교교육재정의 효율화 방안 연구. 교육행정학연구, 18(2).

강경희(2001). 교사가 지각한 학교장의 권한 위임 정도와 학교 조직 풍토와의 관계 연구. 서울교육대학교 교육대학원 석사학위논문.

강신철(2002). 웹 기반 학습 환경에서 고객관계관리(CRM)을 활용한 학습자관계관리(SRM) 시스템의 설계와 개발. 교육공학연구, 18(1).

강신철 외(2003). 경영정보시스템, 대경.

강순희(2002). 노동시장 및 직무요건의 변화에 따른 핵심역량의 변화. 한국교육개발원 연구보고서.

강영삼(1988). 자율과 책임의 전제. 새교육 통권 410호, pp. 30-35.

강영혜(2007). 특수목적 고등학교 정책의 적합성 연구. 한국교육개발원 연구보고서(RR 2007-5).

강이철(2001). 교육공학의 이론과 실제. 학지사.

강현석 · 박철홍 · 이원희 공역(2000). 교육과정 개발. 지선사.

강현석 외 공역(2006). 학교 교육과정 설계론의 새지평. 아카데미 프레스.

고영선 · 윤희숙 · 이주호(2004). 공공부문의 성과관리. 한국개발연구원 연구보고서 2004-02.

교육개혁심의위원회(1986). 교육개혁의 기본방향. 교육개혁심의위원회, pp. 1-83.

교육개혁위원회(1994). 신한국 창조를 위한 교육개혁의 방향과 과제.

교육개혁위원회(1995). 신교육체제 수립을 위한 교육개혁 방안.

교육개혁위원회(1996). 신교육체제 수립을 위한 교육개혁 보고서.

교육개혁위원회(1997). 신교육체제 수립을 위한 교육개혁 방안(Ⅲ, Ⅳ).

교육인적자원부(2001). 자립형 사립고 시범운영 방안 안내.

교육과학기술부(2002). 학교생활규정 예시안.

교육과학기술부(2005). 직업교육체제 혁신방안 세부 시행계획.

교육과학기술부(2005). 학교생활규정개정지도결과.

교육과학기술부(2006). 교장초빙 · 공모제 시범운영 추진계획.

교육과학기술부(2008). 대통령 업무보고.

교육과학기술부(2008). 국정과제 개편 전후 비교.

교육과학기술부(2009). 2008년 기숙형공립고 82개교 선정 발표.

교육과학기술부(2009). 교육과학기술부 업무 보고.

교육과학기술부(2009). 교원능력개발평가 선도학교 선정.

교육과학기술부 · 한국교육개발원(2007). 교육백서(2003-2007).

교육과학기술부(2007). 초 · 중등 교육과정 개정 고시.

교육과학기술부(2008). 학교자율화 추진 계획.

교육부(1998). 초등학교 교육과정 해설(Ⅰ)-총론, 재량활동. 대한교과서주식회사.

교육인적자원부(2003). 2003년 지방교육재정운영편람.

권경득(1999). 지방자치단체의 인사제도개혁. 한국행정학보. 33(1)
권낙원 · 민용성 · 최미정(2008). 학교 교육과정 개발론. 학지사.
권대봉 · 신현석(2003). 한국공교육의 새로운 구상과 전략. 집문당.
김경애(2007). 교육지원체제로서 지역네트워크 형성과정에 대한 사례연구. 평생교육연구, 13(3).
김두정(2002). 한국 학교교육과정의 탐구. 학지사.
김덕근(2007). 학부모의 교육권 인식 변화에 대한 비교분석. 교육행정학연구. 25(2).
김동윤(2001). CRM기술을 응용한 학생생활지도 정보화. 울산대학교 교육대학원 석사학위논문.
김민조(2003). 교육통치구조 개혁방안으로서의 학교단위 책임경영제와 현장학교 분석. 교육행정학연구, 21(3).
김병주(1999). 학교회계 결산의 과제와 전망. 교육재정경제연구, 8(2).
김성열(2001). 학교단위 책임경영제의 성공 조건의 설계. 교육행정학연구, 19(4).
김성열(2005). 고등학교 체제의 다양화 · 자율화: 실태와 개선방안. 제28차 교육정책포럼. 공영형 자율학교의 한국적 적용가능성 탐색. 발표자료.
김신호(2002). 학교경영의 자율화 실현을 위하여. 교육경남, 2002년 봄호, pp. 10-13.
김영철(2003). 특수목적형 고등학교 체제 연구(Ⅰ). 한국교육개발원.
김영철(2005). 학교의 책무성 제고 방안. 한국교육, 32(1).
김영철(2003). 특수목적형 고등학교 체제연구(Ⅰ). 한국교육개발원. 연구보고서(RR2003-2).
김 용(2004). 학교 조직의 표준 운영 절차와 학교 교육과정 운영. 교육과정연구, 22(3). 한국교육과정학회.
김영화(2000). 한국의 교육과 사회. 교육과학사.
김영화 · 이정희(2003). 학부모의 학교 선택 수요 분석. 교육사회학연구, 13(1).
김이경(2005) OECD 한국 교원정책 검토 결과에 대한 비판적 분석. 한국교육개발원.
김원찬(2006). 자율학교운영 국제 비교. 동국대 박사학위논문.
김이경 외(2006). 학교장의 리더십 개선 방안 연구. 한국교육개발원.
김종철(1985). 교육행정학신강. 세영사.
김정진(2008). 교육행정정보시스템을 통한 교육행정의 정보화 분석과 발전 방향 연구. 경기대학교 행정대학원 석사학위논문.
김진영(2007). "참여정부 교육정책에 대한 평가와 전망", 노무현 정부 4주년 평가 연속 토론회 자료. 한국교육개발원.
김창걸(1999). 교육학. 박문각.
김재문(2000). eCRM. 거름.
김재춘(2000). 예비 · 현직 교사를 위한 교육과정과 교육평가. 교육과학사.
김재춘 · 박소영(2004). 중학교 선택 과목의 편성 · 운영 실태 분석 및 개선 방안 탐색. 교육과정연구, 22(2). 한국교육과정학회.
김효석 · 홍일유(2000). 디지털 경제시대의 경영정보시스템, 법문사.
김홍태(2001). 수요자의 교육선택 기회 확대-미 · 일의 교육개혁 사례분석을 중심으로-. 교육행정학연구, 19(4). 한국교육행정학회.
김흥주 외(1999). 지방교육자치제도 재구조화 연구. 한국교육개발원.
김흥주(2005). 학교중심 지원체계 구축을 위한 교육행정체제 혁신방안연구, 한국교육개발원, 수탁연구 CR2005-3, pp. 68-69.

김흥주(2008). 교과부의 「4 · 15 학교 자율화 추진 계획」이 성공하려면. 교육정책포럼.
김흥주(2008). 초 · 중등학교 자율화 정책의 방향과 과제. KEDI 창립 제36주년 기념 학술세미나 자료집.
김희규 외(2007). 수석교사 시범운영을 위한 모형 개발 연구. 교육과학기술부.
노나카 이쿠지로((1998). 나상억 역. 지식경영. 21세기북스.
노종희((1998). 21세기를 대비하는 학교 경영의 혁신 과제. 교육월보, 1998. 4.
대통령직인수위원회 백서(2008). 성공 그리고 나눔.
류방란(1998). 학교단위 교원조직 개편 방안 연구. 한국교육개발원.
류한주(1994). TQM에 의한 경영혁신. 한국생산성본부.
목정훈(2007). 지역사회와 소통하는 열린학교만들기 정책방향. 서울시정개발연구원.
문윤근(2001). 학생생활지도와 CRM. 울산대 교육대학원 석사학위논문.
민경호(2005). 21세기 디지털 시대의 신경영학. 무역경영사.
박광량(1996). 조직학습, 학습조직, 그리고 학습인. 삼성경제연구소. 「학습조직의 이론과 실제」.
박남기 · 김근영(2007). 학부모와 함께하는 학급경영-학급경영연구소총서. 태일사.
박덕류(1997). 교원인사제도 국제비교 연구. 한국교육개발원.
박병량 외(2005). 학교학급경영. 학지사.
박병량 외(2001). 훈육. 학지사.
박병형(2001). 한권으로 끝내는 e-ERP. 태영출판사.
박상완 (2008). 교장 공모제도 개선 방안. 교장임용 방법 다양화를 위한 정책 토론회 자료집.
박선용(2008). 학교자율화 정책논의-SBCM의 쟁점과 과제-. 경북대학교 교육행정아카데미 제29차 하계세미나자료집.
박소영 · 이수정 · 최병택 · 소경희 · 이재기(2008). 국가 교육과정의 평가 체제연구(Ⅱ) - 학교교육과정 계획 · 운영 · 성과 평가를 중심으로-. 연구보고 RRC 2008-4. 한국교육과정평가원.
박순경(2003). 국가 교육과정 적용에서의 교육과정 지역화의 실효성 논의-시도교육청 수준 교육과정 편성 · 운영 지침의 연구 · 개발 과업을 중심으로-. 교육과정연구, 21(1). 한국교육과정학회.
박순경(2004). 국가수준 교육과정 변화 방식의 대안모색에 관한 일고. 교육과정연구, 22(3). 한국교육과정학회.
박순경 · 정영근 · 조성기 · 이경진(2008). 고등학교 교육과정 편성 · 운영의 쟁점과 개선방안. 연구보고 RRC 2008-3. 한국교육과정평가원.
박종렬 · 신상명(2004). 신교육행정학개론. 형설출판사.
박종렬, 김순남(2002). 학교단위교육과정경영 논리와 전략 탐색. 교육과정평가연구, 5(1), 35-49.
박종필(2004). 학교단위책임경영제. 원미사.
박주환(2001). 학교 홈페이지용 학생관계관리 모델의 설계 및 구현. 인천교육대학교 교육대학원 석사학위논문.
박주환 외(2001). 교육 환경에서 고객관계관리 기술의 활용 전략. 한국정보교육학회 2001년 동계 학술발표논문집.
변민석(2005). 현행 학교단위책임경영제의 내 · 외적 조건 분석. 경남대 박사학위논문.
서정화 외 3인(2000). 교장학의 이론과 실제. 교육과학사.

손승남(2000). 교육자치의 본질과 학교운영위원회의 활성화 방안. 한독교육학연구. 6(2).
손정훈·LG실트론 전략기획팀(2003). 3세대 지식경영. 대청미디어.
송교석 외(2001). 경영정보시스템, 학문사.
송현수(2001). CRM 경영혁명. 새로운 제안.
송기창(1999). 학교교육계획과 예산편성기법. 교육재정경제연구, 7(2).
송기창(2002). 학교회계의 운용실태 조사연구. 교육재정경제연구, 11(1).
신건호, 송영렬 공저(1999). 21세기를 위한 기업경영혁신. 학문사.
신상명(1997). 교장의 학교경영 평가 모형 확장. 피츠버그대 박사학위논문.
신상명(2002). 학교단위 책임경영론. 교육과학사.
신상명(2005). 학교경영정보시스템. 형설출판사.
신상명 외(2006). 공영형 혁신학교 모형 개발연구. 한국교육개발원.
신상명(2006). 교장의 핵심역량 탐색 연구. 교육인적자원부.
신상명(2008). 자율화의 관점에서 본 중등교원교육의 진단과 과제. 제53차 교원교육 학술대회. 한국교원교육학회.
신윤섭(2008). 초등학교의 반성 중심 학습조직에 대한 질적 사례 연구. 경북대학교 대학원 박사학위논문.
신준석(2003). 기업 내 지식흐름: 네트워크 분석을 통한 접근. 서울대학교대학원석사학위논문.
신중식(2001). 초·중등학교의 학교자율화 개선방안 연구. 교육논총, Vol 20, pp. 5-38.
신현석(2000). 한국 교육행정 기능의 변화: 기획론적 관점. 교육행정학연구, 18(1).
신현석(2002). 단위학교 책무성의 동향분석 연구: 미국과 영국을 중심으로. 교육행정학연구, 20(2).
신화수(2008). 지식기반사회 교장의 핵심역량. 경북대학교 교육행정아카데미 제28차 동계 세미나 자료집.
안순일 외(2000). 지식경영 도입을 위한 환경조성 및 시스템 구축시 고려할 요인. 동의대학교 산경논집 제18집.
안중호(2000). 경영을 위한 정보시스템. 홍문사.
양승실(2002). 학부모가 갖추어야 할 리더십. 새교육 10월호.
염명배(2001). 지방경영시대 주민만족 극대화를 위한 지방정부의 고객관계관리(CRM)전략 연구. 한국지방재정논집, 제6권 제2호.
염철현(2001). 공교육의 위기와 학교선택권의 확장-Charter School과 Voucher Scheme을 중심으로. 교육학연구, 39(4).
오경태(2006). 초등학교 교사의 의사결정 참여도와 학교조직 효과성과의 관계. 전북대학교 교육학석사학위논문.
오혁진(2003). 평생교육학경영학. 학지사.
유균상(2008). 한국교육개발원 교육여론조사. 한국교육개발원.
유재학(2003). 학교혁신에 관한 연구. 중앙대학교 행정대학원 석사학위논문.
유평수(1998). 교사의 학교의사결정 참여와 만족. 전북대학교 대학원 박사학위논문.
윤구호(2002). 지식경영과 그 모델에 관한 이론적 고찰. 한국도서관·정보학회지 33(1).
윤정일 외(2003). 중등학교에서의 지식경영에 관한 연구. 교육행정연수원.
윤주용·이영재(2001). 기업정보시스템, 생능출판사.

윤정일 외(2008). 「전환기의 한국교육정책」. 학지사
윤정일 · 정수현(2003). 한국공교육의 진단 –선택의 자유와 공정성. 집문당.
윤종혁(2002). 교육개혁 추진 성공 전략 탐색. 한국교육개발원.
윤종혁(2009). 일본의 교육과정 개편과 학교교육 변화. 교육정책포럼 제188호. 한국교육개발원.
이경재(2001). 학교종합정보관리시스템에 관한 연구. 울산대학교 대학원 공학박사학위논문.
이미숙 · 변희현 · 최홍원 · 김평국 · 성열관(2008). 국가 교육과정의 체제 혁신 방안 연구(Ⅰ). 연구보고 RRC2008-1. 한국교육과정평가원.
이병철(2000). 경영정보시스템. 법경사.
이상민(2000). 인터넷 시대의 고객관계관리. 삼성경제연구원.
이상일(2000). 실리콘 밸리의 인적자원개발. 한국노동연구원.
이일용(2003). 교육정책결정론. 문음사.
이장우(2004). 전략경영. 법문사.
이재덕(2002). 학교단위자율경영을 위한 경영정보시스템의 활용 방안, 서울교육대학교 교육대학원 석사학위논문.
이정자(2008). 단위학교 재정운용 발전방안에 관한 연구. 전남대 석사학위논문.
이정원(2001). 대안교육의 발전방안에 관한 연구. 조선대학교 석사학위 논문.
이종재(2004). 교원정책 혁신방안 연구 자료집 – 교원인사제도를 중심으로–. 한국교육개발원.
이종재(2008). 이명박정부 교육정책 100일의 성과와 과제. 교육정책포럼.
이종재 외.(2001). 자율학교 시범운영 결과 분석과 제도화 방안 연구. 수탁연구 CR2001-20. 한국교육개발원.
이종재(2004). 교원정책 혁신방안 연구 자료집 – 교원인사제도를 중심으로–. 한국교육개발원.
이종태(1998). 달라지는 우리교육 – 교육개혁의 추진 · 성과 · 과제. 한국교육개발원.
이종철(2003). 21세기 창조사회를 위한 창의적 경영. 도서출판 글로벌.
이주호(2006). 평준화를 넘어 다양화로. 학지사.
이화직(2000). CRM의 이론과 사례. 한국능률협회.
이홍우 · 유한구 · 장성모(2003). 교육과정이론. 교육과학사.
임연기 · 신상명(1999). 21세기 학교경영혁신 모형 개발 연구. 한국교육개발원.
임연기(2002). 학부모의 학교운영 참여 논리 탐구. 교육행정학연구, 20권 1호.
장수용(2006). 기업경영혁신과 경쟁력 강화 실천 기법. 서울: 전략기업컨설팅.
정기영(2002). 경영정보시스템개론. 진영사.
정명자(2007). 학교운영주체의 의사결정 참여와 갈등에 관한 연구. 전북대학교 대학원 박사학위논문.
정미선(2006). 세계인을 키우는 힘 – 미국 초등학교 1 – 시스템과 학부모 후원. 이지북스.
정성수 · 김도기 · 이쌍철(2007). 미국과 영국의 교장 양성 및 자격 프로그램 분석. 비교교육연구, 17(3).
정영근(2002). 한국의 학교수준 교육과정 개발(SBCD)유형특징의 연구 – '재량활동'에 있어서의 교사의 교육과정 활동을 중심으로 –. 교육과정연구, 20(3). 한국교육과정학회.
정유성, 이종태, 한주미(1999). 대안학교(특성화고등학교)의 교육과정 및 교사양성 방안. 교육인적자원부.
정일환(2002). 교육행정 및 교육경영 개정 3판. 대구: 대구가톨릭대학교출판부.

정재권(2008). 성과관리 예산회계제도 도입에 따른 단위학교 재정의 과제. 교육재정경제연구, 17(2).
정제영(2008). 학교 자율화의 쟁점과 주요 과제. 교육행정학연구, 26(2).
정태범(2002). 학교경영의 발전과 과제. 양서원.
정태범(2003). 교육혁신위원회」의 활동에 주목한다. 교육정책포럼, 36.
정창덕 외(2003). 기업경영정보시스템. 도서출판 그린.
조금주 외 (2006). 중・고등학생 인권상황 실태조사. 국가인권위원회.
조남재, 노규성(1998). 경영정보시스템. 세영사.
조덕주(2002). 학교 교육과정 개발의 의의 및 개발방안에 대한 재고 – 교원의 전문성과 자율성을 중심으로 –. 교육과정연구, 20(3). 한국교육과정학회.
조병래(2005). 학교단위 의사결정 양상과 질적 특성 분석연구. 동아대학교 대학원 박사학위논문.
조정숙(2003). 학교경영의 자율화와 학교조직건강과의 관계. 부산교육대학교 교육학석사학위논문.
주미대사관교육관실(2007). 미국 연방정부의 교육정책 동향. 연방교육법을 중심으로. 주미대사관정책보고서.
주삼환(2006). 미국의 교장. 학지사.
주삼환(2007). 교육행정사례 연구. 학지사.
주철안(1999). 선진 주요국의 단위학교 재정운영에 관한 연구. 교육재정경제연구, 33(1).
진동섭(2003). 학교컨설팅. 학지사.
진동섭(2005). 한국학교조직탐구. 학지사.
최경희(2006). 한국 교원정책 현안과 연구과제 탐색. 제33차 KEDI 교육정책포럼자료. 한국교육개발원.
최기만(1998). 학교경영 혁신을 위한 총체적 질 관리 모형 개발 연구. 인하대학교 대학원 박사학위논문.
최순월(2004). 학교경영의 자율화를 위한 교사의 학교경영 참여에 관한 연구. 한국교원대학교 교육학석사학위논문.
최호성・박창언・김회용(2005). 대안학교 교육과정 운영 국가기준개발 연구. 2005교육과정 개정 및 후속지원 정책연구과제 연구보고서. 교육과학기술부.
하봉운(2004). 지방자치단체 교육재정지원 활성화 방안에 관한 연구. 경기개발연구원 연구보고서 2004-11.
한국개발연구원(2006). BTL 학교복합시설사업 표준 RFP 연구. 2006년도 민간투자 정책연구보고서.
한국교육개발원(2005). 학교중심 지원체제 구축을 위한 교육행정체제 혁신 방안. 공청회자료집.
한국교육행정학회(2003). 교육지도성 및 인간관계론. 하우.
한만길(2004). 교장임용제도 개선에 관한 쟁점과 전망. 2004한국교육평론. 한국교육개발원.
한만길(2004). 2003년 한국교육의 개관. 2003 한국교육평론. 한국교육개발원.
한만길(2007). 교원 근무평정지표 개선에 관한 연구. 한국교육개발원.
한유경(1999). 단위학교 재정운영체제 확립방안 연구. 학구교육개발원.
한유경(2003). 단위학교 자율화 정책. 2002 한국교육평론, 한국교육개발원.
한지숙(2009). 교무업무시스템의 사용자 인터페이스 개선에 관한 연구: 초등 교육 현장 활용에서의 사용자 인터페이스를 중심으로. 단국대학교 교육대학원 석사학위논문.
함수곤(2000). 교육과정과 교과서. 대한교과서.
허경철(2006). 뉴질랜드의 교육과정과 교육평가. 한국교육과정평가원 연구보고 RRC 2006-15.
홍후조(2002). 학교 수준 교육과정의 특성화 방안 연구. 교육과정연구, 20(3). 한국교육과정학회.
홍후조(2009). 우수학교 교육과정 자율화를 위한 제언. 교육정책포럼 제188호. 한국교육개발원.
황인철(2008). 학교 자율화 추진 계획에 대한 올바른 이해. 교육과학기술부.

Archdale, G. (1993). Computer reservation systems and public tourist offices, Tourism Management, 14(4).
Axline, L. L. (1991). TQM: A look in the mirror. Management Review, 80(7).
Barth, R. (1990). Improving schools from within. San Francisco, CA. Jossey-Bass. Belmont, CA: Thomson Wadsworth.
Brady, L. (1987). Currirulum Development. NY: Prentice Hall.
Bush, T., Colman, M. and Glober, D.(1993). Managing autonomous schools-The Grant-Maintained Schools, London : Kogan Page.
Cheng, Y. C. (1996). School effectiveness and school-based management: a mechanism for development. London: Falmer Press.
Conley, D. T. (1997). Road map to restructuring: Charting the course of change in american education. University of Oregon. ERIC Clearinghouse on the Educational Management.
Conway, J. (1984). The myth, mystery and mastery of participative decision making and their perceptions of their schools as organizations. EAQ, 20(3).
Cooper, B. D. (1988). School reform in the 1980: The New Right's Legacy. Educational Administration Quarterly, 24(3), pp. 282-298.
Cotton,J. L., Vollrath, D. A., Froggatt, K. L., Lengnick-Hall, M. L. & Jennings, K. R. (1988). Employee participation: Diverse forms and different outcomes. Academy of Management Review. 13(1).
David, M. (1995). A study of the beliefs for total quality management comparing superintendents, board member and classroom teachers and Iowa Schools. UMI Dissertation Services. Michigan: A Bell and Howell Company, pp. 75-87.
Fitz, J., Halpin, D., and Power, S. (1993). Grant-Maintained Schools, London : Kogan Page.
Flude, M. and Hammer, M. (1990). The Education Reform Act, 1998 its Origin and Implications. London, The Palmer Press.
Fullan, M. (1993). Changing forces. Bristol, PA. The Falmer Press.
Garvin, D. A., (1993). Building a learning organization. Harvard Business Review, July-August, 79-91.
Goh, S. C., (1998). Toward a learning organization: The strategic building blocks. Sam Advanced Management Journal, 63(2), 15-22.
Hendrics, C. F. & Triplett, A. (1989). TQM: Strategy for 90s management. Personnel

Administrator, 12.
Jonassen, D. H. & Grabowski, B. L. (1993). Handbook of Individual Differences, Learning and Instruction. Hillsdale, New Jersey: Lawrence Erlbaum.
Lefton, Robert Eugene/ Loeb, Jerome T./ Pearson, A (2004).Why Can't We Get Anything Done Around Here . McGraw-Hill.
Lewy, A. (1991). The International encyclopedia of curriculum.
Louis, K. & Marks, H. (1999). Teacher empowerment and the capacity for organizational change. Educational Administration Quarterly, 35 (Supplement), pp. 707-751.
Marquardt, M. J. (1996). Building the learning organization. New York: McGraw-Hill.
Oakland, J.(1989). Total Quality Management. London: Butterworth.
Odden, A. and Bush, C. (1998). Financing schools for high performance: strategies for improving the use of educational resource. San Francisco: Jossey-Base.
Senge, P. (1990). The fifth discipline. New York. Doubleday.
Skilbeck, M. (1984). Readings in School-based currirulum development. NY: Harper & Law.
Smith, C. and P. Jenner (1998). Tourism and the Internet, Travel and Tourism Analyst, No.1.
Steiner, T. D. & Teixeira, D. B (1990). Technology in Banking, Dow Jones Irwin, NY.
Tannenbaum, R. & Schmidt, W. H. (1958). How to choose a leadership pattern. Harvard Business Review, March-April.
Townsend, T. (1997). "Rhetoric, Reality and Resources: The New 3R's for Victoria's 'Schools of the Future'", Paper Presented at the annual International Congress for School Effectiveness and Improvement.
Vern Jones (2003). Comprehensive classroom management: Creating communities of support and solving problems, Seventh edition. Allyn &Bacon.

21세기형 CEO의 역할과 자질(http://cafe.daum.net/enpost/)
시나가와고 혁신 경영 사례(http://blog.daum.net/mcglo/)
http://en.wikipedia.org/wiki/People_Capability_Maturity_Model
http://springfieldhomeandschool.org/bylaws.htm
http://www.hani.co.kr/arti/society/schooling/74778.html
http://www.mext.go.jp/b_menu/houdou/15/05/03052601/001.htm#b
http://www.ncpta.org.uk/information/100088/information_centre/
http://www.pta.org/topic_parent_involvement.asp
http://www.12manage.com/methods_people_capability_maturity_model_ko.html

찾아보기

인명색인

내용색인

저 / 자 / 소 / 개

- **신상명**(경북대학교 교수)
- **신윤섭**(천내초등학교 교사)
- **권현정**(경북대학교 강사)
- **김태수**(포은초등학교 교사)
- **박선용**(경북교육청 사무관)
- **손병철**(산격초등학교 교사)

저자와의 협의하에 인지 생략

학교 자율 경영

2009년 8월 25일 인쇄
2009년 8월 31일 발행

공 저 **신상명, 신윤섭, 권현정, 김태수, 박선용, 손병철**
발행자 **박준식**

발행처 도서출판 원미사
서울 성북구 장위 2동 65-192호 우남빌딩 202호
전화 : 02) 919-9630, 942-1276 / fax : 02) 919-3093
등록 : 1994년 1월 18일(제6-192호)
E-mail : wonmisa@unitel.co.kr

※ 잘못된 책은 교환해 드립니다. 정가 20,000원

ISBN : 978-89-5544-146-8